Schriftenreihe
der Juristischen Schulung

Band 64

Fälle zum
Allgemeinen Schuldrecht

Begründet von

Dr. Udo Kornblum

em. o. Professor der Universität Stuttgart

Fortgeführt und neu bearbeitet ab der 7. Auflage von

Dr. Michael Stürner, M. Jur. (Oxon)

o. Professor an der Universität Konstanz; Richter am OLG Karlsruhe

8., vollständig überarbeitete Auflage 2017

C.H.BECK

www.beck.de

ISBN 978 3 406 71110 7

© 2017 Verlag C.H.Beck oHG
Wilhelmstraße 9, 80801 München
Druck und Bindung: Nomos Verlagsgesellschaft
In den Lissen 12, 76547 Sinzheim

Satz und Umschlaggestaltung: Druckerei C. H. Beck, Nördlingen

Gedruckt auf säurefreiem, alterungsbeständigem Papier
(hergestellt aus chlorfrei gebleichtem Zellstoff)

Vorwort zur 8. Auflage

Für die Neuauflage wurden alle Fälle auf den neuesten Stand gebracht. Es galt insbesondere, die Reform des Verbraucherrechts durch das Gesetz zur Umsetzung der Verbraucherrechte-Richtlinie zu berücksichtigen. Überdies wurden zwei neue Fälle eingefügt. Unverändert richtet sich das Werk vor allem an Studierende in mittleren und höheren Semestern. Die Fälle dienen der Wiederholung und Vertiefung im Rahmen der Fortgeschrittenenübung und vor allem der Examensvorbereitung. Um die Realität von fünfstündigen Klausuren widerzuspiegeln, beschränken sich viele Fälle nicht auf den Allgemeinen Teil des Schuldrechts, sondern weisen Berührungspunkte insbesondere zum Recht der Schuldverhältnisse und auch zum Prozessrecht auf. Die Lösungen wurden gerade bei komplexeren Fragestellungen vergleichsweise ausführlich formuliert. Sie sind indessen nicht als Musterlösungen zu verstehen, sondern sollen vor allem Problembewusstsein wecken und Argumentationsvermögen schärfen. Die Nachweise in den Fußnoten beschränken sich in der Regel auf die Judikatur des *BGH* und gängige Kommentar- und Lehrbuchliteratur. Hierdurch soll ein schneller Zugriff bei der Nacharbeit gewährleistet werden.

Bei der Neuauflage haben mich meine Lehrstuhlmitarbeiter *Jana Abt, Theresa Hepp, Nathalie Kibler, Sophie Reblin, Juliane Syrnik, Mario Urbiks* und *Dr. Christoph Wendelstein* tatkräftig unterstützt. Für Kritik und Anregungen aus dem Kreis der Leserschaft an michael.stuerner@uni-konstanz.de bin ich dankbar.

Konstanz, im Mai 2017   *Michael Stürner*

Aus dem Vorwort zur 1. Auflage

Die nachfolgenden 18 Fälle sind einmal als Training für die fünfstündige bürgerlich-rechtliche Examensklausur gedacht. Ihre Lösungen sollten aber zum anderen auch anschließend unter Heranziehung von Judikatur und Literatur näher nachgearbeitet werden; deshalb sind sie in erheblichem Umfang mit entsprechenden Anmerkungen versehen worden.

Die Kunst des juristischen Klausurenschreibens besteht jedoch nicht nur in der Erörterung der konkret relevanten Probleme als solcher, sondern auch und gerade in der richtigen Dosierung: Nebensächliches darf nur kurz, Wichtiges muß dagegen eingehend behandelt werden. Dieses Fingerspitzengefühl läßt sich gleichfalls durch Training erwerben bzw. verbessern. Daher geht es in einigen Fällen bewußt lediglich um einen einzigen Problembereich; bei ihnen handelt es sich also praktisch um verkappte Themenklausuren, die dementsprechend eine breite Erörterung der fraglichen Problematik verlangen. In anderen Fällen ist dagegen eine ganze Reihe von Fragen zu behandeln, was jeweils eine wesentlich knappere Darstellungsweise erfordert.

Daß sich mit 18 Fällen auch nicht annähernd das ganze Spektrum der §§ 241–432 BGB erfassen läßt, vielmehr gewisse Schwerpunkte gebildet werden müssen, bedarf keiner besonderen Betonung. Ich habe dabei den Akzent eindeutig auf die mir am wichtigsten erscheinenden Bereiche der Leistungsstörungen i. w. S. und des Schadensersatzrechts gelegt. Da die „Stunde der Wahrheit" für das materielle Recht des öfteren erst im Prozeß schlägt, sind gelegentlich auch verfahrensrechtliche Fragen – insbesondere Beweislastprobleme – miterörtert worden.

Stuttgart, den 22. Juni 1978   *Udo Kornblum*

Inhaltsverzeichnis

Abkürzungsverzeichnis

ggf.	gegebenenfalls
GmbH	Gesellschaft mit beschränkter Haftung
GmbHG	Gesetz betreffend die Gesellschaften mit beschränkter Haftung
GPR	Zeitschrift für das Privatrecht der Europäischen Union (Jahr, Seite)
GrZS	Großer Senat für Zivilsachen
GVG	Gerichtsverfassungsgesetz
Halbs.	Halbsatz
HaustürRL	Richtlinie 85/577/EWG des Rates vom 20.12.1985 betreffend den Verbraucherschutz im Falle von außerhalb von Geschäftsräumen geschlossenen Verträgen, ABl. EG Nr. L 372/31
HGB	Handelsgesetzbuch
h. M.	herrschende Meinung
hrsg./Hrsg.	herausgegeben/Herausgeber
HWiG	Gesetz über den Widerruf von Haustürgeschäften und ähnlichen Geschäften am 16.1.1986 (BGBl. I 122), aufgehoben mit Wirkung vom 1.1.2002
i. d. R.	in der Regel
i. E.	im Ergebnis
i. e. S.	im engeren Sinne
i. H. v.	in Höhe von
insb.	insbesondere
i. S. v.	im Sinne von
i. V. m.	in Verbindung mit
i. w. S.	im weiteren Sinne
JR	Juristische Rundschau (Jahr, Seite)
JURA	Juristische Ausbildung (Jahr, Seite)
JuS	Juristische Schulung (Jahr, Seite)
JZ	Juristenzeitung (Jahr, Seite)
KG	Kommanditgesellschaft/Kammergericht
KlauselRL	Richtlinie 93/13/EWG des Rates vom 5.4.1993 über mißbräuchliche Klauseln in Verbraucherverträgen, ABl. EG Nr. L 95/29
LG	Landgericht
MDR	Monatsschrift für Deutsches Recht (Jahr, Seite)
m. N.	mit Nachweisen
m. w. N.	mit weiteren Nachweisen
n. F.	neue Fassung
NJW	Neue Juristische Wochenschrift (Jahr, Seite)
o.	oben
OLG	Oberlandesgericht
PflVG	Pflichtversicherungsgesetz
R	Recht
Rating-VO	Verordnung (EU) Nr. 462/2013 des Europäischen Parlaments und des Rates vom 21.5.2013 zur Änderung der Verordnung (EG) Nr. 1060/2009 über Ratingagenturen, ABl. EU L 146/1
RegE	Regierungsentwurf
RG	Reichsgericht

RGZ	Entscheidungen des Reichsgerichts in Zivilsachen (Band, Seite)
RL	Richtlinie
Rn.	Randnummer(n)
RR	Rechtsprechungs-Report
Rs.	Rechtssache
Rspr.	Rechtsprechung
s.	siehe
S.	Satz, Seite
SGB	Sozialgesetzbuch
Slg.	Sammlung der Rechtsprechung des Europäischen Gerichtshofes und des Gerichts Erster Instanz (Jahr, Seite)
sog.	sogenannte
SprengG	Gesetz über explosionsgefährliche Stoffe (Sprengstoffgesetz)
st. Rspr.	ständige Rechtsprechung
StGB	Strafgesetzbuch
StPO	Strafprozessordnung
StVG	Straßenverkehrsgesetz
StVO	Straßenverkehrs-Ordnung
u.	und, unten
u. a.	und andere, unter anderem
u. U.	unter Umständen
UStG	Umsatzsteuergesetz
v.	vor, von
VersR	Versicherungsrecht (Jahr, Seite)
VGKRL	Richtlinie 1999/44/EG des Europäischen Parlaments und des Rates vom 25.5.1999 zu bestimmten Aspekten des Verbrauchsgüterkaufs und der Garantien für Verbrauchsgüter, ABl. EG Nr. L 171/12
vgl.	vergleiche
VGS	Vereinigte Große Senate
VO	Verordnung
Vorb.	Vorbemerkung
VVG	Versicherungsvertragsgesetz
VRRL	Richtlinie 2011/83/EU des Europäischen Parlaments und des Rates vom 25.10.2011 über Rechte der Verbraucher, ABl. EU Nr. L 304/64
VRRL-UG	Gesetz zur Umsetzung der Verbraucherrechterichtlinie und zur Änderung des Gesetzes zur Regelung der Wohnungsvermittlung vom 20.9.2013 (BGBl. I 3642)
WM	Wertpapiermitteilungen, Teil IV (Jahr, Seite)
WpHG	Wertpapierhandelsgesetz
z. B.	zum Beispiel
ZIP	Zeitschrift für Wirtschaftsrecht (Jahr, Seite)
ZPO	Zivilprozessordnung
ZRP	Zeitschrift für Rechtspolitik (Jahr, Seite)
z. T.	zum Teil
ZZP	Zeitschrift für Zivilprozess (Band, Jahr, Seite)

Verzeichnis der abgekürzt zitierten Literatur

Baumbach/Hopt/
Bearbeiter ....   Baumbach/Hopt, Handelsgesetzbuch, 37. Aufl. 2016

BeckOGK/*Bearbeiter*   Beck'scher Online-Großkommentar zum BGB (hrsgg. von Gsell/
Krüger/Lorenz/Mayer), Stand: 1.2.2017

BeckOK BGB/
Bearbeiter ....   Beck'scher Online-Kommentar zum BGB (hrsgg. v. Bamberger/
Roth), 42. Edition (Stand: 1.2.2017)

Brand, Schadensersatz-
recht ....   Brand, Schadensersatzrecht, 2. Aufl. 2015

Erman/*Bearbeiter* ....   Erman (Begr.), Bürgerliches Gesetzbuch, 14. Aufl. 2014

Esser/E. Schmidt ......   Esser/E. Schmidt, Schuldrecht I 2, 8. Aufl. 2000

Jauernig/*Bearbeiter* ..   Jauernig (Begr.), Bürgerliches Gesetzbuch, 16. Aufl. 2015

Lange/Schiemann .....   Lange/Schiemann, Schadensersatz, Handbuch des Schuldrechts,
Bd. 1, 3. Aufl. 2003

Langenbucher/
Bearbeiter ....   Langenbucher (Hrsg.), Europäisches Privat- und Wirtschaftsrecht,
4. Aufl. 2017

Larenz I ....   Larenz, Lehrbuch des Schuldrechts, Bd. I, AT, 14. Aufl. 1987

Larenz II/1 ....   Larenz, Lehrbuch des Schuldrechts, Bd. II/1, BT, 13. Aufl. 1986

Looschelders, Schuld-
recht AT ....   Looschelders, Schuldrecht Allgemeiner Teil, 14. Aufl. 2016

Looschelders, Schuld-
recht BT ....   Looschelders, Schuldrecht Besonderer Teil, 12. Aufl. 2017

Medicus/Lorenz,
Schuldrecht I ....   Medicus/Lorenz, Schuldrecht I, Allgemeiner Teil, 21. Aufl. 2015

Medicus/Lorenz,
Schuldrecht II ....   Medicus/Lorenz, Schuldrecht II, Besonderer Teil, 17. Aufl. 2014

Medicus/Petersen, BR   Medicus/Petersen, Bürgerliches Recht, 25. Aufl. 2015

MüKoBGB/
Bearbeiter ....   Münchener Kommentar zum Bürgerlichen Gesetzbuch, Band 1
(§§ 1–240), 7. Aufl. 2015; Band 2 (§§ 241–432), 7. Aufl. 2016;
Band 3 (§§ 433–534), 7. Aufl. 2016; Band 3a (§§ 491–515), 7. Aufl.
2017; Band 4 (§§ 535–630), 7. Aufl. 2016; Band 6 (§§ 705–853),
7. Aufl. 2017; Band 7 (§§ 854–1296), 7. Aufl. 2017; Band 8
(§§ 1297–1588), 7. Aufl. 2017; Band 9 (§§ 1589–1921), 7. Aufl. 2017

Mugdan ....   Die gesammten Materialien zum Bürgerlichen Gesetzbuch für das
Deutsche Reich, Bd. 2, 1899, Neudruck 1979

NK-BGB/*Bearbeiter*   NomosKommentar zum BGB, Band 2/1 (§§ 241–610), 3. Aufl. 2016

Palandt/*Bearbeiter* ...   Palandt (Begr.), Bürgerliches Gesetzbuch, 76. Aufl. 2017

Petersen, Schuldrecht
AT ....   Petersen, Examens-Repetitorium Allgemeines Schuldrecht, 8. Aufl.
2017

PWW/*Bearbeiter* .....   Prütting/Wegen/Weinreich, BGB Kommentar, 12. Aufl. 2017

Soergel/*Bearbeiter* ....   Soergel (Begr.), Kommentar zum Bürgerlichen Gesetzbuch,
                              13. Aufl. 2000 ff.
Staudinger/
Bearbeiter ....   Staudinger (Begr.), Kommentar zum Bürgerlichen Gesetzbuch,
                              13. Bearb. 1993 ff.

Zöller/*Bearbeiter* .....   Zöller (Begr.), ZPO, 31. Aufl. 2016

§§ ohne Gesetzesangabe sind im gesamten Buch solche des BGB.

Fall 1. Die verschwundenen Gemälde

Kaufvertrag – nachträgliche und anfängliche Unmöglichkeit – stellvertretendes commodum – Schadensersatz statt der Leistung

Sachverhalt

Die Witwe *Henrici* in Berlin hat von ihrem Mann u. a. die beiden kleinen Gemälde „Madonna mit Kind" und „Die Anbetung" eines alten italienischen Meisters geerbt, die einen Schätzwert von 100 000 € bzw. 150 000 € haben, allerdings nur mit 75 000 € bzw. 125 000 € versichert sind. Kunsthändler *Clever* aus Frankfurt/Main sucht Frau *Henrici* in Berlin auf, um sie zum Verkauf beider Gemälde zu bewegen. Frau *Henrici* erklärt schließlich, sie wolle sich im Augenblick noch nicht davon trennen, falls sie aber je verkaufen werde, komme nur *Clever* als Käufer in Betracht. Ein halbes Jahr später macht *Clever* auf der Rückkehr aus dem Urlaub in Berlin Station und einigt sich schließlich mit Frau *Henrici* am 29.10. um 20.30 Uhr in einem Berliner Spezialitätenlokal über den Kauf beider Gemälde zum Preis von 90 000 € bzw. 135 000 €. Wie sich jedoch alsbald herausstellt, ist am selben Abend – gegen 21 Uhr – in das ordnungsgemäß gesicherte Haus Frau *Henricis* eingebrochen worden, wobei der Dieb *Gierig* die „Madonna mit Kind" mitgenommen, die „Anbetung" aber an Ort und Stelle im Kamin verbrannt hat.

1. *Clever* verlangt von Frau *Henrici* die „Lieferung" der Gemälde, „jedenfalls aber Ersatz". Frau *Henrici* weigert sich, möchte aber jedenfalls den Kaufpreis, wenn sie selbst zu irgendetwas verpflichtet sein sollte. Wie ist die Rechtslage?
2. Angenommen, Frau *Saubermann* – die Raumpflegerin Frau *Henricis* – hätte bei ihrem Weggang am 29.10. um 20.45 Uhr versehentlich die Waschküchentür angelehnt gelassen, so dass *Gierig* in das Haus eindringen konnte. Wie wäre Frage 1 jetzt zu beantworten?
3. Angenommen, der Untergang bzw. der Diebstahl der Bilder wäre nicht erst gegen 21 Uhr, sondern schon um 20.15 Uhr eingetreten. Wie wäre Frage 1 nunmehr zu beantworten?

Lösung

I. Frage 1 – Ordnungsgemäß gesichertes Haus

1. Ansprüche bezüglich der „Anbetung"

a) *Clever (C)* verlangt von *Henrici (H)* die Lieferung der „Anbetung".

aa) Anspruchsgrundlage könnte § 433 I 1 sein. Das setzt die Existenz eines wirksamen Kaufvertrages zwischen den Parteien voraus. Dieser könnte bereits beim ersten Besuch des *C* in Berlin begründet worden sein. Dann müsste eine Einigung über die „Lieferung" der Gemälde gegen einen bestimmten oder zumindest bestimmbaren Preis vorgelegen haben. *H* hatte jedoch ausdrücklich erklärt, im Augenblick wolle sie die Bilder noch nicht veräußern, zudem stand nicht fest, ob sie sie jemals überhaupt verkaufen würde, und der Preis war ebenfalls noch völlig offen geblieben. In der damaligen „Abrede" ist demnach kein rechtlich bindender Kaufvertrag zu sehen, noch nicht einmal ein Vorvertrag. Dieser erfordert, dass die Parteien sich bereits binden wollen, dem Abschluss des Hauptvertrages aber noch Hindernisse im Wege stehen.[1] Ein entsprechender Bindungswille fehlte diesbezüglich aber bei *H*. Mangels Drittbezugs hat *C* auch kein obligatorisches Vorkaufsrecht i. S. der §§ 463 ff. erworben, vielmehr wurde allenfalls eine entsprechende Anbietungspflicht der *H* vereinbart,[2] der sie am 29.10. dann auch nachgekommen ist. Der endgültige Kaufvertrag könnte daher an diesem Tage rechtsgültig zustande gekommen sein. *H* und *C* haben sich über die Veräußerung der Gemälde gegen eine bestimmte Geldsumme geeinigt.

bb) Möglicherweise steht dem jedoch § 138 II entgegen. Danach ist ein auffälliges Missverhältnis zwischen Leistung und Gegenleistung erforderlich. Zwar liegt der Verkaufspreis 10 % unter dem objektiven Wert; selbst bei entsprechender Unerfahrenheit der *H* – die hier zumindest nicht offensichtlich ist – kann hierin jedoch kein zur Nichtigkeit führender Wucher i. S. des § 138 II gesehen werden, weil es jedenfalls am Vorliegen eines auffälligen Missverhältnisses fehlt, das erst bei einer wesentlich größeren Wertdifferenz zwischen Leistung und Gegenleistung bejaht wird, nämlich i. d. R. dann, wenn die vom Schuldner zu erbringende Leistung um das Doppelte oder mehr über dem Marktpreis liegt.[3] § 138 II steht mithin der Annahme eines rechtswirksamen Kaufvertrags zwischen *H* und *C* nicht entgegen. Anhaltspunkte, die darüber hinaus für eine Unwirksamkeit des Kaufvertrages nach § 138 I sprechen, sind nicht ersichtlich.

cc) Der Kaufvertrag zwischen *H* und *C* über die „Anbetung" ist demgemäß zustande gekommen. Daher ist der Anspruch des *C* auf die entsprechende „Lieferung" – d. h. auf Übereignung und Übergabe – auch wirksam entstanden.

dd) Dieser Anspruch könnte aber gem. § 275 I weggefallen sein. Im vorliegenden Fall existiert das vom Dieb *Gierig (G)* verbrannte Bild nicht mehr, so dass seine Übergabe und Übereignung für jedermann unmöglich sind. Insoweit besteht ein nicht nur vorübergehendes Leistungshindernis. Der Anspruch des *C*, gem. § 433 I 1 von *H* die Übereignung und Übergabe der „Anbetung" zu verlangen, ist also nach § 275 I Fall 2 ausgeschlossen. *C* kann deswegen die „Lieferung" dieses Bildes von *H* nicht mehr verlangen.

b) *C* könnten aber Ersatzansprüche zustehen.

aa) In Betracht kommen zunächst Schadensersatzansprüche. Mögliche Anspruchsgrundlage für einen Schadensersatzanspruch von *C* ist daher §§ 280 I, III, 283. Voraussetzung ist eine Pflichtverletzung des Schuldners. Diese ist aufgrund der hier vorliegenden (nachträglichen objektiven) Unmöglichkeit[4] ohne Zweifel gegeben. Gem. § 280 I 2 muss die betreffende Pflichtverletzung, d. h. die Unmöglichkeit, auch vom Schuldner zu vertreten sein. Nach § 276 I 1 hat ein Schuldner grundsätzlich Vorsatz und Fahrlässigkeit zu vertreten. Vorsätzlich handelt, wer eine Tat bewusst und gewollt begeht. *H* hat das Bild aber nicht verbrannt, und schon gar nicht bewusst und gewollt. Dies tat ausschließlich Dieb *G*, dessen Handeln jedoch *H*

---

[1]   PWW/*Brinkmann*, Vor §§ 145 ff. Rn. 27.
[2]   Vgl. dazu *Fikentscher/Heinemann*, Schuldrecht, 10. Aufl. 2006, Rn. 134.
[3]   Vgl. nur Palandt/*Ellenberger*, § 138 Rn. 66 ff. und *BGH* NJW 2001, 1127 (1129).
[4]   Siehe oben I 1 a.

nicht, auch nicht über § 278 S. 1, zugerechnet werden kann. *H* könnte aber die Vernichtung der „Anbetung" fahrlässig herbeigeführt haben. Diese liegt vor, wenn jemand die im Verkehr erforderliche Sorgfalt außer Acht lässt (§ 276 II). Wer sein Haus ordnungsgemäß gegen Diebstahl sichert, dem kann man keine Fahrlässigkeit attestieren, wenn trotzdem ein Dieb eindringt und dort Schaden anrichtet. *H* hat demnach den Untergang des Bildes nicht zu vertreten. *C* kann daher von ihr keinen Schadensersatz aufgrund von § 280 I verlangen. Auch sonstige Grundlagen für einen solchen Anspruch sind nicht ersichtlich.

C besitzt demnach gegen *H* keinen Schadensersatzanspruch wegen der Nichtlieferung der „Anbetung".

bb) Der von *C* hilfsweise verlangte „Ersatz" könnte aber unter dem Gesichtspunkt des sog. stellvertretenden commodums beansprucht werden. Dieses in § 285 I fixierte Rechtsinstitut beruht auf dem Gedanken, dass der Gläubiger, der wegen der Unmöglichkeit seinen Anspruch auf die zunächst geschuldete Leistung verloren hat, als Ausgleich wenigstens das erhalten soll, was im Vermögen seines Schuldners an die Stelle des fraglichen Objekts getreten ist. Der geschuldete Gegenstand war das Bild; „infolge" der von ihr nicht zu vertretenden Zerstörung des Bildes und der dadurch bedingten Unmöglichkeit – d. h. aufgrund entsprechender adäquater Kausalität – hat *H* zunächst gem. den §§ 823 ff. Schadensersatzansprüche gegen den zerstörerischen Dieb *G* erhalten; ihr stehen ferner kraft des entsprechenden Versicherungsvertrages Ersatzforderungen gegen ihre Hausratsversicherung zu. *C* könnte folglich nach § 285 I von *H* die Abtretung dieser Ansprüche verlangen.

Aufgrund der eben genannten Vorschriften hat *G* den objektiven Wert der „Anbetung" zu ersetzen, also 150 000 €. Nach allgemeiner Lebenserfahrung wird man jedoch nicht annehmen können, dass *G* – selbst wenn er gefasst werden würde – entsprechend zahlungsfähig ist. Deshalb wird *C* an der Abtretung des Anspruchs gegen die Versicherung interessiert sein. Das Bild war freilich nicht in Höhe seines objektiven Wertes versichert, sondern nur in Höhe von 125 000 €. Es bestand also eine Unterversicherung von $^1/_6$. Die Versicherung wird daher auch nur $^5/_6$ des vollen Wertes zahlen, nämlich 125 000 €.

cc) Um die Rechtslage vollständig beurteilen zu können, ist auch noch die Frage der Gegenleistung des *C*, d. h. der Kaufpreiszahlung, zu erörtern. Während ein in Folge der von ihm nicht zu vertretenden Unmöglichkeit von der Leistungspflicht frei gewordener Schuldner aus einsichtigen Gründen nach § 326 I 1 dann prinzipiell auch den Anspruch auf die Gegenleistung verliert, gilt aus gleichfalls nahe liegenden Gründen etwas anderes, wenn der Gläubiger das stellvertretende commodum verlangt: Er bleibt dann generell zur Gegenleistung verpflichtet (§ 326 III 1). Das gilt allerdings nur mit folgender Einschränkung: Falls der Wert des Ersatzanspruchs hinter dem Wert der geschuldeten Leistung zurückbleibt, mindert sich nämlich auch entsprechend die Höhe der Gegenleistung (§ 326 III 2). Ein derartiges Zurückbleiben findet hier zwar nicht hinsichtlich des – faktisch freilich wertlosen – Schadensersatzanspruchs gegen den Dieb *G* statt, wohl aber bezüglich des Anspruchs gegen die Hausratsversicherung. Die Minderung der Gegenleistung erfolgt in entsprechender Anwendung des § 441 III, d. h. nach den Grundsätzen der Minderung des vereinbarten Kaufpreises bei Lieferung einer mangelhaften Sache. Das bedeutet hier, dass der Kaufpreis in dem Verhältnis herabgesetzt wird, in dem der Wert des Ersatzanspruchs hinter dem objektiven Wert des untergegangenen Gegenstandes zurückbleibt. Wie bereits erwähnt, braucht die Hausratsversicherung von *H* aufgrund der Unterversicherung nicht den vollen Wert der „Anbetung" (150 000 €) zu ersetzen, sondern nur den um $^1/_6$ (= 25 000 €) geminderten Betrag, nämlich 125 000 €. Demgemäß mindert sich auch die Kaufpreiszahlungsverpflichtung des *C* von ursprünglich 135 000 € um $^1/_6$ (= 22 500 €) auf 112 500 €. Im Gegenzug bekäme er von der Versicherung eine Zahlung in Höhe von 125 000 €, hätte also letztlich immer noch 12 500 € „verdient".

dd) Abschließend lässt sich deshalb sagen, dass *C* von *H* nach § 285 I als „Ersatz" die Abtretung ihrer Schadensersatzforderung gegen den Dieb *G* in Höhe von 150 000 € oder des Ersatzanspruchs gegen ihre Versicherung in Höhe von lediglich 125 000 € verlangen kann. Wenn er den ersten Weg wählt, muss er gem. § 326 III 1 an *H* den vollen Kaufpreis zahlen. Wählt er dagegen den zweiten Weg, ist er nach § 326 III 2 i. V. m. § 441 III nur zur Zahlung eines entsprechend geminderten Kaufpreises in Höhe von lediglich 112 500 € verpflichtet.

2. Ansprüche bezüglich der „Madonna"

a) Anspruch auf „Lieferung"

Wiederum könnte § 433 I 1 als Grundlage in Betracht kommen. Der Anspruch ist aufgrund des – wie bereits erörtert – wirksam geschlossenen Kaufvertrages zwischen *H* und *C* entstanden.

Im Gegensatz zur „Anbetung" ist die „Madonna" von *G* nicht verbrannt – d. h. zerstört –, sondern „mitgenommen" – also gestohlen – worden. *H* ist zwar auch nach dem Diebstahl noch Eigentümerin dieses Bildes geblieben, kann es also gem. §§ 929 S. 1, 931 dadurch wirksam an *C* übereignen, dass sie ihm ihren u. a. aufgrund der §§ 823 I, II i. V. m. § 242 StGB bestehenden Herausgabeanspruch gegen *G* abtritt.[5] Sie hat aber durch den Diebstahl jeglichen Besitz am Bild verloren, so dass sie ihre aus § 433 I 1 ebenfalls resultierende Übergabepflicht nicht mehr zu erfüllen vermag. Diesen Besitz könnte allerdings der Dieb *G* übertragen, weshalb dann insoweit nicht mehr eine objektive, sondern nur noch eine subjektive Unmöglichkeit gegeben ist, die aber – als Fall 1 – ebenso von § 275 I erfasst wird. Deshalb ist der Anspruch auf Lieferung der „Madonna" hier ebenfalls ausgeschlossen.

b) Ansprüche auf „Ersatz"

aa) Weil *H* auch diese Unmöglichkeit nicht zu vertreten hat,[6] stehen *C* hier ebenfalls keine Schadensersatzansprüche gem. §§ 280 I, III, 283 gegen sie zu.

bb) In Betracht kommt abermals nur ein Anspruch auf Abtretung des Ersatzanspruchs der *H* gegen den Dieb *G* bzw. gegen ihre Versicherung, und zwar gem. § 285 I; in beiden Fällen bleibt *C* aber gem. §§ 433 II, 326 III 1 zur Zahlung der Gegenleistung, d. h. des Kaufpreises, verpflichtet. In Folge der Unterversicherung auch dieses Bildes im Umfang von jetzt ¼ kann *C* von der Versicherung nur 75 000 € verlangen und braucht dann im Gegenzug nach § 326 III 2 i. V. m. § 441 III nur den gleichfalls um ¼ geminderten Kaufpreis zu zahlen, also lediglich 67 500 €.

II. Frage 2 – Nachlässige Raumpflegerin

1. Ansprüche bezüglich der „Anbetung"

a) „Lieferungs"-Ansprüche aus § 433 I 1

Hier gilt zunächst das oben[7] Ausgeführte. Abweichend vom dortigen Sachverhalt steht aber nunmehr fest, dass *G* in Folge der Nachlässigkeit der Raumpflegerin von

---

[5]   Dazu etwa *Prütting*, Sachenrecht, 36. Aufl. 2017, Rn. 384.
[6]   S. dazu oben unter I 1b aa.
[7]   Unter I 1 a.

H in das Haus eindringen und dann das Bild zerstören konnte. Möglicherweise hat *H* deshalb diese Unmöglichkeit jetzt zu vertreten. Indessen stellt § 275 I nicht auf das Merkmal des Vertretenmüssens ab, sondern verlangt nur, dass ein Tatbestand der Unmöglichkeit vorliegt. Der ist auch hier gegeben. Deshalb kann *C* von *H* die Lieferung der „Anbetung" ebenfalls nicht verlangen.

b) „Ersatzansprüche"

aa) Schadensersatz. Grundlage dafür könnten die §§ 280 I, III, 283 sein. Voraussetzung ist, dass *H*, die Schuldnerin des Anspruchs auf Übereignung und Übergabe der „Anbetung", in zu vertretender Weise eine Pflicht aus dem Schuldverhältnis verletzt hat. Allerdings ist nach § 280 III Schadensersatz statt der Leistung nur unter den zusätzlichen Voraussetzungen des § 281, des § 282 oder des § 283 zu leisten. § 281 verlangt als zusätzliches Erfordernis, dass der Gläubiger dem Schuldner zunächst erfolglos eine angemessene Leistungsfrist gesetzt hat. Im Fall einer Unmöglichkeit der Leistung ist eine solche Fristsetzung jedoch sinnlos. Deshalb verzichtet § 283 S. 1 auf dieses Erfordernis. Hinsichtlich der von § 280 I 1 verlangten Pflichtverletzung gibt es dann allerdings bei genauer Betrachtung ein Problem: *H* war zunächst gem. § 433 I 1 verpflichtet, die „Anbetung" an *C* zu übergeben und zu übereignen. Diese beiden Leistungen sind jedoch in Folge der Vernichtung des Bildes unmöglich geworden; damit sind aber nach § 275 I die dahingehenden Ansprüche des *C* ausgeschlossen worden, und zugleich sind die entsprechenden Pflichten von *H* weggefallen. Eine nicht mehr bestehende Pflicht kann man aber genau genommen auch nicht mehr verletzen, so dass § 280 I eigentlich unanwendbar wäre.[8] Das kann jedoch nicht sein. Denn die §§ 280 bis 283 sollen nach dem eindeutigen Willen des Gesetzgebers alle Tatbestände der Leistungsstörungen umfassen, also auch und gerade die der Unmöglichkeit.[9] Die Pflichtverletzung ist im Falle des § 283 S. 1 darin zu sehen, dass die geschuldete Leistung nicht erbracht wird, der Schuldner also damit vom vertraglichen Pflichtenprogramm abweicht.[10] *H* selbst hat auch im Fall der vorliegenden Sachverhaltsvariante weder vorsätzlich noch fahrlässig die in Rede stehende Unmöglichkeit herbeigeführt. Aber ihre Raumpflegerin, Frau *Saubermann (S)*, hat jetzt „versehentlich" die Waschküchentür angelehnt gelassen, so dass *G* in das Haus eindringen konnte. Dieses Verhalten der Raumpflegerin kann ohne weiteres als Außerachtlassen der verkehrserforderlichen Sorgfalt und damit als Fahrlässigkeit im Sinn von § 276 II bezeichnet werden.

Fraglich ist nur, ob sich *H* dieses Verschulden zurechnen lassen muss. Das könnte gem. § 278 S. 1 der Fall sein. Voraussetzung dafür ist, dass *S* Erfüllungsgehilfin von *H* war, also mit ihrem Willen zur Erfüllung ihrer Verbindlichkeit tatsächlich tätig wurde.[11] *S* ist sicherlich mit Willen der *H* in deren Haus tätig gewesen, jedoch nicht

---

8   In der Regierungsbegründung, BT-Drs. 14/6040, S. 142, heißt es dazu, dass „man die Auffassung vertreten *könnte*, dass die in § 280 Abs. 1 Satz 1 RE vorausgesetzte Pflichtverletzung dann nicht vorliegen kann, wenn der Schuldner wegen § 275 Abs. 1... RE gerade keine Pflicht zur Leistung hat" (Hervorhebung vom *Verf.*). Es heißt dann dort weiter, die Verweisung des § 283 S. 1 RE stelle „doch jedenfalls klar, dass die Unmöglichkeit... doch zu einem Schadensersatzanspruch führt, wenn der Schuldner sich hinsichtlich seines Vertretenmüssens nicht entlasten kann". Vgl. dazu auch MüKoBGB/*Ernst*, § 283 Rn. 4; Palandt/*Grüneberg*, § 283 Rn. 2 sowie *Petersen*, Schuldrecht AT, Rn. 306 ff.

9   „§ 280 Abs. 1... soll künftig – von § 311a Abs. 2... als Sonderregel für die anfängliche Unmöglichkeit abgesehen – die *einzige* Anspruchsgrundlage für Schadensersatz aufgrund eines Vertrags... sein" (BT-Drs. 14/6040, S. 135; Hervorhebung vom *Verf.*).

10   Anders die 6. Auflage (dort Fall 6, S. 66), in der der Verweis in § 283 S. 1 so gelesen wird, dass er sich nur auf § 280 I 2 bezieht, die Pflichtverletzung damit keine Rolle spielt.

11   Vgl. nur Palandt/*Grüneberg*, § 278 Rn. 7; *Looschelders*, Schuldrecht AT, Rn. 502.

zur Erfüllung der dieser aus § 433 I 1 gegenüber *C* obliegenden Hauptpflichten zur Übereignung und Übergabe der „Anbetung".

Zwar etabliert § 278 keine allgemeine „Leutehaftung",[12] *H* war aber aufgrund des Kaufvertrages mit *C* gem. § 242 u. a. dazu verpflichtet, diejenige Sorgfalt und Mühe aufzuwenden, deren es bedarf, um den Schuldzweck dieses Kaufvertrags zu erreichen, und alles zu unterlassen, was geeignet ist, die Erreichung des Vertragszwecks zu vereiteln.[13] Hinsichtlich dieser „weiteren Verhaltenspflichten" von *H* gegenüber *C* war *S* am fraglichen Abend Erfüllungsgehilfin der *H*, ohne dass sie zu wissen brauchte, dass eine entsprechende Verbindlichkeit der *H* gegenüber *C* überhaupt bestand und dass *S* durch ihr Handeln eine solche Verbindlichkeit erfüllte bzw. verletzte.[14] Diese Pflicht der *H* hat *S* fahrlässig verletzt, so dass *H* gem. § 278 S. 1 jetzt dafür einstehen muss. Die fragliche Pflichtverletzung war auch adäquat kausal für den späteren Untergang der Kaufsache. *H* hat demnach hier die Unmöglichkeit der Leistung zu vertreten. Sie haftet deswegen nunmehr nach § 280 I, III, 283 gegenüber *C* auf Schadensersatz statt der Leistung.

Dieser Schadensersatz ist grundsätzlich i. S. der sog. Differenztheorie zu ermitteln: An die Stelle des bisherigen Austauschverhältnisses tritt eine einseitige Geldforderung des ersatzberechtigten Gläubigers in Höhe der Wertdifferenz, d. h. des Betrages, um den der Wert der weggefallenen Leistung den seiner eigenen, nun ersparten Gegenleistung übersteigt.[15] Hat der Gläubiger allerdings seine Gegenleistung bereits erbracht oder besitzt er ein besonderes Interesse an ihrer Erbringung, so steht dem Gläubiger nach seiner Wahl auch die Geltendmachung des Schadensersatzes auf der Grundlage der sog. Surrogationstheorie zu, die an die Stelle des weggefallenen Anspruchs auf die schuldnerische Leistung ihren in Geld ausgedrückten Wert als Surrogat treten lässt.[16] *C* hat den Kaufpreis noch nicht bezahlt und ist auch nicht daran interessiert, das zu tun. Mithin kann und wird er seinen Schaden nach der Differenztheorie bemessen. Auch insoweit gilt § 249 I. *C* kann demnach seinen Schaden konkret berechnen und die Differenz zwischen der Vermögenslage, die eingetreten wäre, wenn *H* ordnungsmäßig erfüllt hätte, und der durch die Nichterfüllung tatsächlich entstandenen Vermögenslage verlangen. Hätte *H* ordnungsgemäß geleistet, dann hätte *C* gegen Zahlung von 135 000 € einen objektiven Vermögenswert von 150 000 € erlangt, also einen Gewinn von 15 000 € erzielt. Diesen Betrag kann er deshalb gem. § 280 I 1, III i. V. m. § 283 S. 1 von *H* ersetzt verlangen.

H muss *C* also 15 000 € Schadensersatz zahlen.

bb) Auch hier könnte *C* – nach § 285 I[17] – das stellvertretende commodum in Form eines Anspruchs auf Abtretung der Ersatzforderungen der *H* verlangen. Dadurch erhielte er einen Ersatzanspruch gegen Dieb *G* in Höhe von 150 000 € bzw. gegen die Hausratsversicherung in Höhe von 125 000 €. In beiden Fällen bliebe er nach § 326 III 1 zur Erbringung seiner Gegenleistung, der Zahlung des Kaufpreises, ganz (bei Inanspruchnahme von *G*) oder doch nach S. 2 in der um ¹⁄₆ = 22 500 € geminderten Höhe von 112 500 € (bei Inanspruchnahme der Versicherung) verpflichtet. Bei *G* wird wohl wiederum „nichts zu holen sein", und bei einer Inanspruchnahme

---

[12] PWW/*Schmidt-Kessel*, § 278 Rn. 15. S. dazu auch Fall 2 unter II.

[13] *Larenz* I, S. 9 f.

[14] Vgl. Palandt/*Grüneberg*, § 278 Rn. 7.

[15] Vgl. nur *Larenz* I, S. 341, und Palandt/*Grüneberg*, § 281 Rn. 18; *Looschelders*, Schuldrecht AT, Rn. 642.

[16] Jauernig/*Stadler*, § 281 Rn. 18 m. w. N.

[17] Vgl. dazu oben unter I 1b bb.

der Versicherung würde *C* per Saldo nur 12 500 € „verdienen", also 2 500 € weniger als er nach § 280 I, III i. V. m. § 283 S. 1 von *H* zu bekommen hätte.

C wird daher nicht den Ersatz des stellvertretenden commodums verlangen, sondern sich an *H* halten.

2. Ansprüche bezüglich der „Madonna"

a) „Lieferungs-"Ansprüche des *C* gem. § 433 I 1 bestehen angesichts der festgestellten nachträglichen Unmöglichkeit der Leistung – wie sich aus dem oben[18] Dargelegten ergibt – nicht.

b) Ersatzansprüche

aa) Aufgrund der oben[19] angestellten Untersuchungen könnte *C* aber jetzt auch hinsichtlich der „Madonna" von *H* Schadensersatz verlangen. Dieser Anspruch beliefe sich nach der abgeschwächten Differenztheorie auf 10 000 €.

bb) Bei Geltendmachung des Anspruchs auf das stellvertretende commodum (§ 285 I) würde *C*[20] letztlich nur 7 500 € und damit 2 500 € weniger als bei Geltendmachung seines Schadensersatzanspruchs gegen *H* erhalten. Von der Möglichkeit des § 285 würde er deshalb auch hier keinen Gebrauch machen.

C würde demnach bei dieser Variante von *H* die Zahlung von 10 000 € verlangen.

III. Frage 3 – Vorverlegter Einbruch

1. Ansprüche bezüglich der „Anbetung"

a) „Lieferung"

C könnte wiederum einen Lieferungsanspruch aus § 433 I 1 haben. Problematisch ist hier, dass das Bild bereits vor Vertragsschluss verbrannt ist. Für diesen Fall statuiert § 311a ausdrücklich, dass die anfängliche Unmöglichkeit der Vertragserfüllung der Wirksamkeit des Vertrages nicht entgegensteht. Diese grundsätzliche Gültigkeit des entsprechenden Vertrags führt allerdings zu dem scheinbaren Paradoxon eines Kaufvertrags ohne die vertragstypischen primären Leistungspflichten des Verkäufers. Ein derartiger Kaufvertrag ist folglich ein Vertrag ohne primäre Leistungspflicht.[21] Der Anspruch des *C* gegen *H* auf Übereignung und Übergabe des Bildes ist also auch in Folge der in dieser Sachverhaltsvariante gegebenen anfänglichen objektiven Unmöglichkeit von vornherein ausgeschlossen (§ 275 I), also gar nicht wirksam entstanden.

C kann demnach die entsprechende „Lieferung" nicht verlangen.

b) „Ersatz"

aa) In Betracht kommen könnte hier ein Anspruch auf den Erfüllungsschaden, und zwar gem. § 280 I, III i. V. m. § 283 S. 1. Dann müsste *H* diese Unmöglichkeit zu vertreten haben. Für den vorliegenden Fall der anfänglichen objektiven Unmöglichkeit enthält jedoch § 311a II eine vorrangige Sonderregelung. Voraussetzung ist, dass der Schuldner seine Unkenntnis auch nicht zu vertreten hat. § 311a II verweist damit auf die Vorschrift des § 276 I 1, wonach grundsätzlich Vorsatz und Fahrlässigkeit zu vertreten sind. Setzt man den Begriff „Vorsatz" hier mit positiver Kenntnis gleich, dann handelt es sich insoweit um eine überflüssige Verweisung, da diese Kenntnis

---

[18] Unter I 2a bzw. II 1a.
[19] Unter II 1b aa.
[20] S. dazu oben unter II 2b bb.
[21] *Canaris*, JZ 2001, 499 mit Fn. 9.

bereits unmittelbar von § 311a II 2 verlangt wird. Man wird das „Vertretenmüssen"
in § 311a II 2 also nur i. S. von fahrlässiger Unkenntnis zu interpretieren haben. In
der hier vorliegenden Sachverhaltsvariante hat *H* beim Abschluss des Kaufvertrags
mit *C* von der kurz zuvor erfolgten Vernichtung des Bildes jedoch keine Kenntnis
gehabt; sie hat sich damit auch nicht in entsprechender fahrlässiger Unkenntnis
befunden.[22]

Ein Schadensersatzanspruch des *C* ist deshalb nicht gegeben.

bb) Ansprüche auf das sog. stellvertretende commodum könnte *C* auch hier gem.
§ 285 I geltend machen. Ihm stehen die oben[23] herausgearbeiteten Ersatzansprüche
gegen Dieb *G* bzw. gegen die Hausratsversicherung zu. Er wird dann wiederum
gegen die Versicherung vorgehen, weil er dabei immerhin noch 12 500 € erlangen
könnte.

2. Ansprüche bezüglich der „Madonna"

a) Auch hier ist der zunächst wirksam entstandene Erfüllungsanspruch aus § 433 I 1
wegen der Unmöglichkeit der Erfüllung der Übergabeverpflichtung gem. § 275 I
weggefallen.

b) „Ersatz"

aa) Ein auf § 280 I, III i. V. m. § 283 S. 1 gestützter Schadensersatzanspruch des *C*
gegen *H* scheitert am Fehlen des nach § 280 I 2 erforderlichen Vertretenmüssens.

bb) Hinsichtlich der Ansprüche auf das stellvertretende commodum kann auf das
oben[24] Ausgeführte verwiesen werden.

C kann demnach gegen Zahlung eines geminderten Kaufpreises von 67 500 € von H
die Abtretung ihrer Ansprüche gegen die Versicherung in Höhe von 75 000 € verlangen.

---

[22] Es ist davon auszugehen, dass sich die Frage 3 auf den insoweit unveränderten Grundsachverhalt des ordnungsgemäß gesicherten Hauses bezieht.
[23] Unter I 1b bb und unter II 1b bb.
[24] Unter I 2b bb und II 2b bb.

Fall 2. Die fleißigen Malergesellen

Schadensersatz – Haftung für Erfüllungsgehilfen – Umfang der Haftung für Verrichtungsgehilfen – Verschuldensvermutung

Sachverhalt

Die Witwe *Trost* beabsichtigt, ihre Dreizimmer-Mietwohnung renovieren zu lassen. Mit der Durchführung der entsprechenden Arbeiten beauftragt sie den Malermeister *Pinsel*, der dafür mehrere – z. T. wechselnde, aber immer qualifizierte – Gesellen und Hilfsarbeiter einsetzt. Diese führen die Renovierung zimmerweise nacheinander aus, wobei die Zimmer jeweils vorher weitgehend ausgeräumt und sodann u. a. die Teppichböden abgedeckt werden. Frau *Trost* ist Nichtraucherin und bittet die Arbeiter daher, für ihre Raucherpause nach draußen zu gehen. Dass *Pinsels* Leute sich nicht immer daran halten, moniert die gutmütige Frau *Trost* nicht. Am Abend des letzten Arbeitstages entdeckt Frau *Trost*, die sich während der Renovierung überwiegend in ihrer Wohnung aufgehalten hatte, einen am Vortag noch nicht vorhandenen, größeren Brandfleck in dem von ihrem Mann verlegten Teppichboden des zuletzt fertiggestellten Zimmers. Außerdem stellt sie fest, dass während der fraglichen Zeit aus einer verschlossenen Schublade ihrer Anrichte eine silberne Uhr entwendet worden ist, obwohl sie bei ihrer gelegentlichen Abwesenheit auch die Tür des betreffenden Zimmers verschlossen und diesen Schlüssel mitgenommen hatte. Zwar spricht einiges dafür, dass die Leute *Pinsels* den Brandfleck verursacht und verschuldet haben, jedoch lässt sich das nicht mehr hinreichend aufklären. Bezüglich der Uhr wird ein inzwischen entlassener, mit unbekanntem Ziel verzogener Hilfsarbeiter als Täter ermittelt.

Frau *Trost* verlangt von *Pinsel* den Ersatz beider Schäden. *Pinsel* lehnt dagegen jede Haftung ab, weil einmal nicht hinreichend feststehe, dass der Brandschaden auf das Verhalten seiner Leute zurückzuführen sei, und er zum anderen für den Diebstahl nicht verantwortlich gemacht werden könne. Wer hat Recht?

Lösung

I. Schadensersatz wegen des Brandflecks

1. § 280 I 1

Eine entsprechende Haftung *Pinsels (P)* könnte sich aus § 280 I 1 ergeben. Dann müsste er eine Pflicht aus einem Schuldverhältnis verletzt haben. Dieses Schuldverhältnis könnte ein Werkvertrag sein. *P* hat die fraglichen Renovierungsarbeiten aufgrund einer entsprechenden Vereinbarung mit Frau *Trost (T)* durchgeführt. Vertragsgegenstand war die Herbeiführung eines bestimmten Erfolges, so dass ein Werkvertrag i. S. der §§ 631 ff. vorliegt.

a) Zunächst müsste eine Pflichtverletzung vorliegen. Diese könnte darin liegen, dass *Ps* Leute nicht hinreichend auf *Ts* Eigentum Rücksicht genommen haben. Aus § 241

II folgen bestimmte Verhaltens- und Schutzpflichten. So besteht beispielsweise auch die (Schutz-)Pflicht des Werkunternehmers, sich so zu verhalten, dass er den Besteller nicht in vermeidbarer Weise schädigt. Ob *Ps* Leute den Brandfleck verursacht haben, ist im vorliegenden Fall jedoch „nicht mehr hinreichend" zu ermitteln. Eine Pflichtverletzung könnte hier auch darin liegen, dass *Ps* Leute entgegen *Ts* Willen in der Wohnung geraucht haben. Jede Abweichung vom vertraglichen Pflichtenprogramm ist als solche Pflichtverletzung anzusehen. Das Rauchen in der Wohnung bei der Ausführung von Malerarbeiten ist nicht als allgemein übliches Verhalten anzusehen, zumal *T* es ausdrücklich untersagt hatte. Dass sie die Zuwiderhandlungen toleriert hat, hebt das ursprüngliche Verbot nicht auf. Folglich liegt darin eine Pflichtverletzung.

b) Diese Pflichtverletzung müsste *P* auch zu vertreten haben. Es müsste ein vorsätzliches oder fahrlässiges Verhalten i. S. des § 276 vorliegen. Hier kommt allenfalls ein zurechenbares Verhalten der Gehilfen des *P* in Betracht. Laut Sachverhalt lässt sich aber nicht mehr aufklären, ob ein Verschulden der Gehilfen vorliegt. Im Grundsatz hat derjenige, der einen Anspruch – als angeblicher Gläubiger – geltend macht, dessen einzelne Voraussetzungen darzutun.[1] Bleibt er beweisfällig, geht dies zu seinen Lasten. In bestimmten Fällen kehrt das Gesetz jedoch die Beweislast um. Bei Ansprüchen wegen Pflichtverletzung gilt die Regelung des § 280 I 2, wonach der Schuldner aufgrund einer Pflichtverletzung dann nicht schadensersatzpflichtig wird, wenn er die Pflichtverletzung nicht zu vertreten hat. Das Gesetz stellt darin eine Vermutung auf, dass jede Pflichtverletzung auch zu vertreten ist. Aus dieser Vermutung folgt eine Beweislastumkehr.[2] Es handelt sich dabei um eine echte Umkehr der Beweislast, nicht nur um einen dahingehenden Beweis des ersten Anscheins,[3] der Schuldner darf sich also nicht mit dem Nachweis der bloßen ernsthaften Möglichkeit eines atypischen Geschehensablaufs begnügen, sondern er muss den vollen Beweis des Gegenteils führen.[4]

c) Problematisch ist weiter die Kausalität zwischen Pflichtverletzung und Schaden. Auch hier lässt sich laut Sachverhalt nicht ermitteln, ob es einen ursächlichen Zusammenhang gibt zwischen der Tatsache, dass die Arbeiter des *P* in der Wohnung geraucht haben und dem Entstehen eines Brandflecks auf dem Teppich. Fraglich ist, ob *T* auch insoweit eine Beweislastumkehr zugutekommen kann. Der klare Wortlaut des § 280 I 2 deutet bereits darauf hin, dass der Gläubiger nur hinsichtlich des Vertretenmüssens entlastet werden soll. Die Beweislast in Bezug auf die Pflichtverletzung und die Kausalität zwischen Pflichtverletzung und eingetretenem Schaden hingegen obliegt ihm nach wie vor.[5] Es könnte aber insoweit ein Beweis des ersten Anscheins eingreifen. Diese Rechtsfigur hilft über Beweisschwierigkeiten bei typischen Geschehensabläufen hinweg. Voraussetzung ist stets, dass ein entsprechender Erfahrungssatz besteht. Im vorliegenden Fall steht fest, dass die Arbeiter in der Wohnung geraucht haben. Da *T* selbst Nichtraucherin ist, ist demnach nach der allgemeinen Lebenserfahrung darauf zu schließen, dass der am Vortag noch nicht vorhandene Brandfleck im Teppichboden des zuletzt renovierten Zimmers von den Leuten *Ps* herrührt, d. h. dass der *T* entstandene Schaden gerade aus der Verletzung von dessen aus § 241 II resultierender Nebenpflicht, den Besteller nicht in vermeid-

---

[1]   *Rosenberg/Schwab/Gottwald*, Zivilprozessrecht, 17. Aufl. 2010, § 114.
[2]   Vgl. *BGH* NJW 2009, 2298 (2299).
[3]   Vgl. nur Palandt/*Grüneberg*, § 280 Rn. 34; *BGH* NJW 2009, 2298.
[4]   *BGH* NJW 2009, 2298 (2299).
[5]   Vgl. Palandt/*Grüneberg*, § 280 Rn. 34; PWW/*Schmidt-Kessel*, § 280 Rn. 24.

barer Weise zu schädigen,[6] resultiert. Diesen Anscheinsbeweis könnte *P* u. a. durch den Nachweis erschüttern, dass der Brandfleck auf das Konto Dritter oder gar der *T* selbst geht. Im Sachverhalt heißt es aber ausdrücklich, dass „einiges" für die Verantwortlichkeit seiner Leute spricht, und sich „das nicht mehr hinreichend aufklären" lasse. Das bedeutet zugleich, dass *P* einen solchen Beweis des Gegenteils nicht führen und den entsprechenden Anschein nicht widerlegen kann.

d) Zu prüfen bleibt noch, ob die betreffenden Mitarbeiter *Ps* auch seine Erfüllungsgehilfen waren, so dass ihr entsprechendes Verhalten ihm gem. § 278 S. 1 wie eigenes Verhalten zugerechnet werden kann. Dem Sachverhalt ist zu entnehmen, dass der Brandfleck – im Gegensatz zum Diebstahl der Uhr – offenbar im Zuge der „normalen" Betätigungen der Mitarbeiter verursacht wurde, vermutlich durch Unachtsamkeit beim Rauchen während einer Arbeitspause. Die Mitarbeiter können also auch insoweit ohne weiteres als Erfüllungsgehilfen *Ps* betrachtet werden, so dass § 278 S. 1 anwendbar ist. Folglich muss er sich das Verhalten seiner Leute voll zurechnen lassen.

P haftet daher *T* aus § 280 I auf entsprechenden Schadensersatz.

2. § 831 I 1

a) Ein weiterer Ersatzanspruch könnte sich aus § 831 I 1 i. V. m. § 823 I herleiten lassen. Das Eigentum – also ein absolutes Recht i. S. von § 823 I – von *T* ist verletzt,[7] und die Leute *Ps* sind unzweifelhaft auch dessen Verrichtungsgehilfen i. S. von § 831 I 1. Allerdings lässt sich laut Sachverhalt „nicht mehr hinreichend aufklären", ob diese Leute den entsprechenden Schaden wirklich tatbestandsmäßig, rechtswidrig und kausal herbeigeführt haben. Auf das Verschulden der Verrichtungsgehilfen kommt es im Rahmen des § 831 grundsätzlich nicht an. Nach h. M. hat der Geschädigte im Rahmen der §§ 823 ff. generell den objektiven Tatbestand einer unerlaubten Handlung, die Ursächlichkeit für den eingetretenen Schaden und das Verschulden zu beweisen.[8] Das kann *T* nicht. Hier könnte freilich – wie bei dem zuvor behandelten Anspruch aus § 280 I 1 – eine Umkehr der Beweislast zugunsten von *T* weiterhelfen.

b) Teilweise wird die grundsätzliche Übernahme der Regel von der Beweislastverteilung nach Gefahrenbereichen in das Deliktsrecht postuliert.[9] Dem lässt sich aber entgegenhalten, dass diese Regel noch nicht einmal innerhalb solcher Schuldverhältnisse allgemeine Gültigkeit besitzt, die zwischen den Parteien bereits bestanden, ehe sich die zu beweisenden Tatsachen ereigneten. Hier vermag jedoch wiederum der Anscheinsbeweis einzugreifen, bei dem die beweisbelastete Partei nur einen Tatbestand dartun muss, der nach allgemeiner Lebenserfahrung auf eine bestimmte Ursache hinweist.[10] Nach der Lebenserfahrung ist im vorliegenden Fall anzunehmen, dass die Leute *Ps* während des Rauchens durch Unvorsichtigkeit den Brandfleck verursacht haben. Die „ernsthafte Möglichkeit eines atypischen Geschehensablaufs" kann *P* angesichts des Sachverhalts nicht nachweisen. Über den Beweis des ersten Anscheins sind also die in Rede stehenden Voraussetzungen der §§ 831 I 1, 823 I letztlich doch von *T* dargetan.

---

6 Vgl. *Larenz* I, S. 364 f.; *Looschelders*, Schuldrecht AT, Rn. 19 ff.
7 Ihr steht das Eigentum am Teppichboden trotz dessen Befestigung auf dem Boden ihrer Mietwohnung und damit des betreffenden, ihr nicht gehörenden Gebäudes jedenfalls gem. § 95 noch zu.
8 Vgl. statt aller Palandt/*Sprau*, § 823 Rn. 80.
9 *Prölss*, Beweiserleichterungen im Schadensersatzprozess, 1966, S. 78; *Larenz* I, S. 375 f.
10 Vgl. *BGH* NJW 2006, 2262 (2263) m. N.

c) Fraglich könnte nur sein, ob die Leute *Ps* bei der Schädigung noch „in Ausführung der Verrichtung" gehandelt haben. Hierunter fällt eine solche Handlung nicht mehr, die nur „bei Gelegenheit" der Verrichtung begangen wurde, also etwa eine vorsätzlich begangene unerlaubte Handlung der Gehilfen.[11] Dagegen wird von der h. M. selbst „bewusstes und eigenmächtiges Zuwiderhandeln gegen Weisungen des Geschäftsherrn" noch als „in Ausführung" der betreffenden Verrichtungen begangen angesehen.[12] Geht man im vorliegenden Fall entsprechend der allgemeinen Lebenserfahrung von einem bloß fahrlässigen Verhalten der Leute *Ps* aus, ist auch dieses Kriterium des § 831 I 1 gegeben.

d) Demnach haftet *P* zusätzlich aus unerlaubter Handlung, sofern er sich nicht gem. § 831 I 2 exkulpieren kann. Da nicht mehr festzustellen ist, welcher seiner Leute den Schaden verursacht hat, müsste er für alle Mitarbeiter den entsprechenden Entlastungsbeweis führen, die am letzten Tag bei *T* gearbeitet haben. Diesen Nachweis wird er angesichts des Sachverhalts wohl kaum erbringen können. Deshalb lässt sich davon ausgehen, dass er auch aus unerlaubter Handlung ersatzpflichtig ist.

T verlangt mithin zu Recht von *P* Schadensersatz für den beschädigten Teppichboden.

3. § 823 I wegen Organisationsverschuldens

Ein Anspruch aus § 823 I wegen Organisationsverschuldens kommt hingegen nicht in Betracht, da sich dem Sachverhalt keine Anhaltspunkte für ein solches Verschulden des *P* entnehmen lassen. Vielmehr hat dieser nur qualifizierte Kräfte in seinem Betrieb beschäftigt.

II. Ersatz wegen der gestohlenen Uhr

1. § 280 I 1

Erneut könnte § 280 I 1 die Anspruchsgrundlage sein. Im Gegensatz zu der nicht ganz aufgeklärten Situation bei der Beschädigung des Teppichbodens steht hier sogar fest, dass ein Hilfsarbeiter *Ps* die Uhr während der Durchführung der Renovierungsarbeiten vorsätzlich weggenommen hat. Erfüllungsgehilfe ist grundsätzlich, wer mit Willen des Schuldners zur Erfüllung von dessen Verbindlichkeiten tatsächlich tätig wird.[13] Der Täter war hinsichtlich der Durchführung der Renovierungsarbeiten sicherlich Erfüllungsgehilfe des *P*, und er hat zudem sogar bewusst und gewollt, also vorsätzlich, gehandelt, so dass insoweit auch ein Vertretenmüssen i. S. von § 280 I 2 vorliegt. Daher scheint die Anwendung des § 278 unproblematisch zu sein.

a) Dem ist jedoch nicht so. Die lange Zeit h. M. in der Literatur und vor allem in der Rechtsprechung verlangte nämlich, dass die schadensstiftende Handlung des Gehilfen mit der Erfüllung nicht nur in einem äußeren, sondern in einem inneren Zusammenhang stehen und in Ausübung der Hilfstätigkeit begangen worden sein müsse. Deshalb hafte der Schuldner nicht, wenn sich die Hilfsperson nur bei Gelegenheit der Hilfeleistung vorsätzlich oder fahrlässig eine – selbstständige – unerlaubte Handlung zum Schaden des Gläubigers hat zuschulden kommen lassen;[14] der Diebstahl, den der mit der Reparatur beauftragte Arbeitnehmer bei Ausführung der

---

[11] Vgl. etwa BGHZ 11, 151 (152 f.); *BGH* NJW-RR 1989, 723 (725).
[12] Vgl. nur BGHZ 49, 19; Palandt/*Sprau*, § 831 Rn. 9.
[13] Vgl. Palandt/*Grüneberg*, § 278 Rn. 7 m. w. N.
[14] Siehe RGZ 63, 341 (343 f.); BGHZ 23, 319 (323); aus neuerer Zeit etwa *BGH* NJW 1997, 1360 (1361).

Arbeit vornimmt, war nach dieser Ansicht geradezu ein klassischer Fall für die Unanwendbarkeit des § 278.[15] Gegen sie wurde dann in zunehmendem Maße eingewandt, dass die fragliche Unterscheidung „im Ergebnis der von der Schuldrechtslehre entwickelten Erweiterung der gesetzlichen Schutz- und Erhaltungspflichten" widerspreche, wonach jeder Vertragsteil verpflichtet sei, den Partner „vor Schädigungen jeder Art im Rahmen des Vertragsverhältnisses zu bewahren".[16]

b) Bedenkt man, dass derartige Schutz- und Nebenpflichten in § 241 II eine ausdrückliche gesetzliche Verankerung gefunden haben, dann verdient letztere Ansicht grundsätzlich Zustimmung.[17] Damit besteht freilich die Gefahr einer Ausuferung des § 278 S. 1, die dazu führen kann, den Schuldner schlechthin für das schuldhafte Verhalten „seiner Leute" haften zu lassen. Einen so weiten Anwendungsbereich kann § 278 aber, wie insb. aus § 428 HGB folgt,[18] nicht haben. Auch verschwimmt dadurch die Abgrenzung zur deliktischen Einstandspflicht aus § 831, dessen Exkulpationsmöglichkeit durch eine weite Auslegung der vertraglichen Haftung faktisch verdrängt würde. Bedenkt man, dass den Schuldner die „Erfolgshaftung" des § 278[19] deshalb trifft, weil er durch das konkrete Schuldverhältnis die Möglichkeit zur Einwirkung auf die Sphäre des anderen Teils erhalten und damit eine erhöhte Gefährdung der Rechtsgüter seines Partners geschaffen hat, und dass der Gläubiger auf die Auswahl und Überwachung der Gehilfen des Schuldners grundsätzlich keinen Einfluss nehmen kann, dann muss der Schuldner sich über § 278 S. 1 auch derartige Handlungen seiner Mitarbeiter zurechnen lassen, sofern diese nur die Möglichkeit zu ihnen aufgrund des betreffenden Vertrags oder das sonstige Schuldverhältnisses erhalten haben.[20] Das ist jedenfalls dann der Fall, wenn der Gehilfe im Rahmen der Ausführung von „Leistungspflichten"[21] des Schuldners die Möglichkeit zum Eindringen in die Sphäre des Gläubigers und zur Einwirkung auf dessen Rechtsgüter oder Rechte erlangt hat. Wer als Hilfsarbeiter eines Malermeisters bei der vertraglich geschuldeten Renovierung der Wohnung des Auftraggebers dort eine diesem gehörende Sache entwendet, muss demnach im Hinblick auf die in Rede stehenden weiteren Verhaltenspflichten des Unternehmers noch als dessen Erfüllungsgehilfe angesehen werden.

c) Dass § 278 generell auch für ein entsprechend vorsätzliches Gehilfenhandeln gilt, folgt schon aus seinem S. 2. Angesichts der von *T* getroffenen Vorsichtsmaßnahmen kann ein mitwirkendes Verschulden i. S. von § 254 nicht angenommen werden. *P* muss *T* demnach gem. § 280 I 1 auch Ersatz für die gestohlene Uhr leisten.

2. § 831 I 1

In Betracht kommt ein weiterer Ersatzanspruch aus § 831 I 1 i. V. m. § 823. Der Täter war als Hilfsarbeiter Verrichtungsgehilfe des *P*, hat das Eigentum von *T* (§ 823

---

[15] Vgl. *Larenz* I, S. 302; Palandt/*Heinrichs*, 49. Aufl. 1990, § 278 Anm. 4 c.

[16] So z. B. schon *Zunft*, AcP 153 (1954), 373 (378); *E. Schmidt*, AcP 170 (1970), 502 (505).

[17] Vgl. nur MüKoBGB/*Grundmann*, § 278 Rn. 47; Palandt/*Grüneberg*, § 278 Rn. 20 ff.; eingehend *Wendelstein*, AcP 215 (2015), 70 (76 ff.), der sich – abweichend von der h. M. – mit guten Gründen für eine analoge Anwendung des § 278 auf Verletzungen des Integritätsinteresses ausspricht.

[18] Nach dieser Vorschrift haftete der Frachtführer für ein Verschulden „seiner Leute" stets, für ein Verschulden „anderer Personen" dagegen nur dann, wenn er sich ihrer „zur Ausführung der Beförderung bediente", d. h. bei Vorliegen der Voraussetzungen des § 278.

[19] Palandt/*Grüneberg*, § 278 Rn. 1.

[20] Vgl. nur *Esser/E. Schmidt*, S. 103; Palandt/*Grüneberg*, § 278 Rn. 22.

[21] Dazu *Larenz* I, S. 8 f.

I) rechtswidrig verletzt. Fraglich ist allerdings, ob er noch „in Ausführung der Verrichtung" handelte. Berücksichtigt man, dass § 831 als Norm des allgemeinen Deliktsrechts im Gegensatz zu § 278 keine vorherige schuldrechtliche Beziehung zwischen Gläubiger und Schuldner und damit keine Einwirkungsmöglichkeit des Einen auf die Sphäre des Anderen voraussetzt, dann wird man seinen Anwendungsbereich hier enger eingrenzen müssen, so dass vorsätzlich begangene unerlaubte Handlungen des Mitarbeiters, zu denen ihm der Auftrag lediglich Anlass und Anreiz bot, in der Regel nicht als in Ausführung der aufgetragenen Verrichtung erfolgt angesehen werden können.[22] Anhaltspunkte dafür, dass im vorliegenden Fall ausnahmsweise etwas anderes zu gelten hätte, sind nicht ersichtlich. § 831 I 1 ist demnach unanwendbar. Aus demselben Grund scheidet auch eine mögliche Haftung des *P* aus § 823 II i. V. m. § 242 StGB aus.

Eine deliktsrechtliche Haftung *Ps* hinsichtlich der Uhr besteht deswegen nicht.

3. § 823 I

Wie bereits oben ausgeführt,[23] besteht auch kein Anspruch aus § 823 I wegen Organisationsverschuldens.

---

[22] Vgl. z. B. Palandt/*Sprau*, § 831 Rn. 9; Jauernig/*Teichmann*, § 831 Rn. 8.
[23] Siehe oben I 3.

Fall 3. Der bibliophile Professor

Unmöglichkeit – Schadensersatz statt der ganzen Leistung – Schuldnerverzug – Ersatz der Mahnkosten – Rücktritt bei teilweiser Unmöglichkeit – Wertersatz

Sachverhalt

Professor *Klug* in Tübingen entdeckt im neuesten Angebot des Münchner Antiquariats „*Raritäten* GmbH" ein preisgünstiges Exemplar eines alten wissenschaftlichen Werkes. Aufgrund seines sofortigen Anrufs sagt ihm der Geschäftsführer der GmbH zu, er werde das Buch spätestens in einer Woche erhalten. Als trotz mehrfacher Mahnungen, für die *Klug* insgesamt 30 € aufwendet, sechs Wochen fruchtlos vergangen sind, verklagt *Klug* die GmbH vor dem zuständigen Gericht auf entsprechende Lieferung. Die GmbH wendet unter Beweisantritt ein, das fragliche Buch sei zehn Tage nach Abschluss des Kaufvertrages mit *Klug* in Folge eines durch Blitzschlag verursachten Brandes im Bücherlager zerstört worden, weshalb sie es leider nicht mehr liefern könne. *Klug* indessen bestreitet das und besteht auf der Verurteilung der GmbH, weil er das fragliche Werk bei einem anderen Antiquariat nur zu einem Mehrpreis von 500 € erhalten kann.

1. Wird das Gericht dieser – in vollem Umfang zulässigen – Klage stattgeben?
2. Angenommen, der Unmöglichkeitseinwand sei zutreffend, beweisbar und bewiesen; könnte *Klug* nunmehr von der GmbH Schadensersatz verlangen?
3. Angenommen, *Klug* habe das fragliche – aus einem Haupt- und einem Registerband bestehende – Werk nicht gekauft, sondern gegen eines seiner wertvollen Bücher getauscht, und die GmbH habe ihm zwar fristgemäß den Registerband, nicht aber den Hauptband geliefert, der wiederum entsprechend untergegangen wäre. Könnte *Klug* jetzt von diesem Vertrag zurücktreten? Besteht eine Ersatzpflicht des *Klug* gegenüber der GmbH, wenn er wenige Tage nach Erhalt des Registerbandes versehentlich eine brennende Zigarre auf dessen Einbanddeckel gelegt und diesen stark beschädigt hat?

Lösung

I. Frage 1 – Lieferungsklage

1. Bestehen des Anspruchs

Das Gericht kann der Klage auf Lieferung, d. h. auf Übereignung und Übergabe (§ 433 I 1) des betreffenden Werkes – einer Stückschuld –, nur dann stattgeben, wenn im Zeitpunkt der letzten mündlichen Verhandlung noch ein dahingehender Anspruch *Klugs (K)* besteht. Ein Kaufvertrag mit der GmbH (§ 164 I 1 i. V. m. §§ 35 I, 36 GmbHG) und damit ein solcher Lieferungsanspruch des *K* ist ursprünglich unzweifelhaft vorhanden gewesen.

2. Einwendungen

Möglicherweise ist dieser Anspruch jedoch inzwischen durch den Untergang des betreffenden Buches gem. § 275 I erloschen. Danach ist der Anspruch auf Leistung ausgeschlossen, soweit diese für den Schuldner oder für jedermann unmöglich ist. Wäre das betreffende Buch wirklich „untergegangen", dann wäre der Anspruch auf Lieferung, d. h. nach § 433 I 1 auf Übereignung und Übergabe, weggefallen. § 275 I greift damit die römisch-rechtliche Parömie *impossibilium nulla est obligatio* auf. Nachdem *K* das Vorbringen der GmbH (mit Nichtwissen, § 138 IV ZPO) bestritten hat und der Vortrag der Beklagten entscheidungserheblich ist, muss der von der Beklagten angetretene Beweis erhoben werden.[1]

Der Lieferungsklage *Ks* kann also nur stattgegeben werden, wenn dieser Unmöglichkeitsbeweis scheitert.

II. Frage 2 – Schadensersatz I

1. Schuldnerverzug, §§ 280 I, II, 286

K könnte zunächst den Ersatz der Mahnkosten in Höhe von 30 € verlangen. Eine mögliche Anspruchsgrundlage dafür könnte sich aus §§ 280 I 1, II, 286 ergeben.

a) Nach § 286 kommt ein Schuldner prinzipiell in Verzug, wenn er trotz Mahnung des Gläubigers und Fälligkeit der Forderung nicht leistet. Darüber hinaus müssen die fragliche Leistung zu diesem Zeitpunkt noch möglich und der Anspruch auf ihre Erbringung noch durchsetzbar sein;[2] überdies muss der Schuldner die fragliche Leistungsverzögerung zu vertreten haben (§ 286 IV). Zur vereinbarten Lieferzeit („spätestens binnen einer Woche") war der GmbH die Lieferung des Buchs noch möglich, die Leistung war zudem fällig i. S. von § 271 I und der Anspruch auf ihre Erbringung durchsetzbar, d. h. nicht mit einer Einrede behaftet. Zu vertreten hat ein Schuldner nach § 276 I 1 grundsätzlich Vorsatz und jede Form von Fahrlässigkeit. Vorsatz als bewusstes und gewolltes Tun liegt angesichts des entsprechenden Schweigens des Sachverhalts nicht vor. Es könnte aber auf Seiten der GmbH eine Fahrlässigkeit – d. h. eine Außerachtlassung der verkehrserforderlichen Sorgfalt (§ 276 II) – gegeben sein. Im Hinblick darauf, dass insoweit die Beweislast (via § 286 IV) umgekehrt ist, also der Schuldner das Nichtvorliegen seiner Fahrlässigkeit zu beweisen hat,[3] wird man mangels anderer Angaben des Sachverhalts davon ausgehen können, dass die GmbH diesen Beweis des Gegenteils nicht erbringen kann. Damit ist auch ein Vertretenmüssen anzunehmen. Auch hat *K* die GmbH wiederholt gemahnt.

Jedoch muss bedacht werden, dass normalerweise der Schuldnerverzug erst *durch* die Mahnung eintritt, also nicht Folge, sondern Voraussetzung des Schuldnerverzugs ist, weshalb die Kosten einer solchen Mahnung an sich nicht unter dem Gesichtspunkt des Verzögerungsschadens geltend gemacht werden können. Indes kann ein Schuldner gem. § 286 II und III auch ohne Mahnung in Verzug geraten. Hier könnte § 286 II Nr. 1 in Betracht kommen, wonach es zum Eintritt des Verzugs nach dem Grundsatz *dies interpellat pro homine* dann einer Mahnung des Gläubigers nicht bedarf, wenn der Leistungszeitpunkt kalendermäßig bestimmt ist. In casu wurde dem Gläubiger die Lieferung des Buchs bei Abschluss des Kaufvertrags „spätestens in einer Woche" zugesagt. Das stellt eine derartige kalendermäßige Bestimmtheit

---

[1]   Zu den Voraussetzungen der Beweiserhebung Zöller/*Greger*, Vor § 284 Rn. 8 ff.
[2]   Vgl. nur Palandt/*Grüneberg*, § 286 Rn. 8 ff.
[3]   Vgl. *OLG Naumburg* NJW-RR 2010, 1180.

dar. Die GmbH ist folglich mit Ablauf des siebten Tages nach Abschluss des entsprechenden Kaufvertrags in Schuldnerverzug geraten.

Deswegen kann *K* von der GmbH den Ersatz des Verzögerungsschadens verlangen.

b) Fraglich ist, in welchem Umfang der Verzögerungsschaden ersatzfähig ist. Infolge des Verzugs sind *K* zunächst Mahnkosten in Höhe von 30 € entstanden, des Weiteren hat er sich zu einem Mehrpreis von 500 € ein Ersatzexemplar besorgt. Nach § 249 I ist *K* so zu stellen, wie er bei pünktlicher Leistung des Schuldners stünde. Beide Schadenspositionen sind äquivalent und adäquat kausal durch die Verzögerungen entstanden. Problematisch erscheint jedoch, dass jedenfalls ein Teil der Mahnkosten sowie die Mehrkosten für den Deckungskauf nach Eintritt der Unmöglichkeit entstanden sind. Die Unmöglichkeit beendet den Schuldnerverzug.[4] Ersatzfähig sind damit nur diejenigen Mahnkosten, die vor der Zerstörung des Buches angefallen sind. Ein möglicher Anspruch wegen Schadensersatz statt der Leistung steht dem nicht entgegen; beide Ansprüche stehen nebeneinander.[5] Ein aufgrund einer später eingetretenen Unmöglichkeit der Leistung erwachsener Anspruch auf Schadensersatz *statt* der Leistung kann keinen Ersatz des bloßen Verzögerungsschadens gewähren. Dagegen sind vorher eingetretene Verzögerungsschäden auch dann über §§ 280 I, II, 286 noch liquidierbar, wenn die geschuldete Leistung alsbald danach unmöglich geworden ist.[6]

Somit kann *K* gem. §§ 280 I, II, 286 nur diejenigen Mahnkosten ersetzt verlangen, die vor dem Eintritt der Unmöglichkeit entstanden sind.

2. Schadensersatz statt der Leistung, §§ 280 I, III, 283

Für die später entstandenen Mahnkosten sowie seinen „eigentlichen" Schaden könnte *K* entsprechenden Ersatz gem. §§ 280 I, III, 283 verlangen. Voraussetzung wäre, dass der Schuldner nach § 275 I von der Leistungspflicht befreit ist. In Folge des jetzt bewiesenen und damit feststehenden Untergangs des Buchs ist dessen Lieferung nachträglich objektiv unmöglich geworden, so dass der Tatbestand des § 275 I Fall 2 erfüllt ist.

a) § 280 I setzt zunächst die Verletzung einer Pflicht aus dem Schuldverhältnis voraus. Nun könnte es fraglich sein, ob man eine objektiv weggefallene Leistungspflicht überhaupt noch verletzen kann, so dass § 280 I eigentlich unanwendbar wäre.[7] Nachdem die §§ 280 bis 283 aber nach dem eindeutigen Willen des Gesetzgebers alle Tatbestände der Leistungsstörungen umfassen sollen, also auch und gerade die der Unmöglichkeit, ist die Pflichtverletzung im Falle des § 283 S. 1 darin zu sehen, dass die geschuldete Leistung nicht erbracht wird, der Schuldner also damit vom vertraglichen Pflichtprogramm abweicht.[8] Dem von *K* geltend gemachten Schadensersatzanspruch kann also nicht entgegengehalten werden, dass es insoweit an einer Pflichtverletzung fehlt.

b) Es fragt sich aber, ob die GmbH diese Unmöglichkeit i. S. von § 280 I 2 auch zu vertreten hat. Gem. § 276 I 1 ist Vertretenmüssen grundsätzlich mit Verschulden identisch – ein solches Verschulden liegt aber bei einem „zufälligen" Untergang nicht vor. Indes haftet der Schuldner aufgrund von § 287 S. 2 ausnahmsweise auch

---

[4] Palandt/*Grüneberg*, § 286 Rn. 12.
[5] Vgl. nur Palandt/*Grüneberg*, § 286 Rn. 41.
[6] S. Vornote.
[7] S. dazu näher Fall 1.
[8] Anders die 6. Auflage (dort Fall 7, S. 74), in der der Verweis in § 283 S. 1 so gelesen wird, dass er sich nur auf § 280 I 2 bezieht, die Pflichtverletzung damit keine Rolle spielt.

für Zufall, sofern er sich im Zeitpunkt des zufälligen Untergangs der in Rede
stehenden Sache im Schuldnerverzug befand, außer wenn der Schaden auch bei
rechtzeitiger Leistung eingetreten wäre, wovon hier mangels entsprechender Sach-
verhaltsangaben nicht ausgegangen werden kann. Die GmbH befand sich zudem im
Zeitpunkt des Eintritts der Unmöglichkeit bereits drei Tage im Schuldnerverzug.[9]
Mithin hat sie diese Unmöglichkeit auch zu vertreten und schuldet K jetzt nach
§§ 280 I 1, III, 283 S. 1 Schadensersatz statt der Leistung.

c) Der Umfang des danach geschuldeten Ersatzes richtet sich nach § 249 I. Entsprechend der Differenzhypothese könnte K als derartigen Schaden den Unterschied
zwischen der Vermögenslage bei Nichteintritt der Leistungsstörung des Verkäufers
und dem durch den Eintritt dieser Leistungsstörung verursachten wirklichen Vermögensstand ersetzt verlangen. Leistungsstörung in diesem Sinn ist freilich nicht der
Verzug, sondern – weil es hier um den Schadensersatz nach § 283 S. 1 geht – allein
die Unmöglichkeit. Deshalb sind insoweit nur diejenigen Mahnkosten liquidierbar,
die erst nach Eintritt der Unmöglichkeit entstanden sind,[10] nicht aber auch die
bereits zuvor erwachsenen. Außerdem steht K als geradezu typischer „Nichtleis-
tungsschaden" gem. der (abgeschwächten) Differenztheorie[11] ein Anspruch auf Ersatz der Differenz zwischen dem Wert der untergegangenen Sache und dem seiner
Gegenleistung zu. Diese Differenz beträgt im vorliegenden Fall 500 €, so dass die
GmbH ihm auch insoweit ersatzpflichtig ist.[12]

III. Frage 3 – Rücktritt/Schadensersatz II

1. Rücktritt

a) K könnte gem. § 323 I i. V. m. § 326 V vom Vertrag zurücktreten. § 323 I gewährt
dem Gläubiger u. a. dann ein Rücktrittsrecht, wenn der Schuldner die fällige Leistung nicht erbringt. Das ist hier hinsichtlich der Lieferung – das heißt der Übereignung und Übergabe des untergegangenen Hauptbands – zweifellos der Fall. § 323
I gewährt das Rücktrittsrecht allerdings prinzipiell nur, wenn der Gläubiger dem
Schuldner zuvor erfolglos eine angemessene Frist zur Leistung bestimmt hat. Eine
solche Nachfristsetzung erscheint aber dann als sinnlos, wenn – wie hier – die
Erbringung der betreffenden Leistung unmöglich geworden ist. Deswegen bestimmt
§ 326 V ausdrücklich, dass in solchen Fällen eine Fristsetzung entbehrlich ist. K
könnte demnach an sich vom Vertrag zurücktreten.

Die geschuldete Leistung bestand aber nicht nur aus der Lieferung des Hauptbands,
sondern auch aus der des Registerbands, und den hat der Gläubiger ja erhalten. Es
liegt also nur ein Fall der teilweisen Unmöglichkeit vor. Für ihn gewährt § 323 V 1
dem Gläubiger ein Rücktrittsrecht bezüglich des ganzen Vertrages nur dann, wenn
er an der Teilleistung kein Interesse hat. Wer nicht den Hauptband, sondern nur den
Registerband eines Werkes erhält, kann im Allgemeinen damit nichts Sinnvolles
anfangen, wobei noch berücksichtigt werden muss, dass ein eventueller späterer
isolierter Ergänzungskauf im Hinblick darauf problematisch ist, dass i. d. R. Haupt-
und Ergänzungsband nur zusammen abgegeben werden. Für K hat deshalb diese

---

[9] Siehe oben II 1 a.
[10] Vgl. dazu oben unter II 1 b.
[11] Dazu statt aller *Larenz* I, S. 341 f.; s. auch Fall 1.
[12] Teilweise wird dem Gläubiger das Recht zugebilligt, sämtliche Schadenspositionen (ein-
      schließlich Verzögerungsschaden) über § 283 geltend zu machen. Dies ist aber abzulehnen,
      da es – ohne praktische Notwendigkeit – die verschiedenen Kategorien vermengt, vgl.
      Lorenz, JuS 2008, 203 (205).

Teilerfüllung des Tauschvertrages durch die GmbH kein Interesse. Er ist daher im Grundsatz berechtigt, vom ganzen Tauschvertrag zurückzutreten.

b) Dieses Rücktrittsrecht könnte aber im vorliegenden Fall deshalb ausgeschlossen sein, weil *K* mittlerweile den Einbanddeckel des Registerbands versehentlich beschädigt hat. § 323 VI sieht einen Ausschluss des Rücktrittsrechts aber nur im Falle einer überwiegenden Verantwortlichkeit des Gläubigers für den zum Rücktritt berechtigenden Umstand und den Fall des Annahmeverzuges vor. Beide Konstellationen liegen hier nicht vor. Stattdessen führen Beschädigungen oder Verschlechterungen des Gegenstandes zu einer Ausgleichspflicht des Gläubigers.[13] Damit bleibt festzuhalten, dass *K* vom gesamten Tauschvertrag mit der GmbH zurücktreten kann.

2. Schadensersatz

Zu untersuchen bleibt, ob *K* seinem Tauschpartner nicht wenigstens den entsprechenden Schaden ersetzen muss.

a) Gem. § 346 II Nr. 3 hat der Schuldner statt der Rückgewähr Wertersatz zu leisten, soweit der empfangene Gegenstand sich verschlechtert hat. Dabei soll aber eine durch die bestimmungsgemäße Ingebrauchnahme entstandene Verschlechterung außer Betracht bleiben. Die Beschädigung des Einbanddeckels eines Buches durch eine brennende Zigarre geht sicherlich über den Umfang einer „bestimmungsgemäßen Ingebrauchnahme" hinaus. Die Pflicht zum Wertersatz entfällt jedoch gem. § 346 III Nr. 3 auch dann, wenn die Verschlechterung beim Berechtigten eingetreten ist, obwohl dieser diejenige Sorgfalt beobachtet hat, die er in eigenen Angelegenheiten anzuwenden pflegt. Auch wenn Rauchen, insbesondere Zigarrenrauchen, in der Professorenschaft nicht gänzlich ungewöhnlich ist und auch und gerade im häuslichen Studierzimmer stattfindet, und zwar durchaus auch beim Umgang mit Büchern, lässt sich daraus noch nicht ableiten, dass sich *K* beim Umgang mit seinen eigenen Büchern generell in einer so sorglosen Weise verhält. Man wird deswegen kaum davon ausgehen können, dass er dabei diejenige Sorgfalt beobachtet hat, die er sonst in eigenen Angelegenheiten anzuwenden pflegt. Selbst bei gegenteiliger Sichtweise wäre aber die Vorschrift des § 277 zu berücksichtigen. Nach ihr ist derjenige, der nur für die sog. eigenübliche Sorgfalt einzustehen hat, von der Haftung wegen grober Fahrlässigkeit nicht befreit. Das versehentliche Ablegen einer brennenden Zigarre auf einem Einbanddeckel eines Buches ist gewiss eine Außerachtlassung der im Verkehr erforderlichen Sorgfalt, also ein fahrlässiges Verhalten. Angesichts der Gefahren, die von einer auf einem Buch abgelegten, brennenden Zigarre nicht nur für das Buch, sondern auch für die gesamte Umgebung ausgehen, liegt darin ein geradezu ins Auge springender, evidenter Sorgfaltsverstoß; mithin handelte *K* grob fahrlässig.[14] *K* muss also für die Beschädigung des Registerbands Wertersatz i. S. von § 346 II Nr. 3 leisten.

b) Gem. § 346 III 2 muss *K* überdies eine etwaige verbleibende Bereicherung herausgeben.[15]

c) In Betracht kommt daneben ein (verschuldensabhängiger) Anspruch auf Schadensersatz aus §§ 346 IV, 280 I. Die Pflichtverletzung des *K* liegt hier darin, dass er das Buch entgegen seiner Pflicht aus dem Rückgewährschuldverhältnis nicht in einem Zustand zurückgegeben hat, in dem es sich bei ordnungsgemäßer Nutzung

---

[13] Siehe sogleich im Text.
[14] A. A. die 6. Auflage (dort Fall 7, S. 76).
[15] Hierbei handelt es sich um eine Rechtsfolgenverweisung, vgl. PWW/*Stürner*, § 346 Rn. 20.

befunden hätte.[16] Nach nicht unbestrittener, aber zutreffender Ansicht gilt die Beschränkung des Haftungsmaßstabes nach § 346 III Nr. 3 auch hier;[17] da sie aber im Ergebnis nicht vorliegt,[18] kommt es hierauf nicht entscheidend an. *K* schuldet daher auch Schadensersatz nach §§ 346 IV, 280 I.

d) Ein Anspruch aus §§ 989, 990 I scheidet mangels Vindikationslage aus. Die GmbH hatte das Eigentum im Zeitpunkt der Beschädigung des Registerbandes bereits durch Übereignung an *K* (§ 929 S. 1) verloren, so dass schon diese Anspruchsvoraussetzung fehlt.

K muss folglich den beschädigten Registerband herausgeben; dazu schuldet er Ersatz für die Beschädigung.

---

[16] Worin die Pflichtverletzung i. S. d. § 346 IV liegt, ist umstritten, vgl. PWW/*Stürner*, § 346 Rn. 21 ff.
[17] Nachweise bei Palandt/*Grüneberg*, § 346 Rn. 18. Bei gegenteiliger Ansicht wird das Haftungsprivileg entwertet; es muss erst recht für den schärferen Schadensersatzanspruch gelten.
[18] Siehe oben unter 1.

Fall 4. Die verhängnisvolle Bananenschale

Culpa in contrahendo – Vertrag mit Schutzwirkung zugunsten Dritter – Haftung für Erfüllungs- und Verrichtungsgehilfen

Sachverhalt

Die stark kurzsichtige Rentnerin *Lebesanft* gleitet am späten Nachmittag in der belebten Textilabteilung eines in der Rechtsform einer Aktiengesellschaft geführten großen Kaufhauses auf einer Bananenschale aus, die auf dem Gangboden liegt. Sie stürzt, wobei ihre Brille zerstört wird, so dass ihr ein – durch ihre Versicherung nicht gedeckter – Schaden von 200 € entsteht. Die fragliche Bananenschale stammte vermutlich aus der benachbarten Lebensmittelabteilung des Kaufhauses und hatte wohl schon eine Weile auf dem Gang der Textilabteilung gelegen, wo sie von den sorgfältig ausgewählten und gut überwachten Verkäufer/innen dieser Abteilung nicht wahrgenommen worden war; genaue Feststellungen hierzu lassen sich indes nicht mehr treffen.

1. Kann Frau *Lebesanft*, die nach dem Sturz von ihrem Entschluss, dort ein Paar Strümpfe zu kaufen, Abstand genommen hatte, vom Kaufhaus Ersatz der 200 € verlangen?
2. Haftet das Kaufhaus, wenn Frau *Lebesanft* zu einem Kauf noch nicht fest entschlossen gewesen war, als sie stürzte?
3. Wie wäre es, wenn sie das Kaufhaus lediglich in der Absicht, sich dort etwas aufzuwärmen, betreten hätte?
4. Angenommen, Frau *Lebesanft* hatte im Ausgangsfall ihre sechsjährige Enkeltochter *Clara* dabei. Beim Sturz reißt Frau *Lebesanft* das Mädchen so unglücklich mit, dass sich die nicht versicherte *Clara* das Handgelenk verdreht und ärztlich behandelt werden muss. Kann *Clara* die dabei entstehenden Kosten in Höhe von 500 € verlangen?

Lösung

I. Frage 1 – Ersatz der Brillenkosten

1. Anspruch aus §§ 280 I 1, 241 II, 311 II

a) Frau *Lebesanft (L)* könnte ihren Schadensersatzanspruch auf §§ 280 I 1, 241 II, 311 II stützen. Das setzt voraus, dass der Schuldner – die Kaufhaus AG – eine Pflicht aus dem Schuldverhältnis verletzt hat.

aa) Nach § 241 II kann ein Schuldverhältnis jeden Teil auch zu besonderer Rücksicht auf die Rechte, Rechtsgüter und Interessen des anderen Teils verpflichten. Ein Schuldverhältnis mit solchen Pflichten kann nach § 311 II auch durch die Anbahnung eines Vertrags entstehen.

bb) *L* hat in der Absicht, Strümpfe zu kaufen, das fragliche Geschäftslokal betreten und damit einen hinreichenden geschäftlichen Kontakt im Sinne von § 311 II Nr. 3

hergestellt. Aufgrund dieses Kontaktes hatte das Kaufhaus die vorvertragliche Schutzpflicht, u. a. dafür zu sorgen, dass das Eigentum der potentiellen Kundin nicht durch ein Verhalten seiner Mitarbeiter beeinträchtigt wird. Zu einer solchen Eigentumsverletzung – Zerstörung der Brille – ist es aber gekommen.

b) Es bleibt allerdings zu prüfen, ob diese Verletzung die Folge eines dem Kaufhaus zuzurechnenden Handelns seiner Mitarbeiter war. Nach § 280 I 2 muss der Schuldner, der eine Pflicht aus dem Schuldverhältnis verletzt hat, keinen Schadensersatz leisten, wenn er die Pflichtverletzung nicht zu vertreten hat. Zu vertreten hat der Schuldner gem. § 276 I 1 prinzipiell Vorsatz und Fahrlässigkeit. Die Ausnahmen einer strengeren oder milderen Haftung, die § 276 I 1 anspricht, sind im vorliegenden Fall nicht gegeben. Das Kaufhaus selbst hat freilich hier nicht gehandelt, u. U. aber haben seine Angestellten das getan. Daher kommt möglicherweise eine Haftungszurechnung über § 278 S. 1 in Betracht, wenn die Angestellten Erfüllungsgehilfen des Kaufhauses sind. Erfüllungsgehilfe ist, wer nach den tatsächlichen Gegebenheiten mit dem Willen des Schuldners bei der Erfüllung einer diesem obliegenden Verbindlichkeit als seine Hilfsperson tätig wird.[1] Die fraglichen Angestellten der Textilabteilung sind auch und gerade im Hinblick auf die Erfüllung vorvertraglicher Schutzpflichten Erfüllungsgehilfen des Kaufhauses.[2]

Nun haben allerdings diese Angestellten die Bananenschale nicht selbst in den Gang geworfen. Andererseits ist es eine Erfahrungstatsache, dass man über Obstschalen im Allgemeinen und über Bananenschalen im Besonderen „leicht gefährlich fallen" kann.[3] Die im Verkehr erforderliche Sorgfalt i. S. des § 276 II gebot es deshalb an sich den in Betracht kommenden Angestellten, die Bananenschale vom Gangboden zu entfernen, sobald sie sie bemerkt hatten. Sie hatten sie jedoch nicht wahrgenommen. Es lässt sich laut Sachverhalt auch nicht exakt feststellen, woher sie stammte und wie lange sie dort gelegen hat, wenngleich eine gewisse Wahrscheinlichkeit insbesondere dafür spricht, dass sie schon eine Weile dort lag. Träfe das zu, beruhte schon ihre mangelnde Wahrnehmung durch die Verkäufer auf Fahrlässigkeit, so dass § 278 S. 1 ohne weiteres eingreifen könnte. Indessen ist diese „gewisse Wahrscheinlichkeit" nicht hinreichend, um das Vorliegen eines derartigen Verschuldens positiv annehmen zu können.

§ 280 I 2 statuiert jedoch eine entsprechende Beweislastumkehr zu Gunsten des Geschädigten: Der mutmaßliche Schädiger muss beweisen, dass ihn kein Verschulden trifft bzw. ihm nicht der Vorwurf des Vertretenmüssens gemacht werden kann.[4] Die Gefahrenquelle Bananenschale ist also „zunächst... dem Gefahren- und Organisationsbereich des Kaufhauses zuzurechnen", und die Aktiengesellschaft hat dann zu beweisen, „daß von ihr die zur Vermeidung solcher Unfälle erforderlichen Organisations- und Überwachungsmaßnahmen getroffen worden sind", und dass auch ihre Mitarbeiter/innen „während der Geschäftszeit in Abständen" darauf achten, „daß nicht Obstreste... auf dem Boden herumliegen; bleiben Zweifel übrig, ob das Personal die ihm übertragene Pflicht zur Beobachtung und Wegräumung erfüllt hat, so gehen diese... zu Lasten" des Kaufhauses.[5] Berücksichtigt man, dass sogar eine gewisse Wahrscheinlichkeit dafür spricht, dass die Bananenschale schon eine Weile auf dem Gangboden gelegen hat, dann wird das Kaufhaus den Beweis, dass die Verkäufer/innen ihre Beobachtungspflicht erfüllt haben, nicht führen können.

---

[1]   BGHZ 13, 111 (113).
[2]   Vgl. nur MüKoBGB/*Grundmann*, § 278 Rn. 23.
[3]   *BGH* NJW 1962, 32.
[4]   Vgl. *BGH* NJW 2009, 2298 (2299).
[5]   *BGH* NJW 1962, 32; s. ferner BGHZ 66, 51 (53).

Mithin ist davon auszugehen, dass die Angestellten des Kaufhauses insoweit die im Verkehr erforderliche Sorgfalt missachtet und damit fahrlässig i.S. von § 276 II gehandelt haben. Ihr Verschulden muss sich das Kaufhaus gem. § 278 S. 1 wie eigenes Verschulden zurechnen lassen, weshalb es an sich *L* zum Schadensersatz verpflichtet ist.

c) Allerdings bleibt noch zu prüfen, ob nicht eine Schadensminderung oder gar ein Wegfall der Ersatzpflicht nach § 254 eintritt. Ein mitwirkendes Verschulden von *L* kann, wie der *BGH* im Bananenschalen-Urteil[6] mit Recht dargelegt hat, „nicht ohne weiteres mit der Erwägung verneint werden, sie habe – sozusagen blindlings – darauf vertrauen dürfen, dass alles Erforderliche zu ihrer Sicherheit getan sei", da eine „gelegentliche Verkehrswidrigkeit" selbst bei Anwendung aller Sorgfalt „nicht immer mit Sicherheit" verhindert werden könne, weshalb „insbesondere an Orten mit Publikumsverkehr stets eigene Vorsicht am Platze" sei. Nun hat die fragliche Bananenschale möglicherweise schon eine Weile auf dem Gangboden gelegen, obwohl die sorgfältig ausgewählten und gut überwachten Angestellten der Textilabteilung sie nicht bemerkt hatten; dann aber wird man einer stark kurzsichtigen Rentnerin den Vorwurf eines entsprechenden Mitverschuldens wohl nicht machen können.

d) Der durch die rechtswidrige und schuldhafte Verletzung derartiger Schutzpflichten Geschädigte kann gem. § 280 I 1 den Ersatz des hierdurch entstehenden Schadens verlangen. Dies bedeutet eine „Haftung auf einfachen Schadensersatz".[7] Zu ersetzen sind *L* demnach die Aufwendungen für die Anschaffung einer neuen Brille. Der von ihr geltend gemachte Schaden – der kausal auf die schuldhafte Pflichtverletzung zurückzuführen ist – umfasst nur den von einer Versicherung nicht übernommenen Betrag von 200 €, ist also auch unter dem Gesichtspunkt der Vorteilsausgleichung voll liquidierbar.

L verlangt daher gem. §§ 280 I 1, 241 II, 311 II zu Recht vom Kaufhaus die Zahlung dieser Summe.

2. § 831 I 1

Eine weitere Anspruchsgrundlage könnte § 831 I 1 sein. Die in Betracht kommenden Angestellten müssten zunächst Verrichtungsgehilfen des Kaufhauses sein. Verrichtungsgehilfe ist, wem von einem anderen, in dessen Einflussbereich er allgemein oder im konkreten Fall steht und gegenüber dem er weisungsgebunden ist, eine Tätigkeit übertragen worden ist.[8] Angestellte, die typischerweise weisungsgebunden sind, gehören zu den klassischen Verrichtungsgehilfen.[9] Weiterhin muss ein Rechtsgut der *L* verletzt sein. Zwar gilt nach (noch) h.M. die im Recht der Leistungsstörungen praktizierte Beweislastumkehr grundsätzlich nicht im Recht der unerlaubten Handlungen,[10] doch wird man hier davon ausgehen können, dass auch nach den Grundsätzen des Beweises des ersten Anscheins eine tatbestandsmäßige und rechtswidrige Verletzung des Eigentums von *L* durch die Mitarbeiter des Kaufhauses dargetan ist.[11]

---

6 *BGH* NJW 1962, 32.
7 BT-Drs. 14/6040, S. 135.
8 BeckOK BGB/*Förster*, § 831 Rn. 15 m. N. zur Entwicklung seit der Rechtsprechung des *RG; Medicus/Lorenz*, Schuldrecht II, Rn. 1345.
9 Jauernig/*Teichmann*, § 831 Rn. 6.
10 Siehe Palandt/*Grüneberg*, Vorb. v. § 249 Rn. 138; *Medicus/Lorenz*, Schuldrecht II, Rn. 1339.
11 Vgl. dazu *BGH* NJW 2009, 2298 (2299) sowie oben Fall 2.

Dies kann jedoch dahinstehen, da vorliegend eine Exkulpation der Kaufhaus AG in Betracht kommt: Im Hinblick darauf, dass der Sachverhalt alle Verkäufer der Textil-abteilung, „deren Pflichtversäumung möglicherweise für den Unfall ursächlich war",[12] als „sorgfältig ausgewählt und gut überwacht" bezeichnet, kann sich die Kaufhaus AG gem. § 831 I 2 entlasten. Ein Schadensersatzanspruch aus unerlaubter Handlung nach § 831 I 1 steht *L* deswegen nicht zu.

II. Frage 2 – Unentschlossene „Kundin"

1. §§ 280 I 1, 241 II, 311 II

Wiederum könnte sich ein Ersatzanspruch aus §§ 280 I 1, 241 II, 311 II ergeben. Fraglich ist nur, ob auch jemand, der die Geschäftsräume eines Kaufhauses betritt, ohne zu einem konkreten Vertragsschluss fest entschlossen zu sein, bereits einen hinreichenden geschäftlichen Kontakt zu seinem potentiellen Partner aufnimmt.

Gerade Kaufhäuser sind so konzipiert, dass sie potentiellen Kunden, die dennoch weitgehend anonym bleiben können, die Möglichkeit umfassender Information über ihr Warenangebot durch Besichtigung und Prüfung an Ort und Stelle bieten; dies ist nicht nur eine mehr oder weniger unerwünschte Nebenwirkung, sondern ein durch-aus beabsichtigter Hauptzweck ihrer Konstruktion und Präsentation. Wer jedoch potentielle Kunden auf diese Weise bewusst „anlockt" und sie so zu einem Vertrags-schluss bewegen will, dem müssen gegenüber solchen nur „möglichen Kunden" auch die entsprechenden vorvertraglichen Schutzpflichten auferlegt werden. Das ist jetzt in Gestalt von § 311 II Nr. 2 ausdrücklich gesetzlich fixiert.

Das Kaufhaus haftet *L* auch in diesem Fall nach §§ 280 I, 241 II, 311 II auf Ersatz der 200 €.

2. § 831 I 1

Im Hinblick auf § 831 I 2 bestehen dagegen wiederum wegen der Exkulpations-möglichkeit der Kaufhaus AG[13] keine deliktischen Ersatzansprüche.

III. Frage 3 – „Nur zum Aufwärmen"

1. §§ 280 I 1, 241 II, 311 II

Abermals könnte sich ein Ersatzanspruch von *L* aus §§ 280 I 1, 241 II, 311 II herleiten lassen. Problematisch ist allerdings, ob in dem Betreten eines Kaufhauses „lediglich in der Absicht, sich dort etwas aufzuwärmen", überhaupt die Aufnahme eines geschäftlichen Kontakts gesehen werden kann. Das mehrfach zitierte Bananen-schalen-Urteil des *BGH*[14] scheint diese Frage auf den ersten Blick positiv zu beant-worten, wenn es im Leitsatz und in der ersten Hälfte der Entscheidungsgründe mehrfach vom bloßen „Besucher eines Warenhauses" spricht; nur mit einem hohen Maß an Spitzfindigkeit ließe sich demgegenüber behaupten, zu solchen „Besuchern" zähle nicht, wer sich lediglich dort aufwärmen wolle. Der *BGH* macht aber in der zweiten Hälfte seiner Entscheidungsgründe deutlich, dass er ein vorvertragliches Schutzpflichtverhältnis nur dann als gegeben ansieht, „wenn der Besucher (…) zum Zwecke des Vertragsabschlusses den Raum betrat".[15] Dass diese Begrenzung zu eng

---

[12] *BGH* NJW 1962, 32.
[13] Siehe oben unter I 2.
[14] *BGH* NJW 1962, 31.
[15] *BGH* NJW 1962, 31 (32).

ist, wurde bereits eben[16] dargelegt; pikanterweise geht übrigens aus dem Urteil des *BGH* mit keiner Silbe hervor, dass die dort gestürzte Besucherin derart konkret kaufentschlossen gewesen ist. Andererseits lässt sich sagen, dass jemand, der sich allein zu Aufwärmzwecken in einem Kaufhaus aufhält, keinen einigermaßen konkreten, absehbaren Vertragsschluss vorbereitet, kein hinreichend „möglicher Kunde" ist, so dass es nicht angemessen erscheint, dem Kaufhaus auch ihm gegenüber entsprechende vorvertragliche Schutzpflichten aufzuerlegen.[17] § 311 II Nr. 2 erfordert eine „Anbahnung eines Vertrags" in der Art, dass eine bloße „etwaige rechtsgeschäftliche Beziehung" ausreicht, und lässt in § 311 II Nr. 3 auch „ähnliche geschäftliche Kontakte" genügen. Das Betreten eines Kaufhauses allein zum Zweck des Aufwärmens dient aber nicht einmal einem bloß „etwaigen" Vertragsschluss und fällt deshalb nicht mehr unter § 311 II.[18] Freilich dürfte ein solcher Fall in der Praxis kaum vorkommen, da wohl jeder im Kaufhaus zu Schaden gekommene – auch ein momentan völlig mittelloser – Besucher hinterher glaubhaft behaupten wird, er habe durch Besichtigung des Warenangebots einen bereits konkreter geplanten späteren Vertragsabschluss vorbereiten wollen. Im vorliegenden Fall steht aber die bloße Aufwärmabsicht fest. Deswegen ist ein Anspruch aus §§ 280 I 1, 241 II, 311 II nicht gegeben. *L* kann vom Kaufhaus keinen entsprechenden Ersatz verlangen.

2. § 831 I 1

Deliktische Schadensersatzansprüche bestehen wegen des Gelingens der Exkulpation im Sinne von § 831 I 2 (wiederum)[19] nicht.

IV. Frage 4 – Schaden der Enkeltochter *Clara (C)*

1. §§ 280 I 1, 241 II, 311 II, III 1

Hier käme zunächst ein Ersatzanspruch von *C* gegen die Kaufhaus AG nach §§ 280 I 1, 241 II, 311 II, III 1 in Betracht. Voraussetzung ist, dass schuldhaft eine Pflicht aus einem zwischen beiden bestehenden Schuldverhältnis verletzt wurde.

a) Voraussetzung ist zunächst das Bestehen eines Schuldverhältnisses zwischen *C* und der Kaufhaus AG. Ein rechtsgeschäftlicher Kontakt ist aber allenfalls zwischen *L* und der Kaufhaus AG vorhanden, § 311 II Nr. 2.[20] *C* selbst hatte beim Betreten des Kaufhauses keinerlei Kaufabsicht; sie hat ihre Großmutter lediglich bei deren Einkauf begleitet. Ein Schuldverhältnis i. S. d. § 241 II kann nach § 311 III 1 aber auch gegenüber Dritten entstehen. Fraglich ist, welche Personen in den Schutzbereich mit einbezogen sind. Ein Anhaltspunkt könnte sich aus § 311 III 2 ergeben. Danach haftet ein Dritter im Falle der Inanspruchnahme besonderen Vertrauens. Dabei handelt es sich jedoch nur um ein Regelbeispiel („insbesondere"), das § 311 III 1 nicht abschließend konkretisiert.[21] Allerdings werden von § 311 III die Fälle

---

[16] Unter II 1.

[17] Das spricht der *BGH* in seinem gleichfalls berühmten Gemüseblattfall-Urteil (BGHZ 66, 51 (55)) auch deutlich aus: „Jedenfalls fehlt es für eine Haftung aus culpa in contrahendo dann an einer hinreichenden Rechtfertigung, wenn die den Selbstbedienungsladen betretende Person von vornherein gar keine Kaufabsicht hatte, etwa weil sie... die Geschäftsräume ausschließlich als Schutz vor Witterungseinflüssen aufsuchen... wollte."

[18] S. dazu PWW/*Stürner*, § 311 Rn. 37; *Looschelders*, Schuldrecht AT, Rn. 146.

[19] Siehe oben unter I 2.

[20] Siehe oben unter I 1.

[21] Vgl. PWW/*Stürner*, § 311 Rn. 68; *Looschelders*, Schuldrecht AT, Rn. 147.

erfasst, in denen der Haftende Dritter ist, nicht aber solche wie die vorliegende, in denen der Geschädigte Dritter ist.[22] Für diese Fälle ist nach wie vor das von der Rechtsprechung entwickelte Rechtsinstitut des Vertrags mit Schutzwirkung zugunsten Dritter anwendbar.

b) Mithin hat C keinen Anspruch gegen die Kaufhaus AG aus §§ 280 I 1, 241 II, 311 II, III 1.

2. §§ 280 I 1, 241 II, 311 II i. V. m. den Grundsätzen des Vertrags mit Schutzwirkung zugunsten Dritter

C könnte gegen die Kaufhaus AG einen Anspruch dadurch haben, dass sie in das vorvertragliche Schuldverhältnis, das zwischen L und dem Kaufhaus gem. § 311 II besteht, einbezogen wird. Eine Einbeziehung Dritter in den vorvertraglichen Schutzbereich kommt nach den Grundsätzen des Vertrags mit Schutzwirkungen zugunsten Dritter in Betracht.[23]

a) Für die Annahme eines Vertrags mit Schutzwirkung zugunsten Dritter müsste sich C zunächst als an der Vertragsanbahnung nicht beteiligte Dritte in der Nähe der (in Aussicht genommenen) Leistung befinden oder doch zumindest leistungsbezogenen Einwirkungen ausgesetzt sein. Dies ist bereits dadurch der Fall, dass sie sich im Kaufhaus aufhält: Die Vertragsanbahnung setzt ein Betreten des Kaufhauses voraus, wodurch sowohl potentielle Kunden als auch deren Begleitung möglichen Gefahren ausgesetzt werden. Weiter muss der Gläubiger ein berechtigtes Interesse an der Einbeziehung des Dritten in den Schutzbereich des Rechtsgeschäfts haben. Das ist jedenfalls dann der Fall, wenn der Gläubiger „sozusagen für Wohl und Wehe des Dritten mitverantwortlich ist".[24] Verbreitet wird dieses Kriterium für zu eng gehalten.[25] Ob dies zutrifft, kann jedenfalls vorliegend dahinstehen, da die Enkeltochter als nahe Angehörige zu qualifizieren ist, für die L eine besondere Verantwortung trägt. Für den Schuldner muss darüber hinaus auch erkennbar gewesen sein, dass durch die Verletzung von Schutzpflichten bei der Vertragsanbahnung auch Dritte zu Schaden kommen können, an deren Einbeziehung in den (vor-)vertraglichen Schutzbereich der Gläubiger ein Interesse hat. Eine solche Erkennbarkeit ist gerade in Warenhäusern zu bejahen, denn es ist überhaupt nicht ungewöhnlich, dass potentielle Kunden von Familienmitgliedern begleitet werden. Schließlich muss der Dritte schutzbedürftig sein. Dies ist dann der Fall, wenn ihm keine anderweitigen, gleichwertigen vertraglichen Ansprüche wegen des Schadenseintritts zustehen. Nachdem solche vorliegend nicht ersichtlich sind, insbesondere kein Anspruch nach §§ 280 I 1, 241 II, 311 III gegeben ist, liegen die Voraussetzungen des Vertrags mit Schutzwirkung zugunsten Dritter vor.

b) Die Kaufhaus AG müsste eine Pflicht aus dem mit L bestehenden Schuldverhältnis verletzt haben. Nach § 241 II besteht die Nebenpflicht, auf die Rechtsgüter des anderen Teils Rücksicht zu nehmen. Hier wurde durch den Sturz die Gesundheit der C beschädigt. Diese Verletzung ist, wie bereits geprüft,[26] auch auf eine Handlung der Erfüllungsgehilfen der Kaufhaus AG zurückzuführen.

---

[22] Jauernig/*Stadler*, § 311 Rn. 49; a. A. *Looschelders*, Schuldrecht AT, Rn. 162.

[23] Grundlegend BGHZ 66, 51 (56 ff.); siehe jüngst auch *BGH* MDR 2017, 73 (dazu *Stürner*, JURA (JK) 2017, 603, § 328 BGB). S. dazu auch Fall 5.

[24] BGHZ 51, 91 (96).

[25] Vgl. insbesondere die Expertenhaftung, etwa BGHZ 127, 378 (380 f.). S. dazu eingehend Fall 17.

[26] Siehe oben unter I 1 b.

c) Das Vertretenmüssen wird nach § 280 I 2 vermutet. Das Verschulden der Angestellten ist der Kaufhaus AG über § 278 S. 1 zuzurechnen. Ein Entlastungsbeweis scheidet aus.[27]

d) Somit besteht der Anspruch der *C* gegen die Kaufhaus AG auf Ersatz der Behandlungskosten in Höhe von 200 € gem. §§ 280 I 1, 241 II, 311 II i. V. m. den Grundsätzen des Vertrags mit Schutzwirkung zugunsten Dritter.

3. Deliktische Ansprüche

Deliktische Schadensersatzansprüche bestehen wegen des Gelingens der Exkulpation im Sinne von § 831 I 2 (wiederum)[28] nicht. Auch bestehen keine Anhaltspunkte für ein Organisationsverschulden der Kaufhaus AG.

---

[27] Siehe oben unter I 1 b.
[28] Siehe oben unter I 2.

Fall 5. Die schadhafte Treppenstufe

Schadensersatz aus Mietvertrag mit Schutzwirkung zugunsten Dritter – Verkehrs-sicherungspflichten – vorvertragliches Schuldverhältnis zugunsten Dritter

Sachverhalt

Bankier *Reich* gehören mehrere Mietshäuser. In einem von ihnen bewohnt Mieter *Müh-sam* eine Vierzimmerwohnung mit seiner Familie, zu der auch die siebzehnjährige Tochter *Carmen* gehört. Diese kommt eines Tages auf der Treppe zu Fall, erleidet Schürfwunden sowie langwierige und schmerzhafte Prellungen, außerdem werden ihr weißes Kleid stark beschmutzt und ihre Strumpfhose völlig zerrissen. Wie sich herausstellt, war der Sturz auf eine schadhafte Treppenstufe zurückzuführen, deren schlechten Zustand der von *Reich* angestellte, an sich sehr zuverlässige Hausmeister *Hilf* nicht bemerkt hatte.

1. *Carmen* nimmt den gleichfalls gewissenhaften *Reich* auf Zahlung eines Schmerzens-geldes sowie auf Ersatz der Kosten für die Reinigung des Kleides und eine neue Strumpfhose in Anspruch. Mit Recht?
2. Angenommen, nicht *Carmen Mühsam*, sondern ihre gleichaltrige Freundin *Tanja* – der Frau *Mühsam* seit einiger Zeit Nachhilfeunterricht erteilt – wäre gestürzt. Könnte *Tanja* von *Reich* entsprechenden Ersatz verlangen?
3. Angenommen, *Carmen* wäre schon bei der Besichtigung der Wohnung gestürzt, die ihre Eltern mit ihr vor Abschluss des Mietvertrags vornahmen. Wie wäre Frage 1 jetzt zu beantworten?

Lösung

I. Frage 1 – Ansprüche *Carmens (C)*

1. Anspruch auf Zahlung eines Schmerzensgeldes

Anspruchsgrundlage dafür könnte § 536a I Var. 2 i. V. m. § 253 II sein. Gem. § 549 I ist § 536a I auch auf Mietverhältnisse über Wohnraum anzuwenden. *C* hat in Folge des Sturzes eine Körperverletzung erlitten. § 253 II setzt aber voraus, dass wegen einer Verletzung des Körpers insbes. aufgrund einer vertraglichen oder einer delikti-schen Haftung Schadensersatz zu leisten ist.[1]

a) Ein vertraglicher Schadensersatzanspruch der *C* lässt sich möglicherweise auf § 536a I i. V. m. § 536 I 1 stützen. Voraussetzung dafür ist nach § 536 I 1 das Vor-liegen eines Mangels der Mietsache, der ihre Tauglichkeit zum vertragsgemäßen Gebrauch aufhebt. Wie sich insbes. aus § 536 I 3 ergibt, fallen unter den eben

---

[1] Nach ganz überwiegender Ansicht ist § 253 II keine eigenständige Anspruchsgrundlage, vgl. BeckOK BGB/*Spindler*, § 253 Rn. 7; *Looschelders*, Schuldrecht AT, Rn. 1051.

zitierten Tatbestand von § 536 I 1 auch bloße Minderungen der Gebrauchstauglichkeit, soweit sie nicht nur unerheblich sind.[2] Gegenstand des zwischen *Mühsam (M)*
und *Reich (R)* bestehenden Mietvertrages ist nicht nur die *M*sche Wohnung, sondern
u. a. auch die – gemeinschaftliche – Haustreppe; wird eine ihrer Stufen derart
schadhaft, dass ein Sturz die Folge ist, liegt eine nicht bloß unerhebliche Minderung
der Gebrauchstauglichkeit der Mietsache vor. Dieser Mangel war zwar bei Abschluss
des betreffenden Mietvertrags noch nicht vorhanden, er ist vielmehr erst „später"
entstanden. Um eine entsprechende Schadensersatzpflicht des Vermieters auszulö-
sen, muss dieser gem. § 536a I den zum Mangel führenden Umstand zu vertreten
haben. Nach § 276 I 1 hat ein Schuldner grundsätzlich Vorsatz und Fahrlässigkeit
zu vertreten. *R* selbst hat in casu gar nicht gehandelt. Aber sein Hausmeister *Hilf*
(H) hat den schlechten Zustand der Treppe übersehen. Vorsatz als bewusstes und
gewolltes Handeln liegt hier nicht vor. Wenn Hausmeister *H*, zu dessen Pflichten
u. a. auch die Kontrolle des ordnungsgemäßen Zustands der Treppen und Flure
gehört, jedoch die schadhafte Treppenstufe nicht bemerkt hat, dann lässt sich das
durchaus als Missachtung der verkehrserforderlichen Sorgfalt und damit als Fahrlässigkeit i. S. von § 276 II qualifizieren. Über § 278 S. 1 hat *R* also das insoweit
gegebene Verschulden des *H* wie eigenes zu vertreten. Die Voraussetzungen der
§ 536a I i. V. m. § 536 I 1 sind damit eigentlich erfüllt.

aa) Dem nach § 536a I somit an sich begründeten Anspruch auf Schadensersatz
scheint allerdings entgegen zu stehen, dass *C* als – noch dazu minderjähriges – Kind
des *M* nicht Partei des Mietvertrags ist; vielmehr ist das, je nach der konkreten
Abfassung des betreffenden Vertrages, nur *C*s Vater, ggf. auch noch ihre Mutter.
Wäre die Reichweite des § 536a I nur auf die nominellen Parteien des jeweiligen
Mietvertrags beschränkt, würde das bedeuten, dass *R* für den fraglichen Vorfall
überhaupt nicht haftbar wäre, obwohl er weiß, dass in der *M*schen Wohnung
sozusagen bestimmungsgemäß auch dessen Familie wohnt.

Für Fälle der vorliegenden Art hat schon die Rechtsprechung des *RG* angenommen,
dem „Mieter einer Familienwohnung" müsse grundsätzlich „die für den Vermieter
erkennbare Absicht unterstellt werden, beim Abschlusse des Mietvertrags auch die
Interessen der mit ihm zusammenlebenden Angehörigen nach Möglichkeit wahr-
zunehmen und zu diesem Zwecke ihnen hinsichtlich der gefahrenfreien Beschaffenheit der Wohnräume dieselben Rechte gegen den Vermieter zu verschaffen, die ihm
selbst zustehen"; eine andere – negative – Lösung dieses Problems widerstrebe „dem
gesunden Rechtsgefühl" und entspreche „deshalb nicht den Vertragsabsichten des
Mieters".[3] Das *RG* hatte diese auf die §§ 328 ff. gestützte Rechtsprechung fortgesetzt
und ausgebaut, der *BGH* hatte sie zunächst übernommen.

Hieraus hat sich die Rechtsfigur des Vertrags mit Schutzwirkung zugunsten Dritter
entwickelt, die heute als gewohnheitsrechtlich verfestigt anzusehen ist.[4] Herrschte in
der Literatur von Anfang an sachliche Übereinstimmung in Bezug auf die Notwendigkeit der Erstreckung vertraglicher Wirkungen auf bestimmte Dritte, so wurde vor
allem die anfängliche Einordnung bei §§ 328 ff.[5] sowie die dogmatische Begründung
der Ansprüche des Dritten kritisiert: Während die ständige Rechtsprechung Drittwirkungen auf eine ergänzende Auslegung des Vertrags stützt, zieht die wohl h. L. –

---

[2]   Vgl. nur Palandt/*Weidenkaff*, § 536 Rn. 16 f.
[3]   RGZ 91, 21 (24).
[4]   Siehe BGHZ 133, 168 (170 ff.); jüngst *BGH* MDR 2017, 73 (dazu *Stürner*, JURA (JK) 2017,
      603, § 328 BGB); zur Entwicklung m. N. auch PWW/*Stürner*, Vor §§ 328 ff. Rn. 2 ff.
[5]   Siehe vor allem *Larenz* I, S. 226.

bei geringen sachlichen Unterschieden – § 242 als Grundlage für die Ausweitung der Haftung des Schuldners heran.[6]

Die – allerdings hinsichtlich der Details häufig uneinheitliche – h. M. verlangt das Vorliegen folgender Kriterien:[7] Zunächst muss sich der betreffende Dritte bestimmungsgemäß in Leistungsnähe befinden, also den Gefahren einer Schlechtleistung etwa ebenso stark ausgesetzt sein wie der Gläubiger selbst;[8] das ist im vorliegenden Fall sicherlich gegeben. Die Dritte *C* gebrauchte die vom Gläubiger *M* gemietete Wohnung wie dieser und war damit in gleicher Weise den Gefahren von Schutzpflichtverletzungen ausgeliefert. Sodann muss ein schützenswertes Interesse des Vertragsgläubigers an der Einbeziehung des Dritten in den Schutzbereich des Vertrages bestehen. Dies kann etwa – wie hier – in einer gegenüber dem Dritten bestehenden Unterhaltpflicht begründet sein.[9] Als weitere Voraussetzung müssen diese Umstände dem Schuldner der Leistung beim Vertragsschluss erkennbar gewesen sein.[10] Schon im Hinblick darauf, dass *M* keine Ein-, sondern eine Vierzimmerwohnung gemietet hat, ist diese Erkennbarkeit gegeben. Schließlich kommt eine Einbeziehung des Dritten in den Schutzbereich des Vertrages nur dann in Betracht, wenn dieser in besonderer Weise schutzbedürftig ist.[11] Dies ist nach der Rechtsprechung des *BGH* dann der Fall, wenn dem Dritten keine gleichwertigen eigenen vertraglichen Ansprüche zustehen.[12] Nachdem *C* vorliegend solche Ansprüche weder gegen *R* noch gegen *H* zustehen, sind damit alle Voraussetzungen eines Vertrages mit Schutzwirkungen zugunsten Dritter gegeben.

bb) Ein Schmerzensgeldanspruch der *C* könnte nur noch daran scheitern, dass die Verletzung ihres Körpers als „Bagatelle" anzusehen ist. Eine Geringfügigkeitsgrenze hat der Reformgesetzgeber zwar nicht in § 253 II eingefügt. Dies geschah aber unter anderem im Hinblick auf die ständige Rechtsprechung, die in Bagatellfällen regelmäßig kein Schmerzensgeld zuspricht.[13] Daher gilt die bisher zu § 847 a. F. entwickelte Auffassung weiter, nach der für geringfügige Verletzungen kein Schmerzensgeld gewährt wird.[14] Wer nicht nur Schürfwunden, sondern auch „langwierige und schmerzhafte Prellungen" erleidet, dürfte nicht nur geringfügig verletzt worden sein. *C* steht also prinzipiell ein Schmerzensgeldanspruch zu.

Konkrete Anhaltspunkte für ein eigenes Mitverschulden der *C* (§ 254) oder das des Mieters – ihres Vaters bzw. ihrer Eltern –, das sie sich nach h. M. grundsätzlich

---

[6]   Nachweise bei Palandt/*Grüneberg*, § 328 Rn. 14.

[7]   Vgl. dazu etwa MüKoBGB/*Gottwald*, § 328 Rn. 96 ff.; PWW/*Stürner*, Vor §§ 328 ff. Rn. 5 ff.; *Looschelders*, Schuldrecht AT, Rn. 164 ff., jew. m. w. N.

[8]   BGHZ 129, 136 (138). Dazu, dass die Leistungsnähe nicht notwendig nur durch eine Gefährdung des Dritten bewirkt wird, *Schlechtriem*, FS Medicus, 1999, S. 529.

[9]   Vor allem die Rechtsprechung hat früher z. T. ein weniger intensives Interesse genügen lassen (vgl. die Nachweise bei *Berg*, JuS 1977, 364), andererseits aber mehrfach betont, der Vertragsgläubiger müsse „sozusagen das Wohl und Wehe des Dritten mitverantwortlich" sein, „weil dessen Schädigung auch ihn trifft, indem er ihm gegenüber zu Schutz und Fürsorge verpflichtet ist" (so erstmals BGHZ 55, 91 (96)). Diese engere Auffassung soll eine zu starke Ausweitung der Drittwirkungen eines Vertrags verhindern, weil andernfalls „der Schuldner das Risiko, das er bei Abschluss eines Vertrages eingeht, nicht mehr einkalkulieren kann" (*BGH* a. a. O.). Gleichwohl ist der *BGH* etwa in Gutachterfällen von diesem Erfordernis wieder abgerückt, vgl. BGHZ 127, 378 (380 f.).

[10] Vgl. nur MüKoBGB/*Gottwald*, § 328 Rn. 187; *Looschelders*, Schuldrecht AT, Rn. 168.

[11] BGHZ 133, 168 (172).

[12] Vgl. etwa BGHZ 70, 327 (330); kritisch *Schwarze*, AcP 203 (2003), 348.

[13] Vgl. BT-Drs. 14/8780, S. 35.

[14] Vgl. *BGH* NJW 1993, 2173 (2175); Palandt/*Grüneberg*, § 253 Rn. 14.

zurechnen lassen müsste,[15] bestehen nicht. Folglich kann *C* vom Vermieter *R* gem. §§ 536a I, 536 I 2 i. V. m. § 253 II auf der Grundlage eines entsprechenden Mietvertrags mit Schutzwirkungen zugunsten Dritter die Zahlung eines angemessenen Schmerzensgeldes verlangen.

b) Ein Schmerzensgeldanspruch könnte auch aus § 280 I 1 i. V. m. § 253 II herzuleiten sein. Die dort vorausgesetzte Verletzung einer Pflicht aus dem Schuldverhältnis ist, wie soeben[16] dargelegt wurde, an sich gegeben. Der Tatbestand des § 536a I stellt jedoch eine eigenständige Sonderregelung dar, so dass nach dem Grundsatz *lex specialis derogat legi generali* daneben die Schadensersatzgeneralklausel des § 280 keine Anwendung finden kann.[17]

c) Der Schmerzensgeldanspruch der *C* könnte aber vielleicht (auch) auf § 823 I i. V. m. § 253 II gestützt werden. Eine Körperverletzung wurde bereits bejaht. Fraglich ist, ob diese kausal durch *R* herbeigeführt wurde. Der Sturz der *C* erfolgte auf der Treppe eines *R* gehörenden Hauses. Anknüpfungspunkt für eine Haftung könnte die unterbliebene Reparatur der schadhaften Treppenstufe sein. Voraussetzung ist eine Pflicht des *R* zur Verhütung der Rechtsgutsverletzung. Spätestens durch die Vermietung des Hauses hat *R* insoweit eine Gefahrenquelle für andere geschaffen bzw. unterhalten. Er hat deshalb die Verkehrs(sicherungs)pflicht, alle Vorkehrungen zu treffen, die erforderlich und zumutbar sind, um die daraus resultierenden Gefahren für Dritte nicht wirksam werden zu lassen.[18] Diese Pflicht hat er zwar grundsätzlich auf den Hausmeister *H* übertragen. Dessen Anstellung vermag jedoch die auf *R* lastende Verkehrssicherungspflicht nicht auszuschließen; immerhin wird man aber davon ausgehen können, dass sich mit der Anstellung des *H* die bisherige Verkehrssicherungspflicht der *R* in eine Aufsichtspflicht verwandelt hat, die es *R* nur noch gebot, sich in angemessenen Abständen davon zu überzeugen, dass *H* die ihm übertragenen Aufgaben ordnungsgemäß erfüllt.[19] Der Sachverhalt nennt *R* „gewissenhaft", so dass man mangels anderer Angaben davon ausgehen kann, dass er diese Aufsichtspflicht erfüllt hat. Über § 823 I ist der Schmerzensgeldanspruch der *C* daher nicht begründbar.

d) Mangels entsprechenden Verschuldens lässt sich auch § 823 II i. V. m. § 229 StGB nicht heranziehen.

e) Möglicherweise kommt aber § 831 I 1 i. V. m. § 253 II in Betracht. *H* war Verrichtungsgehilfe des *R*. Er hat auch durch die Nichtbeachtung der ihm übertragenen Verkehrssicherungspflicht adäquat die durch keinen Rechtfertigungsgrund gestattete Verletzung des Rechtsguts Körper herbeigeführt, also in Ausführung der Verrichtung einem Dritten widerrechtlich entsprechenden Schaden zugefügt. Zwar sind die im Rahmen des § 831 I 2 an den Geschäftsherrn zu stellenden Anforderungen durchaus streng,[20] jedoch ist grundsätzlich der Einzelfall entscheidend,[21] wobei keine Überspannung der Anforderungen insbesondere an die Überwachungspflicht eintreten darf.[22] Laut Sachverhalt ist *H* „sehr zuverlässig" und ebenfalls „gewissenhaft". Deshalb kann angenommen werden, dass *R* der Exkulpationsbeweis des § 831 I 2

---

[15] Vgl. MüKoBGB/*Gottwald*, § 328 Rn. 199; *Looschelders*, Schuldrecht AT, Rn. 1116 ff.
[16] Unter I 1 a.
[17] Vgl. nur Palandt/*Grüneberg*, § 280 Rn. 6; *Medicus/Lorenz*, Schuldrecht II, Rn. 454.
[18] Statt aller *Medicus/Petersen*, BR, Rn. 654; *BGH* NJW 2007, 762.
[19] *Medicus/Petersen*, BR, Rn. 656; Palandt/*Sprau*, § 823 Rn. 51; *OLG Frankfurt a. M.* VersR 2006, 1365.
[20] Vgl. nur die Nachweise bei Palandt/*Sprau*, § 831 Rn. 12 ff.
[21] *BGH* VersR 1966, 364.
[22] *BGH* LM Nr. 1 zu § 831 (Fc).

sowohl hinsichtlich der Auswahl als auch bezüglich der – im Verhältnis zur eben erörterten Aufsichtspflicht nach § 823 I ohnehin weniger scharfen[23] – Überwachungspflicht[24] gelingen wird, so dass *C* auch insoweit kein Schmerzensgeld von *R* verlangen kann.

2. Anspruch auf Ersatz der Reinigungs- und Strumpfhosenkosten

a) Auch insoweit könnte § 536a I i. V. m. § 536 I 2 auf der Grundlage eines entsprechenden Mietvertrags mit Schutzwirkungen zugunsten Dritter als Anspruchsgrundlage in Betracht kommen. Die entsprechenden obigen Ausführungen[25] gelten auch für diesen Ersatzanspruch, der somit ebenfalls gegeben ist. Nach § 249 II 1 kann der Geschädigte bei Beschädigung einer Sache statt der Naturalrestitution den für die Wiederinstandsetzung erforderlichen Geldbetrag verlangen. *C* steht demnach auch hinsichtlich der Reinigungskosten für das Kleid und der Kosten für eine neue Strumpfhose ein vertraglicher Ersatzanspruch gegen *R* zu.

b) Dagegen lässt sich wegen der Spezialität des § 536a I ein Ersatzanspruch nicht auch aus § 280 I 1 herleiten.[26]

c) Die §§ 823, 831 I 1 kommen aus den oben[27] dargelegten Gründen als Anspruchsgrundlage hingegen ebenfalls nicht in Betracht.

II. Frage 2 – Ersatzansprüche *Tanjas (T)*

1. §§ 536a, 536 i. V. m. § 253 II

Auch *T* könnte ihren Schmerzensgeldanspruch sowie ihren Anspruch auf Ersatz der Sachschäden aus §§ 536a I, 536 I 2 i. V. m. § 253 II auf der Grundlage eines entsprechenden Mietvertrags mit Schutzwirkungen zugunsten Dritter herleiten.

a) Jedoch erscheint es bereits als nicht unproblematisch, ob sich *T* in Leistungsnähe befunden hat, d. h. den Gefahren einer Schlechtleistung vergleichbar stark ausgesetzt gewesen war wie der Gläubiger selbst, da sie die fragliche Treppe bei weitem nicht so intensiv wie die Mitglieder der Familie *M* benutzt hat. Dem möglichen a maiore ad minus-Einwand – wer nicht so oft den Gefahrenbereich betrete, vergrößere auch das Risiko des Schuldners nicht übermäßig, so dass diesem hier erst recht eine entsprechende Haftung zugemutet werden könne – ließe sich entgegenhalten, dass man so zwar im Hinblick auf den einzelnen Geschädigten nur eine geringe Risikoerhöhung des Schuldners bewirkte, indessen gleichzeitig letztlich dadurch eine unzumutbare Risikohäufung herbeiführte, dass nunmehr auch jeder Gast oder gar jeder beliebige Besucher des Mieters in den geschützten Personenkreis mit einbezogen wäre.

b) Problematisch ist weiter, ob ein gläubigerseitiges Einbeziehungsinteresse auch in Bezug auf *T* zu bejahen ist. Nach überkommener Ansicht wäre Voraussetzung dafür, dass *M* für das „Wohl und Wehe" der *T* mitverantwortlich gewesen wäre. Das setzte voraus, dass deren Schädigung auch ihn trifft, weil er ihr gegenüber zu Schutz und Fürsorge verpflichtet gewesen wäre. Daran hätte es jedenfalls dann gefehlt, wenn nur Herr *M*, nicht aber auch seine Frau – die allein *T* Nachhilfeunterricht erteilte – die Wohnung gemietet hätte. Falls auch Frau *M* Mieterin ist, müsste sie gegenüber *T* „zu

---

[23] *Medicus/Petersen*, BR, Rn. 656.
[24] Vgl. dazu nur Palandt/*Sprau*, § 831 Rn. 13.
[25] Unter I 1 a.
[26] Siehe oben unter I 1 b.
[27] Unter I 1c–e.

Schutz und Fürsorge verpflichtet" gewesen sein. Wer Nachhilfeunterricht gegen Entgelt erteilt, steht in vertraglichen Beziehungen zu seinem Nachhilfeschüler, und zwar wird i. d. R. ein Dienstvertrag i. S. der §§ 611 ff. vorliegen. Aufgrund dieses Vertrages obliegen beiden Parteien auch gewisse auf den Schutz der Person des Partners bezogene weitere Verhaltenspflichten, deren schuldhafte Verletzung grundsätzlich zu Schadensersatz verpflichtet. Das ist freilich keine Besonderheit des Dienstvertrages, gilt vielmehr – wie die Haftung aus § 311 II (culpa in contrahendo) und aus § 280 I generell dokumentieren – im Grundsatz für alle Schuldverhältnisse.[28] Schon deswegen ließe sich daran zweifeln, dass hier ein genügend starker „personenrechtlicher Einschlag"[29] vorgelegen hat.[30]

Auch wenn man mit der neueren Rechtsprechung in manchen Fallgruppen unabhängig von einem solchen personenrechtlichen Einschlag das Interesse des Gläubigers an der Einbeziehung des Dritten in den Schutzbereich des Vertrages bejaht,[31] so kommt diese Haftungsausweitung jedoch nur dann in Betracht, wenn dies nicht zur Folge hat, dass eine Vielzahl von dem Schuldner unbekannten Dritten erfasst wird. Bei der Dritthaftung des Gutachters leuchtet es noch ein, wenn der vom Ergebnis des Gutachtens unmittelbar betroffene Käufer des Hauses mit in den Schutzbereich des zwischen Verkäufer und Gutachter geschlossenen Vertrags einbezogen wird. Bei der hier vorliegenden Konstellation jedoch erscheint es nicht ausgeschlossen, dass potentiell eine Vielzahl weiterer Personen mit in den Schutzbereich des Vertrags einbezogen wäre (Reinigungskraft, Küchenhilfe, Klavierlehrer etc.). Dadurch wäre das Haftungsrisiko des Schuldners *R* unvertretbar erhöht.

Im Übrigen fehlte es jedenfalls auch an der notwendigen entsprechenden Erkennbarkeit für *R* im Zeitpunkt des Mietvertragsabschlusses. *T* stehen damit gegen *R* keine vertraglichen Ersatzansprüche zu.

2. § 280 I 1 i. V. m. § 253 II

§ 280 ist aus den oben[32] angeführten Gründen hier ohnehin unanwendbar.

3. §§ 823 I, 831 I 1

Deliktische Schadensersatzansprüche der *T* aus § 823 bzw. § 831 I 1 scheiterten an den vorhandenen Exkulpationsmöglichkeiten des *R*.[33]

III. Frage 3 – Ersatzansprüche bei „vorzeitigem" Sturz

1. §§ 536a I, 536 I

a) Der Mietvertrag, der die Grundlage für die Anwendung der §§ 536a I, 536 I 2 ist, bestand in dieser Sachverhaltsvariante gerade noch nicht, so dass aus ihm auch keine Schutzwirkungen zugunsten Dritter abzuleiten sind.

---

[28] Vgl. dazu die Fälle 4 und 11.
[29] Vgl. *Berg*, JuS 1977, 364; *Medicus/Petersen*, BR, Rn. 845.
[30] Früher wurde teilweise vertreten, die Fürsorge des Vertragsgläubigers für „die körperliche Unversehrtheit" des Dritten müsse „ausschlaggebendes" Ziel des betreffenden Vertrages sein, vgl. *Berg*, JuS 1977, 364. Dies engt den Anwendungsbereich des Vertrags mit Schutzwirkung zugunsten Dritter aber über Gebühr ein, näher dazu die 6. Auflage (dort Fall 15).
[31] Etwa BGHZ 128, 168 (173).
[32] Unter I 1 c.
[33] Siehe oben unter I 1d und e.

b) Früher wurde teilweise angenommen, der Vertrag mit Schutzwirkungen zugunsten Dritter sei eine vom „Hauptvertrag" zu abstrahierende Sonderverbindung, die schon zu einem Zeitpunkt als existent angesehen werden könne, in dem der „Hauptvertrag" noch gar nicht bestand.[34] Indessen versagt eine solche Vertragskonstruktion jedenfalls dann, wenn es noch gar nicht zu einem konkreten persönlichen Kontakt zwischen den Partnern des Hauptvertrages gekommen ist und sich die Schädigung in diesem Stadium ereignet. Spätestens hier zeigt sich, dass man mit der Annahme eines bloßen Haftungsvertrages o. Ä. nicht weiterkommt, dass man vielmehr auf das durch § 311 II ausdrücklich anerkannte gesetzliche Schuldverhältnis der culpa in contrahendo zurückgreifen muss.[35]

2. §§ 280 I 1, 311 II, III, 241 II

Deshalb könnte § 280 I 1 i. V. m. §§ 311 II, III, 241 II Anspruchsgrundlage sein. Er statuiert eine Schadensersatzpflicht desjenigen Schuldners, der ganz generell eine Pflicht aus dem Schuldverhältnis verletzt hat. Dass ein Schuldverhältnis jeden Teil zu besonderer Rücksicht auf die Rechte, Rechtsgüter und Interessen des anderen Teils verpflichten kann und dass ein solches Schuldverhältnis auch durch die Aufnahme von Vertragsverhandlungen entsteht, ist in § 241 II bzw. in § 311 II Nr. 1 ausdrücklich gesetzlich anerkannt. Problematisch ist allerdings nach wie vor, dass man mit einer Einbeziehung Dritter in das gesetzliche Schuldverhältnis der culpa in contrahendo den Anwendungsbereich dieses ohnehin schon ausgesprochen gläubigerfreundlichen Rechtsinstituts noch einmal auf Kosten des Schuldners ausweitete. Folglich sollte man hier eine „besondere Zurückhaltung" an den Tag legen.[36] In Anknüpfung an eine Formulierung von *Larenz*[37] hat *Hohloch*[38] vorgeschlagen, die Einbeziehung von Begleitpersonen eines potentiellen Vertragspartners in das fragliche Schuldverhältnis dann vorzunehmen, wenn der Partner „ein geschäftliches Interesse an deren Dabeisein hat". Diese Lösung dürfte praktikabel sein.

Dass es im geschäftlichen Interesse eines zukünftigen Vermieters liegt, wenn ein potentieller Mieter das fragliche Objekt nicht nur allein, sondern auch mit seinen Familienangehörigen besichtigt, die nach dem Zustandekommen des Vertrags in dieser Wohnung leben werden, lässt sich schwerlich bestreiten. Berücksichtigt man ferner, dass *C* zu dem Personenkreis gehörte, der nach Abschluss des Mietvertrages von dessen Schutzwirkungen mit erfasst wäre,[39] dann erschiene es unbedenklich, ihr einen eigenen Anspruch aus culpa in contrahendo mit Schutzwirkungen zugunsten Dritter zuzubilligen. Dieser Anspruch hätte denselben Umfang wie die oben[40] behandelten Ersatzansprüche.

C kann demnach von *R* gem. §§ 280 I 1, 311 II, III, 241 II (i. V. m. § 253 II) ein angemessenes Schmerzensgeld sowie Ersatz der Kosten für die Reinigung ihres Kleides und für eine neue Strumpfhose verlangen.

---

[34] BGHZ 66, 51; siehe auch *Larenz* I, S. 231 und dazu die 6. Auflage (dort Fall 15).

[35] In diesem Sinne sind letztlich wohl auch die zitierte Gemüseblatt-Entscheidung und *Larenz* zu verstehen (s. vorhergehende Fußnote).

[36] BGHZ 66, 51 (59). Der *BGH* ließ sie allerdings insoweit vermissen, als er den Schutzbereich des – normalen – Kaufvertrages entgegen seinen eigenen Beteuerungen (a. a. O., S. 58 f.) – wie *Kreuzer* (JZ 1976, 781) zu Recht bemerkt – „weiter ausgedehnt hat" (ähnlich *Hohloch*, JuS 1977, 302 (304)).

[37] *Larenz*, MDR 1954, 518.

[38] *Hohloch*, JuS 1977, 302 (305).

[39] Siehe oben unter I 1a aa.

[40] Unter I 1a, 2 a.

Fall 6. Der missglückte Ladendiebstahl

*Vertragsschluss im Selbstbedienungsladen – Vertragsstrafeversprechen durch AGB –
Umfang des Schadensersatzes bei Ladendiebstahl (Bearbeitungskosten, Fangprämie,
Kosten der Videoüberwachung)*

Sachverhalt

Im Eingangsbereich des „Frisch & Günstig"-Supermarktes in der Berliner Innenstadt
befindet sich inmitten einer Ecke voller Werbeplakate und Tafeln von Sonderangeboten
auch ein Schild mit folgender Aufschrift:

*„Wir erstatten gegen jeden Ladendieb Strafanzeige und verlangen von ihm vollen
Schadensersatz. In jedem Fall fordern wir 15 € Bearbeitungskosten. Eine Prämie von
25 € zahlen wir an jeden, der uns einen Ladendieb meldet. Auch diese Prämie geht als
Schadensersatz zu Lasten des Diebes. Unsere Kunden erklären sich beim Betreten unserer
Geschäftsräume mit dieser Regelung einverstanden."*

Aufgrund eines Hinweises des Herrn *Abele* wird die Kundin Frau *Böse* gefasst, noch bevor
sie in den Kassenbereich gelangt. Frau *Böse* hatte zwar vor, an der Kasse einige Lebensmittel zu bezahlen, nicht jedoch die unter ihrem Mantel versteckten, zuvor im Supermarkt
entwendeten Kosmetikartikel im Verkaufswert von 40 €.

Der Inhaber des Supermarktes, Herr *Carsten*, dem die Waren von den jeweiligen Lieferanten bei Anlieferung übereignet werden, nimmt Frau *Böse* sogleich auf Zahlung von
40 € wegen der Kosmetikartikel – die er Frau *Böse* abgenommen hat und auf deren
entgeltlichen Erwerb Frau *Böse* keinen Wert legt –, von 15 € als Bearbeitungskosten
sowie von 25 € wegen der bereits an *Abele* ausbezahlten Fangprämie in Anspruch.
Außerdem verlangt *Carsten* als anteiligen Kostenbeitrag für die Installation einer Fernsehüberwachungsanlage 70 €. Zu Recht?

Lösung

I. Anspruch auf Zahlung von 40 € für die Kosmetikartikel

1. Anspruch aus § 433 II

Das Zahlungsbegehren des Geschäftsinhabers *Carsten* (C) könnte aus § 433 II
herzuleiten sein. Das setzt das Bestehen eines Kaufvertrages zwischen den Parteien
voraus. Wann in einem Selbstbedienungsladen Antrag und Annahme eines Kaufvertrages gemäß §§ 145, 147 erfolgen, ist umstritten. Möglich ist, im Aufstellen der
Ware in den Verkaufsräumen eine bloß unverbindliche Aufforderung zur Abgabe
von Angeboten (invitatio ad offerendum) zu sehen. Danach mache erst der Kunde
an der Kasse durch Vorlage der Waren ein Angebot zum Kaufvertragsabschluss,
welches das Kassenpersonal durch Registrierung des Kaufpreises in der Kasse in

Vertretung des Geschäftsinhabers annehme.[1] Denkbar wäre aber auch, bereits in der Warenexposition einen verbindlichen Antrag zum Abschluss eines Kaufvertrages gemäß § 145 in Form eines Angebots an einen unbestimmten Personenkreis (offerta ad incertas personas) zu erblicken. Dieses Angebot nehme der Kunde konkludent entweder durch Vorlegung der Ware an der Kasse an,[2] oder bereits durch die Ansichnahme der Ware.

Ob der Verkäufer durch die Warenauslage bereits ein verbindliches Angebot im Sinne von § 145 macht, muss durch Auslegung gemäß §§ 133, 157 unter Berücksichtigung der Interessenlage nach dem Empfängerverständnis beurteilt werden.[3] Im Gegensatz zu anderen Situationen, in denen eine Erklärung an einen unbekannten Personenkreis gerichtet ist,[4] besteht in einem Selbstbedienungsladen nicht das sonst typische Haftungsrisiko. Der Verkäufer ist nur hinsichtlich der vorrätigen Waren gebunden und haftet nicht für ihr Fehlen. Das spricht dafür, dass es sich bei der Warenausstellung bereits um ein verbindliches Kaufvertragsangebot des Ladeninhabers an alle Kunden handelt. Fraglich ist aber, ob der Kunde dieses Angebot bereits mit Ansichnahme der Ware oder erst durch Vorlegung der Ware an der Kasse annimmt. Die dem Selbstbedienungsgeschäft eigentümliche Verkaufsstrategie, dem Kunden bis zuletzt, d. h. bis zur Registrierung des Gesamtkaufpreises an der Kasse, die Freiheit der Kaufentscheidung zu belassen, würde unterlaufen, wenn bereits in der Ansichnahme der Ware die Annahme des Kunden liege. Der Kunde soll bis zur Vorlage an der Kasse bezüglich schon an sich genommener, im fortschreitenden Angebotsüberblick aber dann noch für unvorteilhaft angesehener Produkte seine Meinung ändern können. Daher nimmt er erst mit Vorlage der Ware an der Kasse das Kaufvertragsangebot an. Die Ansichnahme der Kosmetikartikel durch Frau *Böse* *(B)* reicht somit nicht für eine Annahme im Sinne von § 147 aus. Da *B* noch nicht in den Kassenbereich gelangt war, hat sie die Kosmetika nicht an der Kasse präsentiert und somit keine auf den Abschluss eines Kaufvertrages gerichtete Erklärung abgegeben. Auch nach Entdeckung der Entwendung hat sie ihre Willensrichtung nicht geändert. Mangels Annahme des Kaufvertragsangebots des Geschäftsinhabers durch *B* ist bezüglich der Kosmetika kein Kaufvertrag geschlossen worden, aus dem sich ein Zahlungsanspruch über 40 € ergeben würde.

2. Anspruch aus § 339

Ein Anspruch auf Zahlung von 40 € für die Kosmetikartikel könnte sich ferner aus § 339 ergeben. Dann müsste ein wirksames Vertragsstrafeversprechen von *B* vorliegen. Das könnte dadurch zustande gekommen sein, dass *B* mit Betreten des Supermarktes durch schlüssiges Verhalten ihr Einverständnis mit dem Inhalt des aufgestellten Schildes bezüglich der Erstattung von Schäden bei Ladendiebstählen bekundet hat. Da eine solche Abmachung jedenfalls nicht durch einzelvertragliche Regelung erfolgt wäre, sondern im Wege von Allgemeinen Geschäftsbedingungen, ist die Einhaltung der für AGB zu beachtenden §§ 305 ff. zu prüfen. AGB sind für eine Vielzahl von Verträgen vorformulierte Vertragsbedingungen, die vom Verwender einseitig gestellt werden, § 305 I 1. Dies ist vorliegend unproblematisch gegeben. Die AGB müssen gemäß § 305 II einbezogen worden sein. Nach § 305 II Nr. 1 ist dafür zunächst Voraussetzung, dass der Verwender der AGB ausdrücklich auf diese

---

[1] *Dietrich*, DB 1972, 957 (958); Jauernig/*Mansel*, § 145 Rn. 3; Erman/*Palm*, § 145 Rn. 10.
[2] MüKoBGB/*Busche*, § 145 Rn. 12; BeckOK BGB/*Eckert*, § 145 Rn. 43; Palandt/*Ellenberger*, § 145 Rn. 8.
[3] Offen gelassen von BGHZ 66, 51 (55 f.) = NJW 1976, 712 f.
[4] Zum Beispiel Katalog, Zeitungsannonce, Speisekarte, Waren im Schaufenster.

hinweist. Ist ein ausdrücklicher Hinweis jedoch wegen der Art des Vertragsschlusses nur unter unverhältnismäßigen Schwierigkeiten möglich, dann ist ein Hinweis durch deutlich sichtbaren Aushang am Ort des Vertragsschlusses ausreichend. Dies ist bei Geschäften des Massenverkehrs der Fall, wie zum Beispiel in Supermärkten.[5] Vorliegend hat der Geschäftsinhaber ein Schild mit seinen AGB im Eingangsbereich des Supermarktes angebracht. Allerdings war das Schild in einer Ecke aufgestellt und von anderen Werbetafeln umgeben, sodass – gerade auch vor dem Hintergrund des Inhalts des Hinweisschildes – von einem deutlich sichtbaren Aushang nicht ausgegangen werden kann. Da das Schild mithin den Anforderungen des § 305 II Nr. 1 nicht genügt, sind die AGB nicht einbezogen. Aus § 339 kann C sonach aufgrund dieses Schildes keinerlei Rechte gegenüber B herleiten.

3. Anspruch aus §§ 280 I 1, 241 II, 311 II

Möglicherweise kann C von B aber den Betrag von 40 € für die Kosmetikartikel als Schadensersatz gemäß §§ 280 I 1, 241 II, 311 II verlangen.

a) Haftungsbegründender Tatbestand

Ein Schadensersatzanspruch aus §§ 280 I 1, 241 II, 311 II setzt voraus, dass B eine vorvertragliche Pflicht verletzt hat (culpa in contrahendo). § 241 II statuiert, dass ein Schuldverhältnis „nach seinem Inhalt jeden Teil zu besonderer Rücksicht auf die Rechte, Rechtsgüter und Interessen des anderen Teils verpflichten" kann. In § 311 II ist explizit geregelt, dass ein Schuldverhältnis mit Pflichten nach § 241 II auch durch die Aufnahme von Vertragsverhandlungen, durch die Anbahnung eines Vertrages oder durch ähnliche geschäftliche Kontakte entsteht. B hatte vor, jedenfalls einige Lebensmittel an der Kasse zu bezahlen, weshalb sich ein konkreter Kaufvertragsabschluss anbahnte. Die Voraussetzungen des § 311 II Nr. 2 sind hier demnach gegeben. Damit war B also auch gehalten, auf die Rechtsgüter des C Rücksicht zu nehmen. Indem B das Eigentum des C an den Kosmetikartikeln, der dieses zuvor nach § 929 S. 1 von den Lieferanten erworben hatte, dadurch missachtete, dass sie die Kosmetika unbezahlt ohne Wissen des C mitnehmen wollte, verstieß sie gegen diese Rücksichtnahmepflicht. Eine entsprechende Pflichtverletzung gemäß § 241 II liegt mithin vor. Ferner muss B diese Pflichtverletzung auch zu vertreten haben. Ein Schuldner hat nach § 276 I 1 grundsätzlich Vorsatz und jede Form von Fahrlässigkeit zu vertreten. Vorsatz ist ein bewusstes und gewolltes Tun. Das liegt hier vor. B wusste, dass die Kosmetikartikel im Eigentum eines anderen stehen, und wollte sie mitnehmen, ohne sie zu bezahlen. Sie handelte mithin vorsätzlich und ist daher dem Supermarktinhaber C zum Ersatz des aus ihrem Verhalten herrührenden Schadens verpflichtet.

b) Haftungsausfüllender Tatbestand

Es fragt sich allerdings, ob C überhaupt ein Schaden entstanden ist. C hat nämlich der B die Kosmetika wieder abgenommen, deshalb kommt als sein Schaden i. S. der §§ 249 ff. allenfalls die Gewinnspanne innerhalb des Verkaufspreises in Betracht. Gemäß § 252 umfasst eine Verpflichtung zum Schadensersatz zwar grundsätzlich die Ausgleichung auch des entgangenen Gewinns, doch ist diese Bestimmung nur im Zusammenhang mit der Grundnorm des § 249 I richtig anzuwenden: Hätte B die Kosmetika nicht entwendet, hätte sie diese überhaupt nicht zum regulären Verkaufs-

---

[5] BeckOK BGB/*Becker*, § 305 Rn. 50.

preis erworben, sondern die Ware an ihrem Standort belassen. Der haftungsrechtlich
maßgebliche Zustand, der gemäß § 249 I durch die Schadensersatzleistung herzustellen ist, darf somit nicht aus der Sicht des Erfüllungsinteresses bestimmt werden,
sondern muss sich hier am Integritätsinteresse orientieren. Bei dieser Betrachtung
hätte C die betreffenden Kosmetika aber gerade nicht veräußert und demnach auch
keinen Gewinn erzielt. C hat also weder bezüglich des Substanzwerts der Kosmetika
noch bezüglich des aus ihrer hypothetischen Veräußerung erzielten Gewinns einen
liquidierbaren Schaden erlitten.

c) Ergebnis

C hat keinen Schadensersatzanspruch gegen B in Höhe von 40 € für die Kosmetikartikel aus §§ 280 I 1, 241 II, 311 II.

4. Anspruch aus § 823 I und aus § 823 II i. V. m. § 858 I (bzw. § 242 StGB)

a) Für eine Haftung aus unerlaubter Handlung gemäß § 823 I sind die haftungsbegründenden Voraussetzungen erfüllt. Indem B die Kosmetikartikel unbezahlt mitnehmen wollte und diese bereits unter ihrem Mantel versteckt hatte, entzog sie dem
C die Nutzungsmöglichkeit der Waren und verletzte somit sein Eigentum. Recht-
fertigende Gründe ihrer Handlungsweise sind nicht erkennbar. Ihr rechtswidriges
Verhalten muss sich B als vorsätzlich vorwerfen lassen, da sie wusste, dass sie die
Nutzungsmöglichkeit des C entzog, als sie die Waren unter ihrem Mantel versteckte,
um sie unbemerkt aus dem Supermarkt zu verbringen.

b) Daneben könnten die haftungsbegründenden Voraussetzungen von § 823 II
i. V. m. § 858 I (bzw. § 242 StGB) vorliegen. § 858 I und § 242 StGB sind Rechts-
normen im Sinne von Art. 2 EGBGB, die zumindest auch dazu bestimmt sind, die
Individualinteressen des Besitzers bzw. des Eigentümers zu schützen, und somit
Schutzgesetze im Sinne von § 823 II. Durch das Verbergen der Kosmetika unter
ihrem Mantel hat B ohne gesetzliche Gestattung und ohne den Willen des C dessen
Besitz entzogen, sodass verbotene Eigenmacht i. S. d. § 858 I gegeben ist. Diese
Schutzgesetzverletzung hat B vorsätzlich begangen, sodass das gemäß § 823 II 2
erforderliche Verschulden ebenfalls vorliegt. Mit dem Ansichnehmen und Verste-
cken der Kosmetika unter ihrem Mantel hat B eine Gewahrsamsenklave gebildet,
wodurch der Eigentümer C von seiner Verfügungsgewalt ausgeschlossen wurde,
sodass auch ein vollendeter Diebstahl gemäß § 242 StGB vorliegt.[6] Durch diese
Schutzgesetzverletzungen, die auch rechtswidrig waren, hat B mithin eine unerlaubte
Handlung im Sinne von § 823 II begangen.

c) Dem C ist jedoch durch die unerlaubte Handlung der B kein Schaden bezüglich
des Substanzwerts entstanden, weil er die Kosmetikartikel wieder zurückerhalten
hat. Ein entgangener Gewinn gemäß § 252 ist im Rahmen des Integritätsinteresses,
gegen das B durch die unerlaubte Handlung verstoßen hat, nicht zu ersetzen.[7] Somit
ist der von C geltend gemachte Kaufpreis keine ersatzfähige Schadensposition. Er

---

[6]   Auch wenn man den Gewahrsamswechsel und damit einen vollendeten Diebstahl aufgrund
      der Beobachtung des Diebstahls verneint, liegt jedenfalls ein versuchter Diebstahl gemäß
      §§ 242 I, II, 22, 23 StGB vor. Ein versuchter Diebstahl stellt aufgrund des Eingriffs in die
      ausschließliche Herrschaftssphäre des Eigentümers ebenfalls eine Eigentumsverletzung dar
      und erfüllt – da strafbewehrt – die Voraussetzungen einer Schutzgesetzverletzung im Sinne
      von § 823 II, vgl. *Canaris*, NJW 1974, 521.
[7]   Siehe oben I 3 b.

hat bezüglich der Kosmetikartikel keinen Schadensersatzanspruch gegen *B* in Höhe von 40 € aus § 823 I bzw. aus § 823 II i. V. m. § 858 I (bzw. § 242 StGB).

II. Anspruch auf Ersatz der Bearbeitungskosten

C verlangt ferner von *B* Ersatz der entstandenen Bearbeitungskosten in Höhe von 15 €.

1. Haftungsbegründung

Indem *B* die Kosmetikartikel unter ihrem Mantel verbarg, um mit ihnen unbezahlt den Laden zu verlassen, hat sie den haftungsbegründenden Tatbestand von §§ 280 I 1, 241 II, 311 II, von § 823 I und von § 823 II i. V. m. § 858 I (bzw. § 242 StGB) erfüllt.[8]

2. Reichweite der Ersatzpflicht

Fraglich ist jedoch, ob die grundsätzliche Verpflichtung der *B* zum Schadensersatz den Ausgleich der Bearbeitungskosten umfasst. Hierunter versteht man diejenigen Kosten der Rechtsverfolgung, die als Verwaltungs- und Zeitaufwand bei der Identitätsfeststellung der ergriffenen Person und bei der Abwicklung des Ladendiebstahls anfallen.[9]

a) Bedenken könnten dahingehend bestehen, ob es sich bei den erhobenen Bearbeitungskosten überhaupt um einen Schaden handelt. Denn diese Einbußen sind Gegenstand eines Willensentschlusses des Geschäftsinhabers *C* bzw. seiner Ladenangestellten; derartige Vermögensaufwendungen erfolgen freiwillig und unterscheiden sich damit grundsätzlich von den Schäden als unfreiwilligen Vermögensopfern. Indessen sind auch solche Aufwendungen im Rahmen des Haftungsrechts als Schäden ersatzfähig, sofern sie nur nach den allgemeinen Regeln mit dem haftungsbegründenden Vorgang in einem hinreichenden Zurechnungszusammenhang stehen, wie zum Beispiel Aufwendungen im Rahmen der Schadensminderung gemäß § 254 II.[10] Bei ihnen dürfte es in Wahrheit schon am Merkmal der Freiwilligkeit fehlen, wenn und weil das haftungsbegründende Ereignis psychisch kausal für die spätere Aufwendung gewesen ist.[11] Mit Rücksicht darauf lässt sich auch gegen den Charakter der Bearbeitungskosten als Schaden nichts einwenden.

b) Fraglich ist darüber hinaus, ob der durch den Dieb verursachte Zeitaufwand, der mittels der Bearbeitungskosten ersetzt verlangt wird, als Vermögensschaden anzuerkennen ist. Nur bei Vorliegen eines Vermögensschadens kommt wegen § 253 – dessen Ausnahmen in casu nicht gegeben sind – ein geldlicher Ausgleich in Betracht.

Nach der Differenzhypothese ist die hypothetische Vermögenslage des Geschädigten ohne dem schädigenden Ereignis mit der wirklichen Vermögenslage nach dem schädigenden Ereignis zu vergleichen, wobei die sich ergebende Differenz den Schaden bildet.[12] Bei Anwendung der Differenzhypothese liegt kein Vermögensschaden vor:[13] Der unmittelbare Schaden, der im Entzug des Sachbesitzes besteht, ist mit der Herausgabe der Kosmetikartikel beseitigt. Ansonsten mindert die Abwick-

---

[8] Siehe oben I 3a und 4a und b.
[9] MüKoBGB/*Oetker* § 249 Rn. 205; *Klimke*, NJW 1974, 81 (85).
[10] Hierzu *Canaris*, NJW 1974, 521 (522).
[11] Palandt/*Grüneberg*, Vorb. v. § 249 Rn. 41 ff.
[12] Palandt/*Grüneberg*, Vorb. v. § 249 Rn. 10.
[13] Vgl. *Wollschläger*, NJW 1976, 12 (13).

lung des Diebstahls das Vermögen des Ladeninhabers *C* nicht. Ein erhöhter Personalaufwand in Form von Überstunden, die *C* vergüten muss, ist vorliegend nicht gegeben. Den Lohn der Arbeitnehmer hätte er auch ohne den Diebstahl zahlen müssen.

Vielfach wird in der Arbeitskapazität des Arbeitnehmers ein vermögenswertes Gut gesehen. Das Vorliegen eines Vermögensschadens wird mit der Überlegung bejaht, dass der Geschäftsinhaber nicht den Gegenwert der Lohnkosten erhält, wenn die Angestellten sich ertappten Ladendieben widmen, statt Waren zu verkaufen.[14] Unter Heranziehung des „Frustrierungsgedankens" wird argumentiert, dass das Gehalt der Angestellten insoweit zweckentfremdet und vom Arbeitgeber nutzlos aufgewendet worden sei.[15] Nach der Ansicht des *BGH* stellt der Verlust an produktiver Arbeitszeit keinen Vermögensschaden dar, da im Haftungsrecht nur reale Nachteile des Verletzten liquidierbar seien.[16] Die abstrakte Erwartung, dass das Personal ausschließlich in umsatzfördernder Weise tätig sein werde, reiche zur Bejahung einer tatsächlichen Vermögenseinbuße nicht aus. Eine konkrete Einbuße an Vermögensgütern wäre nur dann zu bejahen, wenn die Mühewaltung im Zusammenhang mit der Ergreifung des Diebes einen Umsatzverlust zur Folge hätte. Eine solche konkrete Umsatzminderung ist im vorliegenden Fall nicht eingetreten.

Für die Ablehnung eines Vermögensschadens sprechen weitere Argumente: Auch ein Privater kann in vergleichbaren Fällen seinen Arbeitsaufwand nicht ersetzt verlangen, weil Freizeit – ohne konkreten Nachweis eines anderweitig entgangenen Gewinns – keinen Vermögenswert hat. Großunternehmen dürfen nicht bessergestellt werden, nur weil sie als ihren verlängerten Arm eigenes Personal für ihre Verwaltung einsetzen.[17] Hinzu kommt, dass der kurzfristige Ausfall der mit dem Dieb befassten Angestellten hinsichtlich deren eigentlicher Verkaufstätigkeit erfahrungsgemäß innerhalb des Gesamtpersonals von anderen Mitarbeitern kompensiert wird. Schließlich gehört die Mühewaltung bei der Feststellung der Schadensursachen und bei der Abwicklung eines Schadensfalles nach der Verkehrsauffassung zum eigenen Pflichtenkreis bzw. zum allgemeinen Lebensbereich des Geschädigten.[18] Das Recht ordnet aus Gründen der Interessenbewertung und der Praktikabilität solche Mühewaltung dem Zuständigkeits- und Verantwortungsbereich des Geschädigten zu, weshalb die dadurch entstehenden Kosten nicht dem Schutzzweck der Haftung des Schädigers unterfallen.[19] Schließlich lässt sich anführen, dass die pauschalen Bearbeitungskosten nicht auf den konkreten Schadensfall zurückzuführen

---

[14] *Pecher*, JuS 1981, 645 (647 f.); *Medicus/Lorenz*, Schuldrecht I, § 56 VII 3, Rn. 682; *Lieb*, FS Steindorff, 1990, S. 705; *Canaris*, NJW 1974, 521 (522 f.); *Klimke*, NJW 1974, 81 (85 ff.).

[15] Vgl. *Klimke*, NJW 1974, 81 (87); *Canaris*, NJW 1974, 521 (523).

[16] BGHZ 45, 212 (219) = NJW 1966, 1260; *BGH* NJW 1968, 1773 (1778); *Wollschläger*, NJW 1976, 12 (14).

[17] BGHZ 66, 112 (117); BGHZ 75, 230 (233); *BGH* NJW 1980, 1518 (1519); a. A. *Pecher*, JuS 1981, 645 (647 f.).

[18] *BGH* NJW 1969 (1109); BGHZ 66, 112 (114 ff.) = NJW 1976, 1256; BGHZ 75, 230 (231) = NJW 1980, 119 (119 f.); BGHZ 76, 216 (218) = NJW 1980, 1518; MüKoBGB/*Oetker*, § 249 Rn. 198; Palandt/*Grüneberg*, § 249 Rn. 63; BeckOK BGB/*Flume*, § 249 Rn. 359. In BGHZ 76, 216 bejaht der *BGH* den Ersatz von Personalkosten für eine außerreguläre Bestandsaufnahme in einem Hauptstaatsarchiv, die zwecks Feststellung umfangreicher Diebstähle erforderlich geworden war. Der *BGH* stützt sich dabei auf das Argument, bei der Überprüfung handele es sich um einen Aufwand zur unmittelbaren Herstellung des durch die unerlaubte Handlung gestörten Zustandes. Kritisch dazu u. a. *Lieb*, FS Steindorff, 1990, S. 705 (707); *Pecher*, JuS 1981, 645 (646).

[19] BGHZ 75, 230 (231 ff.) = NJW 1980, 119; MüKoBGB/*Oetker*, § 249 Rn. 204; *Wollschläger*, NJW 1976, 12 (15); a. A. *Pecher*, JuS 1981, 645 (647 f.).

sind, sodass es an der haftungsausfüllenden Kausalität fehlt.[20] Daher kann der betroffene Geschäftsinhaber die Kosten für die Mehrarbeit, die die Ermittlung und Abwicklung des Schadens verursacht, von dem Ladendieb nicht erstattet verlangen.[21]

Folglich hat *C* keinen Anspruch gegen *B* auf Ersatz der Bearbeitungskosten in Höhe von 15 €.

III. Anspruch auf Erstattung der Fangprämie

Zu prüfen ist ferner, ob die dem Grunde nach gemäß §§ 280 I 1, 241 II, 311 II, gemäß § 823 I sowie gemäß § 823 II i. V. m. § 858 I (bzw. § 242 StGB) bestehende Haftung von *B* das Verlangen des *C* nach Erstattung der an Herrn *Abele (A)* ausbezahlten Fangprämie in Höhe von 25 € erfasst.

1. Kausalität

Ist diesbezüglich auch nicht zweifelhaft, dass es sich – trotz scheinbarer Freiwilligkeit der Maßnahme – um einen realen Vermögensschaden handelt, so könnten doch Bedenken darüber bestehen, ob dieser Schaden von *B* verursacht worden ist. Denn *C* hatte schon vor dem haftungsauslösenden Vorgang, der Entwendung der Kosmetika durch *B*, die Fangprämie durch die Aufstellung der Schilder gemäß § 657 als Belohnung ausgelobt. Indessen ist die Pflicht zur Zahlung der Belohnung erst durch den Hinweis des *A* auf die Warenentwendung durch *B* ausgelöst worden, ist also letztlich doch durch deren Verhalten bedingt.[22] Auch die im Rahmen der haftungsausfüllenden Kausalität zu prüfende Adäquanz der Verursachung ist erfüllt, denn in der gegenwärtigen Einzelhandelspraxis ist die Aussetzung einer derartigen Belohnung geradezu üblich.

2. Schutzzweck der Norm

Dennoch erscheint die Ersatzfähigkeit der Fangprämie im Hinblick auf den Schutzzweck der Norm problematisch. Es wird die Auffassung vertreten, die Fangprämie diene der Ergreifung des Täters zum Zwecke der Strafverfolgung, deren Kosten nicht Gegenstand zivilrechtlicher Schadensersatzpflicht sein könnten, sondern allein den Regeln strafprozessualer Kostenverteilung folgten.[23] Bei der Fangprämie handelt es sich jedoch nicht um Kosten der Strafverfolgung, sondern um solche für die Aufdeckung der Tat und die Wiedererlangung des Diebesgutes.[24] Insoweit besteht ein so enger innerer Zusammenhang mit der Ausschluss- und Zuordnungsfunktion des Eigentums, dass diese Kosten vom Zweck des Eigentumsschutzes gedeckt werden. Somit steht der Schutzzweck der Norm der Ersatzfähigkeit einer gezahlten Fangprämie nicht entgegen. Allerdings muss ein angemessenes Verhältnis zum Wert der gestohlenen Sache bestehen; wegen ihrer Anreizfunktion gilt eine Pauschale bis

---

[20] *Wendehorst*, Anspruch und Ausgleich, 1999, S. 154; Staudinger/*Schiemann* (2017), § 249 Rn. 120; *Lange/Schiemann*, S. 386 f.; BGHZ 75, 230 (233) = NJW 1980, 119 (120): Das Haftungsrecht kenne nur „ein Eingestehen für die eigene Tat".

[21] BGHZ 75, 230 (231) = NJW 1980, 119; *Wollschläger*, NJW 1976, 12 (15).

[22] BGHZ 75, 230 (235 ff.) = NJW 1980, 119; MüKoBGB/*Oetker*, § 249 Rn. 202 f.; Staudinger/*Schiemann* (2017), § 249 Rn. 121; *Müller*, NJW 1973, 358 (359); *Creutzig*, NJW 1973, 1593 (1594); *Canaris*, NJW 1974, 521; *Deutsch*, JZ 1980, 102 (103). A. A. *Wälde*, NJW 1972, 2294, der die Fangprämie mit der Begründung ablehnt, die Belohnung gehöre zu den nicht zu ersetzenden Vorhaltekosten.

[23] Vgl. *AG München* NJW 1972, 2038; ferner *Wälde*, NJW 1972, 2295.

[24] *Canaris*, NJW 1974, 521 (522).

25 € stets als angemessen.[25] Somit kann *C* den Ersatz der an *A* ausbezahlten Fangprämie in Höhe von 25 € von *B* verlangen.

IV. Anspruch auf Kostenbeteiligung hinsichtlich der Fernsehüberwachungsanlage

Ob *C* im Rahmen seines Schadensersatzanspruchs *B* zu einer Beteiligung an den
Kosten für die Einrichtung und Unterhaltung der Fernsehüberwachungsanlage heranziehen kann, ist ebenfalls fraglich. Denn diese Aufwendungen wurden bereits vor
dem haftungsbegründenden Ereignis, dem von *B* verübten Diebstahl, gemacht.

1. Kausalität

Für eine haftungsrechtliche Zurechnung von Schäden bedarf es der Kausalbeziehung
zwischen dem haftungsbegründenden Ereignis und diesen Schäden. Wegen der
logischen Natur von Grund und Folge, Ursache und Wirkung kommen als ersatzfähige Einbußen dabei also nur solche in Betracht, die dem haftungsbegründenden
Vorgang zeitlich nachfolgen. Zwischen dem Diebstahl der *B* und den Kosten für die
Anbringung der Fernsehüberwachungsanlage fehlt es mithin an der Kausalität.

2. Parallele zu GEMA-Rechtsprechung

Möglicherweise ist das Kausalitätserfordernis in den Fällen der Vorsorgekosten
jedoch preiszugeben, indem man eine Parallele zu der GEMA-Rechtsprechung
zieht.[26] Der *BGH* erlegt dem Verletzer musikalischer Urheberrechte eine doppelte
Lizenzgebühr auf, um durch den erhöhten Preis für das unbefugt angeeignete
immaterielle Gut einen Kostenbeitrag zu der von der GEMA getragenen Überwachungsorganisation zu leisten.[27] Der Sache nach werden dabei Vorbeugekosten
liquidiert. Abgesehen davon, dass die in Bezug genommene Rechtsprechung ihrer-
seits manchem Zweifel ausgesetzt ist,[28] steht ihrer Verallgemeinerung auf den Bereich des Ladendiebstahls die das Urheberrecht prägende Eigenart der immateriellen
Schutzgegenstände entgegen. Wegen deren nur gedanklicher, vergeistigter Existenz
bildet eine Überwachungsorganisation in diesem Bereich das praktisch allein erfolg-
versprechende Mittel, der Rechtsverletzung zu begegnen. Demgegenüber steht dem
Eigentümer einer Sache ein natürliches Sicherungsmittel in Gestalt der tatsächlichen
Sachherrschaft zur Verfügung, die der Sachentwendung entgegenwirken kann. Es
besteht auch dann keine der Urheberrechtsgefährdung vergleichbare Lage, wenn der
Eigentümer seine Herrschaftsgewalt bewusst lockert, um gerade durch leichte Zu-
gänglichkeit zu den Waren ohne ständige Beaufsichtigung der Kunden den Ver-
kaufserfolg zu steigern. Eben dieser durch die Sachherrschaft vermittelten natürli-
chen Sicherungsmöglichkeit korrespondiert das grundsätzliche Kausalitätserfordernis
bezüglich liquidierbarer Schäden. Denn damit wird eine klare Abgrenzung
zwischen Haftungsrecht und der dem jeweiligen Eigentümer vom Recht ersatzlos
zugemuteten Eigenvorsorge vorgenommen.

---

[25] BGHZ 75, 230 (235 ff.) = NJW 1980, 119; MüKoBGB/*Oetker*, § 249 Rn. 202; Palandt/
       Grüneberg, § 249 Rn. 63.
[26] So *Canaris*, NJW 1974, 521 (523 ff.) für den Fall, dass die Aufwendungen speziell und allein
       zur Verhinderung bzw. Aufdeckung des Diebstahls gemacht worden sind.
[27] S. etwa BGHZ 17, 376 (383) = NJW 1955, 1356; BGHZ 59, 286 (290) = NJW 1973, 96.
[28] MüKoBGB/*Oetker*, § 249 Rn. 206 m. w. N.

3. Parallele zu Vorhaltekosten

Als zweiter Weg, um für die Vorbeugekosten für Ladendiebstähle das genannte „Kausalitätsdogma" zu überwinden, wird eine Analogie zur Behandlung sog. Vorhaltekosten in der Rechtsprechung des *BGH* befürwortet.[29] Nach dieser Rechtsprechung sind Kosten für die Haltung eines Reservefahrzeuges anteilig jedenfalls dann Gegenstand des Schadensersatzanspruches, wenn dieses Fahrzeug ausschließlich für Ausfälle durch Fremdschädigungen bereitgestellt ist.[30] Indessen könnte es hinsichtlich der Ladendiebstahlsproblematik an einer tragfähigen Analogiebasis fehlen. Denn geht es bei den Reservefahrzeugen lediglich darum, den haftungsausfüllenden Schaden durch ein Ersatzgerät in Grenzen zu halten, so soll in den Ladendiebstahlsfällen die Sachentwendung selbst von vornherein verhindert oder doch wenigstens sogleich bei der Ergreifung des Täters auf frischer Tat rückgängig gemacht werden. „Vorhaltekosten" (z. B. für die Bereitstellung von Reservefahrzeugen) und „Vorsorge-" oder „Vorbeugungskosten" sollten deshalb begrifflich, terminologisch und in ihrer rechtlichen Behandlung klar getrennt bleiben. Deswegen bleibt die Liquidierbarkeit der Kosten zur Verhinderung von Ladendiebstählen – wie z. B. für Fernsehüberwachungsanlagen – an Priorität und Kausalität des haftungsbegründenden Vorganges gebunden. Im Übrigen wirkt die Fernsehüberwachungsanlage nicht – wie die höchstrichterliche Rechtsprechung zu den Vorhaltekosten es verlangt[31] – ausschließlich Ausfällen durch Fremdschädigung, also seitens der Kunden, entgegen. Ebenso nimmt sie eine Kontrollfunktion gegenüber dem Ladenpersonal ein, allein schon, um dessen Präsenz am Arbeitsplatz überwachen zu helfen. Auch darum erscheint eine Heranziehung von *B* zu den Kosten der Fernsehüberwachungsanlage als nicht gerechtfertigt.

V. Ergebnis

C kann sonach von *B* aus §§ 280 I 1, 241 II, 311 II sowie aus § 823 I und II i. V. m. § 858 (bzw. § 242 StGB) nur den Ersatz der Fangprämie in Höhe von 25 € verlangen.

---

[29] So *Canaris*, NJW 1974, 521 (523 ff.)
[30] BGHZ 32, 280 (284 ff.) = NJW 1960, 1339; *BGH* JZ 1961, 420; *BGH* NJW 1976, 286; BGHZ 70, 199 (200 ff.) = NJW 1978, 812.
[31] Vgl. z. B. *BGH* VersR 1961, 359.

Fall 7. Die verhängnisvolle Klosettschüssel

Culpa in contrahendo durch Erfüllungsgehilfen – Umfang des Schadensersatzes (Ersatz der Heilbehandlungskosten, Vorteilsausgleichung, Anrechnung von Spenden, Schockschaden Angehöriger, Schmerzensgeld bei vollständigem Bewusstseinsverlust und anschließendem Tod) – entgangener Unterhalt

Sachverhalt

Häuslebauer *Hieber*, ein selbstständiger Unternehmensberater, sucht den von Frau *Gaiser* betriebenen Baumarkt auf, um sich das dortige Angebot von Waschbecken, Duschen und WCs näher anzusehen und gegebenenfalls, bei einem günstigen Angebot, auch „zuzuschlagen". Als er eine Duschwanne in Augenschein nimmt, stürzt von der hohen Regalwand, vor der er gerade steht, eine schwere Klosettschüssel herab und fügt ihm u. a. erhebliche Kopfverletzungen zu. Diese Schüssel war von dem an sich sehr tüchtigen und zuverlässigen Baumarktmitarbeiter *Schlotterbeck* in Folge einer singulären Unaufmerksamkeit nicht ordnungsgemäß in das Regal gestellt worden.

1. Kann der privat krankenversicherte *Hieber* von Frau *Gaiser* den Ersatz der Arzt-, Krankenhaus und Arzneimittelkosten verlangen, die ihm durch diese Verletzungen entstanden sind, und dazu noch Schmerzensgeld in Höhe von 50 000 €, wenn *Schlotterbeck* aufgrund misslungener Aktienspekulationen vermögenslos ist? Frau *Gaiser* wendet dagegen ein, *Hieber* sei doch letztlich gar kein Schaden entstanden, weil ihm die private Krankenversicherung alles ersetzt habe bzw. noch ersetzen werde. Überdies hätten ihm doch, was auch wahr ist, seine Kegelbrüder und -schwestern aus Mitgefühl einen Betrag von 500 € gespendet. Diesen Betrag müsse sich *Hieber* auf seine Schadensersatzforderung aber in jedem Fall anrechnen lassen. Wie ist die Rechtslage?
2. Nachdem Frau *Hieber* von dem Unfall ihres Mannes erfährt, erleidet sie einen Nervenzusammenbruch und muss drei Tage stationär behandelt werden. Sie verlangt nun die Heilbehandlungskosten und ein angemessenes Schmerzensgeld von *Schlotterbeck*. Zu Recht?
3. Angenommen, die Kopfverletzungen wären so schwer gewesen, dass *Hieber* sofort das Bewusstsein verloren hätte und zwei Tage später gestorben wäre. Könnten jetzt seine Erben von Frau *Gaiser* ein Schmerzensgeld verlangen?
4. Außerdem war *Hieber* der Alleinverdiener seiner Familie. Könnten seine nicht berufstätige Frau und seine beiden kleinen Kinder nach seinem unfallbedingten Tod von Frau *Gaiser* dann die Zahlung des entsprechend entgangenen bzw. noch entgehenden Unterhalts als Schadensersatz verlangen?

Lösung

A. Frage 1 – Ansprüche des *Hieber (H)*

H verlangt den Ersatz der verletzungsbedingten Arzt-, Krankenhaus- und Arzneikosten und darüber hinaus Schmerzensgeld.

I. Bestehen eines Anspruchs dem Grunde nach

Dafür muss zunächst jedenfalls ein Anspruch dem Grunde nach bestehen. Das heißt, der haftungsbegründende Tatbestand muss erfüllt sein.

1. §§ 280 I 1, 433

Ein vertraglicher Schadensersatzanspruch aus §§ 280 I 1, 241 II, 433 scheidet aus, da zwischen *H* und Frau *Gaiser (G)* kein Kaufvertrag zustande gekommen ist.

2. §§ 280 I 1, 311 II, 241 II

Anspruchsgrundlage könnte jedoch §§ 280 I 1, 241 II, 311 II sein. § 280 I 1 setzt voraus, dass eine Pflicht aus einem Schuldverhältnis verletzt wurde.

a) Folglich müsste zunächst ein Schuldverhältnis zwischen *H* und *G* bestehen. Ein solches entsteht gem. § 311 II Nr. 1 bereits durch die bloße Aufnahme von Vertragsverhandlungen. Hierfür genügen Vorgespräche oder auch einseitige Maßnahmen eines Vertragsteils, durch den der andere Vertragsteil zum Vertragsschluss veranlasst werden soll, wie z.B. Werbemaßnahmen.[1] Laut Sachverhalt steht allerdings noch nicht einmal fest, dass *H* überhaupt die Absicht besaß, im *Gaiserschen* Baumarkt etwas zu kaufen, er wollte sich zunächst nur das dortige Angebot von Waschbecken, Duschen und WCs näher ansehen. Anhaltspunkte, die darauf schließen lassen, dass *H* aufgrund eines Werbeprospekts der *G* sich deren Angebot anschauen will, lassen sich dem Sachverhalt nicht entnehmen. Deshalb scheidet die Anwendung von § 311 II Nr. 1 hier aus.

Möglicherweise hilft indes die Nr. 2 des § 311 II weiter. Danach kann ein Schuldverhältnis bereits durch die Anbahnung eines Vertrages begründet werden, wenn jemand im Hinblick auf eine etwaige rechtsgeschäftliche Beziehung dem potentiellen Vertragspartner „die Möglichkeit zur Einwirkung auf seine Rechte, Rechtsgüter und Interessen gewährt oder ihm diese anvertraut". § 311 II Nr. 2 erfasst damit gerade die Fälle, in denen ein potentieller Kunde das Geschäftslokal aufsucht.[2]

Im vorliegenden Fall benötigte *H* für sein im Bau befindliches Haus Sanitärgegenstände und sah sich deshalb das entsprechende Angebot des *Gaiserschen* Baumarkts an. Dem Sachverhalt lässt sich entnehmen, dass er dort auch etwas kaufen wollte, falls es ihm zusagte. Des Weiteren muss *H* der *G* im Zusammenhang mit dieser Vertragsanbahnung die Möglichkeit zur Einwirkung auf seine Rechtsgüter gewährt haben. Dadurch, dass er sich in den Baumarkt hinein begab, hat er dessen Betreiberin u. a. die Möglichkeit verschafft, auf seine (absoluten) Rechtsgüter Körper und Gesundheit einzuwirken. Der Tatbestand des § 311 II Nr. 2 ist demnach erfüllt. Im Zeitpunkt der Schädigung bestand folglich ein (vorvertragliches) Schuldverhältnis im Sinne des § 311 II Nr. 2 zwischen *H* und *G*.

b) § 280 I 1 verlangt ferner, dass der Schuldner eine Pflicht aus diesem Schuldverhältnis verletzt hat. Nach § 241 II kann ein Schuldverhältnis jeden Teil auch zu besonderer Rücksicht auf die Rechte, Rechtsgüter und Interessen des anderen Teils verpflichten. Auch *G* war aufgrund dessen, dass *H* als möglicher Käufer ihren Baumarkt betreten hatte, diesem gegenüber zur Rücksicht auf seine Rechte und Rechtsgüter verpflichtet. Sie musste also ihren Baumarkt in einen solchen Zustand versetzen, dass potentielle Käufer dort nicht zu Schaden kommen können. Dazu gehört u. a. auch die Verpflichtung, schwere Gegenstände in Regalen so zu lagern,

---

[1] Palandt/*Grüneberg*, § 311 Rn. 22.
[2] Palandt/*Grüneberg*, § 311 Rn. 23. Dagegen jedenfalls BGHZ 66, 51 (54).

dass sie nicht herab fallen und andere verletzen können. Diese Verpflichtung wurde hier ganz offensichtlich verletzt, allerdings nicht durch *G* selbst. *G* selbst hat die unsachgemäße Lagerung der fraglichen Kloschüssel nämlich nicht vorgenommen, sondern ihr Mitarbeiter *Schlotterbeck (S)*. Dessen Pflichtverletzung könnte der *G* jedoch gem. § 278 zuzurechnen sein. § 278 wirkt nicht allein auf der Ebene des Vertretenmüssens, sondern ist auch für die Zurechnung der Verletzungshandlung heranzuziehen.[3] Voraussetzung ist, dass *S* Erfüllungsgehilfe der *G* war. Erfüllungsgehilfe ist, wer nach den tatsächlichen Gegebenheiten des Falles mit Willen des Schuldners bei der Erfüllung einer diesem obliegenden Verbindlichkeit als seine Hilfsperson tätig wird.[4] *S* war als ein im Baumarkt beschäftigter Mitarbeiter entweder Verkäufer oder Lagerarbeiter und damit auch jemand, dessen sich *G* jedenfalls zur Erfüllung ihrer in Rede stehenden Schutzpflichten bediente, also ein Erfüllungsgehilfe. Pflichtverletzungen des *S* sind daher der *G* zuzurechnen. Die Voraussetzungen des § 280 I 1 sind mithin erfüllt.

c) Nach § 280 I 2 wird der Schuldner allerdings nicht ersatzpflichtig, wenn er die fragliche Pflichtverletzung nicht zu vertreten hat. § 280 I 2 enthält insoweit eine Beweislastumkehr. Der Schuldner muss darlegen und gegebenenfalls beweisen, dass er die Pflichtverletzung nicht zu vertreten hat.[5] Zu vertreten hat ein Schuldner dabei gem. § 276 I 1 in erster Linie eigenes Verschulden in Gestalt von Vorsatz und Fahrlässigkeit. Wie bereits dargestellt, hat *G* jedoch selbst keine Pflichtverletzung begangen, die sie zu vertreten haben könnte. Allerdings ist *S* ihr Erfüllungsgehilfe, dessen Verhalten sie sich nach § 278 S. 1 wie eigenes zurechnen lassen muss, wenn er bei der Erfüllung der *G* obliegenden Verbindlichkeiten schuldhaft gehandelt hat. Die gröbste Verschuldensform, der Vorsatz, der ein bewusstes und gewolltes Herbeiführen des in Betracht kommenden Erfolgs verlangt, ist im vorliegenden Fall nicht gegeben. Es könnte aber eine Fahrlässigkeit des *S* vorliegen. Dann müsste dieser gem. § 276 II die im Verkehr erforderliche Sorgfalt außer Acht gelassen haben. Wer einen schweren Gegenstand in einem Geschäft mit Publikumsverkehr so unsachgemäß in eine hohe Regalwand stellt, dass er ohne eine weitere direkte Einwirkung plötzlich herab stürzt und einen unmittelbar vor dem Regal stehenden potentiellen Kunden verletzt, hat diese Sorgfalt missachtet, also fahrlässig gehandelt. *G* muss sich deshalb die Fahrlässigkeit ihres Erfüllungsgehilfen *S* aufgrund von § 278 S. 1 entsprechend zurechnen lassen und hat deswegen die Pflichtverletzung auch zu vertreten.

d) Zwischenergebnis: Der Anspruch gem. §§ 280 I, 241 II, 311 II besteht damit dem Grunde nach.

3. § 831 I 1

Eine weitere Anspruchsgrundlage könnte § 831 I 1 bilden.

a) Dann müsste *S* ein Verrichtungsgehilfe der *G* gewesen sein. Verrichtungsgehilfe ist derjenige, dem von einem anderen, in dessen Einflussbereich er allgemein oder im konkreten Fall steht und von dem er in gewisser Weise abhängig, insbesondere weisungsgebunden ist, eine Tätigkeit übertragen worden ist. Mithin bedarf es eines sozialen Abhängigkeitsverhältnisses, einer Eingliederung in die Organisationssphäre

---

[3] Palandt/*Grüneberg*, § 278 Rn. 18.
[4] Palandt/*Grüneberg*, § 278 Rn. 7; *Looschelders*, Schuldrecht AT, Rn. 502.
[5] Palandt/*Grüneberg*, § 280 Rn. 40; *Looschelders*, Schuldrecht AT, Rn. 520. Die Pflichtverletzung selbst hat hingegen grundsätzlich der Gläubiger zu beweisen.

des *G*, aufgrund dessen *G* gegenüber *S* weisungsbefugt war.[6] Dieser war als ihr Arbeitnehmer weisungsabhängig (§ 106 GewO, § 315 BGB), und somit auch ihr Verrichtungsgehilfe.

b) Des Weiteren müsste *S* einen Dritten widerrechtlich geschädigt haben, und zwar insbesondere bezüglich der in § 823 I aufgeführten absoluten Rechtsgüter und Rechte.[7] Er hat, wie oben[8] bereits näher dargelegt wurde, den Körper bzw. die Gesundheit des *H* verletzt. Die Rechtswidrigkeit ist indiziert.

c) Die betreffende Verletzung muss schließlich in Ausführung der Verrichtung geschehen sein. *S* hat die Schädigung des *H* nicht in seiner Freizeit begangen, sondern im Dienst, d. h. während und aus Anlass seiner Arbeitnehmertätigkeit im Baumarkt. Damit ist die letzte Voraussetzung des § 831 I 1 ebenfalls erfüllt, und *G* wäre an sich auch aufgrund dieser Vorschrift schadensersatzpflichtig.

d) Allerdings gestattet § 831 I 2 dem Geschäftsherrn – hier also *G* – den sog. Exkulpationsbeweis: Seine entsprechende Haftung tritt nicht ein, wenn er insbesondere bei der Auswahl, Information und Kontrolle seines Verrichtungsgehilfen die im Verkehr erforderliche Sorgfalt beachtet hat. Der Sachverhalt bezeichnet *S* ausdrücklich als an sich sehr tüchtigen und zuverlässigen Baumarktmitarbeiter. Das bedeutet, dass sich *G* insoweit exkulpieren kann. Die Ersatzpflicht gem. § 831 I 1 tritt somit nicht ein.[9] *G* muss *H* also keinen Schadensersatz auf der Grundlage von § 831 I 1 leisten.

4. § 823 I

Schließlich könnte ein Anspruch aus § 823 I unter dem Gesichtspunkt eines Organisationsverschuldens der *G* in Betracht kommen. Organisationspflichten können sich aus der Schaffung einer komplexen, arbeitsteiligen Organisation ergeben, die zur Entstehung zusätzlicher Gefahren führt.[10] In diesem Fall muss der Primärverpflichtete, hier *G*, die sich aus der Arbeitsteilung ergebenden Gefahren meiden, insbesondere hat er nur geeignete Hilfspersonen einzusetzen. Es trifft ihn hingegen ein Organisationsverschulden, wenn eine Hilfsperson überhaupt nicht oder zumindest nicht wie geschehen eingesetzt hätte werden dürfen. Für die Verletzung von Organisationspflichten durch *G* bestehen jedoch keine Anhaltspunkte, vielmehr ergibt sich aus dem Sachverhalt, dass *S* bis dato ein sehr zuverlässiger Mitarbeiter im Baumarkt der *G* war. Ein Anspruch aus § 823 I scheidet daher aus.

II. Haftungsausfüllender Tatbestand

G hat nach § 280 I 1 folglich *H* den hierdurch entstehenden bzw. bereits entstandenen Schaden zu ersetzen.

1. Naturalrestitution

Die Art und Weise dieser Schadensersatzleistung ist in den §§ 249 ff. geregelt. Nach dem in § 249 I fixierten Grundsatz der Naturalrestitution hat der Schädiger beim Geschädigten primär den unmittelbar vor der Schädigung bestehenden Zustand

---

[6]　Palandt/*Sprau*, § 831 Rn. 5; *Medicus/Lorenz*, Schuldrecht II, Rn. 1345; *Looschelders*, Schuldrecht BT, Rn. 1321.

[7]　Vgl. Palandt/*Sprau*, § 831 Rn. 8; *Medicus/Lorenz*, Schuldrecht II, Rn. 1346.

[8]　Unter I 2 b.

[9]　Auf ein Verschulden des Verrichtungsgehilfen kommt es bei einem Anspruch nach § 831 hingegen nicht an.

[10]　PWW/*Schaub*, § 823 Rn. 127.

wieder in natura herzustellen. Das ist hier – wie fast immer – nicht möglich. Nach § 249 II 1 kann *H*, der von einer Verletzung der Person betroffen ist, aber statt dessen den zur vollständigen Heilung erforderlichen Geldbetrag ersetzt verlangen, d. h. insbesondere die ihm aufgrund seiner Verletzungen entstandenen Arzt-, Krankenhaus- und Arzneimittelkosten (Heilbehandlungskosten).[11] Genau diese macht er auch geltend. Deshalb lässt sich, ohne dass zuvor auf Kausalitätsfragen eingegangen werden muss, festhalten, dass der Ersatzanspruch des *H* grundsätzlich berechtigt ist.

2. Vorteilsausgleichung durch Leistung der Krankenversicherung?

G wendet allerdings ein, *H* habe insoweit letztlich gar keinen liquidierbaren Schaden erlitten, da ihm seine private Krankenversicherung alle diese Kosten entweder bereits erstattet habe oder noch erstatten werde. Die damit angesprochene Problematik wird von Lehre und Rechtsprechung üblicherweise unter dem Begriff der sog. Vorteilsausgleichung diskutiert.[12] Sie wird relevant, wenn ein zum Schadensersatz verpflichtendes Ereignis für den Geschädigten zugleich auch (finanzielle) Vorteile gebracht hat. Dann stellt sich die Frage, ob diese Vorteile auf den Schadensersatzanspruch anzurechnen sind, also letzten Endes dem Schädiger zugutekommen sollen, oder ob der Geschädigte davon profitieren, d. h. daran „verdienen" soll.[13] *H* bekommt von seiner privaten Krankenversicherung indessen prinzipiell nur die ihm effektiv entstandenen einschlägigen Kosten ersetzt. Wenn und soweit ihm *G* (bzw. ihre Haftpflichtversicherung) vorher bereits Schadensersatzzahlungen geleistet hat, darf er dieses Geld nicht behalten, sondern muss es aufgrund seines Versicherungsvertrages bzw. gem. § 812 I 1 1. Alt. an seine private Krankenversicherung abführen. Wenn und soweit diese an *H* Kostenerstattungen vorgenommen hat, geht sein vom Geschädigten noch nicht erfüllter Schadensersatzanspruch aufgrund von § 86 VVG, also kraft Gesetzes, auf seine Krankenversicherung über.[14] Da dieser Forderungsübergang erst dann stattfindet, wenn der Versicherer seinem Versicherungsnehmer die entsprechenden Kosten erstattet hat und nicht schon – wie bei der gesetzlichen Sozialversicherung gem. § 116 I 1 SGB X – von Anfang an, d. h. bereits im Zeitpunkt des schädigenden Ereignisses,[15] stellt sich hier die dort durchaus erhebliche Frage nicht, ob nicht überhaupt nur die Versicherung des Geschädigten zur Geltendmachung von Schadensersatzansprüchen gegenüber dem Schädiger befugt ist.[16] *H* wird also trotz der Kostenerstattung seitens seiner privaten Krankenversicherung letztlich an dem Unfall nichts „verdienen", und deshalb besteht für eine eventuelle Vorteilsausgleichung bei Lichte besehen gar keine Veranlassung. Der fragliche Einwand von *G* ist demnach nur insoweit gerechtfertigt, als er Schadenspositionen betrifft, hinsichtlich derer *H* bereits eine Kostenerstattung von seiner Krankenversicherung erhalten hat, denn dann ist aufgrund der Legalzession des § 86 I 1 VVG nicht mehr *H*, sondern seine Krankenversicherung der entsprechende Gläubiger.[17]

---

[11] Palandt/*Grüneberg*, § 249 Rn. 8.
[12] Vgl. nur MüKoBGB/*Oetker*, § 249 Rn. 228 ff. sowie Palandt/*Grüneberg*, Vorb. v. § 249 Rn. 67 ff., jeweils m. w. N.
[13] MüKoBGB/*Oetker*, § 249 Rn. 20.
[14] § 86 VVG steht zwar im Kapitel „Schadensversicherung", gilt jedoch gem. § 194 II VVG auch für die private Krankenversicherung.
[15] S. nur Palandt/*Grüneberg*, Vorb. v. § 249 Rn. 121.
[16] Zur gesetzlichen Sozialversicherung vgl. Palandt/*Grüneberg*, Vorb. v. § 249 Rn. 112 ff.
[17] Sollte *H* die *G* dennoch insoweit mit Erfolg in Anspruch genommen haben, könnte diese sich gegenüber der Krankenversicherung u. U. auf § 407 I i. V. mit. § 412 berufen. Dann müsste natürlich *H* den fraglichen Betrag seiner Versicherung wieder zurückerstatten.

H kann demnach von *G* diejenigen durch den Unfall entstandenen Arzt-, Kranken-
haus- und Arzneimittelkosten ersetzt verlangen, die ihm seine private Krankenversicherung nicht oder noch nicht erstattet hat.

3. Vorteilsausgleichung durch private Spende?

Daneben hat *G* geltend gemacht, *H* müsse sich die von seinen Kegelbrüdern und
-schwestern aus Anlass seines Unfalls gespendeten 500 € auf seine gem. § 280 I 1,
241 II, 311 II bestehende Schadensersatzforderung anrechnen lassen. Würde man das
verneinen, hätte er jetzt in der Tat letzten Endes aufgrund seiner Verletzungen etwas
„verdient". Wenn der Geschädigte, wie hier, durch das schädigende Ereignis nicht
nur einen Schaden erlitten, sondern auch einen Vorteil erlangt hat, muss dies jedoch
grundsätzlich bei der Schadensberechnung Berücksichtigung finden.[18] Dies ergibt
sich aus dem Sinn und Zweck des Schadensersatzrechts: Hier soll allein der erlittene
Schaden liquidiert, der Geschädigte aber auch nicht besser gestellt werden, als er
ohne das schädigende Ereignis stünde.[19] Insoweit wird nunmehr das Problem der
Vorteilsausgleichung, der „compensatio lucri et damni", entscheidungserheblich.
Das BGB enthält diesbezüglich kein allgemeines Prinzip. Der Gesetzgeber hat die
Entscheidung dieser Frage der Wissenschaft und Praxis überlassen. Allerdings kann
nicht jeder Vorteil Berücksichtigung bei der Schadensberechnung finden. Die Rechtsprechung macht eine Vorteilsausgleichung deshalb von zwei Voraussetzungen abhängig: zum Ersten vom Vorliegen eines äquivalenten und adäquaten Kausalzusam-
menhangs zwischen schädigendem Ereignis und Vorteil sowie zum Zweiten im
Wesentlichen davon, dass sie dem Geschädigten zumutbar sein müsse und den
Schädiger nicht unbillig entlasten dürfe.[20] Letztlich kommt es also entscheidend auf
den konkreten Fall an. Stellt man in casu zunächst die doppelte Kausalitätsprüfung
an, dann lässt sich sagen, dass es ohne die Verletzung des *H* nicht zur in Rede
stehenden Spende seiner Kegelbrüder und -schwestern gekommen wäre; es ist nach
allgemeiner Lebenserfahrung zudem auch nicht gänzlich unwahrscheinlich, dass zu
Gunsten eines Unfallopfers von privater Seite Spenden gesammelt werden. Die
Spende ist demnach eine kausale Folge des Unfalls. Sie war aber ganz eindeutig nur
durch das Mitgefühl mit dem Opfer, dem Verletzten, veranlasst und sollte nach dem
Willen der Spender gewiss nicht den Schädiger entlasten.[21] Deshalb kommt hier eine
entsprechende Vorteilsausgleichung nicht in Betracht.[22]

H muss sich daher den Spendenbetrag von 500 € nicht auf seine Schadensersatzforderung gegen *G* anrechnen lassen.

4. Schmerzensgeld

H verlangt außerdem von *G* die Zahlung von 50 000 € Schmerzensgeld. Gem. § 253
II kann bei Verletzung bestimmter (absoluter) Rechtsgüter, insbesondere des Kör-

---

[18] MüKoBGB/*Oetker*, § 249 Rn. 228.
[19] MüKoBGB/*Oetker*, § 249 Rn. 231.
[20] Vgl. nur Palandt/*Grüneberg*, Vorb. v. § 249 Rn. 68.
[21] MüKoBGB/*Oetker*, § 249 Rn. 234.
[22] Dieses Ergebnis entspricht der ganz h. M. von Rechtsprechung und Lehre, vgl. nur Mü-
KoBGB/*Oetker*, § 249 Rn. 234 ff. sowie Palandt/*Grüneberg*, Vorb. v. § 249 Rn. 82, jeweils
m. w. N.

pers und der Gesundheit, eine billige Entschädigung in Geld gefordert werden.[23] Eine Körper- bzw. Gesundheitsverletzung liegt hier vor.

Die dann als sog. Schmerzensgeld zu gewährende Entschädigung ist unter Abwägung aller relevanten Gesichtspunkte nach Billigkeit festzusetzen, wobei u. a. sowohl das Ausmaß und die Schwere der Verletzungen des Geschädigten als auch der Grad des Schädigerverschuldens zu berücksichtigen sind; bei nur geringfügigen Beeinträchtigungen wird ein Schmerzensgeld dagegen nicht gezahlt.[24] Laut Sachverhalt hat *H* durch die herabstürzende schwere Klosettschüssel u. a. erhebliche Kopfverletzungen erlitten, die offenbar auch einen Krankenhausaufenthalt erforderlich machten. Deshalb liegen bei ihm keineswegs nur geringfügige Beeinträchtigungen vor, vielmehr ist ein Schmerzensgeldanspruch sehr wohl entstanden.

Um seine genauere Höhe festsetzen zu können, müsste man alle – hier bewusst nicht mitgeteilten – maßgeblichen Details kennen und sich zudem an den auf einer Auswertung zahlreicher einschlägiger Gerichtsentscheidungen beruhenden Schmerzensgeldtabellen orientieren, die insbesondere von *Hacks/Wellner/Häcker*[25] und von *Slizyk*[26] zusammengestellt worden sind und ständig aktualisiert werden.[27] Diese „Feinabstimmung" ist demnach im vorliegenden Fall gar nicht möglich. Trotzdem wird man jedenfalls sagen können, dass der von *H* geforderte Betrag (50 000 €) viel zu hoch gegriffen ist.[28]

H kann zwar von *G* die Zahlung eines Schmerzensgelds verlangen, jedoch nicht in Höhe von 50 000 €.

B. Frage 2 – Ansprüche der Frau Hieber (F) gegen S auf Ersatz der Heilbehandlungskosten und Schmerzensgeld

Ein eigener Anspruch der F gegen S auf Ersatz der Heilbehandlungskosten und auf Schmerzensgeld könnte sich aus §§ 823 I, 253 II ergeben.

I. Tatbestandliche Voraussetzungen

Zunächst müsste S durch sein Verhalten die Gesundheit der F verletzt haben und dadurch die Voraussetzungen des § 823 I erfüllt haben. Hier kommt eine Gesundheitsbeschädigung in Betracht. Eine solche kann auch durch psychische Einwirkung auf den Verletzten verursacht werden. Ein Nervenschock, den jemand erleidet, weil er den Unfall eines nahen Angehörigen oder eines Dritten miterlebt oder von diesem erfährt, stellt eine solche Gesundheitsbeschädigung dar, wenn es zu medizinisch

---

[23] Bis zur Schuldrechtsreform im Jahre 2002 gab es ein Schmerzensgeld gem. § 847 a. F. nur im Bereich des Deliktsrechts, d. h. nur bei Vorliegen einer unerlaubten Handlung i. S. der §§ 823 ff. Dagegen ist § 253 II n. F. nunmehr im Allgemeinen Schuldrecht verankert und findet deshalb auch auf entsprechende Schädigungen im Zusammenhang mit der Verletzung vertraglicher oder vorvertraglicher Schutzpflichten Anwendung, d. h. auch auf der Basis von §§ 280 I, 241 II, 311 II.

[24] Vgl. zu alledem nur Palandt/*Grüneberg*, § 253 Rn. 14 ff. Auch die wirtschaftlichen Verhältnisse von Schädiger und Geschädigten können Beachtung finden, s. *BGH* (VGS) VersR 2017, 180 und dazu *Stürner*, JURA (JK) 2017, 602, § 253 Abs. 2 BGB.

[25] *Hacks/Wellner/Häcker*, Schmerzensgeldbeträge 2017, 35. Aufl. 2016.

[26] *Slizyk*, Beck'sche Schmerzensgeldtabelle 2017, 13. Aufl. 2017.

[27] Vgl. nur MüKoBGB/*Oetker*, § 253 Rn. 37.

[28] Um derart kostenträchtige (s. nur § 92 I 1 ZPO) Fehlgriffe zu vermeiden, empfiehlt es sich für einen Kläger, lediglich ein „angemessenes Schmerzensgeld" gerichtlich geltend zu machen, wobei es üblich und sinnvoll ist, einen Mindestbetrag zu benennen, damit man, falls das Gericht darunter bleibt, eine sog. Beschwer hat (s. nur § 511 II Nr. 1 ZPO) und in die Rechtsmittelinstanz gehen kann, vgl. Palandt/*Grüneberg*, § 253 Rn. 24.

feststellbaren Folgewirkungen kommt, die das Maß an Erregung, Bestürzung und Betroffenheit überschreitet, mit dem normalerweise gerechnet werden muss und das krankheitsähnliche Auswirkungen hat. Da *F* drei Tage stationär behandelt werden musste, nachdem sie von dem Unfall ihres Mannes erfuhr, hat sie einen Gesundheitsschaden erlitten.

II. Haftungsbegründende Kausalität

Die Gesundheitsbeschädigung muss auf einem dem *S* zurechenbaren Verhalten beruhen. Hierbei ist die Conditio-sine-qua-non-Formel heranzuziehen. Danach ist jedes konkrete Tun ursächlich, das nicht hinweggedacht werden kann, ohne dass der konkrete Erfolg entfiele. Ohne die schlechte Lagerung der Klosettschüssel in dem hohen Regal wäre diese dem *H* mit an Sicherheit grenzender Wahrscheinlichkeit nicht auf den Kopf gefallen, dieser hätte keine schwerwiegenden Verletzungen erlitten und folglich wäre es auch nicht zum psychischen Zusammenbruch seiner Frau gekommen. Die Verletzungshandlung ist für die Gesundheitsbeschädigung der *F* auch adäquat kausal: Schließlich liegt es nicht außerhalb der Lebenserfahrung, dass die Ehefrau bei der Nachricht, ihr Ehemann liege aufgrund eines Unfalls im Koma, einen Schock erleidet. Allerdings ist der Schock hier nicht durch einen unmittelbaren Eingriff bei *F* verursacht worden, sondern knüpft lediglich an ein Ereignis mit haftungsbegründender Wirkung bei *H* an. Nach dem Schutzzweck von § 823 I sind deshalb unter Umständen Einschränkungen geboten. Nach h. M.[29] sind Schockschäden grundsätzlich nur bei nahen Angehörigen ersatzfähig. Die Ehefrau *F* gehört zu diesem Personenkreis.[30]

III. Rechtswidrigkeit und Verschulden

S hat rechtswidrig und nach den Angaben des Sachverhalts auch fahrlässig im Sinne von § 276 II gehandelt.[31] Mithin trifft *S* ein Verschuldensvorwurf.

IV. Rechtsfolgen

Der Ersatzanspruch umfasst die Heilungskosten. Gem. § 253 II besteht auch ein Anspruch auf ein angemessenes Schmerzensgeld.

C. Frage 3 – Vererbte Ansprüche

Nunmehr geht es um die Zahlung von Schmerzensgeld an die Erben für die Verletzung von Körper bzw. Gesundheit eines Menschen, der aufgrund dieser Verlet-

---

[29] BGHZ 93, 351.

[30] Das Gesetz zur Einführung eines Hinterbliebenengeldes vom 18.5.2017 fügt einen neuen Abs. 3 an § 844 an, der wie folgt lautet: „Der Ersatzpflichtige hat dem Hinterbliebenen, der zur Zeit der Verletzung zu dem Getöteten in einem besonderen persönlichen Näheverhältnis stand, für das dem Hinterbliebenen zugefügte seelische Leid eine angemessene Entschädigung in Geld zu leisten. Ein besonderes persönliches Näheverhältnis wird vermutet, wenn der Hinterbliebene der Ehegatte, der Lebenspartner, ein Elternteil oder ein Kind des Getöteten war." Parallelvorschriften finden sich in einer Reihe von Spezialgesetzen, die eine Gefährdungshaftung normieren. Unter Umständen kann dieser Anspruch zusätzlich zum Ersatz von Schockschäden geltend gemacht werden. Die Hauptbedeutung wird indessen darin liegen, die restriktiven Voraussetzungen des Schmerzensgeldanspruchs bei Schockschäden zu mildern, der eine medizinisch fassbare Gesundheitsbeeinträchtigung als Folge des Todes des nahen Angehörigen voraussetzt, dazu RegE, BT-Drs. 18/11397, S. 12 f.; siehe auch *Müller*, VersR 2017, 321.

[31] Siehe oben A I 2 c.

zung sofort das Bewusstsein verloren und es bis zu seinem zwei Tage später eingetretenen Tod nicht wieder erlangt hat. Anspruchsgrundlage könnten die §§ 280 I, 241 II, 311 II, 253 II i. V. m. § 1922 sein. Wie bereits oben geprüft[32] steht dem *H* ein Anspruch gem. §§ 280 I, 241 II, 311 II dem Grunde nach zu. Gem. § 1922 tritt der Erbe mit dem Erbfall in das gesamte Vermögen des Erblassers samt dessen Verbindlichkeiten ein. Auch ein dem Erblasser als Ausgleich für einen immateriellen Schaden zustehender Schmerzensgeldanspruch ist vererblich.[33]

Fraglich ist jedoch, ob *H* in der Variante tatsächlich ein solcher Schmerzensgeldanspruch zustand. Der Umstand, dass *H* aufgrund einer sofort eingetretenen Bewusstlosigkeit nach dem Unfall überhaupt nicht mehr in der Lage war, irgendwelche Schmerzen zu empfinden, könnte den Schmerzensgeldanspruch obsolet werden lassen. Der Tod selbst löst nämlich keinen Anspruch auf Schmerzensgeld aus.[34] Es kommt insoweit nur ein vererblicher Anspruch für die vor dem Tod erlittenen Schmerzen in Betracht. Deshalb muss näher untersucht werden, in welchen Fällen eine Ersatzleistung in Betracht kommt. Der Wortlaut des § 253 II stellt nicht auf erlittene „Schmerzen" ab, sondern nur auf das Erleiden eines „Schadens, der nicht Vermögensschaden ist". Dieser Begriff ist wesentlich umfassender und geht damit erheblich über körperliche Schmerzen hinaus. Dadurch würden auch der Entzug von Lebensfreude durch den Verlust der Fähigkeit, bestimmten Neigungen nachzugehen, oder auch der Verlust der Wahrnehmungsfähigkeit unter § 253 II fallen.[35]

Der Schmerzensgeldanspruch hat eine Doppelfunktion: Er hat auf der einen Seite die Funktion, „einen angemessenen Ausgleich [für] diejenige Lebenshemmung" zu bieten, die nicht vermögensrechtlicher Art ist.[36] Der Schädiger, „der dem Geschädigten über den Vermögensschaden hinaus das Leben schwer gemacht hat," soll „nun durch seine Leistung dazu helfen..., es ihm im Rahmen des Möglichen wieder leichter zu machen".[37] Gleichzeitig soll der Ersatzanspruch aber auch dem Gedanken Rechnung tragen, „dass der Schädiger dem Geschädigten für das, was er ihm angetan hat, Genugtuung schuldet".[38] Dies spricht dafür, dass § 253 II nicht nur auf die Wiedergutmachung bezüglich tatsächlich erlittener Schmerzen oder Leiden abzielt.

Die Genugtuungsfunktion dürfte in den besagten Fällen allerdings bei der Bemessung einer solchen Entschädigung in den Hintergrund treten, schließlich kann diese bei dem Geschädigten ihren Zweck wegen dessen mangelnden Empfindungsvermögens nicht mehr entfalten.[39] Versteht man sie als eine Art privatrechtliche Sühne, so führt sie darüber hinaus nach der Etablierung des Schmerzensgeldanspruchs in den Tatbeständen der Gefährdungshaftung weitgehend „ins Leere", weil dieser Anspruch jetzt „ohne weiteres [z. B.] von der Haftpflichtversicherung des Schädigers gezahlt wird".[40] Hinzu kommt, dass sie ohnehin in Fällen lediglich fahrlässiger Schadenszufügung problematisch war.[41]

Wie bereits dargestellt, hat die Entschädigung nach § 253 II aber auch eine Ausgleichsfunktion. Grundvoraussetzung hierfür könnte sein, dass der Geschädigte

---

[32] Siehe oben A I 2.
[33] Palandt/*Weidlich*, § 1922 Rn. 27.
[34] PWW/*Luckey*, § 253 Rn. 17.
[35] Vgl. PWW/*Luckey*, § 253 Rn. 16.
[36] BGHZ 18, 149 (154); vgl. auch MüKoBGB/*Oetker*, § 253 Rn. 10.
[37] Vgl. nur Palandt/*Grüneberg*, § 253 Rn. 4.
[38] BGHZ 18, 149 (154).
[39] MüKoBGB/*Oetker*, § 253 Rn. 45; *Looschelders*, Schuldrecht AT, Rn. 1057 ff.
[40] *G. Wagner*, JZ 2004, 319 (321); PWW/*Luckey*, § 253 Rn. 13.
[41] Vgl. nur BGHZ 128, 117 (121).

überhaupt in der Lage ist oder war, Schmerzen oder einen anderen Verlust zu empfinden. Daran dürfte es aber in der Regel fehlen, wenn er unmittelbar nach der fraglichen Verletzung bewusstlos wird und das Bewusstsein bis zu seinem Tod nicht wieder erlangt. Wie diese Tatbestände insoweit exakt zu beurteilen sind, ist strittig. Die Rechtsprechung hatte lange Zeit in Fällen, in denen die betreffende Verletzung die Wahrnehmungs- und Empfindungsfähigkeit des Verletzten weitgehend zerstört hatte, große Abstriche beim Schmerzensgeld vorgenommen und es teilweise sogar bis auf einen mehr oder weniger nur noch symbolischen Betrag herabgesetzt.[42] In einem Fall, in dem der Verletzte 45 Minuten nach dem Unfall in ein künstliches Koma versetzt wurde, aus dem er nicht mehr aufwachte, und 10 Tage später gestorben war, hat der *BGH* die Zubilligung eines beträchtlichen Schmerzensgelds mit der Begründung gerechtfertigt, der Verletzte sei unmittelbar nach dem Unfall noch bei Bewusstsein gewesen und habe sowohl körperliche Schmerzen als auch Todesangst empfunden.[43] Der *BGH* hat jedoch in einem anderen Fall, in dem ein Kind durch einen Behandlungsfehler des Geburtshelfers einen schweren Hirnschaden erlitten hatte, „der zum weitgehenden Verlust der Wahrnehmungs- und Empfindungsfähigkeit" führte, so dass es „weder körperlich noch seelisch" unter dieser Beeinträchtigung litt, ausdrücklich festgestellt, man verkürze unzulässigerweise „die Funktion des Schmerzensgeldes", wenn man „dem Empfinden dieses Schicksals die zentrale Bedeutung" beilege.[44] Dem ist zuzustimmen: Wollte man die Funktion der Entschädigung ausschließlich auf den Ausgleich *tatsächlich erlittener* Schmerzen beschränken, so müsste sich diese beim weitgehenden Verlust der Wahrnehmungs- und Empfindungsfähigkeiten bis auf Null reduzieren, weil der Geschädigte infolge der Verletzung überhaupt keine Schmerzen empfindet. Diese Konsequenz widerspräche jedoch der Ausgleichsfunktion der Entschädigung.[45]

Etwas anderes gilt allerdings in denjenigen Fällen, „in denen die Verletzungshandlung sofort zum Tode führt", bzw. wenn die schweren Verletzungen „bei durchgehender Empfindungslosigkeit des Geschädigten alsbald den Tod zur Folge haben und dieser nach den konkreten Umständen…, insbesondere wegen der Kürze der Zeit zwischen Schadensereignis und Tod, sowie nach dem Ablauf des Sterbevorgangs derart im Vordergrund steht, dass eine immaterielle Beeinträchtigung durch die Körperverletzung als solche nicht fassbar ist".[46] Hier ist nach Auffassung des *BGH* die Zubilligung eines Schmerzensgelds grundsätzlich nicht mehr gerechtfertigt. Ausschlaggebend ist dabei, ob die Verletzungen und der Tod sich praktisch als einheitlicher Vorgang darstellen. Ist dies der Fall, stellt die Körperverletzung gegenüber dem alsbaldigen Tod keine fassbare immaterielle Beeinträchtigung dar.[47] Vielmehr muss der Geschädigte noch eine nennenswerte Zeit gelebt haben.[48]

In der vorliegenden Sachverhaltsvariante hatte H zwar sofort das Bewusstsein verloren und war, ohne es wieder erlangt zu haben, zwei Tage später gestorben. Tod und Verletzungen kann man insoweit jedoch wohl nicht als einheitlichen Vorgang ansehen, anders wäre es, wenn H direkt an der Unfallstelle gestorben wäre. Die Körperverletzung stellt folglich gegenüber dem Tod des H eine fassbare immaterielle

---

[42] Vgl. die Nachweise bei BGHZ 120, 1 (5 f.); BGHZ 138, 388 (391 f.)
[43] BGHZ 138, 388 (390 ff.)
[44] BGHZ 120, 1 (5).
[45] MüKoBGB/*Oetker*, § 253 Rn. 45.
[46] BGHZ 138, 388 (394). Das Schrifttum teilt im Wesentlichen die Auffassung des *BGH*, s. nur Palandt/*Grüneberg*, § 253 Rn. 19. Vgl. zu alledem auch *G. Wagner*, JZ 2004, 319.
[47] BGHZ 138, 388 ff.
[48] PWW/*Luckey*, § 253 Rn. 17.

Beeinträchtigung dar, so dass hier schon aus diesem Grunde ein Schmerzensgeld zuzusprechen wäre.

G muss demnach den Erben des *H* ein angemessenes Schmerzensgeld zahlen.

D. Frage 4 – Unterhaltszahlungen

In dieser letzten Sachverhaltsvariante geht es darum, ob die Witwe und die minderjährigen Kinder des *H* von *G* die Zahlung des entsprechend entgangenen bzw. noch entgehenden Unterhalts als Schadensersatz verlangen können.

Ein solcher Anspruch könnte sich aus § 844 II 1 ergeben. § 844 bildet eine eigene Anspruchsgrundlage für den Ersatz von Vermögensschäden Dritter, die von dem Delikt unmittelbar betroffen sind.[49] Die Vorschrift ist auf alle Fälle deliktischer Haftung nach §§ 823 ff. anzuwenden.[50] Nach dieser Vorschrift können Personen, die gegenüber einem Getöteten kraft Gesetzes unterhaltsberechtigt waren oder werden konnten, von demjenigen, der den Unterhaltsverpflichteten getötet hat, den entsprechenden Unterhalt in Gestalt „einer Geldrente" ersetzt verlangen. *H* war bis zu seinem Unfalltod seiner Frau nach den §§ 1360 f. und seinen Kindern gem. § 1601 gesetzlich zum Unterhalt verpflichtet gewesen. Diese Voraussetzung des § 844 I liegt also vor.

§ 844 ist allerdings eine Vorschrift aus dem Recht der unerlaubten Handlungen, und nicht eine solche aus dem allgemeinen Schuldrecht. Das spricht gegen seine Anwendbarkeit im Rahmen des § 280 I 1.[51] Indessen gibt es auch außerhalb des Deliktsrechts eine Vorschrift, die § 844 ausdrücklich für anwendbar erklärt. Es ist dies § 618 III. Er besagt, dass – wenn ein „Dienstberechtigter" die ihm „in Ansehung des Lebens... des [Dienst-]Verpflichteten obliegenden Verpflichtungen", die in § 618 I und II fixiert sind, nicht erfüllt – „auf seine Verpflichtungen zum Schadensersatz die für unerlaubte Handlungen geltenden Vorschriften der §§ 842 bis 846 entsprechende Anwendung finden". Die zutreffende h. M. hat diese Regelung auch auf sonstige Schuldverhältnisse erstreckt, wenn und soweit sie „eine Tätigkeit des Verpflichteten in der Sphäre des Gläubigers verlangen",[52] wenn also der Getötete in den Räumen seines Gläubigers oder mit dessen Vorrichtungen zu arbeiten hatte.[53] Derartige Tatbestände liegen aber hier nicht vor – *H* hielt sich (ohne jede „Dienstpflicht") lediglich als potentieller Kunde und nur für kurze Zeit im Baumarkt der *G* auf.

Zu erörtern bleibt nur noch, ob § 844 nicht im Wege einer Analogie ganz generell auf entsprechende Schutzpflichtverletzungen im Rahmen beliebiger Vertragsverhältnisse anzuwenden ist.[54] Dies würde neben einer vergleichbaren Interessenlage eine planwidrige Regelungslücke erfordern. Daran fehlt es hier jedoch. Der Gesetzgeber hat sich bei der zum 1.8.2002 erfolgten Neuregelung des Schadensersatzrechts in Kenntnis des Problems dazu nicht durchringen können und hat deshalb eine solche Regelung bewusst nicht etabliert. Die Witwe und die Kinder des *H* können daher von *G* die Zahlung des entsprechend entgangenen bzw. noch entgehenden Unterhalts als Schadensersatz nicht verlangen.

---

[49] Vgl. auch Palandt/*Sprau*, 844 Rn. 1.
[50] MüKoBGB/*G. Wagner*, § 844 Rn. 10.
[51] Vgl. auch Palandt/*Sprau*, 844 Rn. 2.
[52] Vgl. nur *G. Wagner*, JZ 2004, 319 (330) m. w. N.
[53] MüKoBGB/*G. Wagner*, § 844 Rn. 13 m. w. N.
[54] Ausführlich hierzu MüKoBGB/*G. Wagner*, § 844 Rn. 14.

Fall 8. Das problematische Tandem

Kaufvertrag – Schadensersatz bei Schuldnerverzug – Nutzungsausfallschaden – Haftung für Verschulden des Erfüllungsgehilfen – Mangelfolgeschaden

Sachverhalt

Hurtig betreibt auf einer ostfriesischen Insel eine Fahrradvermietung. Um seinen Geschäftsbetrieb auszuweiten, kauft er beim Fahrradgroßhändler *Flink* in Münster ein dreisitziges Tandem, das vereinbarungsgemäß am 1.8. zu liefern ist. In Folge eines durch Nachlässigkeit verursachten Versehens von Frau *Schnell*, einer Büromitarbeiterin *Flinks*, erfolgt die Auslieferung jedoch erst eine Woche später.

1. Kann *Hurtig* von *Flink* den dadurch entstandenen Verdienstausfall ersetzt verlangen?
2. Angenommen, das Tandem ist zwar pünktlich geliefert worden, aber aufgrund eines Produktionsfehlers, der von *Hurtig* erst nach einer etwa halbstündigen Probefahrt bemerkt werden konnte, so mangelhaft gewesen, dass *Hurtig* es zurückgeben musste, und das von *Flink* schließlich nachgelieferte fehlerfreie „Ersatzrad" ist erst 14 Tage später bei *Hurtig* eingetroffen, obwohl *Hurtig* und *Flink* Nachlieferung noch am gleichen Tag vereinbart haben und *Flink* dies auch möglich gewesen wäre. Kann *Hurtig* von *Flink* jetzt den dadurch entstandenen Verdienstausfall ersetzt verlangen?
3. Angenommen, *Flink* hat das fehlerhafte Tandem vor der ersten Auslieferung an *Hurtig* einer Sichtprüfung unterzogen, dabei Abweichungen vom üblichen Aussehen festgestellt, sich aber damit beruhigt, dass es sich nur um irrelevante Designänderungen handele, und deswegen eine nähere Funktionsprüfung unterlassen, bei der er die Mangelhaftigkeit hätte bemerken können. Wie wäre Frage 2 nunmehr zu beantworten?
4. Angenommen, *Hurtig* ist bei der Probefahrt mit dem soeben gelieferten Tandem gestürzt und dabei ist seine wertvolle Armbanduhr beschädigt worden. Muss ihm *Flink* – unter Zugrundelegung des Sachverhalts von Frage 3 – die entsprechenden Reparaturkosten ersetzen?

Lösung

I. Frage 1 – Lieferungsverspätung

1. § 280 I 1

Hurtig (H) könnte seinen Anspruch auf Ersatz des Verdienstausfalls aufgrund der verspäteten Lieferung aus § 280 I 1 herleiten. Das setzt zunächst voraus, dass *Flink (F)* eine Pflicht aus einem zwischen beiden bestehenden Schuldverhältnis verletzt hat. Zwischen *H* und *F* ist es laut Sachverhalt zum Abschluss eines wirksamen Kaufvertrags über ein dreisitziges Tandem gekommen. Ein entsprechendes Schuldverhältnis besteht also. Danach war *F* verpflichtet, das Kaufobjekt am 1.8. zu liefern. Das hat er jedoch nicht getan. Dadurch hat er auch – objektiv gesehen – eine Pflichtverletzung i. S. von § 280 I 1 begangen.

2. Vertretenmüssen

Die dort statuierte Schadensersatzpflicht tritt allerdings gem. § 280 I 2 nicht ein, wenn *F* diese Pflichtverletzung nicht zu vertreten hat. Nach § 276 I 1 muss ein Schuldner grundsätzlich Vorsatz und Fahrlässigkeit, also eigenes Verschulden, vertreten. *F* selbst hat allerdings die Lieferungsverspätung gar nicht verursacht, sondern seine Mitarbeiterin *Schnell (S)*. Ihr Verhalten müsste er sich gem. § 278 S. 1 zurechnen lassen, wenn sie schuldhaft gehandelt hat und als seine Erfüllungsgehilfin anzusehen ist. Vorsätzlich i. S. von § 276 I 1 handelt, wer das fragliche Verhalten bewusst und gewollt vornimmt. Das war bei *S* indessen nicht der Fall. Sie könnte aber fahrlässig gehandelt haben. Dann müsste sie nach § 276 II die im Verkehr erforderliche Sorgfalt außer Acht gelassen haben. Ihr auf Nachlässigkeit beruhendes „Versehen" kann durchaus als derartige Sorgfaltsverletzung und damit als Fahrlässigkeit angesehen werden. *S* war zudem im Büro der *F* zumindest teilweise mit der Abwicklung des in Rede stehenden Kaufvertrags betraut. *F* hat sich ihrer demnach zur Erfüllung seiner eigenen Lieferverbindlichkeit bedient und muss daher gem. § 278 S. 1 ihr Verschulden in gleichem Umfang vertreten wie eigenes. Auch diese – subjektive – Voraussetzung des § 280 I 2 ist also gegeben.

3. Verzögerungsschaden

Zusätzlich müssten jedoch die Voraussetzungen des § 280 II erfüllt sein. Danach kann ein Gläubiger den Verzögerungsschaden nur unter der zusätzlichen Voraussetzung des § 286 verlangen. Der von *H* angestrebte Ersatz seines durch die Lieferverspätung entstandenen Verdienstausfalls stellt zweifelsohne einen solchen Schadensersatz „wegen Verzögerung der Leistung" dar – hätte *F* pünktlich geliefert, hätte *H* das Tandem von Anfang an Gewinn bringend vermieten können. § 280 II greift also ein. Es müssen deshalb die zusätzlichen Voraussetzungen[1] des § 286 gegeben sein, damit *H* diesen Ersatz von *F* verlangen kann.

§ 286 regelt den Verzug des Schuldners. Er verlangt seinem Wortlaut nach für den Eintritt eines solchen Verzugs prinzipiell das Vorliegen von drei Voraussetzungen, nämlich Fälligkeit, Mahnung oder Mahnungsersatz und Vertretenmüssen. Hinzu tritt als ungeschriebenes Tatbestandsmerkmal die Möglichkeit bzw. Nachholbarkeit der verzögerten Leistung.[2] Wie der Sachverhalt unschwer erkennen lässt, war *H* die Lieferung des Tandems am 1.8. und danach durchaus möglich. Die Grundvoraussetzung des § 286 liegt mithin vor. Die Lieferung war zudem am 1.8. fällig, so dass auch diese Voraussetzung gegeben ist. Allerdings hat *H* den *F* nicht, wie es § 286 I 1 an sich verlangt, nach Fälligkeitseintritt zusätzlich noch gemahnt. Einer Mahnung bedarf es indes gem. § 286 II Nr. 1 entsprechend dem Grundsatz *dies interpellat pro homine* dann nicht, wenn für die fragliche Leistung ein kalendermäßiger Leistungszeitpunkt bestimmt war. In derartigen Fällen ist es ja für den Schuldner von Anfang an völlig klar, wann genau er seine Leistung erbringen muss, und er kann und muss sich deshalb auch darauf einstellen. Auch diese Voraussetzung liegt hier vor. Der Schuldner muss schließlich nach § 286 IV die Verzögerung seiner Leistung zu ver-

---

[1]   Dass der Gesetzestext hier *expressis verbis* nur vom Singular spricht, beruht offenkundig auf einem Redaktionsversehen.
[2]   Vgl. statt aller Palandt/*Grüneberg*, § 286 Rn. 12; *Medicus/Lorenz*, Schuldrecht I, Rn. 463.

treten haben. Oben[3] wurde bereits näher dargelegt, dass *S* insoweit fahrlässig handelte und dass *F* sich ihre Fahrlässigkeit nach § 278 S. 1 wie eigene zurechnen lassen muss. Damit ist auch die letzte Voraussetzung des § 286 erfüllt; *F* befand sich ab dem 2.8. im Schuldnerverzug.

H kann mithin von *F* nach § 280 I 1 den Ersatz des ihm durch die Lieferverspätung entstandenen Schadens verlangen.

4. Umfang des Ersatzanspruchs

Die Art und die Höhe des Schadensersatzes ergeben sich generell aus den Vorschriften der §§ 249 ff. Nach § 249 I muss der Schädiger prinzipiell den Zustand in natura wieder herstellen, der beim Geschädigten ohne den zum Ersatz verpflichtenden Umstand bestehen würde. Das ist hier – wie meistens – allerdings nicht möglich. Gem. § 252 S. 1 umfasst der zu ersetzende Schaden aber auch den entgangenen Gewinn, und genau um den geht es im vorliegenden Fall. Anhaltspunkte dafür, dass *H* es unterlassen hat, den Schaden zu mindern, bietet der Sachverhalt nicht, so dass ihm auch § 254 nicht entgegen gehalten werden kann.

H kann demnach von *F* den Ersatz seines durch die einwöchige Verspätung der Tandemlieferung entstandenen Verdienstausfalls verlangen.

II. Frage 2 – Schlechtlieferung I

1. §§ 437 Nr. 3, 280, 281

Wiederum könnte § 280 I 1 die Anspruchsgrundlage sein, jetzt allerdings i. V. m. § 437 Nr. 3 und ggf. mit § 281. Das setzt abermals das Bestehen eines wirksamen Kaufvertrags voraus. Der liegt auch hier vor. Weiterhin müsste *F* nach § 437 Nr. 3 eine mangelhafte Sache geliefert haben. Das hat er in dieser Sachverhaltsvariante offensichtlich getan. *H* kannte diesen Mangel bei Abschluss des Kaufvertrags nicht, er befand sich insoweit auch nicht in grob fahrlässiger Unkenntnis, weswegen die Ausschlussnorm des § 442 I nicht eingreift. Seiner Untersuchungs- und Rügeobliegenheit gem. § 377 HGB ist er durch die Probefahrt und die sofortige Aufforderung des *F* zur Mangelbeseitigung nachgekommen. Der Produktionsfehler zeigte sich erst nach einer halbstündigen Probefahrt und war für *H* anfänglich nicht erkennbar. Insoweit handelt es sich um einen verdeckten Mangel gem. § 377 III HGB. Die Rügeobliegenheit entsteht in diesem Fall erst dann, wenn der Mangel vom Käufer entdeckt wird.[4] Die in § 437 Nr. 3 statuierte Verweisung bezieht sich im vorliegenden Fall auf die Grundnorm des § 280.

2. Pflichtverletzung

Es könnte jedoch fraglich sein, ob dabei auch die Pflichtverletzung i. S. von § 280 I 1 festgestellt werden muss oder ob nicht die Verweisung des § 437 Nr. 3 nur die in § 280 I 2 geregelte Frage des Vertretenmüssens betrifft. Wie aber bereits im vorigen Absatz dargelegt wurde, muss der Verkäufer aufgrund des § 433 I 2 nicht nur die Kaufsache überhaupt an den Käufer übergeben und übereignen, sondern muss sie ihm auch frei von Sachmängeln verschaffen; tut er das nicht, liegt darin auch eine Pflichtverletzung i. S. von § 280 I 1.

---

[3] Unter I 2.
[4] Koller/Kindler/*Roth*/Morck, HGB, 8. Aufl. 2015, § 377 Rn. 9.

3. Vertretenmüssen

Nunmehr ist gem. § 280 I 2 erneut das Vorliegen des Vertretenmüssens i. S. von
§ 276 I 1 zu untersuchen. Dieses kann sich einmal auf die Verursachung des betreffenden Sachmangels und zum Anderen auf seine positive Kenntnis bzw. fahrlässige
Unkenntnis beziehen.[5] Laut Sachverhalt war der Mangel auf einen äußerlich nicht
erkennbaren Produktfehler zurück zu führen. Dafür war also zunächst der Hersteller verantwortlich. Wäre dieser als Erfüllungsgehilfe des Händlers zu qualifizieren,
müsste er sich allerdings nach § 278 S. 1 ein eventuelles Herstellerverschulden wie
eigenes zurechnen lassen. Indessen gehörte die Herstellung des Rades nicht zu den
Pflichten des Verkäufers, so dass der Hersteller auch nicht sein Erfüllungsgehilfe
war und § 278 S. 1 unanwendbar ist.[6] Damit bleibt nur noch zu prüfen, ob *F* oder
seine Mitarbeiter den betreffenden Mangel positiv gekannt oder fahrlässigerweise
nicht gekannt haben. Eine positive Kenntnis liegt laut Sachverhalt nicht vor. Fahrlässige Unkenntnis könnte man ihnen nur vorwerfen, wenn sie eine Untersuchungspflicht verletzt hätten. Eine generelle Untersuchungspflicht des Verkäufers einer
neuen Sache besteht nach zutreffender h. M. aber nicht.[7] Ausnahmen gelten für
besonders hochwertige oder besonders fehleranfällige Produkte oder bei besonderer
Sachkunde des Verkäufers.[8] Die beiden zuerst genannten Tatbestände sind hier nicht
gegeben. *F* als professionellem Fahrradhändler wird man zwar durchaus eine solche
besondere Sachkunde attestieren können. Aber er war wohl nicht verpflichtet, das
optisch völlig normale und mangelfreie Tandem einer intensiven, mindestens halbstündigen Probefahrt zu unterziehen. Man kann ihm – und seinen Mitarbeitern –
deshalb auch nicht eine fahrlässige Unkenntnis des Sachmangels zur Last legen.
Damit scheint es an einem Vertretenmüssen und in Folge dessen auch an der
Anwendbarkeit des § 280 zu fehlen.

4. Verzögerte Nacherfüllung

Die Pflichtverletzung kann aber auch darin bestehen, dass die Nacherfüllung verzögert erfolgt und dadurch ein Schaden entsteht.

a) Die Nacherfüllung ist zwar als Fortsetzung des Primäranspruchs zu sehen, gleichwohl rechtlich gesehen von diesem zu trennen, so dass bezüglich der Nacherfüllung
eine erneute Pflichtverletzung des Verkäufers vorliegen kann.[9] Unabhängig von der
Einstandspflicht für bei Vertragsschluss vorhandene Mängel kann ein verschuldetes
Scheitern der Nacherfüllung ebenfalls zu einer Haftung führen. Diese verzögerte
Nacherfüllung führt letztendlich zu einem Verzug des Verkäufers mit der Hauptleistungspflicht. Der Verkäufer hat auch zu vertreten, dass er einen Mangel nicht
behoben hat, obwohl dies möglich gewesen wäre.

b) Nachdem es sich dabei um einen auf die Verzögerung der Nacherfüllung beruhenden Schaden handelt, wären für dessen Ersatzfähigkeit nach § 437 Nr. 3 i. V. m.
§ 280 I, II zusätzlich die Voraussetzungen des § 286 erforderlich. Nun geht die wohl
h. M. aber im Grundsatz davon aus, dass der Käufer Ersatz des mangelbedingten
Nutzungsausfalls gem. §§ 437 Nr. 3, 280 I und damit unabhängig von einem Verzug

---

[5]   Vgl. nur Palandt/*Weidenkaff*, § 437 Rn. 37.
[6]   Vgl. *Medicus/Lorenz*, Schuldrecht I, Rn. 377; Palandt/*Grüneberg*, § 278 Rn. 13 m. N. auch
      zur Gegenansicht.
[7]   Vgl. *BGH* NJW 2009, 2674; Palandt/*Grüneberg*, § 280 Rn. 19 m. N.
[8]   Vgl. Palandt/*Grüneberg*, § 280 Rn. 19.
[9]   Vgl. Palandt/*Weidenkaff*, § 437 Rn. 37.

des Verkäufers verlangen kann.[10] Dieser Ansicht hat sich inzwischen auch der *BGH* angeschlossen.[11] Danach habe der Gesetzgeber einen Ersatz der mangelbedingten Nutzungsausfallschäden gerade nicht von den Verzugsvoraussetzungen abhängig gemacht. Die Pflichtverletzung i. S. d. § 280 I liege schon darin, dass der Verkäufer entgegen seiner vertraglichen Verpflichtung aus § 433 I 2 eine mangelbehaftete Sache geliefert habe. Außerdem werde in § 437 Nr. 3 explizit nicht auf § 286 verwiesen. Über § 280 II ergebe sich zwar eine mittelbare Verweisung. Diese gelte aber auch für §§ 281 und 283, auf die in § 437 Nr. 3 aber wiederum unmittelbar Bezug genommen werde.[12]

Fraglich ist, ob diese Rechtsprechung hier mit der Konsequenz heranzuziehen ist, dass auch bei Nutzungsausfallschäden, die ihre Ursache in der verzögerten Nacherfüllung haben, die Verzugsvoraussetzungen nicht vorzuliegen brauchen. Dafür könnte wiederum sprechen, dass in § 437 Nr. 3 explizit nicht auf § 286 verwiesen wird. Allerdings beruht vorliegend der Folgeschaden auf einer Verzögerung der Nacherfüllung selbst und nicht auf der mangelhaften Lieferung. Es kommt also erst im Rahmen der Nacherfüllung durch den Verkäufer zu der schadensverursachenden Verzögerung, so dass § 286 anzuwenden ist.[13] Der Schadensersatz wegen der Verzögerung der Leistung gem. §§ 280 I, II, 286 wird gerade in Fallgestaltungen wie der vorliegenden relevant, in denen der Verkäufer die ursprüngliche Lieferung der mangelhaften Sache nicht zu vertreten hat, aber weiterhin zur Nacherfüllung gem. § 439 verpflichtet bleibt und diese nicht rechtzeitig erbringt.[14] Die Verletzung der Pflicht aus § 439 führt dann zu einer Schadensersatzpflicht wegen Verzögerung der Leistung (Nacherfüllung) gem. §§ 280 I, II, 286.

c) Selbst wenn man dem nicht folgen wollte, so würde dies bei dem hier vorliegenden Sachverhalt im Ergebnis nichts ändern, da auch die ggf. als erforderlich angesehene Mahnung[15] gegeben ist; sie kann in der Aufforderung zur Nacherfüllung und der damit einhergehenden Fristsetzung (Nachlieferung am gleichen Tag) gesehen werden. *H* kann daher in dieser Sachverhaltsvariante von *F* den Ersatz seines Verdienstausfalls verlangen.

III. Frage 3 – Schlechtlieferung II

1. §§ 437 Nr. 3, 280 I 1

Erneut könnte § 280 I 1 i. V. m. § 437 Nr. 3 als Anspruchsgrundlage in Betracht kommen. Deren Voraussetzungen sind, wie insbesondere oben[16] bereits näher dargelegt wurde, erfüllt. Im Gegensatz zum Sachverhalt der Frage 2 könnte nunmehr auch das von § 280 I 2 geforderte Vertretenmüssen hinsichtlich des Mangels gegeben sein. *F* hat zwar hier die Mangelhaftigkeit des Rades ebenfalls nicht positiv gekannt. Ihm könnte aber jetzt vielleicht der Vorwurf einer dahin gehenden fahrlässigen Unkennt-

---

[10] Z. B. *Lorenz*, NJW 2002, 2497 (2501 Fn. 32); *ders.*, NJW 2007, 1; *Ebert*, NJW 2004, 1761; Palandt/*Weidenkaff*, § 437 Rn. 35.
[11] *BGH* NJW 2009, 2674 (2676) unter Verweis auf BT-Drs. 14/6040, S. 225.
[12] Zu einer Stellungnahme unten III. 2.
[13] So MüKoBGB/*Ernst*, § 280 Rn. 71; jurisPK-BGB/*Pammler*, 8. Aufl. 2017, § 437 Rn. 51 unter Verweis auf *OLG Hamm*, 23.2.2006 – 28 U 164/05 (juris Rn. 22).
[14] *Lorenz*, LMK 2009, 286449; ebenso bereits *Ebert*, NJW 2004, 1761.
[15] So etwa *Grigoleit/Riehm*, AcP 203 (2003), 727 (754) (die allerdings in bestimmten Konstellationen von einer Verzichtbarkeit der Mahnung nach § 286 II Nr. 4 ausgehen); NK-BGB/*Dauner-Lieb*, § 280 Rn. 66 ff.
[16] Unter II 1 und 2.

nis gemacht werden. Zwar besteht, wie gleichfalls oben[17] ausgeführt wurde, keine generelle Verpflichtung des Verkäufers, die vom Hersteller bezogene Sache vor der Lieferung an den Käufer eingehender auf das Vorliegen von Qualitätsmängeln zu untersuchen. In concreto könnte es jedoch anders aussehen. Fahrräder sind Sachen, bei deren bestimmungsgemäßem Gebrauch es selbst bei leichter Unachtsamkeit des Besitzers zu gravierenden Unfällen kommen kann. Das gilt erst recht dann, wenn sie – wie hier – durch die vereinigten Tretkräfte von gleich drei Personen angetrieben werden. Zudem besteht gerade bei Rädern, die ständig an mehr oder weniger sorglose Urlauber vermietet werden, die Gefahr einer unsachgemäßen Handhabung. Ein professioneller Fahrradhändler, der solche Räder an einen Fahrradvermieter verkauft, hat deshalb dann, wenn er bei einem soeben vom Hersteller gelieferten Rad äußerliche Abweichungen vom üblichen Erscheinungsbild feststellt, die Verpflichtung, dem näher nachzugehen, z. B. durch Rückfragen beim Hersteller und insbesondere durch eine entsprechende Funktionsprüfung. Im Übrigen obliegt *F* bereits gem. § 377 HGB eine Überprüfungspflicht des Fahrrades bei Erhalt, die auch die Funktionsfähigkeit umfasst.[18] Dem ist *F* nicht nachgekommen. Damit missachtete er die im Verkehr erforderliche Sorgfalt und handelte fahrlässig i. S. von § 276 I 1, II. Er hat folglich die durch die Lieferung des mangelhaften Tandems begangene Pflichtverletzung jetzt auch zu vertreten. *H* kann deshalb an sich von ihm nach § 280 I 1 (i. V. m. § 437 Nr. 3) Schadensersatz verlangen.

2. Mangelbedingter Nutzungsausfall

Nun war bislang strittig, ob der durch eine mangelhafte Lieferung verursachte Schaden nur gemäß den §§ 280 II, 286 zu liquidieren sei, also unter den zusätzlichen Voraussetzungen des Schuldnerverzugs.[19] Dies wird nach einer Auffassung im Schrifttum bejaht. Begründet wird diese Ansicht zunächst u. a. damit, dass der Käufer überhaupt erst nach Ablauf der von den §§ 281 I 1, 323 I geforderten angemessenen Nachfrist „einen Anspruch auf eine mangelfreie Kaufsache" habe und dass es sich „kaum jemals widerspruchsfrei" feststellen lasse, ob der Verkäufer in derartigen Fällen „eher verzögert oder schlecht" geleistet habe.[20] In der Lieferung einer mangelhaften Sache liege eine Verzögerung der gem. § 433 I 2 geschuldeten mangelfreien Leistung. Schäden, die der Käufer erleide, weil er infolge des Mangels die Kaufsache nicht wie geplant nutzen könne, seien daher erst mit Eintritt des Verzuges gem. §§ 437 Nr. 3, 280 I, II ersatzfähig.[21] Der Verkäufer, der nicht leiste und erst ab Verzugseintritt schadensersatzpflichtig sei, dürfe nicht besser stehen als derjenige, der immerhin eine mangelhafte Leistung erbringe. Die bereits bisher h. M., der sich auch der *BGH* angeschlossen hat,[22] geht dagegen davon aus, dass der Käufer Ersatz des mangelbedingten Nutzungsausfalls gem. §§ 437 Nr. 3, 280 I und damit unabhängig von einem Verzug des Verkäufers verlangen kann.[23] Diese Ansicht erscheint vorzugswürdig. Die Gegenmeinung übersieht, dass es sich gar nicht – wie in den eben genannten §§ 281, 323 – um Schadensersatz *statt* der Leistung bzw. um

---

[17] Unter II 3.

[18] Vgl. z. B. *BGH* NJW 1986, 3136 zur Rüge- und Untersuchungspflicht bei Fahrrädern.

[19] Vgl. dazu etwa *Oechsler*, NJW 2004, 1825 (1828); zahlreiche weitere Nachweise finden sich bei *BGH* NJW 2009, 2674 (2675).

[20] Vgl. Vornote.

[21] Einige Vertreter dieser Ansicht halten die Mahnung allerdings gem. § 286 II Nr. 4 generell für entbehrlich, so z. B. *Grigoleit/Riehm*, AcP 203 (2003), 727 (755); *dies.*, JuS 2004, 745 (747).

[22] *BGH* NJW 2009, 2674 (2676).

[23] Vgl. die Nachweise oben Fn. 10.

Rücktritt handelt, sondern, wie der *BGH* auch feststellt, um Schadensersatz *neben* der Leistung. Weiter trifft es auch nicht zu, dass der Käufer erst nach dem Ablauf der Nachfrist eine mangelfreie Sache verlangen kann – gemäß der völlig unmiss-verständlichen Regelung des § 433 I 2 steht ihm ein solcher Anspruch vielmehr bereits mit Abschluss des Kaufvertrags, also von Anfang an, zu. Und schließlich lässt sich sehr wohl eindeutig und widerspruchsfrei sagen, dass die Lieferung einer man-gelhaften Sache durchaus etwas anderes ist als eine verzögerte Lieferung – andern-falls müsste man ja folgern, auch beim Tatbestand der Unmöglichkeit der Leistung handele es sich um einen Fall der verzögerten Leistung, da der Käufer hier ebenfalls die Kaufsache nicht rechtzeitig erhalten habe. Bei einem mangelbedingten Nut-zungsausfallschaden handelt es sich daher nicht um einen Verzögerungsschaden. Die Argumente der Literaturmeinung vermögen demnach nicht zu überzeugen. Das spricht dafür, mit dem *BGH* und der h. M. die §§ 280 II, 286 bei einem Ersatz des mangelbedingten Nutzungsausfallschadens nicht heran zu ziehen.[24]

Nachdem aber auch in der vorliegenden Sachverhaltsvariante die Lieferung des mangelfreien Rades kalendermäßig bestimmt war, und in der fahrlässigen Unkennt-nis des *F* vom Vorhandensein des Sachmangels zugleich ein Vertretenmüssen i. S. von § 286 IV zu sehen ist, würden die nach der Gegenauffassung erforderlichen Voraussetzungen des Schuldnerverzugs vorliegen, so dass die Beantwortung dieser Streitfrage letztlich offen bleiben kann.

Seiner Untersuchungs- und Rügeobliegenheit gem. § 377 HGB ist *H* durch die Probefahrt und die sofortige Aufforderung des *F* zur Mangelbeseitigung nach-gekommen. Insoweit handelt es sich wiederum um einen verdeckten Mangel gem. § 377 III HGB. Die Rügeobliegenheit beginnt daher wie bei Frage 2 erst, wenn der Mangel vom Käufer entdeckt wird.

3. Rechtsfolge

Damit steht endgültig fest, dass *H* hier grundsätzlich berechtigt ist, von *F* nach § 280 I 1 (i. V. m. § 437 Nr. 3 und ggf. mit § 280 II) den Ersatz des ihm durch die mangelhafte Lieferung entstandenen Schadens zu verlangen. Hinsichtlich der Art und der Höhe dieses Ersatzes kann auf die obigen[25] Ausführungen zu den §§ 249 ff. verwiesen werden.

H kann also in dieser Sachverhaltsvariante ebenso wie im Grundsachverhalt von *F* den Ersatz seines Verdienstausfalls verlangen.

IV. Frage 4 – Reparatu(h)rkosten

1. § 280 I 1

Dieser Anspruch könnte sich wieder auf § 280 I 1 i. V. m. § 437 Nr. 3 stützen.

a) Möglicherweise ist § 280 I 1 direkt, ohne die Verweisung des § 437 Nr. 3, an-wendbar. Hierfür könnte einmal sprechen, dass die §§ 437 ff. an sich bei Sachmän-geln nur an die Stelle der §§ 459 ff. a. F. treten sollten,[26] wobei § 463 a. F. grund-sätzlich nur den Ersatz von sog. Mangelschäden vorsah, d. h. von Schäden, die das bloße Erfüllungs- oder Äquivalenzinteresse des Käufers verletzen, z. B. die Kosten einer Mängelbeseitigung, ein Minderwert oder ein Verdienstausfall aufgrund der

---

[24] Vgl. auch BT-Drs. 14/6040, S. 215 linke Spalte letzter Absatz; Palandt/*Grüneberg*, § 280 Rn. 18; Palandt/*Weidenkaff*, § 437 Rn. 36 am Ende.
[25] Unter I 4.
[26] Vgl. nur Palandt/*Weidenkaff*, § 437 Rn. 1.

mangelnden Nutzbarkeit der Sache. Hier geht es aber um die Verletzung eines anderweitigen Rechts des Käufers, nämlich des Eigentums an seiner Uhr, d. h. um eine Beeinträchtigung seines Erhaltungs- oder Integritätsinteresses, einen sog. Mangelfolgeschaden.[27] Nach altem Schuldrecht konnte dieser nicht aufgrund des § 463 a. F. liquidiert werden, für dessen Anwendung auch die unverschuldete Nichteinhaltung einer Eigenschaftszusicherung genügte; ein Ersatz war vielmehr nur nach den gewohnheitsrechtlich entwickelten Grundsätzen der positiven Vertrags- bzw. Forderungsverletzung möglich.[28] Das setzte voraus, dass der Schuldner gegen die aus § 242 abgeleitete Pflicht, bei der Durchführung des betreffenden Vertrages seinen Partner nicht zu schädigen, insbesondere dessen (anderweitige) Rechte oder Rechtsgüter nicht zu verletzen, in einer von ihm zu vertretenden Weise verstoßen hatte. Wegen dieses grundsätzlichen Unterschieds lässt sich vertreten, dass die Tatbestände der Verletzungen des Integritätsinteresses nicht § 437 Nr. 3, sondern direkt und unmittelbar § 280 I unterfallen.[29]

b) Es erscheint indessen zweifelhaft, ob die unter dem alten Schuldrecht entstandene Unterscheidung zwischen Mangelschaden und Mangelfolgeschaden noch aufrecht erhalten werden sollte.[30] Entscheidend muss nach der Gesetzessystematik vielmehr sein, ob der Schadensersatz neben oder statt der Leistung begehrt wird. Im Bereich des Kaufrechts ist aber stets § 437 Nr. 3 heranzuziehen; die weiteren Voraussetzungen richten sich dann nach §§ 280 ff. Insoweit unterscheiden sich die beiden Ansichten nicht erheblich voneinander.[31]

c) Die von § 280 I 1 zunächst verlangte Pflicht lässt sich § 241 II entnehmen, nämlich die Verpflichtung zur Rücksicht auf die Rechte und Rechtsgüter des anderen Teils. Diese hat *F* dadurch verletzt, dass er ein Fahrrad geliefert hat, das so mangelhaft war, dass der es bestimmungsgemäß benutzende Käufer an einem anderen Recht, dem Eigentum an seiner Uhr, geschädigt wurde.

Abermals ist nun nach § 280 I 2 das Vertretenmüssen des *F* zu prüfen. Wie bei der Beantwortung von Frage 3 bereits dargelegt wurde,[32] hat *F* aufgrund der unterlassenen Funktionsprüfung den in Rede stehenden Sachmangel fahrlässigerweise nicht bemerkt. Damit hat er zugleich in Folge von Fahrlässigkeit gegen die Pflicht verstoßen, bei der Durchführung des Kaufvertrags seinen Partner nicht zu schädigen, insbesondere dessen (anderweitige) Rechte oder Rechtsgüter nicht zu verletzen. *F* hat daher diese Pflichtverletzungen auch zu vertreten und ist demnach *H* zum Schadensersatz verpflichtet.

Die nach § 249 I an sich geschuldete Naturalrestitution kann von *F*, der kein Uhrmacher ist, nicht vorgenommen werden. *H* verlangt jedoch nur den Ersatz „der entsprechenden Reparaturkosten". Mit „entsprechend" sind offenbar diejenigen Kosten gemeint, die zur ordnungsgemäßen Reparatur der beschädigten Uhr erforderlich waren. Diese Kosten muss *F* nach § 249 II 1 ersetzen.

d) *H* kann deswegen gem. § 280 I 1 von *F* den Ersatz der entsprechenden Reparaturkosten verlangen.

---

[27] Vgl. dazu statt aller Palandt/*Grüneberg*, § 280 Rn. 18 sowie Palandt/*Weidenkaff*, § 437 Rn. 34 f., jeweils m. w. N.
[28] S. Vornote.
[29] So die 6. Auflage (dort Fall 17); siehe auch *G. Wagner*, JZ 2002, 475 ff.
[30] Dazu eingehend MüKoBGB/*Ernst*, § 280 Rn. 65 ff.; PWW/*D. Schmidt*, § 437 Rn. 29; siehe auch bereits *Lorenz*, NJW 2002, 2497 (2500).
[31] Unterschiede bestehen aber hinsichtlich der (kurzen) Verjährung des § 438.
[32] Oben unter III 1.

2. § 823 I

Eine weitere Anspruchsgrundlage könnte § 823 I sein. Dann müsste *F* ein absolutes Recht bzw. Rechtsgut des *H* widerrechtlich und schuldhaft verletzt haben. Das Eigentum an der Uhr ist ein solches absolutes Recht (ebenso der entsprechende Besitz). Zu dieser Verletzung war *F* nicht berechtigt, weshalb er auch rechtswidrig handelte. Als maßgebliche Schuldform verlangt § 823 I Vorsatz oder Fahrlässigkeit. Eben[33] wurde bereits ausgeführt, dass *F* (auch) insoweit fahrlässig gehandelt hat. Damit sind alle Voraussetzungen des § 823 I erfüllt, und *F* ist auch aufgrund dieser Norm schadensersatzpflichtig geworden. Mit dem eben erörterten Anspruch aus § 280 I 1 besteht nach zutreffender h. M. eine sog. Anspruchskonkurrenz.[34]

Bezüglich der Art und der Höhe der Ersatzpflicht gilt das zuvor[35] Dargelegte.

H kann mithin von F den Ersatz der entsprechenden Reparaturkosten auch aufgrund von § 823 I verlangen.

---

[33] Unter IV 1.
[34] Vgl. nur MüKoBGB/*Bachmann*, § 241 Rn. 35 ff.
[35] Unter IV 1.

Fall 9. Das legendäre Endspiel und das folgenschwere leichte Heizöl

Konkretisierung bei Gattungsschuld – Annahmeverzug – Rückgängigmachung der Konkretisierung – Unmöglichkeit – Reparierungspflicht

Sachverhalt

Fußballfan *Feurig* hat erfahren, dass es die legendäre Radioreportage des Reporters Herbert Zimmermann vom gleichfalls legendären Fußball-WM-Endspiel Deutschland gegen Ungarn am 4.7.1954 im Berner Wankdorfstadion als Hörbuch gibt. Er geht deshalb in den Laden des Buchhändlers *Bräsig*, um dieses Hörbuch dort zu kaufen. *Bräsig* hat es aber nicht vorrätig. *Feurig* gibt daraufhin eine „feste Bestellung" auf und kommt mit *Bräsig* überein, dass dieser ihn verständigen soll, sobald die Ware eingetroffen ist. *Bräsig* ordert beim Verlag vorsichtshalber gleich zwei Exemplare, die eine Woche später bei ihm eintreffen. Er nimmt eines davon, befestigt daran den Bestellzettel *Feurigs* und teilt diesem telefonisch mit, dass sein Hörbuch jetzt da sei und ab sofort zur Abholung bereit liege. Anschließend deponiert er es in einem offenen Regal neben der Kasse. Als *Feurig* eine Stunde später im Buchladen erscheint, um „sein Hörbuch" in Empfang zu nehmen (und zu bezahlen), ist es nicht mehr auffindbar. Es stellt sich heraus, dass ein unbekannter Dieb es in einem unbewachten Augenblick gestohlen hat.

1. Kann *Feurig* von *Bräsig* Lieferung des Hörbuchs verlangen?
2. *Feurig* erscheint nunmehr nicht schon eine Stunde nach *Bräsigs* Anruf, sondern erst vier Tage später im Buchladen. Als *Bräsig* das Hörbuch übergeben will, stellt sich heraus, dass der Dieb das Hörbuch erst kurz vor dem Erscheinen *Feurigs* gestohlen hat. Kann *Bräsig* den Kaufvertrag mit dem noch vorhandenen, zweiten Exemplar des Hörbuchs erfüllen?
3. Hätte *Bräsig* in Frage 2 einen Anspruch auf Zahlung des Kaufpreises, wenn er die Lieferung des Hörbuches verweigert, weil es *Feurigs* Schuld sei, wenn er das Buch nicht rechtzeitig abgeholt hat?
4. *Feurig* hat gleichzeitig bei Heizölhändler *Hitzig* 2 500 Liter leichtes Heizöl bestellt, das vereinbarungsgemäß am übernächsten Donnerstag zwischen 16 und 17 Uhr geliefert werden soll. Als *Hitzig* mit dem Tankwagen, in dem sich exakt 2 500 Liter leichtes Heizöl befinden, an diesem Tag um 16.55 Uhr bei *Feurig* vorfährt, ist der nicht da, weil er den Termin vergessen hat und zur gleichen Zeit im Nachbarort mit einem Freund andächtig der Zimmermannschen Reportage lauscht. Nach fruchtlosem Ablauf einer angemessenen Wartefrist fährt *Hitzig* seinen Tankwagen ins Lager zurück, wo er das Öl in den großen Lagertank zurück pumpt, weil er am nächsten Morgen mit dem leeren Wagen beim TÜV erscheinen muss. Während des anschließenden Wochenendes setzt während eines heftigen Unwetters ein Blitzschlag das Lager *Hitzigs* in Brand, und sein gesamter Heizölbestand wird ein Raub der Flammen. Kann *Hitzig* trotzdem – ohne Lieferung der fraglichen 2 500 Liter – von *Feurig* die Zahlung des vereinbarten Kaufpreises verlangen?

5. Angenommen, *Hitzig* war mit einem Tankwagen bei *Feurig* vorgefahren, in dem sich nicht nur das für diesen bestimmte Heizöl, sondern weitere 3 000 Liter befanden, die anschließend an zwei andere Kunden geliefert werden sollten, und *Hitzig* war durch die Abwesenheit *Feurigs* so verärgert, dass er auf der Fahrt zum zweiten Kunden aufgrund einer leichten Unachtsamkeit mit seinem Tankwagen eine Böschung hinab stürzte, wobei der Tank aufgerissen wurde, so dass das gesamte Heizöl auslief und im Straßengraben versickerte. Wie ist Frage 4 jetzt zu beantworten?

6. Angenommen, *Hitzig* hat *Feurig* 2 500 Liter leichtes Heizöl „aus vorhandenem Bestand" zugesagt. Der gesamte Restvorrat des *Hitzig* beläuft sich auf insgesamt nur noch 10 000 Liter, die er in zwei gleich großen Tanks gelagert hat. Davon hat er weitere 5 000 Liter an *Brenner* verkauft. In der Nacht vor der Lieferung an *Feurig* und *Brenner* wird ein Tank vom Blitz getroffen und brennt völlig aus. *Feurig* verlangt nunmehr von *Hitzig* Lieferung von 2 500 Liter Heizöl, zumindest aber müsse *Hitzig* den Rest „gerecht verteilen". Dieser möchte lieber die gesamte noch vorhandene Menge an *Brenner* liefern. Welche Ansprüche hat *Feurig* gegen *Hitzig*?

Lösung

I. Frage 1 – Ersatzsache I

Ein Anspruch des *Feurig* (F) gegen *Bräsig* (B) auf Lieferung des Hörbuchs könnte sich aus § 433 I 1 ergeben.

1. Bestehen eines Anspruchs

Ein Kaufvertrag über ein entsprechendes Hörbuch wurde zwischen F und B unproblematisch abgeschlossen. Nach § 433 I 1 ist der Verkäufer einer Sache verpflichtet, dem Käufer Besitz und Eigentum „an der Sache" zu verschaffen, die von ihm verkauft worden ist. Von dem betreffenden Hörbuch gab es im Zeitpunkt des Kaufvertragsabschlusses unzweifelhaft mehrere Exemplare, und es stand in diesem Augenblick auch noch nicht fest, welches davon Gegenstand des Vertrags zwischen F und B sein sollte. Die oben genannten Verkäuferpflichten bezogen sich also zunächst auf eine nur der Gattung nach bestimmte Sache, d. h. es lag ein Gattungskauf i. S. von § 243 I vor, dessen Erfüllung durch den Verkäufer mit irgend einem Exemplar mittlerer Art und Güte aus dieser Gattung rechtswirksam vorgenommen werden konnte und musste.

2. Einwendungen

Dieser Anspruch könnte aber nach § 275 I untergegangen sein. Unmöglichkeit liegt bei Gattungsschulden regelmäßig erst dann vor, wenn die gesamte Gattung untergegangen ist. Dies ist hier ersichtlich nicht der Fall. Die Verkäuferpflichten könnten sich aber auf das erste, mittlerweile durch Diebstahl abhanden gekommene Exemplar des Hörbuchs konkretisiert haben. Dessen Lieferung, d. h. Übergabe und Übereignung, ist dem Verkäufer B subjektiv unmöglich. Eine Konkretisierung könnte gem. § 243 II eingetreten sein. Dann müsste B das zur Leistung einer solchen Gattungssache „seinerseits Erforderliche" getan haben.

a) Dafür ist es nach zutreffender h. M. mindestens notwendig, dass der Verkäufer eine den vertraglichen Vereinbarungen entsprechende Sache ausgewählt und ausgesondert hat.[1] Welche weiteren Leistungshandlungen erforderlich sind, hängt von der Art der Schuld ab. Bei normalen Bücherkäufen – d. h. solchen, die nicht bei einer Versandbuchhandlung oder via Internet, sondern bei einem Buchhändler „vor Ort" getätigt werden – hat diese Verkäuferleistung nach § 269 I, II am Ort der gewerblichen Niederlassung des Verkäufers zu erfolgen, es liegt dann eine sog. Holschuld vor. Für deren Konkretisierung i. S. von § 243 II ist es jedenfalls erforderlich, dass der Verkäufer ein ordnungsgemäßes Exemplar aus der betreffenden Gattung aussondert, d. h. separiert sowie ggf. entsprechend kennzeichnet, und den Käufer anschließend auffordert, diese Sache abzuholen.[2]

b) Teilweise wird zusätzlich noch verlangt, dass die betreffende Sache dem Käufer übergeben worden ist.[3] Wenn man aber für die Konkretisierung einer Holschuld, also der für den Schuldner günstigsten Schuldart, die Übergabe der in Rede stehenden Sache zur Konkretisierungsvoraussetzung machen würde, dann ginge man noch einen Schritt weiter als bei der für den Schuldner ungünstigsten Schuldart, der Bringschuld. Denn hier genügt es, dass der Schuldner die Sache dem Gläubiger an dessen Wohnsitz tatsächlich angeboten hat, ohne dass es auch zu einer Übergabe kommt (weil der Gläubiger die Sache entweder nicht annehmen will oder – mangels Anwesenheit – nicht annehmen kann). Einer derart weit gehenden Ansicht kann mithin nicht gefolgt werden.

c) Manche Autoren halten eine Konkretisierung bei der Holschuld erst dann für gegeben, wenn der Käufer effektiv in Annahmeverzug geraten ist.[4] Bedenkt man, dass dazu bei einer Holschuld aufgrund von § 295 S. 1 an sich ein „wörtliches Angebot" der Leistung durch den Verkäufer an den Käufer genügt, dann scheint zwischen dieser Ansicht und der h. M. gar kein Unterschied zu bestehen.[5] Bei näherem Zusehen ergibt sich allerdings doch eine kleine, keineswegs unbedeutende Differenz: Das eben genannte wörtliche Angebot reicht gem. § 299 in den Fällen für einen Eintritt des Gläubigerverzugs nicht aus, in denen – wie hier – die ganz exakte Leistungszeit nicht bestimmt oder aus sonstigen Gründen nicht festgelegt wurde. In solchen Fällen ist es dem Gläubiger nicht zuzumuten, ständig annahmebereit zu sein,[6] weshalb er erst dann in Verzug gerät, wenn ihm der genauere Leistungstermin eine angemessene Zeit vorher angekündigt worden war und er trotzdem nicht annahmebereit ist. Es stellt sich deshalb die Frage, ob diese letztlich aus § 242 resultierende[7] Regelung nicht auch auf die hier diskutierte Konkretisierungsproblematik angewendet werden kann und soll.[8]

Bei diesem Streit geht es letztlich um die Frage einer sachgerechten Risikoverteilung: Soll der Schuldner einer Gattungsschuld das Beschaffungsrisiko, das er zunächst prinzipiell so lange zu tragen hat, wie eine Leistung aus dieser Gattung überhaupt noch möglich ist,[9] bis zum Ablauf dieser Frist bzw. bis zum Verzugseintritt tragen oder verdient er schon durch die nach der Aussonderung vorgenommene Abholungsaufforderung an den Gläubiger eine entsprechende Entlastung? Ausschlag-

---

[1]   Vgl. nur MüKoBGB/*Emmerich*, § 243 Rn. 26; PWW/*Schmidt-Kessel*, § 243 Rn. 11.

[2]   Vgl. MüKoBGB/*Emmerich*, § 243 Rn. 31; Jauernig/*Berger*, § 243 Rn. 9.

[3]   So etwa *Koller*, Die Risikozurechnung bei Vertragsstörungen in Austauschverträgen, 1979, S. 134 ff.; *Hönn*, AcP 177 (1977), 385 (389 ff.); *Ernst*, GS Knobbe-Keuk, 1997, S. 49, 80 ff.

[4]   Siehe die Nachweise in der Vornote.

[5]   Vgl. NK-BGB/*Tettinger*, § 243 Rn. 24.

[6]   Palandt/*Grüneberg*, § 299 Rn. 1; *Medicus/Lorenz*, Schuldrecht I, Rn. 548; *Looschelders*, Schuldrecht AT, Rn. 247.

[7]   Vgl. Vornote.

[8]   Dafür etwa Palandt/*Grüneberg*, § 243 Rn. 5; NK-BGB/*Tettinger*, § 243 Rn. 24.

[9]   Vgl. nur § 276 I 1 am Ende.

gebend ist der Gesichtspunkt, dass der Käufer sich ursprünglich in das Geschäftslokal des Verkäufers begeben hat, um sich von dem betreffenden Buch „vor Ort" einen unmittelbaren Eindruck zu verschaffen und dann auch gleich dort zu erwerben, dass dieses Vorhaben nur deshalb misslingt, weil der Verkäufer das Buch nicht vorrätig hat, und dies ein Umstand ist, der prinzipiell in die Sphäre des Verkäufers fällt. Daher sollte das entsprechende Risiko vom Verkäufer zu tragen sein. Es erscheint deswegen sachgerecht, die Konkretisierung i. S. von § 243 II dann erst in dem Augenblick eintreten zu lassen, in dem die angemessene Abholfrist fruchtlos verstrichen ist.

Im vorliegenden Fall war die Frist von einer Stunde, die zwischen dem Erhalt der Abholaufforderung des *B* und dem Erscheinen des *F* im Buchladen lag, sicherlich angemessen. Das ursprünglich für *F* bestimmte Exemplar des Hörbuchs wurde während dieser einen Stunde, also noch vor dem Verstreichen der angemessenen Abholfrist, gestohlen. Demnach war die Konkretisierung der Gattungsschuld auch noch nicht eingetreten, die aus § 433 I 1 resultierende Leistungspflicht des *B* hatte sich noch nicht auf diese Sache beschränkt. *B* schuldete *F* vielmehr gem. § 243 I immer noch die entsprechende Leistung aus der gesamten Gattung; diese Pflicht ist nicht durch Unmöglichkeit nach § 275 I erloschen.

F hat demnach einen Anspruch gegen *B* auf Lieferung eines Hörbuchs, den dieser durch Übergabe und Übereignung des noch bestellten zweiten Exemplars erfüllen kann.

II. Frage 2 – Ersatzsache II

1. Bestehen eines Anspruchs

Was der Verkäufer tun muss, um einen Kaufvertrag zu erfüllen, ergibt sich aus § 433 I 1. Bei dem hier vorliegenden Gattungskauf hat *B* grundsätzlich ein Hörbuch mittlerer Art und Güte zu liefern. Es ist aber erneut die Frage nach der Konkretisierung der ursprünglichen Gattungsschuld zu stellen. Wie oben[10] dargelegt wurde, ist dazu erforderlich, dass der Verkäufer ein ordnungsgemäßes Exemplar aus der betreffenden Gattung aussondert, d. h. separiert sowie ggf. entsprechend kennzeichnet, und den Käufer anschließend auffordert, diese Sache abzuholen, und dass eine angemessene Abholfrist verstrichen ist. Der Diebstahl ist hier, abweichend vom Ausgangssachverhalt, erst ca. vier Tage später erfolgt. Deshalb könnte die Konkretisierung i. S. von § 243 II bereits vorher eingetreten sein. Man wird davon ausgehen können, dass in derartigen Fällen regelmäßig eine Frist von maximal zwei bis drei Tagen als angemessen zu betrachten ist, sofern keine besonderen Umstände vorliegen, die eine längere Frist rechtfertigen, was hier jedoch offenbar nicht in Betracht kommt. Der erst nach dem fruchtlosen Ablauf der Abholfrist erfolgte Diebstahl hat also das bereits zuvor konkretisierte und damit verbindlich für *F* bestimmte Hörbuch betroffen. Das „Ersatzexemplar" ist demnach an sich nicht Gegenstand des zwischen *B* und *F* abgeschlossenen Kaufvertrags geworden, seine Lieferung war nicht entsprechend geschuldet. *B* kann daher mit seiner Übergabe und Übereignung diesen Vertrag eigentlich auch nicht rechtswirksam erfüllen.[11]

---

[10] Unter I 2.

[11] Tatsächlich werden sich der erfüllungsbereite Verkäufer und der Käufer jedenfalls im Bereich des Gattungskaufs regelmäßig ohne weiteres zumindest konkludent auf eine Vertragsänderung dahingehend einigen, dass ein anderes Exemplar aus der Gattung geschuldet wird.

2. Rückgängigmachung der Konkretisierung

Etwas anderes könnte jedoch dann gelten, wenn ein Schuldner an seine zunächst vorgenommene Konkretisierung nicht gebunden wäre, sie vielmehr ggf. bis zum Augenblick der effektiven Erfüllung wieder rückgängig machen und die geschuldete Leistung statt dessen mit einem anderen ordnungsgemäßen Exemplar derselben Gattung bewirken könnte. Diese These wird in der Tat von zahlreichen Autoren vertreten.[12] Sie wird damit begründet, dass die Regelung des § 243 II primär den Schuldner schütze, weil er für eine nach der Konkretisierung eintretende und von ihm nicht zu vertretende Unmöglichkeit der Leistung nicht mehr verantwortlich sei, mithin auch keine „Ersatzsache" mehr leisten müsse. Das trifft sicherlich zu. Dennoch könnte es fraglich sein, ob der Schuldner auf diesen Schutz verzichten darf. Dieses Problem haben schon die Väter des BGB gesehen, und sie haben sich ganz eindeutig für die Bindung und gegen ein Recht des Schuldners, die Konkretisierung wieder rückgängig zu machen, ausgesprochen.[13] Sie hatten ihre Auffassung von der strikten Bindung des Schuldners an die von ihm vorgenommene Konkretisierung u. a. damit begründet, die „Billigkeit und die Anforderungen des Verkehrs" verlangten, dass der Gläubiger (nur) so in die Lage versetzt werde, „über die nunmehr individuell bestimmte Sache" bereits vor deren Übergabe „z. B. durch Weiterveräußerung zu verfügen".[14] Dagegen ist aber einzuwenden, dass der Gläubiger den betreffenden Übergabe- und Übereignungsanspruch des § 433 I 1 nicht erst durch die Konkretisierung, sondern bereits durch den rechtsgültigen Abschluss des Kaufvertrags erwirbt, so dass er vom Schuldner die Lieferung aus der Gattung verlangen kann, solange diese überhaupt noch existiert, und dann in der Lage ist, seine eigene, durch die Weiterveräußerung begründete Lieferpflicht zu erfüllen. Sollte der (Erst-)Schuldner indessen nicht liefern wollen oder können, wird er sich dadurch i. d. R. seinem Gläubiger gegenüber schadensersatzpflichtig machen. Der dann zu liquidierende Schaden umfasst auch den, welchen der Gläubiger seinerseits in Folge einer Nichterfüllung des mit seinem Weiterveräußerungspartner geschlossenen Kaufvertrags leisten müsste. Ein weiteres Argument der Gesetzesverfasser lautete, dass es dem Schuldner nicht erlaubt sein solle, „in ungerechtfertigter Weise auf Kosten des Gläubigers zu spekulieren".[15] Auch dem lässt sich indes der eben formulierte Einwand entgegen halten. Beide Argumente ergeben jedoch dann einen Sinn, wenn man sie auf die Prämisse bezieht, dass dem Schuldner eine Rückgängigmachung der Konkretisierung unter Fortdauer des zuvor aufgrund von § 300 II eingetretenen Gefahrübergangs gestattet werden sollte. Hierauf beruhen die eben zitierten Ausführungen der BGB-Protokolle in der Tat.[16] Und dann verdienen sie auch Zustimmung, müsste es doch als ausgesprochen unangemessen betrachtet werden, dem Schuldner durch die Gestattung des Rückgängigmachens der bereits eingetretenen

---

[12] S. nur Jauernig/*Berger*, § 243 Rn. 11; Staudinger/*Schiemann* (2015), § 243 Rn. 39 ff.; weitere Nachweise bei NK-BGB/*Tettinger*, § 243 Rn. 28.

[13] „Die vollzogene Wahl ist unwiderruflich" (Motive zum Entwurf eines BGB, abgedruckt bei *Mugdan*, S. 7). Ebenso etwa (mit Differenzierungen) MüKoBGB/*Emmerich*, § 243 Rn. 33 m. w. N.

[14] Protokolle, abgedruckt bei *Mugdan*, S. 506.

[15] S. Vornote.

[16] Es heißt dort (a. a. O.) nämlich u. a. auch, der Gläubiger müsse „nach den Anforderungen der Konsequenz, der Billigkeit und der Praktikabilität... von dem Augenblicke an, wo er die Gefahr übernehme, auch ein unwiderrufliches Recht auf die ausgeschiedene Sache mit der Wirkung erwerben..., dass er die Leistung einer anderen, derselben Gattung angehörenden Sache zurückweisen dürfe. Die Konzentration des Schuldverhältnisses und der Uebergang der Gefahr bilden notwendige Korrelate."

Konkretisierung einerseits mehr Handlungsspielraum zu eröffnen, ihm jedoch andererseits weiterhin die „Rechtswohltat" des zuvor erfolgten Gefahrübergangs auf den Gläubiger zu belassen. Deshalb lässt sich die Bindung des Schuldners an die bereits erfolgte Konkretisierung nur dann verneinen, wenn gleichzeitig mit der Rücknahme der Konkretisierung auch der Gefahrübergang wieder entfällt.[17]

Dies bedeutet aber, dass der ursprünglich geschlossene Kaufvertrag weiterhin erfüllbar ist, weil die vorgenommene Konkretisierung von *B* wieder zurückgenommen wurde.

III. Frage 3 – Kaufpreisanspruch

1. Bestehen des Anspruchs

Der Kaufpreisanspruch des *B* könnte sich aus § 433 II ergeben. Ein entsprechender Kaufvertrag liegt vor; dieser ist wie oben dargelegt auch grundsätzlich erfüllbar. Nachdem in dieser Variante aber *B* offenbar die Rückgängigmachung der Konkretisierung nicht vornehmen will, fragt sich, ob der Kaufpreisanspruch dennoch bestehen bleibt. Dem könnte § 326 I entgegenstehen. Diese Vorschrift verknüpft Leistung und Gegenleistung beim gegenseitigen Vertrag grundsätzlich so, dass bei Unmöglichkeit der Leistung auch der Anspruch auf die Gegenleistung entfällt.

2. § 326 II 1

Diesbezüglich könnte aber die Ausnahmevorschrift des § 326 II 1 einschlägig sein.

a) Voraussetzung ist zunächst, dass die Leistungspflicht des Schuldners nach § 275 I–III entfallen ist. Diesbezüglich kann wiederum auf die obigen Ausführungen verwiesen werden: Bei erfolgter Konkretisierung nach § 243 II beschränkt sich die vertragliche Leistungspflicht auf diese eine Sache. Nachdem in dieser Fallvariante *B* nicht bereit war, das Ersatzexemplar zu liefern, hat er die bereits erfolgte Konkretisierung auch nicht wieder rückgängig gemacht. Durch den Diebstahl ist damit (subjektive) Unmöglichkeit eingetreten, § 275 I.

b) Weiter verlangt § 326 II 1 Alt. 2, dass sich der Gläubiger bei Eintritt des Leistungshindernisses im Annahmeverzug befunden hat. Nach §§ 293, 294 ist ein grundsätzlich tatsächliches Angebot des Schuldners erforderlich. Bei Holschulden lässt hingegen § 295 S. 1 ein wörtliches Angebot genügen.[18] Dieses liegt mit dem Anruf des *B* bei *F* vor. Auch war die von § 299 zu Gunsten des Gläubigers verlangte angemessene Frist erfolglos abgelaufen.[19] Bis zum Zeitpunkt des Diebstahls war *B* leistungsbereit, § 297. Auf die besonderen Voraussetzungen des § 300 II kommt es vorliegend nicht an, da sogar bereits Konkretisierung eingetreten ist.[20] Damit befand sich *F* bei Eintritt der Unmöglichkeit im Annahmeverzug.

c) Das Leistungshindernis dürfte schließlich auch nicht vom Schuldner *B* zu vertreten sein. Das Spektrum des Vertretenmüssens umfasst nach § 276 I 1 insbesondere Vorsatz und Fahrlässigkeit. Vorsätzlich handelt, wer den betreffenden Erfolg bewusst und gewollt herbeiführt. Daran fehlt es hier hinsichtlich des *B*. Möglicherweise liegt aber Fahrlässigkeit vor, d. h. ein Außerachtlassen der im Verkehr erfor-

---

[17] So z. B. MüKoBGB/*Emmerich*, § 243 Rn. 33.

[18] Dazu Jauernig/*Stadler*, § 295 Rn. 3.

[19] Siehe oben I 2 c.

[20] § 300 II hat Bedeutung etwa bei Bring- oder Schickschulden im Bereich der §§ 295, 296, wenn eine Konkretisierung im Sinne des § 243 II noch nicht eingetreten ist. Näher dazu PWW/*Zöchling-Jud*, § 300 Rn. 6 m. w. N.

derlichen Sorgfalt (§ 276 II). Innerhalb dieser Fahrlässigkeit unterscheidet man zwischen grober und leichter, bei der zuletzt genannten häufig auch noch zwischen mittlerer und „leichtester" Fahrlässigkeit.[21] § 276 I 1 erfasst grundsätzlich alle Arten der Fahrlässigkeit, lässt das Vertretenmüssen u. U. aber auch erst ab der groben Fahrlässigkeit eintreten. Das ist u. a. beim Vorliegen des Gläubigerverzugs der Fall (§ 300 I). Nachdem dessen Voraussetzungen wie geprüft vorliegen, haftet *B* demnach für die entsprechende Unmöglichkeit erst ab grober Fahrlässigkeit. Diese ist ein besonders schwerer Verstoß gegen die objektiv erforderliche Sorgfalt und liegt dann vor, wenn elementarste Sorgfaltspflichten verletzt sind,[22] wenn der Schuldner dasjenige außer Acht lässt, was jedermann unter den gegebenen Umständen unmittelbar einleuchten musste.[23] Laut Sachverhalt hat Buchhändler *B* das für *F* bestimmte Exemplar des Hörbuchs „in einem offenen Regal neben der Kasse", das bzw. die noch dazu eine Zeitlang „unbewacht" war, gelagert. Fraglich ist, ob darin ein Verstoß gegen grundlegende Sorgfaltspflichten liegt. Nun ist es in Buchhandlungen üblich, dass Kunden freien Zugriff auf nahezu sämtliche Bücher haben. Eine Sicherung gegen Diebstahl erfolgt jedenfalls bei normalpreisigen Büchern nicht dadurch, dass die Exemplare unter Verschluss gehalten werden, sondern ggf. durch Magnetstreifen o. Ä. und entsprechende Alarmsignale im Ausgangsbereich. Insofern hat *B* keine ungewöhnliche Sorglosigkeit an den Tag gelegt. Es könnte nur fraglich sein, ob in Bezug auf die zur Abholung bereit gelegten (konkretisierten) Bücher angesichts des dadurch bewirkten Gefahrübergangs ein anderer Maßstab zu gelten hat. Das erscheint jedoch zweifelhaft. Sofern *B* überhaupt Maßnahmen zu Diebstahlsicherung ergriffen hat (wovon bei lebensnaher Auslegung des Sachverhaltes auszugehen ist), kann es allenfalls als leicht fahrlässig gelten, wenn die für die Kunden zur Abholung bereit gelegten Bücher nicht weitergehend gesichert werden, etwa durch Einschließen o. Ä.[24]

Die Voraussetzungen des § 326 II 1 liegen damit vor und *B* behält den Anspruch gegen *F* auf Zahlung des Kaufpreises.

IV. Frage 4 – Heizöl I

Hitzig (H) verlangt von *F* die Zahlung des vereinbarten Kaufpreises für eine nicht erfolgte Heizöllieferung.

1. § 433 II i. V. m. § 326 II 1 Fall 2

Anspruchsgrundlage dafür könnte § 433 II i. V. m. § 326 II 1 Fall 2 sein. Das setzt zunächst den Abschluss eines entsprechenden wirksamen Kaufvertrags voraus. Davon kann hier ausgegangen werden. *H* hat das Heizöl allerdings bisher nicht an *F* geliefert, so dass dieser – der zweifellos nicht vorleistungspflichtig ist – an sich gem. § 320 I 1 die Zahlung verweigern könnte. Vielleicht ist § 320 jedoch deshalb nicht einschlägig, weil *H* die Lieferung der 2 500 Liter Heizöl unmöglich geworden ist, er diese Unmöglichkeit nicht zu vertreten hat und sich *F* zur fraglichen Zeit im Annahmeverzug befand.

---

21 Vgl. nur MüKoBGB/*Emmerich*, § 276 Rn. 108.
22 Vgl. nur MüKoBGB/*Emmerich*, § 276 Rn. 94 m. w. N. Siehe auch die entsprechende Legaldefinition in § 45 II 3 Nr. 3 SGB X: „[…] grobe Fahrlässigkeit liegt vor, wenn der Begünstigte die erforderliche Sorgfalt in besonders schwerem Maße verletzt hat."
23 Vgl. etwa BGHZ 10, 14 (16); BGHZ 77, 274 (276); st. Rspr.
24 A. A. die 6. Auflage (dort Fall 16).

2. Konkretisierung

Die von *F* bestellten 2 500 Liter leichtes Heizöl waren zunächst eine Gattungsschuld i.S. von § 243 I. Von diesem Öl gab und gibt es viele Millionen Liter. Eine entsprechende Unmöglichkeit der Leistung kann daher nur eingetreten sein, wenn es vor dem Lagerbrand bei *H* zu einer Konkretisierung i.S. von § 243 II gekommen war. Bei der Verpflichtung zur Lieferung einer derart großen Menge Heizöl ist eine Anlieferung durch den Verkäufer die Regel, es handelt sich dabei mithin um eine Bringschuld.[25] Bei ihr muss der Schuldner zur Konkretisierung nach zutreffender h.M. eine den Anforderungen des § 243 I genügende Sache auswählen und aussondern sowie dem Gläubiger an dessen Wohnsitz in einer ggf. den Annahmeverzug begründenden Weise tatsächlich anbieten.[26] Im vorliegenden Fall hat *H* die vereinbarte Menge des offenbar qualitativ ordnungsgemäßen Heizöls ausgesucht und ausgesondert. Er hat das Öl zur Wohnung des *F* hin transportiert und wollte es auch ordnungsgemäß in dessen Tank pumpen, aber *F* war nicht anwesend, weshalb der Lieferversuch des *H* scheiterte (er konnte ihm das Heizöl ja nicht vor die Tür stellen). Im Unterschied zum Grundsachverhalt bei Frage 1 war jetzt die Leistungszeit des Schuldners genau bestimmt, so dass der Gläubiger sich von vornherein darauf einrichten konnte. Seine Abwesenheit geht deshalb sozusagen auf seine Rechnung: Dadurch ist einmal die Konkretisierung i.S. von § 243 II eingetreten, und zum Zweiten ist *F* in Annahmeverzug i.S. der §§ 293 ff. geraten.

3. Unmöglichkeit

§ 326 II 1 verlangt ferner, dass der Schuldner in von ihm nicht zu vertretender Weise nach § 275 I–III nicht zu leisten braucht. Eine solche Leistungsbefreiung könnte in Gestalt der nachträglichen, objektiven Unmöglichkeit i.S. von § 275 I vorliegen. Es steht außer Frage, dass die im Tank des *Hitzigschen* Lastwagens befindlichen 2 500 Liter Heizöl vom Augenblick des erfolglosen Lieferversuchs an jedenfalls zunächst exakt die konkretisierte Sache darstellten, die Händler *H* seinem Kunden *F* zu übergeben und zu übereignen hatte.

a) Zu untersuchen ist indes, ob sich daran nicht vielleicht durch das Zurückpumpen des Öls aus dem Tankwagen in den großen Lagertank etwas geändert hat. Es könnte nämlich sein, dass es dadurch zu einer unzulässigen Rückgängigmachung der zuvor eingetretenen Konkretisierung und eventuell auch des Gläubigerverzugs gekommen ist. Es geht auch hier um das Problem, ob der Schuldner an die bereits erfolgte Konkretisierung der Gattungssache gebunden ist oder nicht. In der vorliegenden Sachverhaltsalternative will *H* von vornherein keine „Ersatzsache" liefern, sondern verlangt die Kaufpreiszahlung ohne eine Lieferung.

b) Zunächst muss die Vorfrage beantwortet werden, ob denn nun wirklich durch das Zurückpumpen der für *F* bestimmten 2 500 Liter Heizöl in den großen Lagertank des *H* die zuvor eingetretene Konkretisierung rückgängig gemacht wurde. Dabei ist zu berücksichtigen, dass es sich hierbei primär um ein technisches Problem handelt. *H* musste seinen Tankwagen am nächsten Morgen in leerem Zustand dem TÜV präsentieren. Die in Rede stehenden 2 500 Liter konnten also nicht bis zum nächsten Anlieferungsversuch bei *F* in diesem Tankwagen bleiben, sondern mussten sachgerecht zwischengelagert werden. Als Alternative zum Zurückpumpen in den großen Lagertank hätte sich vielleicht ein Umpumpen in einen anderen, kleineren, leeren Tank angeboten, in dem das Öl dann bis zum zweiten mit *F* vereinbarten

---

[25] Palandt/*Grüneberg*, § 269 Rn. 12.
[26] Vgl. statt aller Palandt/*Grüneberg*, § 243 Rn. 5.

Liefertermin hätte lagern können. Da erfolglose Lieferversuche etc. vermutlich keinen Einzelfall darstellen, würde man einen Heizölhändler, wollte man von ihm derartige mehrtägige oder gar -wöchige Separierungen verlangen, damit zu raum- und kostenträchtigen Vorhaltemaßnahmen verpflichten. Zwar kann der Schuldner von dem in Annahmeverzug geratenen Gläubiger gem. § 304 u. a. den Ersatz der Mehraufwendungen verlangen, die er für die Aufbewahrung und Erhaltung des geschuldeten Gegenstands machen musste, aber es würde einen normalen Heizölhändler überfordern, die anteiligen Kosten derartiger Maßnahmen exakt zu ermitteln und dem Schuldner in Rechnung zu stellen. Auch hier erscheint es daher überzeugend, dem Schuldner die Rückgängigmachung der Konkretisierung zu gestatten.[27]

c) Indessen braucht man im vorliegenden Fall sowohl diese Frage als auch die eines Junktims zwischen Rückgängigmachung der Konkretisierung einerseits und Rückgängigmachung des Gefahrübergangs andererseits letztlich nicht definitiv zu beantworten. Man wird hier nämlich davon ausgehen können, dass sich die ursprünglich auf die gesamte Gattung leichtes Heizöl erstreckende Beschaffungsschuld des *H* selbst bei Annahme einer rückgängig gemachten Konkretisierung nur in eine beschränkte Gattungsschuld, in eine sog. Vorratsschuld,[28] zurück verwandelt hatte, weswegen *H* dann nur noch die Lieferung von 2 500 Litern leichtes Heizöl aus dem bei ihm konkret vorhandenen Lagerbestand geschuldet hätte. Dieser ist aber durch den Brand vollständig vernichtet worden. Somit wäre selbst nach einer eventuellen Rückgängigmachung der ersten Konkretisierung und vor dem Eintritt einer zweiten eine nachträgliche, objektive Unmöglichkeit der Leistung eingetreten. *H* ist also auch dann gem. § 275 I von seiner Lieferverpflichtung endgültig frei geworden.

4. Kein Vertretenmüssen

§ 326 II 1 Fall 2 verlangt ferner, dass *H* diese Unmöglichkeit nicht zu vertreten hat. Laut Sachverhalt war die Brandursache ein Blitzschlag während eines heftigen Unwetters. Es liegen keine Anhaltspunkte dafür vor, dass *H* den Brand durch unzureichende Blitzschutzmaßnahmen o. Ä. ermöglicht hat. Er hat die Unmöglichkeit demnach nicht verschuldet. § 276 I 1 sieht zwar vor, dass es u. U. auch eine strengere Haftung als die Verschuldenshaftung geben kann – ein Beispiel dafür ist die Zufallshaftung des § 287 S. 2 –, aber derartige Ausnahmefälle liegen hier ersichtlich nicht vor. *H* hat daher seine Unmöglichkeit der Lieferung nicht zu vertreten.

5. Gläubigerverzug

Die letzte Voraussetzung des § 326 II 1 Fall 2 ist das Vorliegen des Gläubigerverzugs im Zeitpunkt des Eintritts der Unmöglichkeit. *F* war zwar aufgrund seiner Abwesenheit beim Lieferversuch des *H* zunächst in Annahmeverzug geraten. Aber das Zurückpumpen des Heizöls aus dem Tankwagen in den Lagertank könnte – wie oben[29] bereits erörtert, jedoch letztlich offen gelassen wurde – eine Rückgängigmachung sowohl der Konkretisierung als auch des Gefahrübergangs i. S. von § 300 II bewirkt haben, und in Folge dessen könnte zugleich eine Beendigung des Gläubigerverzugs eingetreten sein. Das BGB regelt zwar sehr genau die Voraussetzungen für den *Eintritt* des (Schuldner- und Gläubiger-)Verzugs, sagt aber über die Verzugs*beendigung* nichts aus. Die zutreffende h. M. nennt insbesondere folgende Beendi-

---

[27] S. bereits oben II 2.
[28] Vgl. nur MüKoBGB/*Emmerich*, § 243 Rn. 11 ff.
[29] Unter 3 b.

gungsgründe des Gläubigerverzugs: Annahme der Leistung durch den Gläubiger, Erlöschen des Anspruchs durch Hinterlegung (s. § 378) etc., Unmöglichwerden der Leistung und Erklärung des Schuldners, „dass er sein Angebot zurücknimmt".[30] Von diesen Tatbeständen kommt hier nur der zuletzt genannte in Betracht, den *Ernst*[31] noch etwas präziser damit umschreibt, „dass der Schuldner sein Angebot nicht mehr aufrechterhält oder ausdrücklich zurücknimmt". Vergegenwärtigt man sich die oben[32] erörterten lagertechnischen Schwierigkeiten, in denen sich *H* nach dem – allein durch die „Schusseligkeit" des Gläubigers *F* verursachten – Fehlschlagen des Lieferversuchs befand, dann wird man nicht sagen können, *H* habe durch das sozusagen nur notgedrungene Zurückpumpen zum Ausdruck gebracht, er wolle sein Angebot nicht mehr aufrecht erhalten oder gar ausdrücklich zurücknehmen, seine Absicht dabei dürfte ganz im Gegenteil darauf gerichtet gewesen sein, die fragliche Lieferung so schnell wie möglich „loszuwerden" und so möglichst rasch zu seinem Geld zu kommen. Das Zurückpumpen hat den Gläubigerverzug demnach nicht beendet. Das tat erst die durch den Brand verursachte Unmöglichkeit, und zwar nur mit Wirkung ex nunc, also für die Zukunft.[33] Bis zum und damit letztlich im Zeitpunkt ihres Eintritts dauerte dieser Annahmeverzug indessen noch fort. Das genügt für die Anwendung des § 326 II 1 Fall 2, dessen Voraussetzungen damit sämtlich gegeben sind.

H kann folglich von *F* die Zahlung des vereinbarten Kaufpreises verlangen, ohne die 2 500 Liter Heizöl liefern zu müssen.[34]

V. Frage 5 – Heizöl II

1. § 433 II i. V. m. § 326 II 1 Fall 2

Wiederum könnte § 433 II i. V. m. § 326 II 1 Fall 2 die Anspruchsgrundlage sein. Auf die oben[35] gemachten Ausführungen kann bis zum Punkt der Konkretisierung i. S. von § 243 II verwiesen werden.

2. Konkretisierung

Jetzt stellt sich allerdings die Frage, ob auch dann eine ordnungsgemäße Aussonderung bzw. Separierung vorliegt, wenn *H* zusätzlich zu den für *F* bestimmten 2 500 Litern auch noch weiteres Heizöl in seinen Tankwagen füllt, weil er anschließend auf derselben Tour noch einen Kunden beliefern will. Hätte es sich beispielsweise um zwei Hörbücher gehandelt, wäre es völlig unproblematisch gewesen, sie während einer Auslieferungstour zu mehreren Kunden separieren zu lassen. Hier jedoch hätte

---

[30] Palandt/*Grüneberg*, § 293 Rn. 12.
[31] MüKoBGB/*Ernst*, § 293 Rn. 23.
[32] Unter 3 b.
[33] MüKoBGB/*Ernst*, § 293 Rn. 25; Palandt/*Grüneberg*, § 293 Rn. 13.
[34] Ein möglicher Ausweg könnte für *F* in einem Widerruf des Vertrags bestehen (§§ 312g I, 355 I). Voraussetzung wäre, dass ein Fernabsatzgeschäft i. S. d. § 312c vorliegt, wozu der Sachverhalt keine näheren Angaben macht. Weiter müsste die Widerrufsfrist aus §§ 355 II, 356 eingehalten werden. Diskussionswürdig wäre noch, ob ein Ausschluss des Widerrufsrechts nach § 312g II 1 Nr. 8 in Betracht kommt. Der *BGH* hat diese umstrittene Frage für die Lieferung von Heizöl, das nicht zum Festpreis bestellt wurde, nunmehr im negativen Sinne entschieden (NJW 2015, 2959 Rn. 20 zu § 312d IV Nr. 6 a. F.), da insoweit kein spekulativer Charakter vorliege und die Ausnahmevorschrift eng auszulegen sei. Die Literatur hat sich dazu eher kritisch geäußert, s. *Kohler*, JZ 2016, 198; *Henning-Bodewig*, EuCML 2016, 87; *Singbartl/Rübbeck*, ZJS 2016, 251.
[35] Unter IV 1, 2.

H eine solche Separierung nur dann vornehmen und bis zum Erreichen des Kunden aufrecht erhalten können, wenn er zwei Tankfahrzeuge – davon eines mit Anhänger – benutzt hätte (das Verwenden von zwei oder mehr Anhängern ist bekanntlich grundsätzlich verboten, vgl. § 32a StVO). Bei kleineren Heizölhändlern, die nur über ein Tankfahrzeug bzw. nur über einen Fahrer verfügen, würde das ggf. zur Folge haben, dass sie auf einer Tour maximal zwei Kunden beliefern könnten und danach immer wieder zum Lager zurückkehren müssten. Dass kann man von ihnen schlechterdings nicht verlangen. Deshalb muss eine rechtswirksame Aussonderung auch in den Fällen zu bejahen sein, in denen der Lieferant – wie hier – seinen Tankwagen mit der Menge Heizöl befüllt, die für alle Kunden derselben Auslieferungstour bestimmt ist.

3. Vertretenmüssen

Aufgrund der solchermaßen erfolgten Aussonderung sind dann auch die restlichen Voraussetzungen der Konkretisierung sowie des Gläubigerverzugs zu bejahen, ebenso der Eintritt der Unmöglichkeit.[36] Fraglich könnte nur sein, ob *H* auch dann seine Unmöglichkeit der Leistung nicht zu vertreten hat. Er hat nunmehr ja leicht unachtsam gehandelt, und das ist als leicht fahrlässig i.S. von § 276 I 1, II anzusehen. Allerdings hatte er wegen des Gläubigerverzugs gem. § 300 I jetzt nur noch Vorsatz und *grobe* Fahrlässigkeit zu vertreten, und die lagen hier nicht vor. Damit fehlt es wiederum an einem Vertretenmüssen des *H*. Deshalb ist § 326 II 1 Fall 2 erneut anwendbar.

Frage 5 ist folglich nicht anders als Frage 4 zu beantworten.

VI. Frage 6 – Heizöl III

1. § 433 I 1

Ein Anspruch des *F* auf Lieferung von 2 500 Liter Heizöl könnte sich aus § 433 I 1 ergeben. Der entsprechende Kaufvertrag liegt unproblematisch vor. Der Anspruch könnte jedoch untergegangen sein, wenn die Erfüllung unmöglich geworden wäre, § 275 I. Wann Unmöglichkeit eingetreten ist, bestimmt sich nach der Art der Schuld. Hier lag wiederum eine Gattungsschuld vor, in dieser Variante in der Form der beschränkten Vorratsschuld, da *F* „Heizöl aus vorhandenem Bestand" zugesagt hatte. Von dem bei *F* vorhandenen Heizöl wurde aber nur die Hälfte vernichtet; 5 000 Liter sind somit noch vorhanden. Nachdem *H* noch keinerlei Leistungshandlung vorgenommen hat, ist eine Konkretisierung in Bezug auf das für *F* bestimmte Heizöl noch nicht eingetreten. Damit besteht die Leistungspflicht des *H* grundsätzlich.

2. Unmöglichkeit

Fraglich ist, wie es sich auswirkt, dass *H* die gesamte Restmenge an *Brenner (B)* liefern möchte. Hierdurch könnte hinsichtlich einer Leistungspflicht gegenüber *F* Unmöglichkeit nach § 275 I herbeigeführt werden. Diskussionswürdig erscheint, ob *H* insoweit angesichts der Knappheit seines Vorrats volle Dispositionsbefugnis hat. Dem könnte § 242 entgegenstehen. Für den Fall, dass bei einer beschränkten Gattungsschuld in Bezug auf einen Teil des Vorrats Unmöglichkeit eingetreten ist, und der Rest nicht ausreicht, um alle Gläubiger voll zu befriedigen, wird teilweise auf der

---

[36] Vgl. zu alledem oben unter IV. Für den Eintritt der Unmöglichkeit reicht jetzt natürlich bereits der Untergang des gesamten im Tankwagen befindlichen Heizöls aus.

Grundlage von § 242 eine sog. Repartierungspflicht des Schuldners angenommen.[37] Darunter wird eine Kürzung der Leistungspflicht verstanden, so dass der Schuldner alle Gläubiger anteilig befriedigen kann. Im vorliegenden Fall reichen die noch vorhandenen 5 000 Liter Heizöl nicht aus, um die Lieferverpflichtungen in Höhe von insgesamt 7 500 Liter zu erfüllen. Auf der Grundlage der Repartierungspflicht stünde *B* ein doppelt so hoher Anteil an dem noch vorhandenen Heizöl zu wie *F*. Dieser hätte dann nur einen Anspruch auf Lieferung von 1/3 x 5 000 Liter, also 1 666,67 Liter. Die Gegenansicht lehnt eine Repartierungspflicht des Schuldners ab.[38] Sie beruft sich dabei insbesondere auf § 20 I, II GWB, wonach das Kartellrecht eine Repartierungspflicht nur ausnahmsweise kennt, nämlich bei mangelbedingter Abhängigkeit der Abnehmer von einem marktstarken oder marktbeherrschenden Lieferanten. Danach steht es dem Schuldner außerhalb des § 20 I, II GWB frei, einen bestimmten Gläubiger voll zu befriedigen und den anderen ggf. Schadensersatz zu leisten. Entschiede sich *H* vorliegend für die Lieferung an *B*, so träte Unmöglichkeit in Bezug auf die gegenüber *F* bestehende Leistungspflicht ein.

Letztere Ansicht überzeugt. Der aus Treu und Glauben folgende Gedanke, dass das gläubigerseitige Verlangen nach vollständiger Erfüllung rechtsmissbräuchlich sei, wenn die Vorratsschuld nicht zur Befriedigung aller Ansprüche genügt, vermag nur dann die Leistungspflicht zu beschränken, wenn es um am Markt nur schwer verfügbare Güter geht. Dies zeigt der in § 20 I, II GWB enthaltene Rechtsgedanke. Jedenfalls derzeit herrscht für Heizöl keine Knappheit am Markt, so dass eine anderweitige Eindeckung problemlos möglich erscheint. Der vom *Reichsgericht* herangezogene Gedanke der „Interessengemeinschaft" der Gläubiger,[39] innerhalb derer eine gegenseitige Rücksichtnahmepflicht bestehe, vermag für diesen Bereich nicht zu verfangen. Es obliegt daher dem Schuldner, welche Gläubiger er ganz oder teilweise befriedigt.[40] Liefert daher *H* die verbleibenden 5 000 Liter Heizöl an *B*, so wird er gegenüber *F* nach § 275 I frei.[41]

---

[37] Dafür insbesondere die Rechtsprechung des *Reichsgerichts*, RGZ 84, 125 (128 ff.); RGZ 100, 134 (136 f.); ebenso Palandt/*Grüneberg*, § 243 Rn. 3; Jauernig/*Berger*, § 243 Rn. 8; BeckOK BGB/*Sutschet*, § 243 Rn. 20; *Gsell*, Beschaffungsnotwendigkeit und Leistungspflicht, 1998, S. 159 ff.; *Vogel*, Die Rechtsfigur des Repartierungsrechts, 2008 und wohl auch PWW/ *Schmidt-Kessel*, § 243 Rn. 9.

[38] So insbesondere MüKoBGB/*Emmerich*, § 243 Rn. 17; ebenso Staudinger/*Schiemann* (2015), § 243 Rn. 20.

[39] So RGZ 84, 125 (128) für die Gläubiger einer bestimmten Ernte Zuckerrübensamen.

[40] Man kann daher von einem Repartierungsrecht des Schuldners sprechen (so i. E. wohl auch MüKoBGB/*Emmerich*, § 243 Rn. 17); eine dahingehende Pflicht besteht jedoch nicht.

[41] Eine hier nicht zu beantwortende Folgefrage ist diejenige nach der Schadensersatzpflicht des Schuldners gegenüber dem nicht belieferten Kunden. Hier besteht die wohl einzige Möglichkeit des Schuldners, eine Haftung zu vermeiden, in einer Aufteilung des vorhandenen Restvorrats pro rata auf alle Gläubiger. Eingehend dazu *Gsell*, Beschaffungsnotwendigkeit und Leistungspflicht, 1998, S. 169 ff.

Fall 10. Die verunglückten „Buntkarierten"

Schadensersatz – Versendungskauf – Anspruch auf die Gegenleistung – Unmöglichkeit – Konkretisierung bei der Schickschuld – Gefahr des zufälligen Untergangs – Drittschadensliquidation – Frachtvertrag – stellvertretendes commodum – Verbrauchsgüterkauf

Sachverhalt

Frau *Heimchen* in Wiesbaden bestellt für ihr kleines Textilgeschäft beim Versandhaus *Preiswert* in Hanau einen Posten Bettwäsche. *Preiswert* versendet die Wäsche als Paket mit der „1, 2, 3"-GmbH. Weil deren Mitarbeiter *Martin*, der das Paket in Wiesbaden zustellen soll, mit seinem Paketwagen aufgrund grober Nachlässigkeit eine Vorfahrtsverletzung begeht, kommt es zu einem Verkehrsunfall, bei dem u. a. das für Frau *Heimchen* bestimmte Paket völlig zerstört wird.

1. Kann das Versandhaus von Frau *Heimchen* trotzdem die Zahlung des vereinbarten Kaufpreises verlangen?
2. Stehen Frau *Heimchen* irgendwelche Ersatzansprüche zu?
3. Angenommen, das fragliche Paket wäre nicht mit der „1, 2, 3"-GmbH, sondern ausnahmsweise mit einem Lieferwagen des Versandhauses befördert und durch ein entsprechendes Versehen des Versandhausfahrers zerstört worden. Wie wäre Frage 1 jetzt zu beantworten?
4. Angenommen, die Parteien haben einen feststehenden Liefertermin vereinbart, Frau *Heimchen* hat diesen jedoch vergessen und am fraglichen Tag einen Ausflug unternommen. Kann das Versandhaus nunmehr die Kaufpreiszahlung verlangen, obwohl die bestellte Ware kurz nach dem vergeblichen Lieferungsversuch auf der Rückfahrt nach Hanau in Folge einer leichten Unachtsamkeit des bei dem Versandhaus angestellten Fahrers zerstört worden ist?
5. Angenommen, Frau *Heimchen* hat die Bettwäsche für ihren privaten Haushalt bestellt. Wie wäre Frage 1 jetzt zu beantworten?

Lösung[1]

I. Frage 1 – Anspruch auf Zahlung des Kaufpreises

1. Bestehen des Anspruchs

Anspruchsgrundlage könnte § 433 II sein. Durch die Annahme der Bestellung von Frau *Heimchen (H)* seitens des Versandhauses ist ein entsprechender Kaufvertrag

---

[1] Weitere Probleme des Versendungskaufs in der Falllösung finden sich bei *Mansel/Stürner*, JuS 2006, 608.

zustande gekommen, der den Käufer grundsätzlich zur Zahlung des vereinbarten Kaufpreises verpflichtet.

2. Einwendungen

Diese Verpflichtung könnte aber gem. § 326 I 1 1. Halbs. weggefallen sein. Voraussetzung dafür ist ein Entfallen der Leistungspflicht des Schuldners nach § 275 I–III. Hier könnte § 275 I einschlägig sein. Die Leistung des Versandhauses muss also unmöglich (geworden) sein.

a) Das Versandhaus schuldete nach § 433 I 1 die Übereignung und Übergabe des bestellten Postens Bettwäsche. Da beim Zustandekommen des entsprechenden Kaufvertrags noch nicht feststand, welche konkrete Bettwäsche aus dem Lagerbestand der Verkäuferin denn nun der Käuferin geliefert werden würde, handelte es sich hierbei zunächst um eine nur der Gattung nach bestimmte Schuld i. S. von § 243 I. Bei Gattungsschulden ist eine Unmöglichkeit der Leistung generell erst dann anzunehmen, wenn aus der betreffenden Gattung überhaupt nicht mehr geleistet werden kann; ein solcher Fall liegt hier ersichtlich nicht vor. Der Untergang der für *H* bestimmten Ware führt deshalb nur dann zu einer entsprechenden Unmöglichkeit, wenn diese Gattungsschuld bereits zuvor auf eine bestimmte Sache konkretisiert und damit zu einer Stückschuld geworden war.

b) Gem. § 243 II erfolgt diese Konkretisierung, wenn der Schuldner das zur Leistung einer Sache von mittlerer Art und Güte seinerseits Erforderliche getan hat. Dafür ist es nach zutreffender h. M. mindestens notwendig, dass der Verkäufer eine den vertraglichen Vereinbarungen entsprechende Sache ausgewählt und ausgesondert hat.[2] Welche weiteren Leistungshandlungen erforderlich sind, hängt von der Art der Schuld ab. Bei Bringschulden bedarf es eines Anbietens in einer den Annahmeverzug begründenden Art und Weise, d. h. regelmäßig einer Präsentation am Wohn- oder Geschäftssitz des Gläubigers. Vorliegend wurde jedoch eine Schickschuld vereinbart.[3]

In einem solchen Fall erschöpft sich die Verpflichtung des Schuldners in der Übergabe der Sache an eine geeignete Transportperson. Dies hat zur Folge, dass die Konkretisierung bereits zu diesem Zeitpunkt eintritt.[4] Mit der Absendung des Pakets – d. h. mit dessen Abholung durch die „*1, 2, 3*"-GmbH in Hanau – ist daher die Gattungsschuld des Versandhauses *Preiswert (P)* zu einer Stückschuld geworden.

c) Nachdem die auf diese Weise konkretisierte Bettwäsche bei dem Unfall zerstört worden war, liegt eine nachträgliche objektive Unmöglichkeit der Leistung vor. Auf die zusätzliche Voraussetzung des Nichtvertretenmüssens dieser Unmöglichkeit kommt es nicht an.

3. Ausnahme für Versendungskauf

Somit sind die Voraussetzungen des § 326 I 1 1. Halbs. an sich erfüllt, und das Versandhaus verlöre folglich seinen „Anspruch auf die Gegenleistung", nämlich die Zahlung des Kaufpreises. Der in § 326 I 1 1. Halbs. fixierte Grundsatz „Ohne Leistung kein Entgelt" erfährt jedoch u. a. durch § 447 I für den Fall des Versendungskaufs eine Ausnahme: Hier geht die Gefahr des zufälligen Untergangs

---

[2] Vgl. nur MüKoBGB/*Emmerich*, § 243 Rn. 26; PWW/*Schmidt-Kessel*, § 243 Rn. 11.
[3] Vgl. nur Palandt/*Weidenkaff*, § 447 Rn. 6.
[4] *BGH* BB 1965, 349; MüKoBGB/*Emmerich*, § 243 Rn. 27; PWW/*Schmidt-Kessel*, § 243 Rn. 11.

(§ 446) – die Preis- oder Vergütungsgefahr – schon mit der Absendung des Kaufgegenstandes durch den Verkäufer auf den Käufer über. Zufällig ist der Untergang, wenn er vom Verkäufer nicht zu vertreten ist. Insbesondere ist der Fahrer *Martin (M)* nicht als Erfüllungsgehilfe des Verkäufers anzusehen (§ 278), denn die Beförderung der Kaufsache als solche gehört bei der Schickschuld gerade nicht zum Pflichtenkreis des Schuldners.[5] § 447 erfasst zwar nur solche Fälle des Untergangs einer verkauften Sache, für die die Beförderung ursächlich war (Beförderungsgefahr, Transportrisiko); dazu gehört aber – im Gegensatz zu den Fällen der schlechten Auswahl der Beförderungsperson, der schlechten Verpackung oder der Versendung zur Unzeit – zweifelsohne der hier gegebene Tatbestand des schuldhaften Handelns des Beförderers.[6] § 447 ist auch nicht gem. § 474 II ausgeschlossen, da kein Verbrauchsgüterkauf im Sinne von § 474 I vorliegt. *K* kauft die Bettwäsche für ihr kleines Textilgeschäft und handelt damit im Rahmen ihrer gewerblichen Tätigkeit. *H* muss folglich den vereinbarten Kaufpreis an das Versandhaus zahlen, obwohl sie von diesem keine Gegenleistung erhalten hat.

II. Frage 2 – Ersatzansprüche der Käuferin

1. Schadensersatzansprüche gegen das Versandhaus

a) Als mögliche Anspruchsgrundlage für einen vertraglichen Ersatzanspruch kommen die §§ 280 I 1, III und 283 S. 1 in Betracht. Die dafür erforderlichen objektiven Voraussetzungen einer Pflichtverletzung des Schuldners in Gestalt der nachträglichen Unmöglichkeit sind hier – wie zuvor dargelegt wurde – gegeben. Hinzu kommen muss aber gem. § 280 I 2 ein entsprechendes Vertretenmüssen des Versandhauses. Zu vertreten hat der Schuldner Vorsatz und jede Art von Fahrlässigkeit, § 276 I 1. Anhaltspunkte dafür, dass das Versandhaus selbst schuldhaft gehandelt hat, liegen nicht vor; die Zerstörung der Sache ist allein auf die grobe Fahrlässigkeit des Fahrers *M* zurückzuführen. Dies hätte das Versandhaus *P* nur dann zu vertreten, wenn die Fahrlässigkeit des *M* ihm zugerechnet werden könnte. Nachdem *M* aber wie gesehen[7] nicht als Erfüllungsgehilfe des Versandhauses anzusehen ist, scheidet eine Haftung des Versandhauses aus.[8]

Damit besteht ein Schadensersatzanspruch von *H* aus den §§ 280 I 1, III und 283 S. 1 nicht.

b) Ein deliktischer Ersatzanspruch aus § 831 I 1 i. V. m. § 823 I kommt schon deswegen nicht in Betracht, weil *H* weder Besitzerin noch Eigentümerin der Kaufsache geworden ist und es somit an einer tatbestandsmäßigen Schädigung i. S. von § 823 I fehlt.

2. Schadensersatzansprüche gegen den Paketwagenfahrer *M*

a) In Betracht könnte eine Haftung des *M* aufgrund von § 18 I 1 StVG kommen. Diese Vorschrift erweitert die Halterhaftung aus § 7 I StVG auch auf den Führer eines Kraftfahrzeuges. Dieser Ersatzanspruch steht freilich nur dem Besitzer bzw. Eigentümer der betreffenden Sache zu, und das ist *H* eben nicht. *M* haftet ihr daher nicht aus § 18 I 1 StVG.

---

[5] Palandt/*Weidenkaff*, § 447 Rn. 6.
[6] Vgl. nur Palandt/*Weidenkaff*, § 447 Rn. 15.
[7] Oben I 2.
[8] Vgl. nur BGHZ 50, 32 (35) und *BGH* NJW 1991, 915.

b) Eine Haftung des *M* aus § 823 I scheidet wegen des Fehlens einer tatbestandsmäßigen Schädigung von *H* aus.

3. Schadensersatzansprüche gegen die „1, 2, 3"-GmbH

a) Ein deliktischer[9] Schadensersatzanspruch aus § 831 I 1 i. V. m. § 823 I scheitert schon daran, dass *H* mangels Eigentums oder Besitzes an der Kaufsache nicht tatbestandlich i. S. von § 823 I geschädigt worden ist.

b) Aus dem gleichen Grund haftet die GmbH, obwohl sie die Halterin des betreffenden Kraftfahrzeugs ist, *H* auch nicht aus § 7 I StVG.

c) *H* könnte aber ein vertraglicher Ersatzanspruch gegen die GmbH zustehen. Allerdings ist der fragliche Güterbeförderungsvertrag lediglich zwischen dem Versandhaus als Absender und der GmbH als Transporteur abgeschlossen worden, so dass der Empfänger des betreffenden Gutes – *H* – an sich nur die Position eines Dritten besitzt.

aa) Nach früherem Recht hatte man auch das Vorliegen eines entsprechenden Vertrags zugunsten Dritter bzw. eines Vertrages mit Schutzwirkungen zugunsten Dritter verneint. Dennoch hatte man es als ausgesprochen unbefriedigend empfunden, dass der Absender wegen des § 447 I letztlich keinen Schaden und der durch eben diese Vorschrift geschädigte Empfänger aufgrund der zuvor skizzierten Rechtslage keinen Ersatzanspruch besitzen sollte. Diese „Gerechtigkeitslücke" wird durch die h. M. deshalb durch das Institut der sog. Drittschadensliquidation geschlossen.[10] Das beruht auf der Erwägung, dass der Schädiger (= Transporteur) aus dieser „Schadensverlagerung" keinen Vorteil ziehen dürfe, weshalb man dem Verkäufer (= Absender) das Recht zubilligt, in eigenem Namen beim Transporteur den Schaden des Käufers (= Empfängers) zu liquidieren, so dass dieser dann über das Vehikel des sog. stellvertretenden commodums einen Anspruch gegen Verkäufer auf Herausgabe des dadurch Erlangten bzw. bereits im Vorfeld auf Abtretung des entsprechenden Schadensersatzanspruchs erhält.[11]

bb) *H* könnte aber einen direkten Schadensersatzanspruch gegen die „1, 2, 3"-GmbH aufgrund von § 421 I 2 1. Halbs. HGB besitzen, der eine Spezialvorschrift ist und die einschlägigen Regelungen des BGB verdrängt. Nach ihr kann neben dem Absender jetzt auch der Empfänger die Ansprüche aus dem Frachtvertrag im eigenen Namen gegen den Frachtführer geltend machen, falls das Transportgut beschädigt oder verspätet abgeliefert oder verlorengegangen ist. Das setzt zunächst das Bestehen eines Frachtvertrages i. S. der §§ 407 ff. HGB voraus, d. h. eines Vertrages, der den Frachtführer verpflichtet, „das Gut zum Bestimmungsort zu befördern und dort an den Empfänger auszuliefern" (§ 407 I HGB). Ein derartiger Vertrag ist in casu zweifelsohne zwischen dem Versandhaus *P* als Absender und der „1, 2, 3"-GmbH als Frachtführer zustande gekommen. Diese hat in Folge des von ihrem Fahrer verursachten Unfalls ihre Vertragspflichten nicht erfüllt, denn das Gut ist im wahrsten Sinne des Wortes „auf der Strecke geblieben", also „verlorengegangen" i. S. von § 421 I 2 1. Halbs. HGB. Gem. § 425 I HGB haftet der Frachtführer „für den Schaden, der durch Verlust… des Gutes in der Zeit von der Übernahme der Beförderung bis zur Ablieferung… entsteht". Ein solcher Schaden liegt hier vor. Nun hat

---

[9] Er wird an sich erst *nach* einem eventuellen vertraglichen Anspruch geprüft. Aus didaktischen Gründen wird hier aber ausnahmsweise die umgekehrte Reihenfolge gewählt.

[10] Dazu jüngst wieder *BGH* NJW 2016, 1089 Rn. 27 m. w. N.; hierzu *Riehm*, JuS 2016, 462; *Looschelders*, JA 2016, 948; *Stürner*, JURA (JK) 2016, 825, § 242 BGB.

[11] Vgl. zu den Voraussetzungen Palandt/*Grüneberg*, Vorb. v. § 249 Rn. 105 ff.; *Medicus/Petersen*, BR, Rn. 838 ff.; *Gomille*, JURA 2017, 619.

die „*1, 2, 3*"-GmbH ihn nicht selbst verursacht, sondern ihr Mitarbeiter *M*. Dessen Verhalten muss sie sich aber nach § 428 S. 1 HGB, der eine Spezialnorm gegenüber § 278 BGB darstellt und noch weiter geht, wie eigenes Verhalten zurechnen lassen, sofern *M* nur zu den Leuten der GmbH gehört und ihr gegenüber in Ausübung *irgendeiner* Verrichtung handelte.[12] *M* gehört nicht nur ganz allgemein zu den „Leuten" der GmbH, er war sogar konkret mit der Durchführung der in Rede stehenden Beförderung beauftragt. Deshalb hat die GmbH sein grob fahrlässiges Verhalten[13] wie eigenes zu vertreten, also grundsätzlich Schadensersatz zu leisten.

Sie muss also nach § 429 I HGB den „Wert am Ort und zur Zeit der Übergabe... ersetzen", d.h. den diesbezüglichen „Marktpreis" zahlen, der prinzipiell „der in der Rechnung des Verkäufers ausgewiesene Kaufpreis" ist (§ 429 III 1 und 2 HGB). Just die gem. § 447 I BGB bestehende Verpflichtung zur Zahlung eben dieses Kaufpreises an das Versandhaus stellt den konkreten Schaden der *H* dar, der demnach ersatzfähig ist. Haftungsausschlussgründe i.S. der §§ 426 und 427 HGB liegen nicht vor. Anhaltspunkte für eine Überschreitung des Haftungshöchstbetrags i.S. von § 431 I und IV HGB gibt es nicht, ganz abgesehen davon, dass wegen der groben Fahrlässigkeit der *M* ohnehin nach § 435 HGB eine verschärfte Haftung bestehen dürfte.

Die „*1, 2, 3*"-GmbH muss also den Schaden von *H* in voller Höhe ersetzen.

cc) Fraglich könnte allenfalls noch sein, ob *H* diesen Schaden wirklich selbst direkt gegenüber der GmbH geltend machen kann. Inzwischen dürfte allerdings unstrittig sein, dass es sich bei dem Anspruch gegen den Frachtführer nicht um eine Regelung der Prozessstandschaft, sondern um die Anerkennung eines eigenen materiellen Anspruchs des Empfängers handelt.[14] *H* kann also von der „*1, 2, 3*"-GmbH Schadensersatz in Höhe des Kaufpreises verlangen, den sie an das Versandhaus zu bezahlen hat.

4. Anspruch auf das stellvertretende commodum

Möglicherweise stehen *H* darüber hinaus weitere Ersatzansprüche zu, die sich zunächst gegen ihre Vertragspartnerin, das Versandhaus, letztlich aber qua Forderungsabtretung ebenfalls gegen die GmbH richten. In Betracht kommt möglicherweise ein Anspruch auf das sog. stellvertretende commodum gem. § 285 I. Nach dieser Vorschrift kann der Gläubiger vom Schuldner Herausgabe des als Ersatz Empfangenen oder Abtretung des Ersatzanspruchs verlangen, den der Schuldner infolge der Unmöglichkeit seiner Leistung für den geschuldeten Gegenstand erlangt hat. Deshalb ist jetzt auch noch zu untersuchen, ob das Versandhaus von der „*1, 2, 3*"-GmbH, in deren Verantwortungsbereich das zur Unmöglichkeit der Leistung führende Ereignis fällt, entsprechenden Ersatz verlangen kann.

Das könnte gem. § 280 I 1 der Fall sein. Zwischen dem Versandhaus und der GmbH bestand ein Paketbeförderungsvertrag (Frachtvertrag), der die GmbH dazu verpflichtete, das betreffende Paket unversehrt an *H* auszuliefern. Diese Pflicht aus einem Schuldverhältnis hat die GmbH verletzt. Die Pflichtverletzung geschah durch grobe Fahrlässigkeit des Fahrers *M*, der zweifelsohne ein Erfüllungsgehilfe der GmbH ist, weswegen diese sich gegenüber dem Versandhaus sein Verschulden nach § 278 S. 1 wie eigenes Verschulden zurechnen lassen muss. Die „*1, 2, 3*"-GmbH

---

[12] Vgl. dazu nur Baumbach/Hopt/*Merkt*, § 428 HGB Rn. 1 und 2. Für ein schädigendes Verhalten „anderer Personen" haftet der Frachtführer gemäß derselben Norm nur dann, wenn er sich ihrer konkret „bei Ausführung der Beförderung" bedient.

[13] S. dazu oben unter II 1 a.

[14] Vgl. nur Baumbach/Hopt/*Merkt*, § 421 HGB Rn. 2.

müsste also dem Versandhaus eigentlich einen entsprechenden Ersatz leisten. Voraussetzung für eine derartige Haftung ist freilich, dass das Versandhaus insoweit überhaupt einen – unmittelbaren – Schaden erlitten hat. Wie sich oben[15] herausgestellt hat, ist das Versandhaus in Folge der Unmöglichkeit von seiner Pflicht zur Übereignung und Übergabe der verkauften Ware frei geworden, ohne den Anspruch auf die Gegenleistung – den Kaufpreis – zu verlieren. Ihm ist also rein rechnerisch kein Schaden entstanden. Nun könnte man argumentieren, dem Versandhaus sei deshalb doch ein Schaden entstanden, weil ihm die Möglichkeit der Erfüllung genommen worden sei, also eine „Vereitelung des Widmungszwecks" vorliege.[16] Demgegenüber lässt sich aber sagen, dass einmal die Berufung eines – noch dazu kaufmännischen – Schuldners auf die ausdrücklichen gesetzlichen Vorschriften der §§ 275, 447 juristisch nichts Anrüchiges hat und dass zum Anderen ein derartig „subjektiv-funktionaler" Schadensbegriff, der z. B. auch die Vereitelung des „Nebenzwecks Kundenpflege" und die dadurch bedingte „Einschränkung des freien sozialen Wirkungsraumes" des Verkäufers „noch als Vermögensschaden" „in Höhe des objektiven Substanzwertes" anerkennt,[17] mit der Regelung der §§ 249 ff. nicht mehr in Einklang zu bringen sein dürfte. Der generelleren, u. a. auch von *Larenz*[18] vertretenen These, „daß der gemeine Wert der zerstörten Sache stets den zu ersetzenden Mindestschaden" darstelle, ist entgegenzuhalten, dass bei einem Vermögensschaden unbestrittenermaßen „stets der subjektive Wert" ersetzt werden muss und es deshalb nicht recht einleuchten will, warum man diese subjektive Sicht in den Fällen durch eine objektive ersetzen soll, in denen der subjektive Wert „ausnahmsweise geringer ist..., vielleicht sogar gleich Null". Mit dem Hinweis auf den „Rechtsfortsetzungsgedanken"[19] lässt sich das deswegen nicht begründen, weil dieser „ein im Ausgleichsgedanken enthaltener Aspekt" ist,[20] der Ausgleichsgedanke aber „an dem [subjektiven] Interesse des Geschädigten [orientiert]" ist,[21] an dem es hier jedoch ausnahmsweise gerade fehlt. Es bleibt also dabei, dass der eigentlich geschädigte Versender wegen der ihn begünstigenden Norm des § 447 I (unter der Voraussetzung, dass der Wert der betreffenden Kaufsache den von der Käuferin zu zahlenden Kaufpreis nicht übersteigt) an sich keinen Schaden erlitten hat.

Nach früherem Recht, d. h. vor der Schaffung des dem Empfänger einen eigenen Anspruch gewährenden § 421 I 2 1. Halbs. HGB, hatte man dann argumentiert, dass ein derartiges personelles Auseinanderfallen von Schaden und Anspruch sich für den Schädiger als rein zufällig darstelle, in keinem inneren Zusammenhang mit dem Schaden stehe, dass dadurch das kalkulierbare Risiko des Schädigers nicht größer werde, also keine Kumulierung der zu ersetzenden Schäden eintrete. Deswegen könne man sagen, dass dem Schädiger das Auseinanderfallen von Rechtspositionen und Risiko nicht zugutekommen solle, dass er aus dieser internen Schadensverlagerung keinen Vorteil ziehen dürfe. Abhilfe hatte die h. M. dann im Wege der sog. Drittschadensliquidation geschaffen.[22] Wie sich diesen Ausführungen unschwer ent-

---

[15] Unter I 1.
[16] So insbesondere *Hagen*, Die Drittschadensliquidation im Wandel der Rechtsdogmatik, 1971, S. 186; im Ergebnis ebenso z. B. *Keuk*, Vermögensschaden und Interesse, 1972, S. 196 ff.; *Larenz* I, S. 464; s. auch *Büdenbender*, NJW 2000, 987 (988 ff.).
[17] Vgl. dazu nur *Hagen*, Die Drittschadensliquidation im Wandel der Rechtsdogmatik, 1971, S. 186 f.
[18] *Larenz* I, S. 483 m. w. N.
[19] *Larenz* I, S. 482 f.
[20] *Larenz* I, S. 425.
[21] *Larenz* I, S. 424.
[22] Siehe oben Fn. 10.

nehmen lässt, erfordert die keineswegs unumstrittene Konstruktion einer solchen Drittschadensliquidation einen erheblichen Begründungsaufwand. Deshalb fragt es sich, ob sich das Problem nicht inzwischen durch die Schaffung des dem Empfänger einen eigenen Schadensersatzanspruch gegen den Transporteur zubilligenden § 421 I 2 1. Halbs. HGB erledigt hat. Letztlich ist durch Schaffung dieses Direktanspruchs das praktische Bedürfnis für die Drittschadensliquidation weggefallen. Es werden wenige, hier nicht einschlägige Fallkonstellationen verbleiben, in denen das anders zu sehen ist.[23]

Demnach kann *H* die „*1, 2, 3*"-GmbH nicht aus gem. § 285 I abgetretenem Recht auf Leistung von Schadensersatz in Anspruch nehmen.

III. Frage 3 – Versandhaus als Transporteur

Wiederum kommt § 433 II als Anspruchsgrundlage in Betracht, und abermals stellt sich die Frage, ob nicht § 326 I 1 den Wegfall des Kaufpreisanspruchs bewirkt. Das setzt die Unmöglichkeit der Lieferungsverpflichtungen des Versandhauses voraus, verlangt also ebenfalls die vorherige Konkretisierung der ursprünglichen Gattungsschuld. Bei einer Schickschuld genügt dafür die Übergabe der Sache an den Beförderer. Allein dadurch, dass *P* sich entschlossen hat, eigene Leute mit dem Transport zu beauftragen, liegt noch keine Bringschuld vor; vielmehr steht es dem Schuldner einer Schickschuld frei, wen er mit dem Transport der Sache beauftragt. Damit ist die Konkretisierung erfolgt; durch Zerstörung der Ware ist Unmöglichkeit eingetreten.

H müsste in Ausnahme zu § 326 I 1 nur zahlen, wenn § 447 eingreift. Das ist bei Verwendung eigener Leute zum Transport umstritten:[24] Dagegen spricht,[25] dass in diesem Fall die Kaufsache den Einflussnahmebereich des Verkäufers nicht verlässt und dieser deshalb auch die Preisgefahr tragen sollte.[26] Zudem bliebe dem Käufer bei Anwendung des § 447 möglicherweise nicht einmal ein Rückgriff über die Drittschadensliquidation und § 285 gegen die Transporteure, weil diesen im Rahmen des abzutretenden Anspruches des Verkäufers die Grundsätze des innerbetrieblichen Schadensausgleichs zu Gute kämen. Der Käufer trüge dann neben dem Transport- auch das Arbeitgeberrisiko. Nach dieser Ansicht ist § 447 für die Fälle des Transports durch eigene Leute unanwendbar, *H* bliebe nach § 326 I 1 von der Zahlung befreit.

Die h. M. wendet jedoch § 447 auch beim Transport durch eigene Leute an, und zwar im Wesentlichen mit dem Argument, dass die Beförderung mit eigenen Transportmitteln die Haftung des Schuldners nicht verschärfen dürfe.[27] Zweck des § 447 ist die Entlastung des Verkäufers, da die Durchführung des Transports grundsätzlich nicht zu dessen Vertragspflichten gehört, sondern nur die Übergabe der Kaufsache an die Transportperson.[28] Wendet man § 447 beim Transport durch eigene Leute

---

[23] So etwa dann, wenn der Vermögensschaden bei einem außenstehenden Dritten entsteht. So kann etwa der Spediteur, der einen Frachtvertrag in eigenem Namen, aber für fremde Rechnung abschließt, den Schaden seines Auftraggebers gegenüber dem Frachtführer liquidieren, siehe Baumbach/Hopt/*Merkt*, § 421 HGB Rn. 2 m. w. N.

[24] Vgl. die Nachweise bei *Mansel/Stürner*, JuS 2006, 608 (610).

[25] *Medicus/Petersen*, BR, Rn. 275; Soergel/*U. Huber*, 12. Aufl. 1991, § 447 Rn. 35 ff.; Jauernig/*Berger*, § 447 Rn. 11; Palandt/*Weidenkaff*, § 447 Rn. 12.

[26] *Kornblum*, BB 1963, 291 (293) und die 6. Auflage (dort Fall 14).

[27] Ausgangspunkt ist RGZ 96, 258; weitere Nachweise bei *Mansel/Stürner*, JuS 2006, 608 (610).

[28] Vgl. BGHZ 50, 32 (37 f.).

nicht an, so wird die Schickschuld entgegen der vertraglichen Abrede faktisch zur Bringschuld.

Selbst wenn man aber mit der grundsätzlich überzeugenden h. M. § 447 auch beim Transport durch eigene Leute anwenden will, ist zu beachten, dass der Untergang nach § 447 zufällig gewesen sein muss. Schaltet der Verkäufer aber seine eigenen Leute ein, übernimmt er die Nebenpflicht, mit der Ware auch während des Transportes sorgfältig umzugehen. Nach insofern richtiger h. M. sind die eigenen Transporteure dann trotz Vorliegens einer Schickschuld Erfüllungsgehilfen.[29] Der Transporteur handelte hier fahrlässig, das wäre *P* nach § 278 zuzurechnen. Es fehlt somit am zufälligen Untergang, sodass § 447 seinen Voraussetzungen nach nicht eingreift. Auch nach dieser Ansicht muss *H* nicht zahlen. Der Streit bedarf demnach hier keiner Entscheidung.

Mithin muss *P* nicht mehr leisten.[30]

IV. Frage 4 – Vergessliche Käuferin

1. § 433 II

Auch hier ist § 433 II möglicherweise wieder Anspruchsbasis. Erneut könnte § 326 I 1 1. Halbs. dem entgegenstehen. Dann müsste dem Versandhaus zunächst die Erfüllung seiner Lieferverpflichtung unmöglich geworden sein. Das setzt die vorherige Konkretisierung der ursprünglichen Gattungsschuld voraus. Sie erfolgt bei Bringschulden grundsätzlich dadurch, dass der Schuldner die fragliche Sache dem Gläubiger in einer den Annahmeverzug begründenden Weise angeboten hat,[31] d. h. also prinzipiell durch die Präsentation am Wohn- oder Geschäftssitz des Gläubigers. Dies ist in concreto erfolgt: *H* brauchte nur noch zuzugreifen, um die Ware zu erhalten; sie war in der Fallvariante jedoch nicht anwesend, und lediglich deshalb ist es nicht zur Erfüllung der Verkäuferpflichten gekommen. Die den Gläubiger, auf dessen Seite bezüglich der Verzugsvoraussetzungen kein Verschulden vorliegen muss, schützende Vorschrift des § 299 – eine besondere Ausformung des § 242, die verhindern will, dass der Schuldner den Gläubiger mit dem Angebot überfällt,[32] – ist im vorliegenden Fall wegen der Bestimmung einer konkreten Leistungszeit nicht anwendbar. Mithin befand sich *H* im Annahmeverzug, und gleichzeitig ist auch die Konkretisierung eingetreten. Der anschließende Untergang der für sie bestimmten Ware hat folglich beim Versandhaus zu einer nachträglichen objektiven Unmöglichkeit der Leistung geführt.

2. § 326 II 1 Fall 2

Gem. § 326 I 1 1. Halbs. genügt das bloße Vorliegen der Unmöglichkeit der Leistung, und das wäre hier gegeben.

Das Versandhaus ist also zwar von seiner Leistungspflicht nach § 275 I frei geworden, hat aber scheinbar auch den Anspruch auf die Gegenleistung – den Kaufpreis – verloren. Hier könnte jedoch § 326 II 1 Fall 2 zu Gunsten des Versandhauses eingreifen. Das setzt zunächst das Vorliegen des Gläubigerverzugs voraus. Im Zeitpunkt des Eintritts der Unmöglichkeit hat sich *H* im Annahmeverzug befunden.

---

[29] MüKoBGB/*Westermann*, § 447 Rn. 16 f.
[30] Umgekehrt ist *H* auch von der Gegenleistungspflicht befreit (zudem könnte sie von *P* nach §§ 280 I, III, 283 Schadensersatz verlangen).
[31] Siehe oben Fn. 2.
[32] Vgl. Palandt/*Grüneberg*, § 299 Rn. 1.

Hinzu kommen müsste aber noch, dass der Schuldner der Lieferungspflicht – also das Versandhaus – den Umstand dieser Unmöglichkeit nicht zu vertreten hätte. Das Versandhaus scheint sich aber die „normale" Fahrlässigkeit (§ 276 II) seines eigenen Fahrers über § 278 S. 1 zurechnen lassen zu müssen, erfolgte diese Schädigung doch in Erfüllung der Versendungspflicht, einer Nebenpflicht aus dem Kaufvertrag. Hier greift aber § 300 I ein, wonach der Schuldner während des Gläubigerverzugs nur noch Vorsatz und grobe Fahrlässigkeit zu vertreten hat. Laut Sachverhalt liegt in der Variante beim Fahrer nur leichte Unachtsamkeit und keine grobe Fahrlässigkeit vor. Für normale Fahrlässigkeit braucht der Schuldner jedoch jetzt nicht mehr einzustehen, weshalb die Unmöglichkeit von ihm trotz des fahrlässigen Verhaltens seiner Erfüllungsgehilfen letztlich nicht zu vertreten ist. Die Voraussetzungen des § 326 II 1 sind demnach gegeben, so dass das Versandhaus den Anspruch auf die Gegenleistung behält.

Das Versandhaus kann demnach von *H* die Zahlung des vereinbarten Kaufpreises verlangen, ohne ihr gegenüber noch zur Lieferung verpflichtet zu sein.

V. Frage 5 – „Heimchen am Herd"

Abermals ist § 433 II mögliche Anspruchsgrundlage, und wiederum könnte § 326 I 1 1. Halbs. den Wegfall der Zahlungspflicht bewirkt haben. Erneut sind dafür die Unmöglichkeit der Erfüllung der Lieferpflicht des Versandhauses und zuvor die Konkretisierung der ursprünglichen Gattungsschuld erforderlich. Diese Konkretisierung ist im Grundsachverhalt bejaht worden. Der Untergang der Kaufsache führt damit zur Unmöglichkeit, § 275 I. Als Konsequenz lässt § 326 I 1 1. Halbs. auch die Gegenleistungspflicht entfallen.

Fraglich ist, ob wiederum § 447 als Ausnahmevorschrift eingreift. In der Ausgangskonstellation wurde dies bejaht.[33] In der vorliegenden Sachverhaltsvariante könnte jedoch etwas anderes gelten. § 447 findet nämlich nach § 474 II 2 Alt. 2 bei einem Verbrauchsgüterkauf keine Anwendung. Ein derartiger Kauf ist nach § 474 I 1 jedenfalls dann gegeben, wenn ein Verbraucher von einem Unternehmer eine neue bewegliche Sache kauft. Als Verbraucher bezeichnet § 13 „jede natürliche Person, die ein Rechtsgeschäft zu einem Zwecke abschließt, der weder ihrer gewerblichen noch ihrer selbstständigen beruflichen Tätigkeit zugerechnet werden kann". Die Hausfrau *H* fiele gewiss darunter, da sie die Bettwäsche für ihren privaten Haushalt bestellte. Als Unternehmer definiert § 14 „eine natürliche oder juristische Person oder eine rechtsfähige Personengesellschaft, die bei Abschluss eines Rechtsgeschäfts in Ausübung ihrer gewerblichen oder selbstständigen beruflichen Tätigkeit handelt". Hierzu zählt ohne Zweifel das Versandhaus *P*. Bei der bestellten Bettwäsche handelte es sich zudem um (neue) bewegliche Sachen. Es liegt mithin ein Verbrauchsgüterkauf vor, auf den § 447 I grundsätzlich nicht anwendbar ist.

Stattdessen gilt die allgemeine Gefahrtragungsregel des § 446. Danach tritt die Gefahr des zufälligen Untergangs erst mit der Übergabe der Kaufsache an den Käufer (S. 1) bzw. mit Annahmeverzug des Käufers (S. 3) ein. Allerdings ändert die Unanwendbarkeit des § 447 I nichts an der Vereinbarung einer Schickschuld.[34] Insbesondere ist dieser Regelung nicht zu entnehmen, dass im Verhältnis Unternehmer/Verbraucher nun stets von einer Bringschuld auszugehen ist.[35] Vielmehr liegt bei Versendung der Sache durch den Verkäufer auf Verlangen des Käufers im Zweifel

---

[33] Oben I.
[34] MüKoBGB/*Lorenz*, § 474 Rn. 32; PWW/*D. Schmidt*, § 474 Rn. 13.
[35] PWW/*D. Schmidt*, § 474 Rn. 13.

eine qualifizierte Schickschuld vor.[36] Dabei soll auch im Anwendungsbereich der §§ 474 ff. mit der Absendung der Ware Konkretisierung nach § 243 II eintreten. Der Ort der Leistungshandlung liegt dann zwar beim Schuldner, allerdings trägt dieser die Gefahr der Übermittlung bis zum Gläubiger (§ 446). Der Verkäufer wird also zwar bei einem nicht durch ihn verschuldeten Untergang der Sache von seiner Leistungspflicht befreit,[37] er verliert dann aber auch den Anspruch auf den Kaufpreis.[38]

Das Versandhaus kann in dieser Variante von *H* die Zahlung des Kaufpreises nur dann verlangen, wenn es die bestellte Ware auch tatsächlich geliefert hat.

---

[36] MüKoBGB/*Lorenz*, § 474 Rn. 42; a. A. PWW/*Schmidt-Kessel*, § 243 Rn. 11 (beim Verbrauchsgüterkauf stehe § 474 II einer Risikoverteilung nach Schickschuldregeln ganz generell im Wege).

[37] PWW/*D. Schmidt*, § 474 Rn. 13 m. w. N.

[38] PWW/*D. Schmidt*, § 474 Rn. 13 m. w. N.

Fall 11. Das defekte Fahrrad

Abgrenzung von Vertrag und Gefälligkeit – Haftungsprivilegierung des § 599 bei Mangelfolgeschäden – Abgrenzung zu § 600 – „Durchschlagen" der Privilegierung des § 599 auf das Deliktsrecht

Sachverhalt

Die Rentnerin *Zierlich* leiht der 18-jährigen Enkelin *Elvira* ihrer Nachbarin, bei der sich *Elvira* während der Ferien besuchsweise aufhält, für zwei Wochen ihr altes Fahrrad, das seit Jahren unbenutzt in ihrer Garage steht, und dessen Bremsen – was Frau *Zierlich* jedoch inzwischen völlig vergessen hat – nach stärkerer Beanspruchung mitunter plötzlich blockieren. *Elvira* nutzt die Ferien gleich für ihre berufliche Zukunft und nimmt das Fahrrad auch für den Weg zu einem Vorstellungsgespräch, das ihr sehr wichtig ist, was auch Frau *Zierlich* weiß. Zwei Tage später will sie zu diesem mit dem Fahrrad aufbrechen, als die Hinterradbremse auf einer Gefällestrecke beim Abbremsen vor der letzten Kurve plötzlich blockiert, so dass *Elvira* stürzt und u. a. ihre Uhr beim Aufprall auf die Straße zerstört wird. Als *Elvira* nach 14 Tagen das Rad vereinbarungsgemäß in die grundsätzlich verschlossene Garage von Frau *Zierlich* zurückstellt, reißt sie sich an einem im Halbdunkel nicht erkennbaren Nagel ihr neues Kleid so auf, dass es für 30 € kunstgestopft werden muss.

1. Kann *Elvira* von Frau *Zierlich* Ersatz für die zerstörte Uhr verlangen?
2. Muss Frau *Zierlich* die Kunststopfkosten ersetzen?

Lösung

I. Frage 1 – Ersatz für die Uhr

1. Anspruch aus §§ 280 I, 241 II, 598

Elvira (E) könnte ein Anspruch auf Schadensersatz aus §§ 280, 241 II, 598 gegen Frau *Zierlich* (Z) zustehen.

a) Ein Anspruch aus §§ 280, 241 II, 598 setzt zunächst das Vorliegen eines wirksamen Leihvertrags zwischen Z und E voraus. Durch den Leihvertrag wird der Verleiher gem. § 598 verpflichtet, dem Entleiher den Gebrauch der Sache unentgeltlich zu gestatten. Laut Sachverhalt hat Z der E das Rad zwar für zwei Wochen unentgeltlich geliehen. Fraglich ist aber, ob die Parteien tatsächlich einen Vertrag schließen, sich also rechtlich binden wollten. Es könnte sich auch um eine reine Gefälligkeit handeln. Je nach der Intensität der rechtlichen Bindung können im Zusammenhang mit der Erbringung einer Gefälligkeit drei „Abstufungen" unterschieden werden: Beim Gefälligkeitsvertrag verpflichtet sich eine Partei unentgeltlich zu einer Leistung (z. B. Schenkung gem. § 516, Leihe gem. § 598, Auftrag gem.

§ 662, unentgeltliche Verwahrung gem. § 688). Hier entstehen sowohl Leistungs- als auch Sorgfaltspflichten. Beim Gefälligkeitsverhältnis mit rechtsgeschäftlichem Charakter bestehen zwar keine Leistungspflichten, jedoch gewisse Schutzpflichten, bei deren Verletzung der Schädiger aus §§ 280 I, 241 II, 311 II Nr. 3 (c. i. c.) schadensersatzpflichtig wird.[1] Beim Gefälligkeitsverhältnis im rein gesellschaftlichen Bereich[2] – der reinen „Gefälligkeit des täglichen Lebens" – kommt eine Schadensersatzpflicht allein aus Delikt (§§ 823 ff.) in Betracht.[3] Entscheidend ist, in welchem Umfang sich der Gefällige erkennbar rechtlich binden wollte und dies unter den gegebenen Umständen nach Treu und Glauben mit Rücksicht auf die Verkehrssitte (§§ 133, 157) auch objektiv erkennbar war.[4] Indizien, die auf einen Rechtsbindungswillen und damit auf eine vertragliche Bindung schließen lassen, sind die Art der Gefälligkeit, ihr Grund und Zweck, ihre wirtschaftliche und rechtliche Bedeutung, die bestehende Interessenlage sowie der Wert der anvertrauten Sache.[5] Zu berücksichtigen sind hier demnach Anlass und Zweck der Gebrauchsüberlassung, ihre wirtschaftliche Bedeutung sowie die Interessenlage der Beteiligten. Gefälligkeitsverhältnisse des täglichen Lebens sind gekennzeichnet durch die kurze Dauer der Gebrauchsüberlassung, die wirtschaftliche Belanglosigkeit und die jederzeitige Rückforderungsmöglichkeit einer Sache.[6]

Angesichts der relativ langen Dauer der Gebrauchsüberlassung des Fahrrads, der Wichtigkeit des Vorstellungsgesprächs sowie des Umstandes, dass zwischen Z und E jedenfalls keine näheren gesellschaftlichen Beziehungen bestehen, wird man davon ausgehen können, dass hier mehr als eine bloß unverbindliche Gefälligkeit, nämlich ein rechtsverbindlicher Vertrag, vorliegt. Deshalb kann das Zustandekommen eines Leihvertrags i. S. d. §§ 598 ff. angenommen werden.

b) Z müsste eine Pflichtverletzung begangen haben. Diese könnte in der Überlassung des mit einer defekten Bremse ausgestatteten Fahrrads, also einer Schlechterfüllung, aber auch in der Verletzung einer Schutz- oder Aufklärungspflicht bestehen. Die defekte Bremse am Fahrrad hat zu einem Sturz und dadurch zu einem Sachschaden an der Uhr geführt. Z hat es aber auch versäumt, E auf die defekte Bremse hinzuweisen bzw. diese selbst noch einmal zu überprüfen. Fraglich ist daher, ob Z eine Leistungspflicht und/oder eine Rücksichtnahmepflicht gem. § 241 II verletzt hat.

Die Schutzbereiche dieser unterschiedlichen Kategorien werden häufig mit den Schlagwortbezeichnungen „Leistungs-" oder „Erfüllungsinteresse" einerseits,[7] „Erhaltungs-", „Integritäts-" oder „Schutzinteresse" andererseits[8] charakterisiert. Durch die „Schlechtleistung" entsteht dem Gläubiger ggf. aufgrund der vertragswidrigen Beschaffenheit der Leistung ein zusätzlicher Schaden, der weder als Nichterfüllungsschaden noch als Verzögerungsschaden einzuordnen ist, sondern als ein sonstiger Schaden, der gerade durch die Verletzung der Pflicht des Schuldners zur sorgsamen

---

[1] Dazu Jauernig/*Mansel*, § 241 Rn. 23 ff.
[2] „Gefälligkeit i. e. S." vgl. Palandt/*Grüneberg*, Einl. v. § 241 Rn. 8.
[3] *BGH* NJW 1968, 1874; *BGH* NJW 1992, 498; Palandt/*Grüneberg*, Einl. v. § 241 Rn. 8. Auch hier kann sich indessen in Ausnahmefällen eine Haftungsbeschränkung im Wege ergänzender Vertragsauslegung auf der Grundlage des § 242 ergeben, s. *BGH* VersR 2016, 1264 Rn. 10 m. N.
[4] *BGH* NJW 2009, 1141.
[5] BGHZ 21, 102 (106); BGHZ 92, 164 (168).
[6] PWW/*Stürner*, § 598 Rn. 3.
[7] Vgl. etwa *Thiele*, JZ 1967, 654; *Gerhardt*, JuS 1970, 600; *Esser/E. Schmidt*, S. 156 ff.
[8] Vgl. nur *Gerhardt*, JuS 1970, 600; *Esser/E. Schmidt*, S. 156 ff.

Ausführung der Leistungshandlung in zurechenbarer Weise verursacht worden ist.[9] Bei der Verletzung der „weiteren Verhaltenspflichten"[10] geht es insbesondere um den Ersatz der Schäden, die dem Gläubiger aus der Durchführung des Schuldverhältnisses an seinen anderen Rechtsgütern oder Rechten erwachsen können (Schutzpflichten).[11] Damit gilt die in § 241 II gesetzlich fixierte Verpflichtung, u. a. weder das Eigentum noch die Gesundheit des Entleihers zu beeinträchtigen.

Z hat E einerseits eine mangelhafte Sache leihweise überlassen, ist aber auch ihrer Informationspflicht über die Gefahren, die E durch den Leihgegenstand drohen, nicht nachgekommen. Sie hat das Fahrrad außerdem nicht noch einmal auf die Funktionsfähigkeit der Bremsen überprüft. Neben der Schlechterfüllung hat sie damit auch Pflichten verletzt, die nicht unmittelbar die Pflicht zur Gebrauchsüberlassung betreffen – also Schutzpflichten, die zu einem Mangelfolgeschaden und damit einer Verletzung des Integritätsinteresses geführt haben.

c) Fraglich ist aber, ob § 600 einer Anwendbarkeit von § 280 I entgegensteht. Verschweigt der Verleiher arglistig einen Mangel im Recht oder einen Fehler der verliehenen Sache, ist er gem. § 600 verpflichtet, dem Entleiher den daraus entstehenden Schaden zu ersetzen. Die gesetzlichen Vorschriften über den Leihvertrag sehen damit in § 600 – ähnlich wie die des Schenkungsrechts in den §§ 523, 524 – eine besondere „Mängelhaftung" als Spezialregelung vor. Umstritten ist allerdings die Reichweite der Regelung.[12]

aa) Nach einer Ansicht verdrängt § 600 als eigene Anspruchsgrundlage und spezielle Regelung § 280 I komplett.[13] Unter die Norm fallen dadurch alle Folgeschäden, die sich aus der Beschaffenheit dieser entliehenen Sache ergeben, und zwar unabhängig davon, welches Gläubigerinteresse betroffen ist, an welchem Recht oder Rechtsgut des Geschädigten also ein Schaden entstanden ist; maßgeblich ist vielmehr nur die kausale Verknüpfung der eingetretenen Schäden mit dem „Fehler" der verliehenen Sache. Diese Meinung stützt sich darauf, dass das Schuldrechtsmodernisierungsgesetz – bewusst oder versehentlich – diesen speziellen § 600, anders als die Mängelvorschriften der §§ 463 S. 1, 480 II und 635 a. F., nicht aufgehoben und durch die §§ 280 ff. ersetzt habe. Deshalb sind nach dieser Ansicht die allgemeinen Haftungsregeln der §§ 280 ff. nicht anwendbar. Diese Meinung würde im vorliegenden Fall ausschließlich § 600 als maßgebliche Anspruchsgrundlage heranziehen. Voraussetzung wäre also das Vorliegen eines „Fehlers" der geliehenen Sache. Der Fehlerbegriff des § 600 entspricht im hier interessierenden Zusammenhang voll und ganz dem Sachmangelbegriff des § 434 I.[14] Ein geliehenes Fahrrad, dessen Bremsen nach stärkerer Beanspruchung mitunter plötzlich blockieren, weist einen derartigen Fehler auf. In Folge dieses Fehlers stürzte E und büßte dabei u. a. ihre Uhr ein. Diese Verletzung ihres Eigentums ist also auch kausal auf den Fehler des geliehenen Rades zurückzuführen.

Die Mängelhaftung des Verleihers tritt aber gem. § 600 nur dann ein, wenn er „arglistig" einen solchen Fehler verschwiegen hat. Z hat zwar den fraglichen Fehler des Rades E verschwiegen, allerdings nur deshalb, weil sie ihn vergessen hatte. Für die Annahme eines arglistigen Handelns ist freilich in diesem Zusammenhang eine

---

[9] So *Larenz* I, S. 364.
[10] Vgl. dazu *Larenz* I, S. 10.
[11] *Larenz* I, S. 10.
[12] Zum Ganzen z. B. Staudinger/*Reuter* (2013), § 600 Rn. 2 f.; zum Problemkreis auch *Stürner*, JURA 2017, 921.
[13] So etwa die 6. Auflage (dort Fall 10).
[14] Vgl. nur Palandt/*Weidenkaff*, § 600 Rn. 1.

Täuschung des anderen nicht erforderlich. Voraussetzung ist aber mindestens bedingter Vorsatz; grobe Fahrlässigkeit genügt hingegen nicht.[15] Wer nur durch Vergesslichkeit einen Schaden anrichtet, handelt nicht vorsätzlich und demnach auch nicht arglistig. Bloß fahrlässiges Verschweigen unterfällt folglich nicht dem Tatbestand des § 600. Diese Ansicht müsste demnach eine Ersatzforderung der *E* insgesamt verneinen.

bb) Eine zweite Ansicht geht schließlich von einer Anwendbarkeit beider Vorschriften nebeneinander aus, wobei § 600 auch Mangelfolgeschäden erfassen soll.[16] Auch danach scheidet ein Anspruch aus § 600 aus, da Arglist zu verneinen ist. Allerdings kann § 280 I daneben zur Anwendung kommen.

cc) Nach der wohl h. M. bezieht sich § 600 lediglich auf Mangelschäden und § 280 I auf Mangelfolgeschäden.[17] Diese Ansicht ist vorzugswürdig. Hierfür spricht, dass § 600 nur im Falle des arglistigen Verschweigens eines Mangels oder Fehlers greift. Die Vorschrift ist daher nur auf Mangelschäden anzuwenden und stellt keine eigene Anspruchsgrundlage für den Ersatz von Mangelfolgeschäden dar. Ein Nebeneinander der Vorschriften ist ebenfalls abzulehnen, da ansonsten eine der beiden Vorschriften leer zu laufen droht.[18] Mithin richtet sich der Anspruch nach § 280 I.

d) *Z* müsste auf der Grundlage von § 280 I 2 auch schuldhaft gehandelt haben. Gem. § 276 hat der Schuldner Vorsatz und Fahrlässigkeit zu vertreten. Vorsatz ist das Wissen und Wollen des pflichtwidrigen Erfolgs.[19] *Z* wusste zwar ursprünglich von der defekten Bremse, hatte diesen Umstand allerdings völlig vergessen. Wer nur durch Vergesslichkeit einen Schaden anrichtet, handelt nicht vorsätzlich. Sie könnte aber grob fahrlässig gehandelt haben. Grobe Fahrlässigkeit liegt vor, wenn die im Verkehr erforderliche Sorgfalt in besonders schwerem und ungewöhnlich hohem Maß verletzt wird[20] und schon einfachste, nahe liegende Überlegungen nicht angestellt werden, wenn mit anderen Worten dasjenige nicht beachtet wird, was im gegebenen Fall jedem hätte einleuchten müssen.[21] Defekte Bremsen stellen zwar ein hohes Unfallrisiko dar. Dies musste auch einem verständig denkenden Menschen einleuchten. Von einem grob fahrlässigen Verschweigen der *Z* kann aufgrund des Vergessens aber nicht ausgegangen werden.

Fraglich ist, ob *Z* für die damit vorliegende leichte Fahrlässigkeit haftet. Gem. § 280 I 2 wird das Verschulden grundsätzlich widerleglich vermutet. *Z* trägt demnach entsprechend die Beweislast dafür, dass sie auch nicht leicht fahrlässig gehandelt hat. Sie selbst hat aber nichts zu ihrer Entlastung vorgetragen. § 276 I 1 statuiert aber auch, dass das Einstehenmüssen des Schuldners für Vorsatz und Fahrlässigkeit nur dann in Betracht kommt, wenn eine strengere oder mildere Haftung weder bestimmt noch aus dem sonstigen Inhalt des Schuldverhältnisses zu entnehmen ist. In Betracht kommt hier eine Haftungsmilderung gem. § 599. Danach hat der Entleiher nur Vorsatz und grobe Fahrlässigkeit zu vertreten. Umstritten ist wiederum, inwieweit auch § 599 gilt, sofern nicht das Erfüllungsinteresse des Entleihers, sondern dessen Integritätsinteresse betroffen ist. Dies betrifft die Verletzung vertraglicher Schutz-

---

[15] Palandt/*Ellenberger*, § 123 Rn. 11.
[16] *Stoll*, JZ 1985, 384 (386). Nach der Schuldrechtsmodernisierung wird diese Ansicht soweit ersichtlich nicht mehr vertreten.
[17] PWW/*Stürner*, § 600 Rn. 2; MüKoBGB/*Häublein*, § 599 Rn. 5; Palandt/*Weidenkaff*, § 600 Rn. 4.
[18] Staudinger/*Reuter* (2013), § 600 Rn. 3.
[19] Palandt/*Grüneberg*, § 276 Rn. 10.
[20] Palandt/*Grüneberg*, § 276 Rn. 14.
[21] BGHZ 77, 274 (276).

und Verkehrspflichten, also solcher Pflichten, die nicht unmittelbar die Pflicht zur Gebrauchsüberlassung betreffen.[22]

aa) Nach einer Auffassung soll § 599 stets Anwendung finden.[23] Argumentiert wird hier mit dem weiten Wortlaut der Vorschrift und deren Zweck, die unentgeltliche Gebrauchsüberlassung zu privilegieren. Im Übrigen soll die Haftungsmilderung als Kompensation für die Unentgeltlichkeit dienen.

bb) Nach anderer Auffassung soll hinsichtlich der Verletzung des Integritätsinteresses, die dem Entleiher Schäden an seinen anderen Rechtsgütern zufügt (Mangelfolgeschaden), lediglich § 276 einschlägig sein, so dass also auch für leichte Fahrlässigkeit gehaftet wird.[24] § 599 gelte nur für Pflichtverletzungen, die das Erfüllungsinteresse betreffen, wobei für Rechts- und Sachmängel § 600 die speziellere Vorschrift sei. Die Unentgeltlichkeit rechtfertige keine Befreiung von der allgemeinen Rücksichtnahmepflicht. Folgt man dieser Ansicht und erwachsen wie im vorliegenden Fall aus einer Schlechterfüllung Mangelfolgeschäden bzw. verletzt der Verleiher Schutzpflichten, bleibt es hinsichtlich des Vertretenmüssens des Verleihers beim Haftungsmaßstab des § 276.

cc) Nach vermittelnder und wohl h. M. ist § 599 grundsätzlich anzuwenden, es sei denn, die verletzte Pflicht steht in keinem inneren Zusammenhang mit dem Vertragsgegenstand.[25] § 276 soll danach immer dann eingreifen, wenn der Entleiher lediglich bei Gelegenheit der Vertragsanbahnung oder -durchführung geschädigt wird, also bei der Verletzung sonstiger Schutzpflichten, die sich nicht auf den Vertragsgegenstand beziehen.[26] Gegen eine alleinige Anwendung des allgemeinen Verschuldensmaßstabs gem. § 276 führt diese Ansicht an, dass sie den Verleiher unkalkulierbaren Risiken aussetzt. Der Verleiher muss gerade vor Begleitschäden in oft unvorhergesehener Höhe geschützt werden. Das Argument, die Unentgeltlichkeit sei kein hinreichender Grund, den Verleiher von der allgemeinen Pflicht zur Rücksichtnahme auf die Rechtsgüter des anderen Teils in dem Umfang zu befreien, wie § 599 dies vorsieht, wird bei der vermittelnden Lösung insoweit berücksichtigt, als die Haftungsmilderung nur dort greift, wo ein innerer Zusammenhang mit der Unentgeltlichkeit besteht.

dd) Diese Ansicht überzeugt. Es ginge zu weit, § 599 auf die Verletzung sämtlicher Haupt- und Nebenpflichten anzuwenden. Die Auffassung, die den Verleiher nur in Bezug auf die Erfüllung der Gebrauchsüberlassungspflicht als solcher privilegiert haften lassen will, ist demgegenüber zu eng. Der Entleiher, der eine Sache unentgeltlich zur Verfügung gestellt bekommt, kann nicht erwarten, dass seine Interessen mit derselben Sorgfalt gewahrt werden, als habe er den Vertragspartner für die Leistung bezahlt. Der Uneigennützigkeit wird durch die Haftungsprivilegierung hinreichend Rechnung getragen, die nur dort greift, wo ein innerer Zusammenhang mit der Unentgeltlichkeit besteht. In den Fällen der Verletzung von Schutzpflichten oder der Schlechtleistung muss sich richtigerweise die geminderte Verantwortlich-

---

[22] Dazu und zur Parallelproblematik hinsichtlich § 521 *Stürner*, JURA 2017, 921 (923 ff.).

[23] BeckOK BGB/*C. Wagner*, § 599 Rn. 2; Erman/*v. Westphalen*, § 599 Rn. 1 mit Hinweis auf LG Osnabrück BeckRS 2009, 07040.

[24] Soergel/*Heintzmann*, 13. Aufl. 2007, § 599 Rn. 2 f.; *Grundmann*, AcP 198 (1998), 457 (466 ff.); Jauernig/*Mansel*, § 599 Rn. 2; *Larenz* II 1, § 50; Palandt/*Weidenkaff*, § 599 Rn. 2.

[25] MüKoBGB/*Häublein*, § 599 Rn. 3 m. w. N.; *OLG Stuttgart* VersR 1993, 192 (193); *OLG Celle* VersR 1995, 547; *OLG Celle* VersR 2006, 1085; *Gerhardt*, JuS 1970, 597 (600); Staudinger/*Reuter* (2013), § 599 Rn. 2; *Thiele*, JZ 1967, 649 (654); ebenso BGHZ 93, 23 (27 ff.) für die Schenkung.

[26] Staudinger/*Reuter* (2013), § 599 Rn. 2.

keit dann auch auf die weiteren Folgen der Pflichtverletzung erstrecken, also die Mangelfolgeschäden.

Der Defekt an der Bremse betrifft unmittelbar die verliehene Sache – das Fahrrad – und die Informationspflicht über Gefahren, die dem Entleiher durch den Leihgegenstand drohen. Die Haftungsmilderung des § 599 ist daher vorliegend anwendbar. Z haftet nicht für leichte Fahrlässigkeit.

e) *E* kann von *Z* gem. § 280 I, 241 II, 598 keinen Ersatz für die zerstörte Uhr verlangen.

2. Anspruch aus § 823 I

Möglicherweise steht *E* aber ein Schadensersatzanspruch gem. § 823 I zu.

a) Das Eigentum der *E* an der Uhr ist aufgrund des Sturzes beeinträchtigt worden; dieser wiederum beruht auf dem Überlassen des defekten Fahrrads und dem Verschweigen des – wegen seiner Relevanz offenbarungspflichtigen – Mangels durch *Z*. Diese hat also eine Eigentumsverletzung begangen, die als rechtswidrig und auch als leicht fahrlässig i. S. d. § 276 II angesehen werden kann.

b) Auch dieser Anspruch könnte aber gem. § 599 ausgeschlossen sein. Voraussetzung ist, dass die vertragliche Haftungsmilderung des § 599 im Rahmen des § 823 I Anwendung findet. Dies ist wiederum umstritten.

aa) Diejenige Auffassung, die den Anwendungsbereich des § 599 ohnehin nur auf das nach § 823 I nicht erfasste Erfüllungsinteresse beschränkt, lehnt konsequent eine Anwendbarkeit im Rahmen der deliktischen Ansprüche ab.[27] § 599 kann nur insoweit Anwendung finden, als die in Rede stehende Pflichtverletzung in dessen Anwendungsbereich fällt.

bb) Eine zweite Auffassung verneint ein Durchschlagen des Haftungsprivilegs des § 599 auf konkurrierende deliktische Ansprüche mit der Begründung, dass dem Handeln des Schädigers bereits im Rahmen des objektiven Verletzungstatbestands ausreichend Rechnung getragen werden könne, nämlich beim Umfang der ihn treffenden Verkehrspflichten.[28]

cc) Die h. M. bejaht schließlich zu Recht grundsätzlich die Anwendbarkeit der Haftungsmilderung des § 599. Diese schlage auf Ansprüche des Entleihers aus unerlaubter Handlung durch.[29] § 599 müsse auch im Deliktsrecht Anwendung finden, damit die Privilegierung nicht gegenstandslos wird. Der durch § 599 gewährte Vorteil in der Konkretisierung des Verschuldensmaßstabs würde ansonsten im Rahmen des Deliktsrechts sofort wieder ausgehebelt. Damit muss die für das Gebiet des Vertragsrechts statuierte gesetzliche Haftungsprivilegierung grundsätzlich also auch im Recht der unerlaubten Handlungen Geltung beanspruchen.[30] Demnach verhindert die Vorschrift des § 599 im Ergebnis auch eine Inanspruchnahme von *Z* gem. § 823 I.

3. Ergebnis zu Frage 1

Da weitere Anspruchsnormen nicht ersichtlich sind, kann *E* folglich von *Z* wegen der Zerstörung ihrer Uhr keinen Ersatz verlangen.

---

[27] Jauernig/*Mansel*, § 599 Rn. 2.
[28] MüKoBGB/*Häublein*, § 599 Rn. 4.
[29] *BGH* NJW 1992, 2474 (2475); *BGH* NJW 1977, 2158; RGZ 88, 317 (318); *Medicus*, FS Odersky, 1996, S. 597; Staudinger/*Reuter* (2013), § 599 Rn. 3.
[30] Vgl. nur MüKoBGB/*Bachmann*, § 241 Rn. 44 m. w. N.

II. Frage 2 – Ersatz der Kunststopfkosten

1. Anspruch aus §§ 280 I 1, 241 II, 598

Ein Anspruch auf Ersatz der Kunststopfkosten könnte aus §§ 280 I 1, 241 II, 598 folgen. Dazu müsste Z wiederum eine Pflicht aus dem Schuldverhältnis verletzt haben.

a) Aufgrund des zwischen beiden bestehenden Leihvertrags hatte Z nicht nur die Pflicht, E unentgeltlich den Gebrauch des Rades zu gestatten, sondern darüber hinaus u. a. auch die weitere Verhaltenspflicht, E vor solchen Schäden zu bewahren, die ihr aus der Durchführung des Schuldverhältnisses an ihren Rechtsgütern erwachsen könnten. Z war folglich verpflichtet, E auch beim Abstellen des Fahrrads vor entsprechenden Schäden zu bewahren. Diese Pflicht hat sie verletzt, als sie die 18-Jährige in die Garage schickte, wo E an einem Nagel hängen blieb, der aufgrund der Lichtverhältnisse in der Garage nicht sichtbar war.

b) Diese Pflichtverletzung müsste sie gem. § 280 I 2 wiederum zu vertreten haben. Das Vertretenmüssen wird grundsätzlich vermutet. Unabhängig davon liegt im vorliegenden Fall ein Außerachtlassen der verkehrserforderlichen Sorgfalt durch Z darin, dass sie E als eine mit den Verhältnissen nicht vertraute Person in ihre Garage schickt, die nur unzureichend beleuchtet ist und in der aus einem Regal ein Nagel in den Gang hineinragt. Z handelt also fahrlässig im Sinne von § 276 II.

c) Aber auch hier könnte die gesetzliche Haftungsmilderung gem. § 599 heranzuziehen sein. Von der h. M. wird aber angenommen, die Haftungsmilderung sei bei Schäden, die durch die Verletzung derjenigen Schutzpflichten, „die nicht vom Vertragsgegenstand selbst" ausgehen, also Schäden durch Pflichtverletzungen, die der Entleiher lediglich bei Gelegenheit der Vertragsanbahnung oder -durchführung erleidet, nicht anzuwenden. Hier muss jeder Vertragspartner damit rechnen können, dass seine Rechtsgüter nicht schuldhaft vom Verleiher verletzt werden, sei es aufgrund fahrlässigen, grob fahrlässigen oder vorsätzlichen Verhaltens, sodass die Haftungsmilderung des § 599 nicht gilt und es bei der Anwendung von § 276 verbleibt.[31] Um einen solchen Fall könnte es sich hier handeln. E wollte das geliehene Fahrrad in die Garage zurückstellen und riss sich an einem im Halbdunkel nicht erkennbaren Nagel ihr neues Kleid auf. § 599 könnte daher vorliegend ausgeschlossen sein.

Der vorliegende Fall, der hinsichtlich der Beschädigung des Kleides scheinbar eine ganz typisch nicht auf den Vertragsgegenstand bezogene Schutzpflichtverletzung darstellt, zeigt aber eine gewisse Verknüpfung mit dem eigentlichen Vertragsgegenstand: Im Zuge der Abwicklung des Leihvertrages betrat E die Garage von Z und beschädigte ihr Kleid. Denkt man diesen Vertrag hinweg, dann wäre es offenbar auch nicht zu der fraglichen Schädigung gekommen. Insofern liegt der Fall anders, als wenn E in dem einem normalen Besucher oder Passanten zugänglichen Bereich des Gartenweges oder des Bürgersteigs vor dem Haus von Z zu Schaden gekommen wäre. Besteht aber ein derartiger Kausalzusammenhang zwischen Leihvertrag und Schädigung, findet § 599 Anwendung, so dass Z nur für grobe Fahrlässigkeit haftet. Diese wird nach h. M. dann angenommen, wenn die erforderliche Sorgfalt in ungewöhnlich großem Maße verletzt worden ist und das unbeachtet geblieben ist, was im gegebenen Fall jedem hätte einleuchten müssen.[32] Ein solches grob fahrlässiges Verhalten liegt hier nicht vor. In einer Garage liegen oftmals Gegenstände herum, an denen man sich verletzen kann. Auch sind die Lichtverhältnisse in Garagen meist

---

[31] Staudinger/*Reuter* (2013), § 599 Rn. 2.
[32] Palandt/*Grüneberg*, § 276 Rn. 14.

nicht optimal, sodass Z die gebotene Sorgfalt gegenüber E nicht in besonders hohem Maße verletzt hat, als sie die E in ihre Garage schickte.

Da Z gem. § 599 nicht für leichte Fahrlässigkeit haftet, hat sie E den Schaden nicht gem. §§ 280 I, 241 II, 598 zu ersetzen.

2. Anspruch aus § 823 I

Möglicherweise steht E aber ein deliktischer Schadensersatzanspruch aus § 823 I zu. Z hat das Eigentum der E am Kleid rechtswidrig und fahrlässig verletzt. Die Haftungserleichterung des § 599 greift aus den eben genannten Gründen über den vertraglichen Bereich hinaus auch für das Gebiet der unerlaubten Handlungen. Z haftet daher insoweit ebenfalls nicht.

3. Ergebnis zu Frage 2

E stehen mithin keinerlei Schadensersatzansprüche gegen Z zu.

Fall 12. Der ungeschickte Vater

Schadensersatz wegen Verletzung der Verkehrssicherungspflicht – Mitverschuldensanrechnung des gesetzlichen Vertreters – durch § 1664 „gestörte" Gesamtschuld

Sachverhalt

Der drei Jahre alte *Florian* tummelt sich in Begleitung seines Vaters auf einem öffentlichen Spielplatz der Stadt *Neustadt*, der erst kürzlich vom zuständigen Leiter des Fachbereichs „Stadtgrün und Sport", Herrn *Schmidt*, feierlich eröffnet worden ist. Auf diesem Spielplatz, der durch ein entsprechendes Schild zur Benutzung für alle Kinder bis zum Alter von zwölf Jahren freigegeben ist, befindet sich u. a. eine Rutsche, deren Podest 1,50 m über dem aus Asphaltbeton bestehenden Boden liegt. *Florian*, der hinaufgeklettert war und sich zum Rutschen hinsetzen wollte, verliert kurzzeitig – auch infolge eigener Ungeschicklichkeit – das Gleichgewicht, kann sich an den Seitenholmen nicht mehr festhalten und fällt, ohne dass irgendeine Verletzung der elterlichen Aufsichtspflicht vorliegt, so unglücklich von der Rutsche auf den Boden, dass er sich erhebliche Verletzungen an Kopf und Schultern zuzieht. Es stellt sich heraus, dass die Rutsche samt Untergrund von Anfang an nicht den Sicherheitsstandards entsprach.

1. *Florian* verlangt, vertreten durch seine Eltern, von der Stadt *Neustadt* deshalb Schadensersatz. Diese wendet ein, *Florian* müsse sich seine in Rede stehende Ungeschicklichkeit anrechnen lassen. *Florian* dagegen besteht auf dem Ersatz des gesamten Schadens – mit Recht?
2. Angenommen, zu dem fraglichen Sturz ist es auch durch eine grobe Unachtsamkeit von *Florians* Vater gekommen, und die Stadt wendet daraufhin ein, *Florian* müsse sich das Mitverschulden seines Vaters im Hinblick auf die Verletzung der elterlichen Aufsichtspflicht anrechnen lassen. Kann *Florian* trotzdem von der Stadt vollen Schadensersatz verlangen?
3. Wie wäre Frage 2 zu beantworten, wenn *Florians* Vater nicht grob, sondern nur leicht unachtsam war und dies der Sorgfalt entsprochen hätte, die der Vater auch in eigenen Angelegenheiten anzuwenden pflegt?

Lösung

I. Frage 1 – Ungeschicktes Kind

1. § 839 i. V. m. Art. 34 GG

Anspruchsgrundlage ist nicht § 839 i. V. m. Art. 34 GG (Amtshaftung). Zwar werden öffentliche Spielplätze von den Gemeinden im Rahmen der öffentlichen Daseinsvorsorge angelegt und der Öffentlichkeit zur Verfügung gestellt. Die Verkehrssicherungspflicht für einen öffentlichen Kinderspielplatz ist jedoch regelmäßig gem.

§ 823 zu beurteilen, soweit der Landesgesetzgeber diese Pflicht nicht hoheitlich ausgestaltet hat und diese den Organen und Bediensteten der damit befassten Körperschaften als Amtspflicht in Ausübung hoheitlicher Tätigkeit auferlegt, oder ein entsprechender Organisationsakt der Gemeinde vorliegt.[1] Beides ist hier nicht ersichtlich. Kinderspielplätze gehören im Übrigen auch nicht zu den öffentlichen Straßen, da sie nicht dem „öffentlichen Verkehr" gewidmet sind.[2]

2. § 823 I

Florian (F) könnte gegen die Stadt *Neustadt (N)* einen Anspruch auf Schadensersatz gem. § 823 I haben. Dann müsste *N* ein Recht oder Rechtsgut des *F* rechtswidrig und schuldhaft verletzt haben.

a) Rechtsgutsverletzung

In Betracht kommt eine Verletzung des (absoluten) Rechtsguts Körper bzw. Gesundheit, also der körperlichen Integrität. *F* hat sich schwere Kopf- und Schulterverletzungen zugezogen. Die erforderliche Rechtsgutsverletzung ist daher zu bejahen.

b) Verletzungshandlung und haftungsbegründende Kausalität

aa) Die Rechtsgutsverletzung müsste durch ein Tun oder Unterlassen der *N* herbeigeführt worden sein. Bei der Stadt handelt es sich um eine Körperschaft des öffentlichen Rechts (Gebietskörperschaft). Sie selbst kann nicht handeln, sondern nur ihre Organe bzw. verfassungsmäßigen Vertreter. Für das Handeln im privaten Rechtsverkehr gelten dabei die §§ 89 I, 31. Der Begriff des verfassungsmäßigen Vertreters ist dabei weit auszulegen. Er umfasst nicht nur die satzungsmäßigen Vertreter (Bürgermeister), sondern alle Personen, denen durch die Organisationsnormen der juristischen Person bestimmte Aufgaben zur eigenverantwortlichen Erledigung übertragen worden sind.[3] Zuständiges Organ zur Einrichtung und Zurverfügungstellung des öffentlichen Spielplatzes der Stadt *Neustadt* ist der Leiter des Fachbereichs „Stadtgrün und Sport" der Stadtverwaltung, Herr *Schmidt (S)*. *S* war für die Errichtung und Planung des Spielplatzes als Leiter des Referats zuständig. Die Rechtsgutsverletzung müsste daher auf ein Handeln oder Unterlassen des *S* zurückzuführen sein. Der Spielplatz wurde entsprechend den Vorgaben des Fachbereichs errichtet. Ein Handeln ist daher gegeben.

bb) Dieses müsste jedoch auch adäquat kausal Bedingung für die Verletzung gewesen sein und die Verletzung im Schutzbereich der verletzten Norm liegen. Kausal ist zunächst jedes Ereignis, das nicht hinweggedacht werden kann, ohne dass der Erfolg entfiele (conditio sine qua non). Dabei sind alle Bedingungen gleichwertig.[4]

Die Spielplatzeröffnung mit der fehlerhaft errichteten Rutsche kann hier nicht hinweggedacht werden, ohne dass der Verletzungserfolg entfiele. Zwischen der Verletzungshandlung und dem eingetretenen Schaden muss jedoch auch ein adäquater Kausalzusammenhang bestehen. Völlig unwahrscheinliche Kausalverläufe begründen keine Haftung. Die Verletzung von Kindern beim Spielen auf einem Spielplatz liegt aber nicht außerhalb jeglicher Lebenserfahrung. Fraglich ist jedoch, wie es sich

---

[1] *BGH* NJW 1977, 1965.
[2] *BGH* NJW 1978, 1626.
[3] RGZ 157, 228 (237); *BGH* NJW 1972, 334; Palandt/*Ellenberger*, § 89 Rn. 4.
[4] Palandt/*Grüneberg*, Vorb. v. § 249 Rn. 25.

auswirkt, dass das Kind für den Eintritt der Verletzung selbst ebenfalls eine Ursache gesetzt hat (Verlieren des Gleichgewichts), die Rechtsgutsverletzung also erst durch eine weitere Bedingung eingetreten und nur mittelbar auf das Handeln des S zurückzuführen ist. Vom Schutzzweck der Norm sind mittelbare Verletzungen umfasst, wenn sie auf einer objektiven Verletzung einer Verkehrspflicht beruhen. Hier kommt es also maßgeblich auf die Verletzung sogenannter Verkehrs(sicherungs)pflichten an.[5] Es ist allgemein anerkannt, dass derjenige, der einen Verkehr eröffnet, die notwendigen Vorkehrungen für die Sicherheit der entsprechend Beteiligten treffen muss. Bezüglich öffentlicher Spielplätze bedeutet das, dass diese möglichst gefahrlos zu gestalten und zu erhalten sind, wobei sich das einzuhaltende Ausmaß der Sicherheit am Alter der jüngsten Kinder auszurichten hat, die für die Benutzung des betreffenden Spielgeräts in Betracht kommen.[6] Bei Spielgeräten mit einer Fallhöhe von 1,50m ist wegen der bei Kindern immer vorhandenen Gefahr von Stürzen für einen geeigneten Bodenbelag mit aufprallhemmender Beschaffenheit, der Absturzunfälle weniger gefährlich macht, zu sorgen.[7] Diese Verkehrssicherungspflicht ist in concreto verletzt worden. Für einen vernünftigen und vorsichtigen Menschen in der Lage des Schädigers muss es außerdem vorhersehbar gewesen sein, dass Rechtsgüter anderer Personen verletzt werden könnten (Wahrscheinlichkeitsurteil). Der Betonboden hat den Sicherheitsbestimmungen nicht genügt. S hat durch die Freigabe des Spielplatzes mit der fehlerhaft errichteten Rutsche die Verkehrssicherungspflichten verletzt. Verletzungen von Kindern, die bei Stürzen von der Rutsche auf den Betonboden eintreten, waren für einen vernünftigen und vorsichtigen Menschen in der Lage des S vorherzusehen. Bei Einhaltung der erforderlichen und zumutbaren Sicherung des Spielplatzes wäre der Verletzungserfolg mit an Sicherheit grenzender Wahrscheinlichkeit nicht eingetreten. Die mittelbar durch das Verhalten des S eingetretenen Verletzungen des F sind mithin auch vom Schutzzweck der Norm umfasst. Kausalität zwischen Verletzungshandlung und Rechtsgutsverletzung ist gegeben.

c) Rechtswidrigkeit

Die Rechtswidrigkeit wird durch die Tatbestandsmäßigkeit indiziert. Ein Rechtfertigungsgrund liegt nicht vor. Das Handeln des S war somit widerrechtlich.

d) Verschulden

Nach § 823 I muss ferner ein Verschulden in Form von Vorsatz oder Fahrlässigkeit vorliegen. Vorsatz scheidet hier aus. Es könnte aber Fahrlässigkeit, d.h. gem. § 276 II das Außerachtlassen der verkehrserforderlichen Sorgfalt gegeben sein, wobei grundsätzlich ein auf die allgemeinen Verkehrsbedürfnisse ausgerichteter objektiv-abstrakter Sorgfaltsmaßstab anzulegen ist,[8] der durch die Verkehrssicherungspflichten konkretisiert wird. S wäre verpflichtet gewesen, bei der Planung und Errichtung des Spielplatzes darauf zu achten, dass ein besser geeigneter Bodenbelag als Beton unter der Rutsche verwendet wird. Dies hat er nicht getan und damit zumindest fahrlässig gem. § 276 II gehandelt. Sein Verschulden wird der Stadt N gem. §§ 89 I, 31 als Organverschulden zugerechnet.

---

5 Vgl. dazu nur Palandt/*Sprau*, § 823 Rn. 45 ff.
6 Vgl. zu alledem nur BGHZ 103, 338 = NJW 1988, 2667. An den diesem Urteil zugrunde liegenden Sachverhalt ist der vorliegende Fall angelehnt.
7 *BGH* NJW 1988, 2667.
8 Vgl. nur Palandt/*Grüneberg*, § 276 Rn. 15.

e) Schaden und haftungsausfüllende Kausalität

F hat einen Schaden (in Form von Behandlungskosten etc.) erlitten. Die haftungsausfüllende Kausalität zwischen Rechtsgutsverletzung und Schaden ist ebenfalls
gegeben. Der Umfang des Schadensersatzes richtet sich nach §§ 249 ff. Fraglich ist,
ob er aus verschiedenen Aspekten zu kürzen ist.

f) Anrechnung eines eigenen Mitverschuldens des *F* gem. § 254 I

Es stellt sich die Frage, ob *F* sich nicht ein eventuelles eigenes Mitverschulden gem.
§ 254 I anrechnen lassen muss. Nach dieser Vorschrift hängt die Schadensersatzpflicht des Schädigers, falls bei der Entstehung des Schadens auch ein Verschulden
des Beschädigten mitgewirkt hat, nach Grund und Höhe von den Umständen, insbesondere davon ab, inwieweit der Schaden vorwiegend von dem einen oder dem
anderen Teil verursacht worden ist. Nach der h. M. betrifft eine solche Anrechnung
nicht nur Ersatzansprüche aus Gefährdungs-, sondern auch aus Verschuldenshaftung.[9] Als Mitverschulden kann die Außerachtlassung derjenigen Sorgfalt bezeichnet
werden, die nach der Auffassung des Verkehrs ein ordentlicher und verständiger
Mensch anwendet, um sich tunlichst vor Schaden zu bewahren.[10] Ist die betreffende
Person aber gerade kein „ordentlicher und verständiger Mensch", sondern ein Kind,
dann stellt sich zwangsläufig die Frage nach der diesbezüglichen Zurechenbarkeit.
Es erscheint deshalb als sachgerecht, mit der h. M.[11] insoweit das Vorliegen der
Deliktsfähigkeit i. S. der §§ 827–829 zu verlangen. Sie fehlt naturgemäß bei *F* als
einem dreijährigen Kind (§ 828 I), und darüber kann hier auch die Ausnahme des
„Millionärsparagraphen" § 829 nicht hinweghelfen. Eine Anspruchskürzung gem.
§ 254 I kommt deswegen im vorliegenden Fall nicht in Betracht.

g) Anrechnung des Mitverschuldens des Vaters

Fraglich ist, ob *F* sich nicht ein Mitverschulden seines Vaters gem. § 254 II 2 i. V. m.
§ 278 S. 1 anrechnen lassen muss. Im Ausgangsfall liegt aber gerade keine Verletzung
der elterlichen Aufsichtspflicht vor.

h) Anrechnung eines Mitverschuldens nach den Grundsätzen der Zurechnungs-
einheit

Fraglich ist weiter, ob sich *F* unter den Grundsätzen der Zurechnungseinheit[12] das
Mitverschulden eines Elternteils im Verhältnis zu anderen Mitschädigern anrechnen
lassen muss. Eine Zurechnungseinheit (auch Haftungseinheit) liegt dann vor, wenn
die Tatbeiträge zweier Beteiligter so miteinander zusammenhängen, dass sie einem
Dritten gegenüber als einheitlicher Tatbeitrag anzusehen sind. Dies kann ebenfalls
im Verhältnis zwischen Geschädigtem und Schädiger gegeben sein, so dass der
Anspruch des Geschädigten um den Verursachungsbeitrag des mit ihm zu einer
Haftungseinheit verbundenen Schädigers zu kürzen ist.[13] Eine solche anspruchsmin-
dernde Zurechnung des Aufsichtsverschuldens der Eltern kann aber nur dann erfolgen, wenn *F* den Unfall in zurechenbarer Weise mitverursacht hat.[14] Eine Haftungseinheit setzt daher wiederum die Deliktsfähigkeit des *F* gem. § 828 voraus, die hier

---

[9]   Vgl. nur *Lange/Schiemann*, S. 558 f.
[10] RGZ 100, 42 (44) sowie die weiteren Nachweise bei *Lange/Schiemann*, S. 551.
[11] Vgl. nur die Nachweise bei *Lange/Schiemann*, S. 554 f.
[12] BGHZ 61, 213 (218); *BGH* VersR 1978, 735; *BGH* VersR 1983, 131; BGHZ 103, 338 (344);
      Palandt/*Grüneberg*, § 254 Rn. 70.
[13] BGHZ 61, 278; Palandt/*Grüneberg*, § 254 Rn. 70.
[14] *OLG Hamm* NJW-RR 1998, 1181 (1182).

nicht vorliegt. *F* kann demnach von der Stadt *N* vollen Schadensersatz gem. § 823 I verlangen.

3. § 823 II i. V. m. § 229 StGB

F könnte weiterhin einen Schadensersatzanspruch gem. § 823 II i. V. m. § 229 StGB gegen die *N* haben. § 229 StGB statuiert die Strafbarkeit der fahrlässigen Körperverletzung und bezweckt damit naturgemäß den Schutz eines anderen. Von den in Betracht kommenden einzelnen Anspruchsvoraussetzungen könnte hier lediglich die Fahrlässigkeit problematisch sein, weil bei ihr im Strafrecht anders als im Zivilrecht auch subjektive Kriterien maßgeblich sind. Indessen ist nach heute h. M. im Rahmen des § 823 II bei Verletzung strafrechtlicher Schutzgesetze nur der zivilrechtliche Fahrlässigkeitsbegriff des § 276 II maßgeblich.[15] Man wird also auch insoweit davon ausgehen können, dass *S* als Verantwortlicher die im Verkehr erforderliche Sorgfalt missachtet und demnach fahrlässig gehandelt hat. Die Zurechnung erfolgt wiederum gem. §§ 89 I, 31.[16] Deshalb kann *F* von der *N* auch gem. § 823 II i. V. m. § 229 StGB Schadensersatz verlangen. Für den Umfang dieses Ersatzanspruchs, insbesondere für die Anwendung des § 254, gilt das oben[17] Ausgeführte entsprechend.

F kann mithin nach § 823 II i. V. m. § 229 StGB ebenfalls vollen Schadensersatz von der Stadt *N* verlangen.

II. Frage 2 – Ungeschickter Vater I

1. § 823 I

a) Auch hier wäre die mögliche Anspruchsgrundlage § 823 I. Am Vorliegen einer durch die Stadt kausal, rechtswidrig und schuldhaft (Zurechnung über §§ 89 I, 31) herbeigeführten Verletzung des Körpers bzw. der Gesundheit des *F* und damit der grundsätzlichen Ersatzpflicht der Stadt ändert sich dabei im Vergleich zu Frage 1 nichts.

b) Fraglich ist nun eine Anspruchskürzung gem. § 254. Zu prüfen ist, ob sich *F* ein Mitverschulden seines Vaters gem. § 254 II 2 i. V. m. § 278 S. 1 anrechnen lassen muss. § 254 II 2 bezieht sich allerdings entsprechend seiner systematischen Stellung nur auf § 254 II 1, also auf die Obliegenheit des Geschädigten, den Schädiger auf die Gefahr eines ungewöhnlich hohen Schadens aufmerksam zu machen,[18] die der Schädiger weder kannte noch kennen musste, bzw. den Schaden abzuwenden oder zu mindern, also ein Mitverschulden im Rahmen der haftungsausfüllenden Kausalität. § 254 I regelt hingegen ein Mitverschulden bei Anspruchsentstehung und wäre demnach nicht erfasst. Das Nichteinschreiten des Vaters gegen das Besteigen der Rutsche durch *F* betrifft hier gerade die haftungsbegründende Kausalität. Indessen ist zu bedenken, dass die Übergänge zwischen § 254 I und II mitunter fließend sind und dass es unvertretbar wäre, die unter Abs. 1 fallende Mitverursachung des Schadens durch positives Tun von gesetzlichen Vertretern oder Erfüllungsgehilfen unberücksichtigt zu lassen, die entsprechende Mitwirkung dieser Personen bei dem bloßen Unterlassen des Hinweises nach Abs. 2 dagegen dem Geschädigten zuzurechnen.[19] § 254 II 2 ist deshalb nach zutreffender h. M. so zu lesen, als sei er ein

---

[15] Vgl. etwa Palandt/*Sprau*, § 823 Rn. 61 sowie Palandt/*Grüneberg*, § 276 Rn. 15 m. w. N.

[16] Die Zurechnung einer Schutzgesetzverletzung gem. § 823 II ist ebenfalls über §§ 89 I, 31 möglich, vgl. z. B. *OLG Frankfurt* NJW 1992, 318.

[17] Unter I 2e–h.

[18] Staudinger/*Schiemann* (2017), § 254 Rn. 74 ff.

[19] *Hager*, NJW 1989, 1640 (1641).

eigenständiger 3. Absatz von § 254, der sich auf die beiden vorangegangenen Absätze gleichermaßen bezieht.[20] Folglich findet im vorliegenden Fall § 278 entsprechende Anwendung.

Die theoretische Reichweite dieser Verweisung ist indessen umstritten. Die Regelung des § 254 II 2 kann vom Wortlaut her als Rechtsgrundverweisung oder auch als Rechtsfolgenverweisung gedeutet werden.

aa) Die h. M. versteht sie als Rechtsgrundverweisung. Der Geschädigte soll für Hilfspersonen nicht strenger haften als der Schädiger selbst, gegen den § 278 nur innerhalb einer Sonderverbindung eingreift.

Die h. M. verlangt also, dass im Augenblick des Handelns des Erfüllungsgehilfen oder gesetzlichen Vertreters bereits ein Schuldverhältnis – zumindest eine rechtsgeschäftsähnliche Sonderverbindung – zwischen Schädiger und Geschädigtem vorhanden ist; sie interpretiert die Verweisung des § 254 II 2 aus Gründen einer „Symmetrie zwischen Schädiger und Geschädigtem" im Übrigen i. S. einer umfassenderen Bezugnahme auch auf die §§ 31 und 831.[21] Es bestehe ein „Gleichlauf" von Verschulden und Mitverschulden. Der Geschädigte hat gem. § 254 I keinen Schadensersatzanspruch, wenn er selbst wegen seines Verschuldens zum Schadensersatz verpflichtet wäre. Für ein Verschulden seines Erfüllungsgehilfen oder gesetzlichen Vertreters als Schädiger hat er nur im Rahmen einer Sonderverbindung einzustehen. Dies gilt auch umgekehrt für das Mitverschulden. Der Geschädigte haftet also für Hilfspersonen oder gesetzliche Vertreter nur, wenn schon im Zeitpunkt der schädigenden Handlung eine Sonderbeziehung zum Schädiger bestanden hat.[22] Allerdings kann hierfür auch das durch eine unerlaubte Handlung begründete Schuldverhältnis genügen.[23] Das Mitverschulden muss sich dann jedoch auf eine Phase beziehen, in welcher der Verletzungstatbestand bereits verwirklicht ist.

Im Zeitpunkt der schädigenden Handlung müsste daher zwischen *F* und der *N* ein Schuldverhältnis oder eine anderweitige Sonderrechtsbeziehung bestanden haben. Eine solche Beziehung kann allenfalls durch die Bereitstellung und Benutzung des Spielplatzes entstanden sein. Das Benutzen des Spielplatzes begründet jedoch kein derartiges Sonderrechtsverhältnis.[24] Insbesondere führt auch nicht die Schildertafel auf dem Spielplatz, die den zugelassenen Personenkreis bezeichnet und ggf. bestimmte Verhaltensweisen untersagt, zu einem Benutzungsverhältnis.[25] Für eine besondere Interessenlage, die eine gesteigerte Rechts- und Pflichtenstellung begründen könnte, ist nichts ersichtlich. Ein Schuldverhältnis oder eine entsprechende Sonderrechtsbeziehung liegt zwischen *F* und der Stadt nicht vor. § 278 findet demnach keine entsprechende Anwendung. Diese Auffassung rechnet dem minderjährigen Geschädigten das Mitverschulden gesetzlicher Vertreter bei der eigentlichen Schädigung (§ 254 I) in Fällen wie dem vorliegenden, in denen eine vorherige Sonderverbindung im Sinne von § 278 fehlt, demnach nicht zu. Insoweit könnte noch § 831 anwendbar sein, eine Norm, die sich aber anerkanntermaßen – mangels

---

[20] Vgl. MüKoBGB/*Oetker*, § 254 Rn. 126; *Henke*, JuS 1990, 30 ff.; Staudinger/*Schiemann* (2017), § 254 Rn. 95.

[21] „Die Vorschriften der §§ 31, 278 und 831 gelten entsprechend", vgl. nur *Hager*, NJW 1989, 1640 (1641).

[22] BGHZ 116, 60; BGHZ 24, 325; Palandt/*Grüneberg*, § 254 Rn. 49; MüKoBGB/*Oetker*, § 254 Rn. 128.

[23] BGHZ 103, 338 (342 f.); Staudinger/*Schiemann* (2017), § 254 Rn. 100.

[24] *BGH* NJW 1988, 2667.

[25] *BGH* VersR 1975, 133 (134); *BGH* NJW 1977, 1392 (1394).

einer entsprechenden Abhängigkeit z. B. des Vaters von seinem minderjährigen Kind – nicht auf gesetzliche Vertreter erstreckt.[26]

bb) Demgegenüber erblickt die Gegenansicht, die mit zum Teil unterschiedlichen Akzentuierungen und Differenzierungen im Schrifttum vertreten wird, in § 254 II 2 lediglich eine Rechtsfolgenverweisung, die auf die Voraussetzung der schon vor der Schädigung zwischen Schädiger und Geschädigtem bestehenden Sonderverbindung verzichtet. Andernfalls käme man, so wird hier argumentiert, zu „anfechtbaren Differenzierungen".[27] Der Schädiger soll auch außerhalb von Sonderverbindungen nicht das Risiko von schuldhaften Obliegenheitsverletzungen in der Sphäre des Gläubigers tragen. Einige Vertreter dieser Auffassung beschränken allerdings die derartige Rechtsfolgenverweisung auf Erfüllungsgehilfen und nehmen die gesetzlichen Vertreter im deliktischen Bereich grundsätzlich aus, da z. B. ein Kind sich seine Eltern nicht aussuchen könne und – anders als im rechtsgeschäftlichen Bereich – auch keine Vorteile aus dem Handeln seiner gesetzlichen Vertreter ziehe.[28]

cc) Obwohl sich diese beiden Meinungen auf den ersten Blick sehr zu unterscheiden scheinen, führen sie letztlich doch weitgehend zu den gleichen Ergebnissen. Der Unterschied liegt im Wesentlichen nur in der Verteilung des Insolvenzrisikos hinsichtlich des Erfüllungsgehilfen bzw. des gesetzlichen Vertreters.[29] Während die erste Ansicht dieses Ergebnis erst auf dem Umweg eines Gesamtschuldnerregresses erzielt, gelangt die zweite Ansicht zu ihm unmittelbar durch eine sofortige Kürzung des Ersatzanspruchs des Verletzten via §§ 254 II 2, 278 S. 1. Der Verletzte kann sich dann seinerseits entsprechend beim internen Mitverursacher – seinem Erfüllungsgehilfen bzw. gesetzlichen Vertreter – schadlos halten.

Das Risiko, dass der Regressschuldner dann insolvent und deshalb bei ihm „nichts zu holen" ist, trägt nach der ersten Auffassung der externe Schädiger, nach der zweiten Auffassung dagegen der Verletzte. Der von der h. M. angeführte „Gleichlauf" von Verschulden und Mitverschulden ist allerdings überzeugender. Mangels Sonderverbindung zum Zeitpunkt des schädigenden Ereignisses muss sich *F* grundsätzlich das Mitverschulden seines Vaters als seines gesetzlichen (Mit-)Vertreters (§ 1629 I) bei der Schadensverursachung gem. §§ 254 I und II 2, 278 S. 1 nicht zurechnen lassen.

c) Eine Anspruchskürzung unter dem Gesichtspunkt der Haftungseinheit scheidet aus o. g. Gründen aus.

d) Eine Anspruchskürzung kommt jedoch unter dem Aspekt der gestörten Gesamtschuld in Betracht. Dann müssten der Vater des *F* und die *N* im Außenverhältnis gegenüber *F* haften, der Ausgleich im Innenverhältnis gem. § 426 aber in Folge einer Haftungsprivilegierung gestört sein. Zunächst müsste eine Gesamtschuld gem. § 840 I zwischen dem Vater und der *N* bestehen. Die Haftung der *N* aus § 823 I wurde bereits bejaht. Der Vater des *F* müsste aber ebenfalls unter Berücksichtigung des allgemeinen Haftungsmaßstabs und ohne Berücksichtigung besonderer Privilegien zum Schadensersatz verpflichtet sein. Fraglich ist, woraus sich ein solcher Anspruch ergeben könnte.

---

[26] Vgl. nur *Hager*, NJW 1989, 1640 (1641).
[27] *Lange/Schiemann*, S. 607, die u. a. darlegen, es sei „fragwürdig", dass z. B. der Veranstalter „von ‚besuchsoffenen' Sportvorführungen haftungsrechtlich schlechter" stehen solle „als wenn er 25 Cent Eintritt verlangt hätte".
[28] Vgl. *Lange/Schiemann*, S. 607; *Larenz* I, S. 545 f.
[29] *Hager*, NJW 1989, 1640 (1642).

aa) In Bezug auf diesen Anspruch stellt sich zunächst die Frage der richtigen Anspruchsgrundlage(n). Die herrschende Lehre sieht in § 1664 eine eigene Anspruchsgrundlage.[30]

(1) Voraussetzung ist, dass der Vater des F eine Pflicht schuldhaft verletzt hat. Eine derartige Pflicht kann sich aus der Personensorge gem. § 1626 I 2 ergeben. § 1664 setzt die Innehabung der elterlichen Sorge bzw. eines Teilbereichs davon voraus. Das Gesetz nennt in § 1631 I als besonderes Element des Sorgerechts auch die Aufsichtspflicht. Ausmaß und Umfang der Aufsichtspflicht richten sich dabei nach dem Alter des Kindes und der konkreten jeweiligen Situation. Ein Kleinkind darf jedenfalls nicht ohne Aufsicht auf ein gefährliches Spielgerät gelassen werden.[31] Die Verpflichtung zur Aufsicht ergibt sich zudem auch aus § 832. Der Vater des F hat vorliegend seine Aufsichtspflicht gröblichst verletzt.

(2) Fraglich ist aber, ob er auch schuldhaft gehandelt hat. Verschulden ist die Verantwortlichkeit des Schädigers für sein normwidriges Verhalten. Er hat gem. § 276 Vorsatz und Fährlässigkeit zu vertreten. Fahrlässig handelt gem. § 276 II, wer die im Verkehr erforderliche Sorgfalt außer Acht lässt. Dies dürfte hier für den Vater des F in besonderem Maße gegeben sein. Dabei wäre allerdings zu beachten, dass ihm als internen Mitverursacher möglicherweise das Haftungsprivileg des § 1664 I zugutekommt. Nach dieser Vorschrift haben die Eltern, das gilt auch für jeden einzelnen Elternteil, „bei der Ausübung der elterlichen Sorge dem Kinde gegenüber nur für die Sorgfalt einzustehen, die sie in eigenen Angelegenheiten anzuwenden pflegen". Es ist umstritten, ob sich § 1664 I auch auf Verletzungen der elterlichen Aufsichtspflicht i. S. von § 832 I bezieht.[32] Dagegen lässt sich einwenden, dass der Schutzzweck der Aufsichtspflicht eine objektive Bestimmung der Pflichtanforderung verlangt und zum Schutz des Kindes nicht nur die eigenübliche Sorgfalt umfasst sein soll.[33] Für eine Anwendbarkeit des Haftungsmaßstabs des § 1664 spricht jedoch der Wortlaut der Norm, der keinen Ausschluss von Aufsichtspflichtverletzungen erkennen lässt. Es ist nicht anzunehmen, dass das Gesetz in § 1664 eine Haftungsmilderung für die Ausübung der elterlichen Sorge anordnet und einen zentralen Bereich dieser elterlichen Sorge, nämlich die Aufsichtspflicht, davon ausnehmen will, ohne dies ausdrücklich anzuordnen.[34] Der Anwendungsbereich des § 1664 wäre ansonsten nur auf den vermögensrechtlichen Bereich beschränkt. Folgt man der h. M., würde der Vater des F nur für die eigenübliche Sorgfalt, die sog. *diligentia quam in suis* gem. § 277, haften. Das kann hier jedoch dahingestellt bleiben, falls beide Auffassungen zum selben Ergebnis gelangen. Gem. § 277 ist jemand, der – wie die Eltern[35] – lediglich für eine solche „eigenübliche" Sorgfalt haftet, jedenfalls von der Haftung wegen grober Fahrlässigkeit nicht befreit. Laut Sachverhalt kam es aber zu dem in

---

[30] Vgl. *OLG Köln* FamRZ 1997, 1351; Palandt/*Götz*, § 1664 Rn. 1; Staudinger/*Heilmann* (2016), § 1664 Rn. 6; MüKoBGB/*Huber*, § 1664 Rn. 1 m. w. N. Nach anderer Auffassung ist hier eine „kindschaftsrechtliche Parallele zur positiven Forderungsverletzung" zu ziehen, danach ergäbe sich der Anspruch aus §§ 280 I, 241 II, vgl. *Gernhuber/Coester-Waltjen*, Familienrecht, 6. Aufl. 2010, § 57 Rn. 37; Staudinger/*Engler* (2009), § 1664 Rn. 6 f.; *Dethloff*, Familienrecht, 31. Aufl. 2015, § 13 Rn. 7; *Rauscher*, Familienrecht, 2. Aufl. 2008, Rn. 969.

[31] Vgl. dazu Palandt/*Götz*, § 1631 Rn. 3 ff.

[32] Dazu Staudinger/*Heilmann* (2016), § 1664 Rn. 33.

[33] BeckOK BGB/*Veit*, § 1664 Rn. 3.1.

[34] Vgl. MüKoBGB/*Huber*, § 1664 Rn. 12; Staudinger/*Heilmann* (2016), § 1664 Rn. 33.

[35] Oder z. B. auch der Gesellschafter einer BGB-Gesellschaft nach § 708 oder die Ehepartner gemäß § 1359.

Rede stehenden Unfall (auch) durch eine grobe Unachtsamkeit von *Fs* Vater, mithin in Folge einer groben Fahrlässigkeit.

F hat damit gegen seinen Vater einen Anspruch aus § 1664.

bb) Ein Schadensersatzanspruch des *F* könnte sich auch aus § 823 I ergeben.

(1) *F* hat aufgrund des Sturzes von der Rutsche eine Verletzung des Körpers und der Gesundheit in der Form eines Eingriffs in die körperliche Unversehrtheit und Integrität erlitten. *Fs* Vater oblag gem. §§ 1626, 1680 I die elterliche Sorge einschließlich der Aufsichtspflicht gem. § 1631 I. Damit war er Beschützergarant und hat eine bestimmte rechtlich geforderte Tätigkeit unterlassen, zu der er aufgrund der elterlichen Sorge verpflichtet gewesen wäre.[36] Er hat *F* auch kausal unter Verletzung seiner aus der elterlichen Sorge resultierenden Pflicht in rechtswidriger Weise geschädigt.

(2) Insoweit könnte aber auch hier die Haftungsbeschränkung des § 1664 I eingreifen. Fraglich ist allerdings insbesondere, ob § 1664 auch im Rahmen eines deliktischen Anspruchs herangezogen werden kann. Nach einer früheren Ansicht soll die Vorschrift nicht anzuwenden sein, wenn die verletzte Rechtspflicht eine allgemeine, gegenüber jedermann bestehende Pflicht darstellt.[37] Der *BGH* bejaht die Anwendbarkeit der eigenüblichen Sorgfalt, wenn die von den Eltern zu beachtenden Schutzpflichten voll und ganz in der Personensorge für das Kind aufgehen.[38] Die herrschende Meinung wendet § 1664 auch in Fällen an, in denen – wie meistens – ein innerer Zusammenhang des deliktischen Verhaltens mit der elterlichen Sorge gegeben ist.[39] Für sie sprechen Wortlaut und Systematik der Vorschrift: § 1664 ist als allgemeine Haftungsbeschränkung formuliert und nicht ausdrücklich auf die Haftung aus der Sonderbeziehung der elterlichen Sorge beschränkt. Derartige Haftungserleichterungen sind i.d.R. auf umfassende Wirkung angelegt und müssen daher auch andere, in Anspruchskonkurrenz stehende Ansprüche mit umfassen. Die Regelung des § 1664 würde weitgehend leer laufen, wenn sie nicht auch auf (mit der elterlichen Sorge in innerem Zusammenhang stehende) unerlaubte Handlungen Anwendung fände. Dies entspricht der Ratio des § 1664, der den innerfamiliären Frieden schützen soll. Im Übrigen haben die Eltern sich bereits wegen ihrer Unterhaltspflicht um die ärztliche Versorgung des geschädigten Kindes zu kümmern. Ein Schadensersatzanspruch des Kindes bringt diesem daher keinen zusätzlichen Nutzen.

Innerhalb dieses Verschuldensmaßstabes hat sich *Fs* Vater jedoch nicht gehalten. Er hat seine Aufsichtspflicht grob verletzt. Seine Haftung ist daher nicht gem. §§ 1664 I, 277 ausgeschlossen. Er haftet damit nach § 823 I und damit neben der Stadt gem. § 840 I.

cc) Zwischen beiden Schädigern (*N* und Vater des *F*) besteht folglich ein Gesamtschuldverhältnis i.S. der §§ 421 ff., so dass der externe Schädiger (*N*), wenn er den Verletzten befriedigt hat, grundsätzlich gem. § 426 I und II anteiligen Rückgriff beim gesetzlichen Vertreter (Vater) nehmen kann. Eine Haftungsbeschränkung im Innenverhältnis kommt nicht in Betracht. Demnach ist der Schadensersatz-

---

[36] S. bereits oben aa.
[37] Vgl. *OLG Düsseldorf* NJW 1978, 891.
[38] *BGH* NJW 1988, 2667.
[39] Vgl. *OLG Hamm* NJW-RR 1994, 415; *OLG Düsseldorf* NJW-RR 1999, 1042; MüKoBGB/ *Huber*, § 1664 Rn. 9 m.w.N.; Palandt/*Götz*, § 1664 Rn. 3; siehe auch BGHZ 103, 338 (345 f.).

anspruch des *F* gegen *N* nicht nach den Grundsätzen der gestörten Gesamtschuld zu kürzen.

e) *F* kann mithin von der *N* vollen Schadensersatz verlangen, die dann – sofern sie ihn vollständig befriedigt – anteiligen Rückgriff beim Vater nehmen kann. Der Verursachungsbeitrag der *N* ist dabei größer einzuschätzen, hingegen ist der Verschuldensbeitrag – die gröbliche Verletzung der Aufsichtspflicht durch den Vater – ebenfalls zu berücksichtigen. Beide Verursachungsbeiträge dürften daher mit jeweils 50 % anzusetzen sein.

2. § 823 II i. V. m. § 229 StGB

Im Hinblick auf die zusätzliche Anspruchsgrundlage des § 823 II i. V. m. § 229 StGB gilt das eben unter II 1 Dargelegte entsprechend.

III. Frage 3 – Ungeschickter Vater II

1. § 823 I

a) Anspruchsgrundlage könnte wiederum § 823 I sein. Hinsichtlich der entsprechenden Voraussetzungen wird auf das oben unter II 1 Gesagte verwiesen. Auch hier wäre demnach die Stadt grundsätzlich zur Leistung von Schadensersatz gegenüber *F* verpflichtet. Der Anspruch des *F* richtet sich nach §§ 249 ff. und könnte wiederum unter verschiedenen Gesichtspunkten zu kürzen sein.

b) Folgt man der h. M., so muss sich *F* grundsätzlich das Mitverschulden seines Vaters als seines gesetzlichen (Mit-)Vertreters (§ 1629 I) bei der Schadensverursachung gem. §§ 254 I und II 2, 278 S. 1 nicht zurechnen zu lassen. Die geforderte Sonderverbindung fehlt.

c) Eine Anspruchskürzung unter dem Gesichtspunkt der Haftungseinheit scheidet aus o. g. Gründen aus.

d) *Fs* Vater könnte nun möglicherweise das Haftungsprivileg des § 1664 I zugutekommen. Er hat in der vorliegenden Variante im Rahmen derjenigen Sorgfalt gehandelt, die er in eigenen Angelegenheiten anzuwenden pflegt. Dies könnte Auswirkungen auf *Fs* Anspruch haben. Dann müsste wiederum zunächst eine Gesamtschuld zwischen dem Vater und der *N* bestehen. Der Vater müsste *F* zunächst unter Berücksichtigung des allgemeinen Haftungsmaßstabs und ohne Berücksichtigung besonderer Privilegien neben der *N* zum Schadensersatz verpflichtet sein.

aa) *Fs* Vater war nur leicht unachtsam, was der Sorgfalt entspricht, die er auch in eigenen Angelegenheiten anzuwenden pflegt. Ein Anspruch gem. § 1664 scheidet aufgrund der Haftungsprivilegierung aus.

bb) Die Voraussetzungen der Haftung aus § 823 I liegen an sich vor. *Fs* Vater würde somit neben der *N* haften. Beide wären gem. § 840 I Gesamtschuldner. Folgt man der h. M., die die Anwendbarkeit des § 1664 auf deliktische Ansprüche bejaht, würde *Fs* Vater allerdings nur für die eigenübliche Sorgfalt haften, sofern er nicht grob fahrlässig handelt. Diese eigenübliche Sorgfalt hat er hier gewahrt, so dass er nicht gem. §§ 1664, 277 haftet.[40] Aufgrund der Haftungsbeschränkung kann nun auch keine Gesamtschuld gem. §§ 840, 421, 426 zwischen dem Vater und der *N* entstehen. Dies führt bei wortlautgetreuer Anwendung des Gesetzes zu einer Schlechterstel-

---

[40] § 1664 beruht auf dem Prinzip der Schicksalsgemeinschaft zwischen Eltern und Kind. Das Kind muss seine Eltern so nehmen, wie sie sind. Außerdem soll die Norm das Familienverhältnis weitgehend frei von Störungen halten (Befriedigungsfunktion).

lung der *N*, die zwangsläufig den gesamten Schaden allein ersetzen müsste, ohne beim Vater Regress nehmen zu können, obwohl dieser den Schaden mitverursacht hat. Nach dem Gesetzeswortlaut wird der nichtprivilegierte Schädiger demnach schlechter gestellt. Umstritten ist, ob § 1664 tatsächlich diese Folge herbeiführen soll. Es stellt sich das Problem der durch § 1664 gestörten Gesamtschuld. Fraglich ist demnach, ob sich der Haftungsausschluss im Verhältnis *F* zu seinem Vater auf den Anspruch *F* gegen die *N* auswirkt.

(1) Die wohl h. M. billigt dem Geschädigten von vornherein keinen vollen Ersatzanspruch gegen den Erstschädiger zu, sondern gestattet ihm diese Inanspruchnahme immer nur in Höhe des konkreten Mitverschuldensanteils (absolute Außenwirkung der Privilegierung).[41] Die Haftungsbeschränkung wird quasi ins Außenverhältnis gekehrt. Der Geschädigte muss sich also danach von Anfang an schon im Verhältnis zum Erstschädiger die ausgeschlossene Haftung des privilegierten Zweitschädigers entgegenhalten lassen. Er kann damit von vornherein nur einen Anspruch gegen den Erstschädiger geltend machen, der um den Anteil gekürzt ist, der intern auf den Verursachungsbeitrag des privilegierten Zweitschädigers entfiele.[42] Dies ergäbe sich bei vertraglichen Haftungsausschlüssen oder -beschränkungen bereits daraus, dass „Verträge zu Lasten Dritter" unzulässig sind. Eine Fiktion einer Gesamtschuld ist nicht notwendig. Die Regelung des § 1664 geht zu Lasten des Kindes, was auch für ein Drei-Personen-Verhältnis gelten müsse.[43] Herangezogen wird z. T. in analoger Anwendung § 254 I mit der Begründung, dass die durch die Haftungsbeschränkung bewirkte Verhinderung des Regresses ähnlich wie bei der Betriebsgefahr dem Gefahrenbereich des Geschädigten zuzuordnen ist (diese kommt seinem Vater zugute) und daher auch dessen Anspruch verkürzt.[44] In diesem Fall hätte *F* lediglich einen Schadensersatzanspruch gegen die *N*, der um den Schädigungsbeitrag seines Vaters gekürzt wäre.

(2) Nach a. A. soll die Privilegierung lediglich relative Außenwirkung entfalten, also nur im Verhältnis zwischen Geschädigtem und privilegiertem Zweitschädiger Anwendung finden. Der Geschädigte kann den nicht privilegierten Erstschädiger zunächst voll in Anspruch nehmen. Dieser kann aber im Innenverhältnis seinerseits den privilegierten Zweitschädiger in Regress nehmen. Das fehlende Gesamtschuldverhältnis wird entweder fingiert oder anderweitig konstruiert.[45] *F* könnte danach die *N* voll auf Schadensersatz in Anspruch nehmen. Diese könnte allerdings anschließend gegenüber seinem Vater Ausgleichsansprüche gem. § 426 I geltend machen, da das Gesamtschuldverhältnis fingiert wird. § 1664 I entfaltet dann nur relative Außenwirkung innerhalb des Eltern-Kind-Verhältnisses.

(3) Die frühere Rspr. des *BGH* fingierte ebenfalls ein Gesamtschuldverhältnis zwischen Erstschädiger und Zweitschädiger und folgte erst der Lehre von der relativen

---

[41] *Esser/E. Schmidt*, § 39 II 2b; *Medicus/Petersen*, BR, Rn. 933; *Muscheler*, JR 1994, 441.

[42] *Medicus/Petersen*, BR, Rn. 933 f. m. w. N; *Hager*, NJW 1989, 1640 (1645 f.). Eine Kürzung des Anspruchs des Geschädigten nimmt im Übrigen auch der *BGH* vor, wenn es sich um eine vertragliche Haftungsbeschränkung oder eine gesetzliche Haftungsfreistellung (§§ 104, 105 SGB VII) handelt, vgl. *BGH* NJW 2003, 2984 (2986).

[43] *Roth*, Familien- und Erbrecht mit ausgewählten Verfahrensfragen, 5. Aufl. 2010, S. 70.

[44] Andere Argumentation bei *Looschelders* (Die Mitverantwortlichkeit des Geschädigten im Privatrecht, 1999, S. 558): Die Anspruchskürzung sei nicht mit dem Gedanken zu begründen, dass der Geschädigte aufgrund des Verhaltens seines gesetzlichen Vertreters für den Schaden mitverantwortlich ist, sondern mit der Erwägung, dass das Problem der „gestörten Gesamtschuld" zu Lasten desjenigen gelöst werden muss, gegenüber welchem die Privilegierung besteht.

[45] *Muscheler*, JR 1994, 441; *Soergel/Gebauer*, 13. Aufl. 2010, § 426 Rn. 42.

Außenwirkung. Danach konnte der Geschädigte wiederum vom Erstschädiger vollen Schadensersatz verlangen, der Erstschädiger dagegen beim privilegierten Zweitschädiger anteiligen Regress nehmen, ohne dass dieser ihm seine Haftungserleichterung entgegenhalten durfte.[46] Folgt man dieser Ansicht und fingiert eine Gesamtschuld mit der Begründung, dass der privilegierte Schädiger „eigentlich" mithaften würde, wenn ihm nicht die Privilegierung zugutekäme, wäre auch hier die N zum vollen Ausgleich verpflichtet, könnte dann aber anteilig Regress beim Vater von F nehmen, obwohl dieser seinem Sohn gegenüber nicht haftet. So wird erreicht, dass § 1664 nicht zum Nachteil des nicht privilegierten Schädigers wirken würde. Diesem Lösungsansatz wird daher insgesamt entgegengehalten, dass der haftungsprivilegierte Zweitschädiger ggf. besser stünde, wenn er den Schaden allein verursacht hätte, als wenn er bloß teilverantwortlich wäre.[47] Der vom Erstschädiger anteilig in Regress genommene Zweitschädiger könnte aber auch gegenüber dem Geschädigten auf seine im Verhältnis zu diesem bestehende Haftungserleichterung pochen und von diesem deshalb – notfalls über § 812 I 1 – einen entsprechenden Ausgleich verlangen (sog. Regresskreisel).[48] Dies könnte den Familienfrieden stören.

(4) Nach aktueller Rspr. des *BGH* verbleibt es bei der vom Gesetz vorgegebenen Lösung. Im Fall einer (gesetzlichen) Haftungsbeschränkung würde ein Gesamtschuldverhältnis, das gestört sein könnte, schon gar nicht entstehen, weshalb kein Regress erfolgen könne. Der haftungsbegründende Tatbestand für eine Haftung sei schon nicht erfüllt.[49] Der privilegierte Schädiger sei schon gar kein Schuldner, der „Gesamt"schuldner werden könne. Der Elternteil sei für einen Schaden nicht verantwortlich, wenn die Pflichtverletzung nicht gegen die eigenübliche Sorgfalt verstoße und der Grad grober Fahrlässigkeit nicht erreicht sei. § 1664 I diene auch dem „Schutz der Familie im Außenverhältnis" und wolle die Eltern „nicht nur von den Ansprüchen des Kindes, sondern auch von dem Rückgriff" des Erstschädigers entlasten.[50] Wenn ein Ausgleich schon am Fehlen einer zurechenbaren Mitbeteiligung des Ausgleichsschuldners scheitert, so sei das eine Folge des Ausgleichssystems, die im Rahmen der Deliktshaftung allen Schuldnern zugemutet wird.[51] In Fallgestaltungen des Straßenverkehrs macht die Rechtsprechung jedoch hiervon eine Ausnahme.[52]

Nach dieser Lösung könnte F einen Schadensersatzanspruch gegen die N in voller Höhe geltend machen, ohne dass diese Regress beim Vater nehmen könnte.

(5) Nachvollziehbar ist die Lösung des *BGH* aufgrund der besonderen Schutzbedürftigkeit des Kindes. Es soll nicht selbst mit dem Ausfall belastet werden. Für die h. M. spricht demgegenüber der Sinn und Zweck der Haftungsbeschränkungen, die für ein Zwei-Personen-Verhältnis zugeschnitten sind und auch im Mehrpersonenverhältnis wirken müssten. Die Haftungsbeschränkung läuft nicht leer, wie es der Fall wäre, wenn man der Ansicht des *BGH* folgt.

Im vorliegenden Fall müsste sich F, folgt man der h. M., das Mitverschulden seines Vaters zurechnen lassen. Er könnte folglich von der N keinen vollen Schadensersatz verlangen, sondern müsste von vornherein einen Abzug entsprechend dem (objektiven) Mitverschuldensanteil seines unachtsamen Vaters machen. Die genaue Ermitt-

---

[46] Vgl. BGHZ 12, 213 ff.; BGHZ 35, 317 ff.
[47] Vgl. *Medicus/Petersen*, BR, Rn. 929 ff.
[48] Vgl. *Hager*, NJW 1989, 1640 (1644).
[49] *BGH* NJW 2004, 2892 (2893); BGHZ 103, 338 (346 f.).
[50] Vgl. auch *Hager*, NJW 1989, 1640 (1647).
[51] *BGH* NJW 1988, 2667 (2669).
[52] BGHZ 46, 313; *OLG Hamm* NJW 1993, 542.

lung der Höhe dieses Anteils ist eine Tatfrage; er könnte hier bei etwa einem Drittel liegen.

2. § 823 II i. V. m. § 229 StGB

Für die zusätzliche Anspruchsgrundlage des § 823 II i. V. m. § 229 StGB gilt das oben unter III 1 Erörterte wiederum entsprechend.

Fall 13. Die demolierte Harley

Schadensersatz aus Verkehrsunfall – Halter- und Fahrerhaftung nach StVG – Probleme des Schadensersatzumfangs (merkantiler Minderwert, Nutzungsausfall, Vorteilsausgleichung, wirtschaftlicher Totalschaden, Schadensersatz auf Neuwertbasis) – Inanspruchnahme der Haftpflichtversicherung

Sachverhalt

Der 21-jährige Student *Schön* bekommt nach bestandener Zwischenprüfung von seinen Eltern eine fabrikneue Harley Davidson Cross Bones im Wert von 25 000 € geschenkt. Als er mit seiner wenige Tage zuvor zugelassenen Maschine die erste größere Fahrt unternimmt, missachtet der Handelsvertreter *Hurtig* infolge grober Unaufmerksamkeit mit seinem geleasten Daimler *Schöns* Vorfahrt, wodurch die beiden Fahrzeuge miteinander kollidieren. Durch den Verkehrsunfall entsteht an dem Fahrzeugchassis der Harley (Kilometerstand: 123 km) ein Sachschaden, dessen technisch einwandfreie Behebung 5 000 € kosten würde. *Schön* bleibt glücklicherweise unverletzt. Allerdings muss er sich für zwölf Tage ein Motorrad mieten, wobei es ihn ärgert, dass bei der Motorradvermietung nur ein minderklassiges Modell zur Verfügung steht. Die Anmietung dieses Modells kostet 85 € pro Tag.

1. *Schön* möchte den ihm entstandenen Schaden ersetzt bekommen. Inwieweit stehen ihm Ansprüche zu und gegen wen kann er vorgehen?
2. *Schön* mietet für die Dauer von zwölf Tagen kein Ersatzfahrzeug, da ihm für die Zeit der Reparatur auch der alte Golf seiner Eltern zur Verfügung steht. Normalerweise soll ihm aber seine Harley – neben dem durch sie garantierten Freizeitvergnügen – zum alltäglichen Transport dienen. Kann er von *Hurtig* seinen Nutzungsausfall ersetzt verlangen?
3. Kann *Schön* den ihm entstandenen Sachschaden auch auf Neuwertbasis abrechnen, wenn er statt der Reparatur eine neue Harley Davidson Cross Bones erworben hat?
4. Angenommen, das von *Hurtig* beschädigte Kraftfahrzeug wäre nicht eine fabrikneue Harley Davidson, sondern ein uraltes Moped der Marke Simson mit einem Wiederbeschaffungswert von 300 € gewesen, dessen entsprechende Reparatur 900 € kosten würde. Kann *Schön* diese Reparaturkosten ersetzt verlangen?
5. Durch denselben Unfall ist auch der dreijährige Schnauzer „Felix" der Rentnerin *Rüstig* schwer verletzt worden, der 300 € wert war und an dem *Rüstig* sehr hängt. Kann *Rüstig* Ersatz für die zur Heilung von „Felix" erforderlichen Tierarzt- und Arzneikosten in Höhe von 900 € verlangen?

Lösung

A. Frage 1 – Ersatzansprüche

I. Ansprüche gegen *Hurtig (H)*

1. Anspruch auf Schadensersatz aus § 7 I StVG[1]

Schön (S) hat gegen *H* einen Anspruch auf Schadensersatz aus § 7 I StVG, wenn *H* als Kfz-Halter bei dem Betrieb eines Kraftfahrzeugs ein in der Norm aufgezähltes Rechtsgut des *S* verletzt hat.

a) Haftungsbegründender Tatbestand

aa) In Betracht kommt die Verletzung des Eigentums von *S* an der Harley durch eine Handlung von *H*. Weil *H* dem Studenten die Vorfahrt nahm, kollidierte er mit dessen Harley. Dadurch wurde die Harley in ihrer Substanz beschädigt. *S* war durch den Vollzug der Schenkung seiner Eltern gem. § 929 S. 1 Eigentümer des Motorrades geworden. *H* hat mithin das Eigentum des *S* verletzt.

bb) *H* muss Halter eines Kraftfahrzeugs sein. Halter ist, wer das Kraftfahrzeug für eigene Rechnung in Gebrauch hat und die Verfügungsgewalt besitzt.[2] Fraglich könnte sein, ob *H* als Leasingnehmer auch als Halter anzusehen ist. Indessen sind weder Eigentum noch Eintragung im Fahrzeugbrief Voraussetzung für die Haltereigenschaft.[3] Entscheidend ist, wer tatsächlich und wirtschaftlich der eigentliche Verantwortliche für den Einsatz des Kraftfahrzeuges im Verkehr ist, wer also die von dem Fahrzeug ausgehenden Gefahren schafft. Bei Leasingverträgen ist demnach der Leasingnehmer, der während der Laufzeit des Leasingvertrages über den Einsatz des Fahrzeugs allein entscheidet und die Betriebskosten trägt, alleiniger Halter.[4] *H* ist demnach Halter des Daimlers.

cc) Die Beschädigung des Fahrzeugs erfolgte auch bei dem Betrieb des Kfz von *H*.

dd) Sachverhalte, die ausnahmsweise diese Halterhaftung gemäß §§ 7 II und III, 8 StVG ausschließen (höhere Gewalt, unverschuldete Schwarzfahrt etc.), liegen hier nicht vor.

ee) Daher haftet *H* nach § 7 I StVG. Der Schaden des *S* liegt weit unterhalb des Haftungshöchstbetrags des § 12 I Nr. 2 StVG von zur Zeit einer Million Euro.

b) Haftungsausfüllender Tatbestand

Im Rahmen des haftungsausfüllenden Tatbestandes sind Umfang und Höhe des eingetretenen Schadens zu ermitteln, Kausalität und Ersatzfähigkeit des Schadens sowie ein etwaiges Mitverschulden des Anspruchstellers zu prüfen.

aa) Schadensermittlung

Die Ermittlung des Schadens erfolgt mittels der Differenzhypothese. Hiernach ist der tatsächliche Vermögensstand nach dem schädigenden Ereignis mit dem Zustand,

---

[1] Bei § 7 I StVG handelt sich – im Gegensatz zu § 823 – um einen Tatbestand der Gefährdungshaftung, der ein Verschulden des Haftenden nicht voraussetzt, sondern den Ausgleich des durch den zulässigen Betrieb eines Kraftfahrzeugs entstandenen Schadens bezweckt (BGHZ 117, 337). Wegen der besseren Beweislastverteilung für den Anspruchsteller empfiehlt es sich, § 7 I StVG vor § 823 I zu prüfen.

[2] Hentschel/*König*/Dauer, Straßenverkehrsrecht, 44. Aufl. 2017, § 7 StVG Rn. 14.

[3] Hentschel/*König*/Dauer, § 7 StVG Rn. 14.

[4] Hentschel/*König*/Dauer, § 7 StVG Rn. 16a; *BGH* NJW 1983, 1492 (1493).

der bestehen würde, wäre das Ereignis nicht eingetreten, zu vergleichen. Wäre es nicht zu dem Unfall gekommen, wäre die Harley Davidson nicht beschädigt und für *S* uneingeschränkt nutzbar gewesen.

bb) Ersatzfähigkeit

(1) Nach § 249 I hat der Ersatzpflichtige prinzipiell „den Zustand herzustellen, der bestehen würde, wenn der zum Ersatz verpflichtende Umstand nicht eingetreten wäre". Daraus resultiert der Grundsatz der Naturalrestitution: Der Schädiger selbst hat den ursprünglichen Zustand in natura wieder herzustellen. Da *H* als Handelsvertreter die beschädigte Harley selbst nicht fachgerecht reparieren kann, sieht das Gesetz ferner u. a. dann eine Kompensation in Form von bloßem Geldersatz vor, wenn wegen Beschädigung einer Sache Schadensersatz zu leisten ist (§ 249 II 1). Zu ersetzen ist in diesem Falle das Integritätsinteresse, d. h. der Geldbetrag, der zur Herstellung des vor dem schädigenden Ereignis bestehenden Zustandes erforderlich ist.[5] *S* könnte demnach von *H* statt der Reparatur den dazu erforderlichen Geldbetrag verlangen. Dies sind laut Sachverhalt 5 000 €.

Der Geschädigte eines Kraftfahrzeugsachschadens hat bei Ausübung dieser Ersetzungsbefugnis die Wahl, ob er fiktiv nach den Feststellungen eines Sachverständigen oder konkret nach den tatsächlich aufgewendeten Kosten abrechnet.[6] Bei fiktiver Abrechnung ist der objektiv zur Herstellung erforderliche Betrag ohne Bezug zu tatsächlich getätigten Aufwendungen zu ermitteln. In der Regel wird dieser durch ein Sachverständigengutachten o. Ä. dargelegt. Der Geschädigte disponiert hier dahin, dass er sich mit einer Abrechnung auf einer objektiven Grundlage zufrieden gibt. Gleichzeitig entfällt für ihn die Verpflichtung, zu den von ihm tatsächlich veranlassten oder auch nicht veranlassten Herstellungsmaßnahmen konkret vorzutragen.[7] Die fiktive Abrechnung ist vor allem dann interessant, wenn der Geschädigte überhaupt keine Reparatur vornehmen lassen oder den Schaden in Eigenregie beheben möchte. Entscheidet sich der Geschädigte für die fiktive Schadensabrechnung, sind die im Rahmen einer tatsächlich erfolgten Reparatur angefallenen Kosten nicht (zusätzlich) ersatzfähig. Der Geschädigte muss sich vielmehr an der gewählten Art der Schadensabrechnung festhalten lassen; eine Kombination von fiktiver und konkreter Schadensabrechnung ist insoweit unzulässig.[8]

(2) Zu prüfen ist des Weiteren, ob *S* über die Reparaturkosten hinaus den Ersatz des merkantilen Minderwerts verlangen kann. Ein merkantiler Minderwert ist dann vorhanden, wenn ein unfallbeschädigtes Kfz im Falle seines späteren Verkaufs trotz technisch vollkommen einwandfreier Reparatur einen geringeren Erlös erzielen würde als ein vergleichbares unfallfreies Fahrzeug, weil es als Unfallwagen gilt. Sofern eine beschädigte Sache trotz technisch einwandfreier Reparatur wegen des Schadensfalls am Markt geringer bewertet wird, ist die Differenz vom Schädiger zu ersetzen (§ 251 I). Das gilt auch dann, wenn der Geschädigte den reparierten Wagen zunächst selbst weiter benutzen will.[9] Ein relevanter Schaden, der zu einem solchen merkantilen Minderwert führt, liegt i. d. R. vor, wenn die Reparaturkosten mehr als

---

[5] Palandt/*Grüneberg*, § 249 Rn. 5; *Medicus/Lorenz*, Schuldrecht II, Rn. 664.
[6] St. Rspr., jüngst wieder *BGH* VersR 2017, 441 Rn. 6 m. N.
[7] *BGH* VersR 2014, 214 Rn. 10.
[8] BGHZ 162, 170 (175); BGHZ 169, 263 Rn. 15. Dies gilt jedenfalls dann, wenn die konkreten Kosten der Ersatzbeschaffung unter Einbeziehung der geltend gemachten Nebenkosten den dem Geschädigten aufgrund der fiktiven Schadensabrechnung zustehenden Betrag nicht übersteigen, s. jüngst auch *BGH* VersR 2017, 117 Rn. 17.
[9] BGHZ 35, 396 (397).

10 % des Wiederbeschaffungswerts des betreffenden Fahrzeugs ausmachen.[10] Als Wiederbeschaffungswert wird grundsätzlich der um die Händlerspanne von regelmäßig 15–25 % erhöhte Zeitwert angesehen; Zeitwert ist derjenige Wert, den der Eigentümer des Fahrzeugs bei einem Verkauf unmittelbar vor dem betreffenden Unfall erlöst hätte.[11] Dieser Wiederbeschaffungswert entspricht im vorliegenden Fall praktisch dem Neuwert, also 25 000 €. Die Reparaturkosten in Höhe von 5 000 € machen damit 20 % des Wiederbeschaffungswerts von 25 000 € aus, sodass S auch den merkantilen Minderwert ersetzt verlangen kann. Der Umfang des merkantilen Minderwertes wird in der Regel durch Schätzung nach § 287 ZPO bestimmt, wobei verschiedene Methoden in Betracht kommen. Nach der auch in der Praxis überwiegend akzeptierten Formel von *Ruhkopf/Sahm* beläuft sich der merkantile Minderwert auf einen prozentualen Anteil an der Summe aus Wiederbeschaffungswert und Reparaturkosten,[12] vorliegend auf 5 % von 30 000 €, was 1 500 € ergibt. S von H mithin 1 500 € wegen des merkantilen Minderwerts verlangen.

(3) Da S infolge des Unfalls ein Ersatzmotorrad anmietete, sind ihm gem. § 249 II 1 grundsätzlich auch die diesbezüglichen erforderlichen Kosten von H zu ersetzen, soweit sie in der Zeit bis zur ordnungsgemäßen Reparatur seiner beschädigten Harley entstanden sind. Bei Anmietung eines vergleichbaren Fahrzeugs muss er sich jedoch im Wege der Vorteilsausgleichung die ersparten Aufwendungen für Betriebskosten und Verschleiß am eigenen Motorrad anrechnen lassen. Die Ersparnis wird bei etwa 10 % des Mietzinses angesetzt. Mietet der Geschädigte dagegen ein kleineres Fahrzeug, dessen Miete um 10 % geringer ist als die Miete für ein gleichwertiges, kann er grundsätzlich den vollen Mietzins ersetzt verlangen.[13] Da S nur ein minderklassiges Modell mieten konnte, kann er den vollen Mietzins für die zwölf Tage ersetzt verlangen, also insgesamt 1 020 €.

cc) Der Schaden des S ist auch kausal auf die Rechtsgutsverletzung zurückzuführen.

dd) Für eine eventuelle Schadensminderung wegen Anrechnung einer mitwirkenden Betriebsgefahr des S gem. § 254 i. V. m. § 17 II, I StVG[14] gibt es im Sachverhalt keine Anhaltspunkte.[15]

ee) H muss demnach dem S die erforderlichen Reparaturkosten in Höhe von 5 000 € sowie den merkantilen Minderwert in Höhe von 1 500 € ersetzen. Zudem hat S einen Anspruch auf Zahlung der Kosten für die Anmietung des Ersatzmotorrads in Höhe

---

[10] Vgl. nur Palandt/*Grüneberg*, § 251 Rn. 14 ff.

[11] Palandt/*Grüneberg*, § 249 Rn. 16.

[12] Palandt/*Grüneberg*, § 251 Rn. 17; daneben stehen die Methoden von *Halbgewachs* und das sog. Hamburger Modell zur Verfügung. Siehe zu den verschiedenen Methoden MüKoBGB/*Oetker*, § 249 Rn. 57 sowie Geigel/*Knerr*, Der Haftpflichtprozess, 27. Aufl. 2015, 3. Kapitel Rn. 54 ff.

[13] Vgl. Palandt/*Grüneberg*, § 249 Rn. 36.

[14] § 17 II StVG verdrängt als speziellere Regelung § 9 StVG (vgl. *BGH* NZV 1994, 146 (147) m. N.), wenn es um den Ausgleich zwischen zwei Kraftfahrzeugen geht, bei denen jeweils die Betriebsgefahr eingreift. § 9 StVG regelt die Anrechnung von Mitverschulden von verletzten Fußgängern, Radfahrern oder Haltern eines langsamen Fahrzeugs nach § 8 StVG.

[15] Zu beachten ist, dass der Schädiger den Geschädigten gemäß § 254 II auf eine günstigere Reparaturmöglichkeit in einer mühelos und ohne Weiteres zugänglichen „freien" Fachwerkstatt verweisen kann, sofern eine Reparatur in dieser Werkstatt vom Qualitätsstandard her der Reparatur in einer markengebundenen Werkstatt entspricht. Anderes gilt lediglich dann, wenn Umstände vorliegen, die dem Geschädigten eine Reparatur außerhalb einer markengebundenen Werkstatt unzumutbar machen würden (*BGH* VersR 2017, 504 Rn. 7 ff. m. N. zur früheren Rspr.).

von 1 020 €. Folglich beläuft sich der von *H* zu ersetzende Schaden des *S* auf insgesamt 7 520 €.

c) Ergebnis

S hat gegen *H* einen Anspruch auf Schadensersatz in Höhe von 7 520 € aus § 7 I StVG i. V. m. §§ 249 ff.

2. Anspruch auf Schadensersatz aus § 18 I StVG[16]

In Betracht kommt daneben eine Haftung des *H* aufgrund von § 18 I 1 StVG, die eine Haftungserweiterung auf den Führer des Kraftfahrzeugs enthält. *H*, der nach § 7 I StVG haftet,[17] hat sein Fahrzeug laut Sachverhalt selbst geführt. Er hat die Beschädigung des Motorrades des *S* auch schuldhaft verursacht. Demnach ist er *S* – gemäß § 18 II i. V. m. § 16 StVG abermals im Wege der Anspruchskonkurrenz – auch gemäß § 18 I 1 StVG entsprechend ersatzpflichtig. Bezüglich des haftungsausfüllenden Tatbestandes kann auf die Ausführungen zu § 7 I StVG verwiesen werden.[18] Danach hat *S* gegen *H* einen Anspruch auf Ersatz seiner Reparatur- und Mietwagenkosten sowie des merkantilen Minderwertes der Harley in Höhe von 7 520 €.

3. Anspruch auf Schadensersatz aus § 823 I

S könnte von *H* daneben auch Schadensersatz aus unerlaubter Handlung gem. § 823 I verlangen.

a) Anwendbarkeit

§ 823 kommt gem. § 16 StVG neben §§ 7, 18 StVG zur Anwendung. Es besteht Anspruchsgrundlagenkonkurrenz.

b) Haftungsbegründender Tatbestand

Die Rechtsgutsverletzung besteht in der Beschädigung der Harley des *S* und somit in einer Eigentumsverletzung. Dies geschah dadurch, dass *H* dem *S* die Vorfahrt nahm, mithin durch ein positives Tun des *H*, das kausal für die Eigentumsverletzung war.

§ 823 I verlangt ferner Widerrechtlichkeit. Bei der Verletzung von Eigentum durch positives Tun indiziert die Rechtsgutsverletzung die Rechtswidrigkeit.[19] Da auch

---

[16] Der Schadensersatzanspruch des § 18 StVG setzt Verschulden des Anspruchsgegners voraus, was allerdings widerleglich vermutet wird (§ 18 I 2 StVG). Die Haftung des Kraftfahrzeugführers ist also im Gegensatz zu der des Kraftfahrzeughalters keine Gefährdungshaftung, sondern wie die nach § 823 eine Verschuldenshaftung, aber mit umgekehrter Beweislast. Durch die Beweislastumkehr ist auch diese Norm günstiger als § 823 für den Anspruchsteller und sollte daher vorher geprüft werden.

[17] Siehe oben I 1 c.

[18] Siehe oben I 1 b.

[19] Der genaue Bezugspunkt der Rechtswidrigkeit ist umstritten. Die klassische, wohl immer noch herrschende Auffassung bezieht sie auf den eingetretenen Erfolg („Erfolgsunrecht"), eine andere Auffassung dagegen auf die entsprechende Verhaltensweise des Täters („Handlungsunrecht"). Nach der Theorie vom Erfolgsunrecht ist bei positivem Tun vorbehaltlich der Rechtfertigungsgründe jede unmittelbare Verletzung eines der in § 823 I genannten Rechtsgüter rechtswidrig, sodass der Verletzungserfolg die Rechtswidrigkeit indiziert. Nach der Theorie vom Handlungsunrecht soll dies nur für vorsätzliche Handlungen gelten; ein

keine Rechtfertigungsgründe in Betracht kommen, ist die Widerrechtlichkeit zu bejahen.

Nach § 823 I muss der Täter ferner vorsätzlich oder fahrlässig gehandelt haben. Vorsätzlich ist eine Handlung dann, wenn sie bewusst und gewollt herbeigeführt wurde; das liegt bei *H* nicht vor. Fahrlässig handelt nach § 276 II, wer die im Verkehr erforderliche Sorgfalt nicht beachtet. Dieser Fahrlässigkeitsbegriff ist nicht subjektiv-individuell, sondern objektiv-generell zu interpretieren.[20] Wer – wie *H* – einem anderen Verkehrsteilnehmer aufgrund grober Unaufmerksamkeit die Vorfahrt nimmt, handelt fahrlässig.

Damit ist der haftungsbegründende Tatbestand erfüllt. *H* hat dem *S* den gesamten aus dem Verkehrsunfall entstandenen Schaden zu ersetzen.

c) Haftungsausfüllender Tatbestand

Bezüglich des haftungsausfüllenden Tatbestandes kann auf die Ausführungen zu § 7 I StVG verwiesen werden.[21] Danach hat *S* gegen *H* einen Anspruch auf Ersatz seiner Reparatur- und Mietwagenkosten sowie des merkantilen Minderwertes der Harley in Höhe von 7 520 €.

4. § 823 II i. V. m. §§ 1 und 8 StVO

S könnte von *H* den entsprechenden Schadensersatz außerdem gemäß § 823 II i. V. m. §§ 1 und 8 StVO verlangen. Das setzt die schuldhafte (§ 823 II 2) Verletzung eines Schutzgesetzes voraus. Gesetz i. S. d. BGB ist gem. Art. 2 EGBGB jede Rechtsnorm. Damit kommen nicht nur Parlamentsgesetze, sondern auch untergesetzliche Normen wie Rechtsverordnungen in Betracht. §§ 1 und 8 StVO sind also Gesetz im Sinne von § 823 II. Erforderlich ist ferner, dass sie Schutzgesetz sind, also der betreffende Schutz jedenfalls auch auf bestimmte Rechtsgüter oder Rechte des Einzelnen zielt.[22] Dies ist sowohl bei der die Vorfahrt regelnden Norm des § 8 StVO als auch bei der Generalklausel des § 1 StVO der Fall.[23] Geschützt wird durch diese Normen auch und gerade der Vorfahrtsberechtigte, hier also *S*, und zwar speziell im Hinblick auf den unmittelbar durch die entsprechende Verletzung entstandenen Schaden. *H* handelte fahrlässig, also auch schuldhaft im Sinne von § 823 II 2. Es gelten für den haftungsausfüllenden Tatbestand wiederum die §§ 249 ff. in dem oben[24] näher erörterten Umfang. Danach hat *S* gegen *H* einen Anspruch auf Ersatz seiner Reparatur- und Mietwagenkosten sowie des merkantilen Minderwertes der Harley in Höhe von 7 520 €.

---

nicht vorsätzliches Verhalten ist danach nur dann rechtswidrig, wenn der Schädiger entweder gegen eine spezielle Verhaltensnorm verstoßen oder die generell geforderte Sorgfalt außer Acht gelassen hat. Die Theorie vom Erfolgsunrecht steht im Einklang mit der Unterscheidung zwischen Widerrechtlichkeit und Fahrlässigkeit im Rahmen von § 823 I. Daher ist ihr zu folgen. Ausgenommen davon sind offene Tatbestände wie der Eingriff in den eingerichteten und ausgeübten Gewerbebetrieb und die Verletzung des Allgemeinen Persönlichkeitsrechts, bei denen eine Güter- und Interessenabwägung vorzunehmen ist.

[20] Vgl. nur MüKoBGB/*Grundmann*, § 276 Rn. 54 ff.; *Looschelders*, Schuldrecht AT, Rn. 476.
[21] Siehe oben I 1 b.
[22] Palandt/*Sprau*, § 823 Rn. 57; *Medicus/Lorenz*, Schuldrecht II, Rn. 1321.
[23] Vgl. zu § 1 StVO nur *BGH* NJW 1972, 1804 (1806).
[24] Siehe oben I 1 b.

II. Ansprüche gegen die Haftpflichtversicherung

S könnte auch unmittelbar die Haftpflichtversicherung des *H* auf Schadensersatz in Anspruch nehmen, und zwar auf der Grundlage von § 115 I 1 Nr. 1 VVG. Während sonst ein direkter Anspruch des Geschädigten gegen den Haftpflichtversicherer seines ersatzpflichtigen Schädigers nur unter den weiteren Voraussetzungen des § 115 I 1 Nr. 2 und 3 VVG (Insolvenz bzw. unbekannter Aufenthalt des Versicherungsnehmers) besteht, ist die Rechtslage bei der Kfz-Halterhaftpflicht anders. Nach § 1 PflVG ist jeder Halter eines Kfz mit regelmäßigem Standort im Inland verpflichtet, eine entsprechende Haftpflichtversicherung abzuschließen, wenn das Fahrzeug „auf öffentlichen Wegen oder Plätzen" verwendet wird. Deshalb besteht ein unbeschränkter Direktanspruch des Geschädigten gegen die Kfz-Haftpflichtversicherung gem. § 115 I 1 Nr. 1 VVG. *S* kann mithin gem. § 115 I 1 Nr. 1 VVG seinen Schaden in Höhe von 7520 € auch direkt gegen die Versicherung des *H* geltend machen. *H* und sein Haftpflichtversicherer haften gem. § 115 I 4 VVG als Gesamtschuldner. *S* kann demnach gem. § 421 S. 1 von jedem der beiden die gesamte Schadensersatzleistung ganz oder teilweise verlangen, insgesamt allerdings nur einmal.[25]

B. Frage 2 – Nutzungsausfall

I. Haftungsbegründung

Die Anspruchsgrundlagen §§ 7 I, 18 I StVG sowie § 823 I und § 823 II i. V. m. §§ 1 und 8 StVO sind dieselben. An den haftungsbegründenden Tatbeständen ändert sich im Vergleich zu Frage 1 nichts.

II. Haftungsausfüllung

Im Rahmen des haftungsausfüllenden Tatbestandes ist jedoch zu klären, ob *S* anstelle von konkreten Mietwagenkosten auch eine abstrakte Nutzungsausfallentschädigung verlangen kann, wenn er kein Ersatzfahrzeug gemietet hat.

1. Schaden

Als Schaden kommt die fehlende Nutzungsmöglichkeit des Motorrads für die Dauer von zwölf Tagen, die die Reparatur der Harley dauert, in Betracht.

2. Ersatzfähigkeit

Dieser Schaden muss nach §§ 249 ff. ersatzfähig sein. Es fragt sich, ob die entgangene Nutzungsmöglichkeit einen Vermögensschaden darstellt, der nach § 251 ersatzfähig ist, oder hingegen einen Nichtvermögensschaden, dessen Ersatzfähigkeit sich nach § 253 richtet. Der entgangene Gebrauchsvorteil wäre – im Falle der Einordnung als Nichtvermögensschaden – nicht nach § 253 ersatzfähig.

---

[25] § 116 VVG regelt abweichend von § 426 den Ausgleich von Aufwendungen im Verhältnis zwischen dem Versicherer und dem Versicherungsnehmer. Während gem. § 426 I die Gesamtschuldner im Innenverhältnis einander zu gleichen Anteilen verpflichtet sind, ist nach § 116 I 1 VVG bei einem „gesunden" Versicherungsverhältnis der Versicherer allein verpflichtet. Nach § 116 I 2 VVG ist bei einem „kranken" (§ 117 I VVG) bzw. nicht mehr bestehenden (§ 117 II VVG) Versicherungsverhältnis allein der Versicherungsnehmer verpflichtet.

a) Als Ergebnis richterlicher Rechtsfortbildung begründet bei Sachen, deren ständige Verfügbarkeit für die eigenwirtschaftliche Lebenshaltung von zentraler Bedeutung ist, der Verlust von Gebrauchsvorteilen einen ersatzfähigen Vermögensschaden.[26] Insbesondere bei privat genutzten Pkw ist es gewohnheitsrechtlich anerkannt, dass der Geschädigte, der für die unfallbedingte Ausfallzeit seines Fahrzeugs kein Mietfahrzeug anmietet, gleichwohl einen Vermögensschaden erleidet, weil ihm die durch finanzielle Aufwendungen erkaufte Gebrauchsmöglichkeit während dieses Zeitraums nicht zur Verfügung steht.[27] Die Gebrauchsmöglichkeit eines Kraftfahrzeugs stellt gegenüber dem Substanzwert einen selbstständigen Vermögenswert dar. Tragende Erwägung hierfür ist, dass die Verfügbarkeit eines Fahrzeugs geeignet ist, Zeit zu sparen und Mobilität zu erzielen, was für die eigenwirtschaftliche Lebensführung entscheidend ist.[28] Positive Grundlage des Anspruchs ist § 251.[29]

b) Eine Nutzungsausfallentschädigung kann jedoch nur verlangt werden, wenn das Fahrzeug zur ständigen eigenwirtschaftlichen Nutzung dient und nicht lediglich zum Freizeitvergnügen angeschafft wurde. Kein Vermögensschaden ist etwa der vorübergehende Verlust der Nutzungsmöglichkeit eines zur bloßen Freizeitgestaltung bestimmten Motorsportbootes,[30] eines zu privaten Zwecken angeschafften Wohnwagens[31] sowie eines reinen Freizeitzwecken dienenden Wohnmobils.[32] Vorliegend dient die Harley Davidson jedoch nicht dem bloßen Freizeitvergnügen des *S*, sondern auch zum alltäglichen Transport. Die durch Nutzung als Transportmittel gewonnene Mobilität ist für die eigenwirtschaftliche Lebensführung genauso von zentraler Rolle wie bei einem Pkw.[33] Demnach ist grundsätzlich ein Vermögensschaden des *S* zu bejahen.

c) Voraussetzung für eine Nutzungsausfallentschädigung ist indes eine fühlbare Nutzungsbeeinträchtigung, die bei vorhandenem Nutzungswillen und hypothetischer Nutzungsmöglichkeit zu bejahen ist. Erforderlich ist, dass der Geschädigte seinen Wagen während der Reparaturzeit benutzen wollte und hierzu auch in der Lage war.[34] Davon ist hier mangels gegenteiliger Anhaltspunkte im Sachverhalt auszugehen.

Eine fühlbare, vermögenserhebliche Entbehrung ist jedoch auch dann zu verneinen, wenn der Geschädigte ein zweites Fahrzeug zur Verfügung hatte, dessen Nutzung ihm zumutbar war, wenn das Zweitfahrzeug den spezifischen Gebrauchsvorteil der beschädigten Sache ersetzt.[35] Denn dann liegt eine Einschränkung der Bewegungsfreiheit nicht vor. Hier stand dem *S* das Auto seiner Eltern zur Verfügung, sodass eine fühlbare, vermögenserhebliche Nutzungsbeeinträchtigung zu verneinen sein könnte. Allerdings muss sich ein Verkehrsunfallgeschädigter auf die Nutzung seines Zweitwagens während des reparaturbedingten Nutzungsausfalls des Unfallfahrzeuges nur dann verweisen lassen, wenn sich die Nutzungswerte der beiden Fahrzeuge entsprechen.[36] Dagegen ist Nutzungsausfallentschädigung möglich für ein Motorrad,

---

[26] *BGH* (GrZS) NJW 1987, 50.

[27] Vgl. zu alledem Palandt/*Grüneberg*, § 249 Rn. 40 ff.

[28] *BGH* NJW 1966, 1260.

[29] *BGH* NJW 1966, 1260 (1262); *BGH* NJW 1971, 1692; a. A. – aber im Ergebnis gleich – *BGH* NJW 1964, 542 (544) (§ 250).

[30] *BGH* NJW 1984, 724.

[31] *BGH* NJW 1983, 444.

[32] *BGH* NJW-RR 2008, 1198.

[33] *OLG Düsseldorf* NJW 2008, 1964.

[34] *BGH* NJW 1966, 1260 (1261).

[35] *BGH* NJW 1976, 286.

[36] *OLG Düsseldorf* NJW 2008, 1964 (1965).

auch wenn eine Zugriffsmöglichkeit auf einen Pkw besteht, der Pkw als Familienwagen genutzt wird, während der Halter des Motorrades alle seine eigenen Fahrten mit diesem durchführt.[37] Für die Frage, ob die beiden Fahrzeuge vergleichbare Nutzungswerte haben, kann nicht auf das bloße Grundbedürfnis der Mobilität abgestellt werden. Dies ist zwar der Grund, warum es sich auch bei der Harley Davidson um ein Wirtschaftsgut von zentraler Bedeutung für die eigenwirtschaftliche Lebensführung handelt. Der spezifische Gebrauchsvorteil des Motorrades erschöpft sich darin jedoch nicht; dieser wird für die Vergleichbarkeit des Zweitwagens genauso herangezogen wie für die Bemessung der Höhe des Nutzungsausfallschadens.[38] Die Harley Davidson des *S* – ein Motorrad der Luxusklasse – und der alte Golf seiner Eltern sind von dem durch die Fahrzeuge gebotenen Fahrgefühl nicht annähernd vergleichbar. Dieser beim Kauf der Harley Davidson erworbene spezifische Gebrauchsvorteil ist dem *S* für die Zeit der Reparatur des Motorrads fühlbar entgangen, weshalb er eine entsprechende Nutzungsentschädigung verlangen kann.

3. Höhe der Entschädigung

Die Höhe der Nutzungsausfallentschädigung ist grundsätzlich im Rahmen des § 287 ZPO zu bestimmen, wobei sich die Praxis an den Tabellen von *Sanden/Danner/ Küppersbusch* orientiert.[39] Die Harley Davidson ist danach der Motorrad-Gruppe J zuzuordnen, die eine Nutzungsentschädigung von 66 € pro Tag ausweist.[40] *S* kann folglich von *H* eine tägliche Nutzungsentschädigung von 66 € verlangen, allerdings nur für die Zeit bis zur ordnungsgemäßen Reparatur seines Motorrads. Daraus resultiert bei zwölf Tagen ein Anspruch auf Nutzungsausfallentschädigung in Höhe von 792 €.

III. Ergebnis

Einen Schadensersatzanspruch gerichtet auf eine Nutzungsausfallentschädigung für das Motorrad kann *S* gegen *H* in Höhe von 792 € aus den Vorschriften der §§ 7, 18 I 1 StVG, § 823 I, § 823 II i. V. m. §§ 1 und 8 StVO geltend machen.

C. Frage 3 – Abrechnung auf Neuwertbasis

I. Haftungsausfüllung

Auch diese Frage bezieht sich – bei gleichbleibendem Ergebnis bezüglich der Haftungsbegründung[41] – auf den haftungsausfüllenden Tatbestand. Fraglich ist, ob *S* statt der Reparaturkosten und des merkantilen Minderwerts auch Schadensersatz auf Neuwertbasis verlangen kann. Schließlich war seine Harley Davidson im Zeitpunkt der Beschädigung völlig neuwertig, hatte insbesondere eine Fahrleistung von weniger als 1 000 km aufzuweisen und war erst wenige Tage zugelassen. Bei einer Schadensberechnung auf Neuwertbasis stünde dem *S* gegen *H* ein Schadensersatzanspruch in Höhe von 25 000 € Zug um Zug gegen Übereignung des Unfallfahrzeugs zu.

---

[37] *OLG Düsseldorf* NJW 2008, 1964 (1965); *LG München* DAR 2004, 155.
[38] *OLG Düsseldorf* NJW 2008, 1964 (1965).
[39] BGHZ 161, 151; *BGH* NJW 2005, 1044.
[40] Siehe die entsprechenden Ausführungen des *OLG Düsseldorf* NJW 2008, 1964 (1966) unter Verweis auf die in NJW 2006, 33 abgedruckte Tabelle.
[41] Siehe oben A I 1–4.

II. Totalreparation

Gem. § 249 hat ein Geschädigter grundsätzlich einen Anspruch auf volle Wiederherstellung des vor dem Unfall bestehenden wirtschaftlichen Zustandes, entweder in
Natur (§ 249 I) oder in Form des bloßen Geldersatzes (§ 249 II 1). Er muss sich im
Falle der Beschädigung seines Neuwagens nicht immer mit der Erstattung der
erforderlichen Reparaturkosten zuzüglich eines etwaigen merkantilen Minderwertes
gem. § 249 II 1 begnügen.[42] Der Geschädigte kann für die Berechnung von Fahr-
zeugschäden regelmäßig zwischen den beiden Wegen der Naturalrestitution wählen,
da er Herr des Restitutionsgeschehens ist. Er kann entweder Reparatur des Unfallfahrzeugs oder Anschaffung eines gleichwertigen Ersatzfahrzeugs verlangen bzw.
den dafür erforderlichen Geldbetrag.[43]

III. Einschränkungen

Allerdings hat der Geschädigte auch das in § 249 II verankerte Wirtschaftlichkeits-
gebot sowie das schadensrechtliche Bereicherungsverbot zu beachten. Danach muss
der Geschädigte den Schaden auf eine für ihn zumutbare und wirtschaftlich sinnvolle
Weise beheben, sodass grundsätzlich der günstigere Weg der Restitution zu wählen
ist. Doch stehen die schadensrechtlichen Grundsätze in einer Wechselbeziehung:
Das Integritätsinteresse darf durch das Wirtschaftlichkeitspostulat nicht verkürzt
werden, sodass in Ausnahmefällen auch eine unwirtschaftliche Restitutionsmaßnah-
me möglich ist.[44] Ein fabrikneuer, unfallfreier PKW genießt eine besondere Wert-
schätzung, die es unter bestimmten Umständen in den Grenzen des § 251 II recht-
fertigt, die höheren Kosten für die Beschaffung eines gleichwertigen Ersatzfahrzeugs
zu verlangen. Denn nach der Verkehrsauffassung bedeutet es einen vermögenswer-
ten Unterschied, ob man einen nagelneuen oder einen nicht unerheblich reparierten
Kraftwagen besitzt.[45] Nur die Neupreisentschädigung führt zu der gem. § 249
geschuldeten Wiederherstellung des vor dem Unfall bestehenden Zustands, wenn:

(1) das Unfallfahrzeug neuwertig war,

(2) erheblich beschädigt wurde[46] und

(3) der Geschädigte ein gleichwertiges Ersatzfahrzeug erworben hat.[47]

Fahrzeuge mit einer Fahrleistung von nicht mehr als 1 000 km gelten dabei als
neuwertig. Von einer erheblichen Beschädigung ist regelmäßig dann auszugehen,
wenn bei dem Unfall tragende oder sicherheitsrelevante Teile des Fahrzeugs betroffen sind und die fachgerechte Instandsetzung massive Richt- oder Schweißarbeiten
am Fahrzeug erfordert. Dadurch verliert das Fahrzeug seinen Charakter als Neuwagen. Sind von dem Unfallschaden lediglich Fahrzeugteile betroffen, die im Rahmen

---

[42] *BGH* VersR 1976, 732 (733); *BGH* VersR 1983, 758 (759); *BGH* VersR 1984, 476.
[43] *BGH* NJW 2009, 3022 (3023).
[44] *BGH* NJW 2009, 3022 (3023) m. w. N.
[45] *BGH* NJW 2009, 3022 (3024).
[46] Sog. unechter Totalschaden, bei dem die Reparatur möglich und wirtschaftlich an sich
sinnvoll ist, dem Geschädigten aber nicht zugemutet werden kann, insbesondere bei neuen
Kfz mit erheblichen Beschädigungen, vgl. BeckOK BGB/*Flume*, § 249 Rn. 239 ff.
[47] Aufgrund der nach anerkannten schadensrechtlichen Grundsätzen bestehenden Dispositi-
onsfreiheit ist der Geschädigte grundsätzlich auch in der Verwendung der Mittel frei, die er
vom Schädiger zum Schadensausgleich verlangen kann, vgl. BGHZ 154, 395 (397 f.); BGHZ
162, 161 (165); BeckOK BGB/*Flume*, § 249 Rn. 177. Beruht jedoch die unwirtschaftliche
Neupreisentschädigung auf dem Integritätsinteresse des Geschädigten, muss dieser sein
Interesse durch den Kauf eines Neuwagens nachweisen, vgl. *BGH* NJW 2009, 3022 (3025)
m. w. N. zum Streitstand.

einer fachgerecht durchgeführten Reparatur spurenlos ausgewechselt werden können, und sind die Funktionstüchtigkeit und die Sicherheitseigenschaften des Fahrzeugs nicht beeinträchtigt, so ist eine erhebliche Beschädigung dagegen zu verneinen.[48]

Vorliegend ist die Harley Davidson erst wenige Tage zugelassen und weist einen
Kilometerstand von nur 123 km auf, weshalb sie neuwertig ist. Durch den Unfall
wurde das Fahrzeugchassis beschädigt. Dies ist ein tragendes Teil, das für die
Stabilität des Motorrads von Bedeutung ist. Seine Instandsetzung greift in das
Gefüge der Maschine ein. Das Motorrad wurde mithin erheblich beschädigt. Zudem
hat *S* eine neue Harley Davidson Cross Bones erworben. Die Voraussetzung für eine
Entschädigung auf Neuwertbasis liegen mithin vor, sodass *S* den für die Anschaffung
einer entsprechenden neuen Maschine erforderlichen Geldbetrag in Höhe von
25 000 € von *H* verlangen kann. Allerdings muss der Restwert der beschädigten
Maschine berücksichtigt werden, wobei der Geschädigte wählen kann, ob er die
Sache herausgibt oder sich den Restwert anrechnen lässt. Dies gilt auch dann, wenn
er den Ersatzanspruch gegen den Haftpflichtversicherer des Schädigers geltend
macht.[49] Eine Pflicht zur Herausgabe besteht auch bei einer Abrechnung auf Neu-
wagenbasis nicht.[50]

D. Frage 4 – Wirtschaftlicher Totalschaden

I. Haftungsbegründung

S könnte von *H* Ersatz der Reparaturkosten – jetzt in Höhe von 900 € – gem. §§ 7 I,
18 I 1 StVG, § 823 I, § 823 II i. V. m. §§ 1 und 8 StVO verlangen. Der haftungsbegründende Tatbestand der Anspruchsgrundlagen liegt vor.[51]

II. Haftungsausfüllung

Es ist allerdings im Rahmen des haftungsausfüllenden Tatbestandes zu fragen, ob
sich nicht ein Ersatz der vollen Reparaturkosten deshalb verbietet, weil diese erheblich über dem Wiederbeschaffungswert liegen, den das beschädigte Fahrzeug unmittelbar vor dem Unfall hatte. Hier könnte § 251 II 1 eine entsprechende Haftungs-
limitierung bewirken. Diese Vorschrift gilt zwar ihrem Wortlaut nach nur für den
Fall, dass der Geschädigte vom Schädiger nach § 249 I Herstellung verlangt und
diese „nur mit unverhältnismäßigen Aufwendungen möglich ist". § 251 II 1 kann
jedoch gleichfalls dem auf das sog. Integritätsinteresse gerichteten Geldersatz-
anspruch des § 249 II 1 entgegen gehalten werden.[52] Das gilt allerdings nur, wenn
die fraglichen Reparaturkosten (einschließlich des merkantilen Minderwerts) wesentlich höher als der Wiederbeschaffungswert des Fahrzeugs sind. Diese Grenze
liegt bei 30 % des Wiederbeschaffungswertes;[53] man spricht dann von einem sog.
wirtschaftlichen Totalschaden.[54]

---

[48] *BGH* NJW 2009, 3022 (3024).
[49] *BGH* NJW 1983, 2693.
[50] *KG* NJW-RR 1987, 16.
[51] Siehe oben A I 1–4.
[52] Vgl. nur Palandt/*Grüneberg*, § 251 Rn. 5; *Looschelders*, Schuldrecht AT, Rn. 1043.
[53] Vgl. Palandt/*Grüneberg*, § 249 Rn. 25; *Looschelders*, Schuldrecht AT, Rn. 1044; *BGH* NJW
2007, 2917.
[54] Der Geschädigte kann trotz des Wirtschaftlichkeitsgebots und Bereicherungsverbots unter
bestimmten Voraussetzungen den Ersatz für die den Wiederbeschaffungswert übersteigen-
den Reparaturkosten (einschließlich des merkantilen Minderwerts) verlangen: (1) Die Reparaturkosten dürfen nicht mehr als 130 % des Wiederbeschaffungswerts (ohne Abzug des

Das beschädigte Moped des *S* hatte laut Sachverhalt einen Wiederbeschaffungswert von 300 €; 30 % hiervon betragen 90 €, was zusammen mit dem Wiederbeschaffungswert einen Betrag von 390 € ergibt. Die erforderlichen Reparaturkosten von 900 € liegen eindeutig über dieser Grenze, sodass vorliegend ein wirtschaftlicher Totalschaden gegeben ist. *S* könnte deshalb den Ersatz der Reparaturkosten in Höhe von 900 € nicht verlangen. Er hätte nur Anspruch auf Zahlung des Wiederbeschaffungswerts, und zwar abzüglich des eventuellen Restwerts seines unfallbeschädigten Pkw.[55]

E. Frage 5 – Unverhältnismäßigkeit von Heilbehandlungskosten

I. Haftungsbegründung

Rüstig (R) könnten gegen *H* Ansprüche auf der Grundlage von §§ 7 I, 18 I 1 StVG, § 823 I sowie § 823 II i. V. m. §§ 1 und 8 StVO zustehen. Die haftungsbegründenden Tatbestände sind jeweils erfüllt: „Felix" ist zwar ein Tier, wird aber als Sache behandelt (§ 90a) und steht im Eigentum der *R*; dieses Rechtsgut wird durch die genannten Normen geschützt. Eine kausale Verletzungshandlung des *H* liegt vor. *H* schuldet damit dem Grunde nach Ersatz.

II. Haftungsausfüllung

Problematisch könnte aber der haftungsausfüllende Tatbestand sein. Der Umfang der Heilbehandlungskosten beläuft sich nämlich auf das Dreifache des Wertes des Tieres. Es fragt sich daher, ob die eben behandelten Grundsätze des wirtschaftlichen Totalschadens heranzuziehen sind, mit der Folge, dass nur der Wiederbeschaffungswert zu ersetzen wäre. Jedoch gilt hinsichtlich der „Opfergrenze" bei Tieren etwas anderes. Gem. § 251 II 2 sind nämlich Heilbehandlungskosten eines verletzten Tieres nicht bereits dann unverhältnismäßig, wenn sie dessen Wert erheblich übersteigen. Bei der insoweit gebotenen Abwägung kommt es u. a. auf Art und Umfang der Verletzungen, das Alter, den Gesundheitszustand und die Lebenserwartung des Tieres sowie auf die Dauer und Art der Beziehung zwischen dem Tier und seinem Eigentümer an.[56] Gegebenenfalls müssen die Heilkosten auch dann gezahlt werden, wenn sie den Wert des verletzten Tieres um ein Vielfaches,[57] jedenfalls aber um mehr als das Dreifache,[58] bei nicht ganz unerheblichem Wert auch um das Sechsfache[59] übersteigen. Auch das Ansetzen der Verhältnismäßigkeitsgrenze bei dem dreifachen Betrag der jährlichen Kosten der Tierhaltung wurde gebilligt.[60]

Restwerts für das beschädigte Fahrzeug) betragen. (2) Bei dem Geschädigten muss tatsächlich ein Integritätsinteresse vorliegen. Das Integritätsinteresse wird anhand bestimmter Indizien geprüft. Zum einen muss eine vollständige und fachgerechte Reparatur durchgeführt worden sein. Darüber hinaus muss eine sechsmonatige Nutzung durch den Geschädigten stattfinden.

[55] Vgl. Palandt/*Grüneberg*, § 249 Rn. 17: Statt diesen Restwert festzustellen und anschließend durch Verkauf zu realisieren, könnte *S* den beschädigten Pkw dem Schädiger oder seiner Haftpflichtversicherung zur Verfügung stellen.

[56] Vgl. nur Palandt/*Grüneberg*, § 251 Rn. 7; *Looschelders*, Schuldrecht AT, Rn. 1045.

[57] *BGH* NJW 2016, 1589 (1590); *LG Karlsruhe* NJW-RR 1986, 542.

[58] *LG München* I NJW 1978, 1862.

[59] So *OLG München* VersR 2011, 1412 (Hündin Sheila, Wert: 700 €).

[60] *LG Oldenburg* BeckRS 2015, 19819 (Jack-Russel-Mischling Ronja, „durchschnittlicher Familienhund", Wert ca. 200 €; Heilbehandlungskosten i. H. v. 3 000 € noch verhältnismäßig); i. E. bestätigt durch *BGH* NJW 2016, 1589 (1590 f.).

Im vorliegenden Fall war „Felix" schwer verletzt, mit drei Jahren jedoch relativ jung und die Beziehung zwischen ihm und *R* offenbar eng. Dies alles spricht dafür, trotz eines Verhältnisses des „Wiederbeschaffungswerts" (300 €) zu den Heilkosten (900 €) von 1:3 die „Opfergrenze" des § 251 II 2 noch nicht als überschritten anzusehen.

R kann deshalb von *H* Ersatz der gesamten Heilkosten in Höhe von 900 € verlangen.

Fall 14. Die schwierige Inzahlungnahme

Inzahlungnahme eines Gebrauchtwagens – Unmöglichkeit – Herausgabeanspruch – „Vermittlungsvertrag" – unangemessene Benachteiligung durch AGB

Sachverhalt

Frau *Hurtig* hat von ihrer verstorbenen Großtante einen Mercedes älteren Baujahres geerbt. Da ihr eigenes Auto, ein Opel Astra, ebenfalls schon betagt ist, beschließt sie, beide Fahrzeuge zu verkaufen und sich vom Erlös ein neues zu kaufen. Frau *Hurtig* ist geschäftlich unerfahren und möchte möglichst wenig Mühe auf den Verkauf der beiden Autos verwenden. Daher wendet sie sich wegen der Abwicklung an den Autohändler *Abele*. Dort gibt sie eine schriftliche „verbindliche Bestellung" über den Kauf eines neuen Opel Corsa zum Gesamtpreis von 20 000 € ab. In der Bestellung heißt es u. a., dass eine „Gebrauchtwagen-Inzahlungnahme" hinsichtlich des Opel Astra zum Preis von 6 000 € in der Weise erfolge, dass „sich die Barzahlung um den Inzahlungnahmepreis vermindert". Wenige Tage später wird diese Bestellung von *Abele* schriftlich bestätigt. Gleichzeitig wird ein entsprechender Kaufvertrag über das Gebrauchtfahrzeug zwischen Frau *Hurtig* und *Abele* abgeschlossen. In Bezug auf den Mercedes schließen *Hurtig* und *Abele* einen „Vermittlungsvertrag", den *Abele* für solche Geschäfte vorhält, und in den nur noch die jeweiligen Details (Vertragspartner, Fahrzeugtyp etc.) eingefüllt werden müssen. Dieser enthält u. a. folgende Bestimmungen:

„ (1) Der Händler wird beauftragt, namens und auf Rechnung des Auftraggebers das diesem gehörende und nachfolgend beschriebene Fahrzeug zu verkaufen und zu übereignen.

(2) Bei erfolgreicher Vermittlung erhält der Auftragnehmer 10 % des Verkaufspreises als Provision. Als Werbemittel- und Platzmietpauschale werden pro angefangener Woche 40 € berechnet, die vom Verkaufspreis in Abzug gebracht werden. Die Provision wird auf den Verkaufspreis aufgeschlagen und ist auch dann zu entrichten, wenn es nicht zur Vermittlung des Fahrzeugs kommt. "

Drei Wochen vor der „Ablieferung" des Opel Astra wird dieser – obwohl er sich ordnungsgemäß gesichert in einer verschlossenen Garage befindet – von einem jugendlichen „Autofreak" gestohlen und vollständig zu Schrott gefahren. Da die Teilkaskoversicherung von Frau *Hurtig* nur einen Betrag von 5 000 € ersetzt und Frau *Hurtig* die restlichen 1 000 € nicht aufbringen kann und will, erklärt sie *Abele*, dass sie von dem gesamten Vertrag „Abstand nehme". *Abele* hingegen besteht auf der vollständigen Vertragserfüllung und verlangt von ihr die Abnahme des Neuwagens gegen Zahlung von 20 000 €. Auch die Vermittlung des Mercedes steht unter keinem guten Stern. Als sich nach vier Monaten noch immer kein Käufer gefunden hat, möchte Frau *Hurtig* ihr Glück bei einem anderen Autohändler versuchen und verlangt Herausgabe des Autos. *Abele* verweigert dies und besteht auf Zahlung der Werbemittel- und Platzmietpauschale.

1. Kann *Abele* von Frau *Hurtig* Abnahme des Neuwagens gegen Zahlung von 20 000 € verlangen?
2. Steht Frau *Hurtig* gegen *Abele* ein Anspruch auf Herausgabe des Mercedes zu?

A. Frage 1 – Zahlungsanspruch und Abnahme

I. § 433 II

Abele (A) verlangt von Frau *Hurtig (H)* die Zahlung des vollen Neuwagenkaufpreises und die Abnahme des Neufahrzeugs. Anspruchsgrundlage dafür könnte § 433 II sein. Voraussetzung dafür ist ein rechtswirksamer Kaufvertrag zwischen den Parteien. Ein zunächst rechtsgültiger Vertrag liegt an sich auch vor.

II. Einwendungen

Allerdings war zwischen *H* und *A* ausdrücklich vereinbart worden, dass *H* ihren Gebrauchtwagen zum Preis von 6 000 € in Zahlung gibt und dass sich der Neuwagenkaufpreis um den „Inzahlungnahmepreis" vermindert, so dass *H* letztlich nur den Restkaufpreis von 14 000 € zu zahlen hat. Durch den Untergang des Gebrauchtwagens könnte *H* dessen Übereignung und Übergabe – objektiv und nachträglich – unmöglich geworden sein. Sie könnte insoweit von ihrer Leistungspflicht frei geworden sein. Dann müssten die §§ 275 I, 326 aber auch anwendbar sein. Es stellt sich deshalb die Frage, wie die Abmachung zwischen ihr und *A* rechtlich exakt zu werten sind.

1. Die Inzahlungnahme: Streitstand

Nimmt der Händler den Gebrauchtwagen des Neuwagenkäufers endgültig in Zahlung, nehmen Rechtsprechung und ein Teil des Schrifttums in derartigen Fällen zunächst grundsätzlich einen „normalen" Kaufvertrag über den Neuwagen an, der allerdings die Besonderheit aufweise, dass der Käufer „die Möglichkeit [hat], an Stelle der ausbedungenen [vollen] Geldschuld zum Zwecke der Erfüllung seinen gebrauchten Wagen in Zahlung zu geben", also eine entsprechende Ersetzungsbefugnis habe, deren Realisierung zu einer Leistung an Erfüllungs statt i. S. d. § 364 I führe.[1] Der Neuwagenkäufer kann den Wagen in Zahlung geben, muss es aber nicht. Dem gegenüber vertritt die wohl herrschende Ansicht in der Literatur den Standpunkt, die „Lieferung des Altwagens und seine Anrechnung seien „nicht nur eine Ersatzleistung, sondern Teil der vereinbarten Gegenleistung des Neuwagenkäufers", weswegen kein „reiner" Kaufvertrag (über den Neuwagen) vorliege, sondern ein typengemischter Vertrag: Soweit die Gegenleistung des Neuwagenkäufers in der Hingabe des Altfahrzeugs bestehe, sei er „Tausch", denn der Käufer schulde ihm „von vornherein nicht den nur nominellen Preis des Neuwagens, sondern den Altwagen zuzüglich des Differenzbetrages".[2] Nach dieser Theorie könnte *A* von *H* ohnehin nur den Differenzbetrag von 14 000 € und nicht die volle Summe von 20 000 € als Kaufpreis verlangen; hinzu käme, dass dann der gesamte Vertrag gem. den §§ 275 I, 326 I 1 1. Halbs. i. V. m. § 480 hinfällig geworden sein könnte.[3] Folgt

---

[1] Vgl. nur BGHZ 46, 338 (340, 342); BGHZ 89, 126 (128); Palandt/*Weidenkaff*, § 480 Rn. 6. Der Inzahlunggabe kann grundsätzlich auch ein Kommissionsvertrag zugrunde liegen. Bei dieser Fallgestaltung wird der Gebrauchtwagen durch den Händler im eigenen Namen für fremde Rechnung gem. § 383 ff. HGB veräußert. Der Kommissionsvertrag ist mit dem Kaufvertrag dabei durch eine Stundungs- und Verrechnungsabrede verknüpft, vgl. z. B. *BGH* NJW 1980, 2190 (2191).

[2] So statt aller *Larenz* II 1, S. 92 f. m. w. N.

[3] Vgl. dazu vorab nur *Larenz* II 1, S. 93.

man hingegen der Ansicht der Rechtsprechung, so hätte dies zur Folge, dass anders als beim Tausch im Falle des Untergangs des Gebrauchtwagens nicht die §§ 275 I, 326 greifen, sondern die ursprüngliche Geldleistung geschuldet bleibt.

Da die verschiedenen Theorien hier zu unterschiedlichen Ergebnissen führen würden, muss dieser Theorienstreit vorab entschieden werden.

2. Die Ansicht des *BGH*

a) Die Grundsatzentscheidung des *BGH* vom 18.1.1967[4] stellt bei der rechtlichen Bewertung der fraglichen Vereinbarungen zunächst auf den Wortlaut des dortigen „Kaufantrags" ab, „der ausdrücklich einen Kauf zum Gegenstand hatte und der die Leistung des vereinbarten Preises [nur] als ‚Zahlungsbedingungen' regelt".[5] Im vorliegenden Fall war der Wortlaut der „verbindlichen Bestellung" von *H* ähnlich. Der *BGH* stellt sodann im Rahmen des § 157 auch auf die Interessenlage ab, die es „nicht... gebiete..., einen Tauschvertrag anzunehmen".[6] Das Interesse des Verkäufers sei – für den Erwerber erkennbar – „auf Veräußerung gegen Geld gerichtet und nicht auf den Erwerb des gebrauchten Wagens"; er lasse sich „auf die Hereinnahme des Altwagens nur ein, um das von ihm erstrebte Geschäft abschließen zu können", dies bedeute ein „Entgegenkommen" des Veräußerers.[7] Bemerkenswerterweise geht der *BGH* auf die Interessen des Käufers zunächst gar nicht ein. Er erwähnt zwar, dass das „Entgegenkommen" des Verkäufers dem Käufer „den Erwerb des Neuwagens erleichtert, unter Umständen sogar erst möglich macht", meint dann aber, trotzdem bleibe – „wenn, wie hier, für etwas Abweichendes keine Anhaltspunkte gegeben" seien, die vom Käufer geschuldete Gegenleistung „in voller Höhe eine Geldschuld" mit einer entsprechenden „Ersetzungsbefugnis". Und er fügt sogar noch hinzu, damit werde „– jedenfalls für den Regelfall – den Interessen beider Beteiligten ausreichend genügt".[8] Deswegen sei ein „Bedürfnis, den Anspruch des Veräußerers teilweise auf eine Forderung auf Hingabe eines gebrauchten Kraftfahrzeugs zu beschränken,... nicht ersichtlich".[9] Sozusagen „post festum" geht der *BGH* dann auch auf die Käuferperspektive ein, indem er darlegt, „dass bei entsprechender Interessenlage auch eine abweichende Regelung möglich" sei, „etwa dann, wenn es dem Erwerber darauf ankommt, dass er seine Gegenleistung gerade durch die Hingabe seines Gebrauchtwagens erbringen kann", was „insbesondere dann naheliegen" könnte, „wenn das in Zahlung gegebene Fahrzeug den größten Teil des ‚Kaufpreises' ausmacht, oder wenn sich der Austausch von Kraftfahrzeugen unter Nichthändlern vollzieht"; das sei aber „nach der Verkehrsauffassung" kein „typisches Geschäft des Alltags".[10]

b) Nachdem diese Art der Vertragsgestaltung aufgrund der Einführung der Mehrwertsteuer, die auf den gesamten Verkaufspreis des Altwagens erhoben wurde, in der Praxis grundsätzlich durch die umsatzsteuergünstigere Abrede eines „Agentur-" bzw. Kommissionsvertrags hinsichtlich des Gebrauchtwagens ersetzt worden war,

---

4 BGHZ 46, 338 (340).
5 Es hieß dort, dass der Käufer ein Kraftfahrzeug „zum Gesamtpreis... von 10 410 DM" bestellt, und unter „Zahlungsbedingungen" wurde anschließend fixiert, dass der gebrauchte Pkw „... mit 4 800 DM in Zahlung genommen" werde, „Rest per Scheck bei Übernahme" (BGHZ 46, 338 (339)).
6 BGHZ 46, 338 (340).
7 BGHZ 46, 338 (339).
8 BGHZ 46, 338 (339).
9 BGHZ 46, 338 (340, 341).
10 BGHZ 46, 338 (341).

hat der *BGH* für derartige Tatbestände eine rechtliche Trennung in einen Kaufvertrag über den Neuwagen einerseits und einen Vermittlungsauftrag bzw. Kommissionsvertrag über den Gebrauchtwagen andererseits vorgenommen.[11] Diese Vertragsausgestaltung war jedoch mit Inkrafttreten des § 25a UStG, der nur noch die Preisdifferenz zwischen An- und Verkaufspreis des Gebrauchtwagens der Mehrwertsteuer unterwirft, am 1.7.1990 de facto wieder in den Hintergrund getreten, statt dessen wurde der Gebrauchtwagen üblicherweise wieder vom Neuwagenhändler selbst angekauft.[12] Für einen derartigen Fall, in dem ausdrücklich auch noch ein Kaufvertrag zwischen denselben Parteien über den Altwagen mit einer Berechnungsabrede abgeschlossen worden war, hat es der *BGH* am 21.4.1982[13] offen gelassen, ob ein einziger Vertrag mit entsprechender Ersetzungsbefugnis des Käufers vorliege oder zwei selbstständige Kaufverträge gegeben seien. In seiner Entscheidung vom 30.11.1983[14] über einen Autokaufvertrag mit Inzahlungnahme eines Kaufvertrags hat der *BGH* wiederum die These vom einheitlichen Kaufvertrag mit bloßer Ersetzungsbefugnis des Käufers vertreten, obwohl der Wert des in Zahlung gegebenen Altwagens mehr als zwei Drittel des gesamten Kaufpreises betrug und er in seinem Urteil vom 18.1.1967[15] eine solche Relation noch als ein Indiz für eine andere rechtliche Ausgestaltung betrachtet hatte. Er versucht nunmehr, seine vom Schrifttum in der Zwischenzeit massiv kritisierte Auffassung wie folgt zu rechtfertigen: Die statt dessen teilweise vorgeschlagene Konstruktion „eines gemischttypischen Vertrags aus Kauf und Tausch" vermöge „die Interessenlage der Parteien und die von ihnen... verfolgten Absichten nicht befriedigend zu berücksichtigen"; die Bereitschaft des Kraftfahrzeughändlers zur Inzahlungnahme des Altfahrzeugs möge „oft weniger auf einem Entgegenkommen als auf genauer Kalkulation und dem Eigeninteresse am Zustandekommen des Neuwagenverkaufs beruhen", das ändere jedoch „nichts daran, daß es beiden Vertragsparteien in erster Linie um den Erwerb bzw. die Veräußerung des Neufahrzeugs geht und die Vereinbarung über die Inzahlunggabe des alten Wagens nicht als gleichwertiger Bestandteil dieses Rechtsgeschäfts gewollt ist, sondern allein der teilweisen Befriedigung der Kaufpreisforderung dient".[16] Sei dem Kunden „gerade an einer günstigen Anrechnung seines Altwagens gelegen" oder könne er den Kaufpreis „ohne dessen Inzahlunggabe nicht aufbringen", so sei „es ihm unbenommen, die Wirksamkeit des Kaufvertrages von der Durchführung der Inzahlungnahme in Form einer Bedingung abhängig zu machen", falls sich nicht ohnehin „unter Berücksichtigung der wechselseitigen Interessenlage" etwas anderes ergäbe oder die Inzahlungnahme des Altwagens „die Geschäftsgrundlage für den Kauf des Neuwagens bildete".[17]

---

[11] Vgl. nur *BGH* WM 1982, 710 m. w. N.
[12] Dies dürfte sich wiederum geändert haben, und zwar nicht aus Gründen des Steuerrechts, sondern wegen des im Zuge der Schuldrechtsmodernisierung reformierten Kaufrechts: Ein Unternehmer kann die Haftung für Sachmängelansprüche des privaten Käufers einer gebrauchten Sache nicht mehr völlig ausschließen, sondern nur die entsprechende, jetzt zweijährige (§§ 437, 438 I Nr. 3) Verjährungsfrist nach § 475 II auf ein Jahr verkürzen, während beim Verkauf „von Privat an Privat" ein grundsätzlicher Ausschluss dieser Haftung nach wie vor zulässig ist (s. § 202 I), vgl. dazu auch *Katzenmeier*, NJW 2004, 2632 ff.
[13] BGHZ 83, 334 (336).
[14] BGHZ 89, 126 (127); vgl. auch *BGH* NJW 2003, 505 (506) für den Fall eines Leasingvertrags.
[15] BGHZ 46, 338 (341).
[16] BGHZ 89, 126 (130).
[17] BGHZ 89, 126 (129).

3. Bewertung

Dazu lässt sich im Wesentlichen Folgendes sagen: Dem Käufer zuzumuten, ausdrücklich die Rechtskonstruktion einer Bedingung zwischen Neuwagenkauf und Altwageninzahlungnahme zu vereinbaren, überfordert nicht nur den juristischen Sachverstand eines „Normalverbrauchers", sondern auch den eines durchschnittlichen Kaufmanns. Angesichts der Tatsache, dass der *BGH* jetzt auch für den Fall eines deutlichen Überwiegens des Wertes des Altwagens von einem einzigen Kaufvertrag mit bloßer Ersetzungsbefugnis ausgeht, bleibt für die Annahme einer anders lautenden „wechselseitigen Interessenlage" so gut wie kein Raum mehr. Und ein Operieren mit dem Rechtsinstitut des Wegfalls der Geschäftsgrundlage (§ 313) muss wegen dessen hoher Eingriffsschwelle als brauchbares Regulativ für Tatbestände des täglichen Lebens ohnehin außer Betracht bleiben. Da bei Neuwagenkäufen die Verwendung konkreter Formulare und Formulierungen ganz überwiegend allein durch den Verkäufer vorgenommen wird und häufig mehr oder weniger zufällig oder gar willkürlich erfolgt, darf man derartige formelle Gesichtspunkte im Regelfall nicht überbewerten und schon gar nicht den Ausschlag geben lassen. Das nach §§ 133, 157 „wirklich Gewollte" lässt sich vielmehr erst nach einer sachgerechten Darlegung und Bewertung der beteiligten Interessen beider Parteien ermitteln.

Ein Altwagenbesitzer, der sich ein neues Fahrzeug kaufen möchte, kann und will normalerweise seinen Altwagen nicht behalten, sondern ihn gegen den Neuwagen „eintauschen". Wenn er den Altwagen nicht anderweitig preisgünstig „losbekommen" kann, wird er ihn beim Neuwagenverkäufer üblicherweise in Zahlung geben. Er will dabei i.d.R. so viel wie möglich für das alte Fahrzeug bekommen und so wenig wie möglich für das neue zuzahlen. Deshalb wird er normalerweise mit mehreren Händlern verhandeln und im Zweifel mit demjenigen das Geschäft machen, der ihm am meisten für das alte Fahrzeug bietet oder bei dem er „per Saldo" am günstigsten abschneidet. Gerade angesichts der stetig steigenden Neuwagenpreise, die mittlerweile selbst für Fahrzeuge der Mittelklasse zum Teil schon „astronomische" Höhen angenommen haben, würden viele Privatkäufer einen Pkw gar nicht erwerben können, wenn sie nicht die Möglichkeit hätten, einen – regelmäßig nicht unerheblichen – Teil des Kaufpreises in Gestalt der Inzahlunggabe ihres alten Fahrzeugs zu bezahlen. Die Vereinbarung der entsprechenden Inzahlungnahme ist also jedenfalls heute für den durchschnittlichen Neuwagenkäufer doch ein „gleichwertiger Bestandteil" der gesamten Transaktion. So war es hier auch bei *H*. Dies alles weiß ein professioneller Neuwagenverkäufer genau. Wenn er sich trotzdem darauf einlässt, so ist das kein freundliches „Entgegenkommen", sondern das Produkt einer exakten Kalkulation, die allein darauf abstellt, dass „unter dem Strich" eine hinreichend große „schwarze Zahl" steht.

III. Ergebnis

Nach alledem kann also davon ausgegangen werden, dass ein Neuwagenkauf mit der Vereinbarung der Inzahlungnahme eines Altwagens im Regelfall – und damit auch hier – kein bloßer Kaufvertrag mit entsprechender Ersetzungsbefugnis des Käufers ist. Im vorliegenden Fall ist demnach ein gemischter Vertrag zustande gekommen, der eine Kombination aus einem Kaufvertrag und einem Tauschvertrag darstellt. *H* war daher ursprünglich insb. verpflichtet, *A* ihren gebrauchten Pkw zu übergeben und zu übereignen, während *A* im Gegenzug verpflichtet war, *H* den Neuwagen gegen Zahlung des Differenzbetrages von 14 000 € zu übergeben und zu übereignen.

Durch den Untergang des Gebrauchtwagens ist *H* dessen Übereignung und Übergabe – objektiv und nachträglich – unmöglich geworden, weswegen sie insoweit von ihrer Leistungspflicht frei wurde. Diese Unmöglichkeit ist weder von ihr noch von *A* zu vertreten. Daher greift über § 480 grundsätzlich § 326 I 1 1. Halbs. ein, und *H* verlöre den Anspruch auf die Gegenleistung, also auf die Übereignung und Übergabe des Neuwagens. Allerdings bezieht sich diese Unmöglichkeit eigentlich nur auf den „Tauschanteil" von $3/_{10}$ und nicht auf den „Restzahlungsanteil" von $7/_{10}$, so dass an sich – bezogen auf den gesamten gemischten Vertrag – nur eine teilweise Unmöglichkeit gegeben ist. Sie hätte nach § 326 I 1 2. Halbs. i. V. m. § 441 III eigentlich nur eine bloße Minderung und nicht den vollständigen Verlust der Lieferpflicht des *A* zur Folge. Indessen ist es technisch-funktional nicht durchführbar, ein neues Auto nur zu $7/_{10}$ zu liefern, die Lieferverpflichtung des *A* stellt vielmehr eine unteilbare Leistung dar. Deswegen muss letztlich doch ein vollständiger Wegfall der Übereignungs- und Übergabepflicht des *A* bezüglich des Neuwagens eintreten.[18] Dann muss gleichzeitig auch ein Wegfall der Restkaufpreiszahlungspflicht von *H* erfolgen.[19] Damit ist der gesamte typengemischte obligatorische Vertrag zwischen *A* und *H* rechtlich nicht mehr existent.

H ist demnach auch insgesamt nicht mehr verpflichtet, den Neuwagen abzunehmen und zu bezahlen.

B. Frage 2 – Herausgabe des Mercedes

I. Vertraglicher Anspruch

Ein Anspruch der *H* gegen *A* auf Herausgabe des Mercedes könnte sich zunächst aus §§ 675, 667 ergeben.[20]

1. Vermittlungsvertrag

H und *A* haben einen sog. Vermittlungsvertrag über den Mercedes geschlossen. Ein solcher liegt zunächst vor, wenn der Fahrzeugeigentümer einen gewerblichen Autohändler gegen Entgelt (die Provision) damit beauftragt, sein Fahrzeug auf dessen Firmengelände anzubieten und im Namen und für Rechnung des Auftraggebers zu verkaufen.[21]

a) Fraglich ist, welche Rechtsnatur dieser Vermittlungsvertrag hat. Es könnte sich um eine entgeltliche Geschäftsbesorgung handeln, um einen ein Makler(dienst)vertrag, aber auch ein Kommissionsgeschäft. Eine Abgrenzung muss anhand der Art und Reichweite der dem beauftragten Autohändler obliegenden Pflichten erfolgen. Dieser ist neben einem Tätigwerden in der Form eines aktiven Bemühens um den erfolgreichen Verkauf des Fahrzeugs (wie beim Maklerdienstvertrag) aber auch gehalten, das Auto auf seinem Firmengelände für Interessenten bereit zu stellen, vorzuführen, es sicher aufzubewahren und zu pflegen[22] und gegebenenfalls auch zu versichern.[23] Der Vermittlungsvertrag unterscheidet sich daher in diesen Punkten vom Makler(dienst)vertrag. Ein Maklervertrag liegt vor, wenn die geschuldete Tätigkeit des Vermittlers allein in der Benennung eines Kaufinteressenten liegt, der

---

[18] Vgl. Palandt/*Grüneberg*, § 326 Rn. 5 und § 275 Rn. 7 ff.; *Medicus/Lorenz*, Schuldrecht I, Rn. 432.

[19] Vgl. auch *Larenz* II 1, S. 93.

[20] Fall angelehnt an *BGH* NJW 2011, 1726.

[21] *BGH* NJW 1981, 388 (389); BGHZ 85, 11 (13); *BGH* NJW 2011, 1726.

[22] *OLG Hamm* NJW-RR 1999, 777.

[23] *BGH* NJW 1981, 388 (389); BGHZ 85, 11 (13).

Eigentümer im Besitz des Fahrzeugs verbleibt und die Verkaufsverhandlungen selbst führt.[24]

Vom Kommissionsgeschäft gem. §§ 383 ff. HGB unterscheidet sich der Vermittlungsauftrag insbesondere dadurch, dass der Verkauf im Namen und für Rechnung des Auftraggebers erfolgt und der Beauftragte dabei nicht als Kommissionär, also als mittelbarer Stellvertreter im eigenen Namen handelt.[25] Der Vermittlungsvertrag ist damit regelmäßig als eine – von einem Neu- oder Gebrauchtwagenkauf unabhängige – entgeltliche Geschäftsbesorgung mit Dienstvertragscharakter einzuordnen.[26]

b) Dieser könnte aber durch Kündigung erloschen sein. Eine Kündigung ist jederzeit gem. §§ 675, 671 möglich und durch das Herausgabeverlangen der *H* auch konkludent erklärt worden. Der Vermittlungsvertrag wurde damit beendet, ohne dass das Fahrzeug veräußert wurde. Nach Beendigung ist der Vermittler gem. §§ 675, 667 zur Herausgabe des Fahrzeugs verpflichtet.[27] Der Anspruch der *H* auf Herausgabe besteht demnach.

2. Zurückbehaltungsrecht

Fraglich ist, ob der Anspruch durchsetzbar ist. *A* verweigert die Herausgabe und besteht auf Zahlung der Werbemittel- und Platzmietpauschale. Fraglich ist daher, ob *A* ein Zurückbehaltungsrecht geltend machen kann. Ein solches könnte sich aus § 273 ergeben.

a) Voraussetzung für ein Zurückbehaltungsrecht gem. § 273 ist zunächst ein fälliger Gegenanspruch des *A*, der hier im Anspruch auf die Werbemittel- und Platzmietpauschale bestehen könnte. Grundlage dieses Anspruchs ist die Klausel Nr. 2 des Vertrages. Voraussetzung für ein Zahlungsbegehren ist also, dass diese Klausel wirksam in den Vermittlungsvertrag einbezogen worden ist. Hierbei könnte es sich um eine Allgemeine Geschäftsbedingung gem. § 305 handeln.

aa) Gem. § 305 I 1 müsste es sich um eine für eine Vielzahl von Verträgen vorformulierte Vertragsbedingung handeln, die *A* der *H* bei Vertragsabschluss gestellt hat. *A* benutzt für den Abschluss des Vermittlungsvertrages einen vorformulierten Text, den er für solche Geschäfte vorhält, und in den nur noch die jeweiligen Details (Vertragspartner, Fahrzeugtyp etc.) eingefüllt werden müssen. Im Übrigen handelt es sich um einen Verbrauchervertrag gem. § 310 III, so dass die Bestimmung als von *A* gestellt gilt. Der persönliche und sachliche Anwendungsbereich der §§ 305 ff. ist gem. § 310 ebenfalls eröffnet. *H* hat der Verwendung durch den Vertragsschluss auch konkludent zugestimmt.

bb) Ob es sich um bei der Vereinbarung um eine überraschende Klausel gem. § 305c I handelt, erscheint nicht von vornherein ausgeschlossen. Dies kann jedoch zunächst offen bleiben, sofern die Klausel hinsichtlich ihres Inhalts bereits unwirksam ist.[28] Fraglich ist zunächst, ob die Klausel Nr. 2 überhaupt einer Inhaltskontrolle gem. §§ 307–309 unterliegt. Ausgenommen von der Inhaltskontrolle sind nach § 307 I 1 Bestimmungen, die Art und Umfang der vertraglichen Hauptleistungspflicht und die hierfür zu zahlende Vergütung unmittelbar regeln (Leistungsbeschreibungen und Preisvereinbarungen). Auf der Grundlage der Privatautonomie ist es den Vertrags-

---

[24] *OLG Stuttgart* NJOZ 2010, 1627 (1628) (als Vorinstanz zu *BGH* NJW 2011, 1726).

[25] *OLG Hamm* NJW-RR 1999, 777.

[26] *Reinking/Eggert*, Der Autokauf, 13. Aufl. 2017, Rn. 2191; *BGH* NJW 1981, 388; *BGH* NJW 2011, 1726.

[27] *Reinking/Eggert*, Der Autokauf, 13. Aufl. 2017, Rn. 2268.

[28] Vgl. auch *BGH* NJW 2011, 1726.

parteien im Allgemeinen freigestellt, Leistung und Gegenleistung selbst zu bestimmen. Mangels gesetzlicher Vorgaben fehlt es insoweit regelmäßig auch an einem Kontrollmaßstab.[29]

Kontrollfrei sind auch Regelungen über Entgelt für Nebenleistungen oder einzelne Leistungsteile[30] und über die Vergütung zusätzlich angebotener Sonderleistungen, wenn hierfür keine besonderen rechtlichen Regelungen bestehen. Der Inhaltskontrolle nach §§ 307–309 unterliegen gem. § 307 III 1 aber solche (Preisneben-)Abreden, die sich zwar mittelbar auf den Preis und die Leistung auswirken, diese aber nicht ausschließlich festlegen und bestehende Rechtsvorschriften, besonders dispositive Rechtsvorschriften, ergänzen oder von diesen abweichen.[31] Formularmäßige Entgeltregelungen sieht der *BGH* in ständige Rechtsprechung als kontrollfähig an, wenn Aufwendungen für die Erfüllung eigener (gesetzlicher oder nebenvertraglicher) Pflichten des Verwenders oder für sonstige Tätigkeiten im eigenen Interesse des Verwenders auf den Kunden abgewälzt werden.[32] Durch die Bestimmung in Klausel Nr. 2 will *A* eine Tätigkeit vergüten lassen, die sich nach Maßgabe der Gesamtheit der wesentlichen Rechte und Pflichten schon aus dem Vermittlungsvertrag ergibt und die er vornehmlich im eigenen Interesse vornimmt. Es handelt sich mithin nicht um die Kontrolle der Hauptleistungspflicht, sondern einer Preisnebenabrede (§ 307 III). Insoweit ist die Klausel kontrollfähig. Bei der Bestimmung in Klausel Nr. 2 handelt es sich außerdem um eine von Rechtsvorschriften abweichende Nebenabrede über ein zusätzliches Entgelt ohne echte Gegenleistung des Verwenders. Danach ist die Regelung über die Werbemittel- und Platzmietpauschale im vorliegenden Vermittlungsvertrag der Inhaltskontrolle gem. §§ 307 ff. unterworfen.

cc) Ein Hinweis auf eine Unwirksamkeit der Klausel gem. §§ 309, 308 liegt nicht vor. Es könnte aber eine unangemessene Benachteiligung gem. § 307 I und II vorliegen. Die Klausel ist gemäß § 307 I, II Nr. 1 unwirksam, wenn sie *H* entgegen den Geboten von Treu und Glauben unangemessen benachteiligt. Eine unangemessene Benachteiligung im Sinne von § 307 I 1 liegt vor, wenn der Verwender durch eine einseitige Vertragsgestaltung missbräuchlich eigene Interessen auf Kosten seines Vertragspartners durchzusetzen versucht, ohne von vornherein auch dessen Belange hinreichend zu berücksichtigen und ihm einen angemessenen Ausgleich zuzugestehen.[33] Gem. § 307 II Nr. 1 ist eine unangemessene Benachteiligung im Zweifel anzunehmen, wenn wesentliche Pflichten, die sich aus der Natur des Vertrages ergeben, so eingeschränkt werden, dass der Vertragszweck gefährdet ist, also die Leitbildfunktion des dispositiven Rechts beeinträchtigt wird.

Der vertraglichen Hauptleistungspflicht des *A*, die in der sachgerechten Bemühung zum auftragsgemäßen Verkauf des ihm überlassenen Mercedes besteht, steht die Pflicht der *H* zur Zahlung einer erfolgsabhängigen Provision gegenüber. Mit der Provisionszahlung ist aus dem Blickwinkel der Verkehrserwartung das von *H* geschuldete Entgelt vollständig erbracht und die Leistung des *A* insgesamt abgegolten. Hiernach zählt auch der Aufwand, der für die Erfolg versprechende Präsentation des Fahrzeugs auf dem Firmengelände erbracht wird, die nicht selbstständig erstattungsfähig ist und üblicherweise bei der Provision mit eingerechnet wird. Die Pauschale soll nach der Klausel Nr. 2 aber auch im Erfolgsfalle zu entrichten sein, was dazu

---

[29] Z.B. *BGH* NJW 2011, 1726; *BGH* NJW-RR 1999, 125 (126); *BGH* NJW 2002, 2386.
[30] *BGH* NJW 2011, 1726 (1727) m.w.N.
[31] *BGH* NJW 2011, 1726 (1727) m.w.N. Kritisch zu dieser Rechtsprechung etwa Staudinger/ *Coester* (2013), § 307 Rn. 329.
[32] *BGH* NJW 2011, 1726 (1727) m.w.N.
[33] Z.B. BGHZ 175, 102 (107).

führen kann, dass eine nach der Rechtsnatur des Vertragsverhältnisses bereits vollständig abgegoltene Leistung im Gewande einer „Werbemittel- und Platzmietpauschale" nochmals zu bezahlen ist. Der Verkäufer lässt sich also für dieselbe Leistung gleich zweifach entlohnen. Der beauftragte Autohändler ist im Übrigen bereits vertraglich verpflichtet, sich um den Verkauf des Fahrzeugs zu bemühen. Daher ist es auch im Wesentlichen seine Sache, zu entscheiden, welchen Aufwand er für die Bereitstellung und Bewerbung des Fahrzeugs betreibt. Diesen Aufwand betreibt er außerdem im eigenen Interesse an der baldigen Erzielung einer Provision und müsste demnach auch diese Kosten selbst tragen.[34] Hierdurch wird der Vertragszweck gefährdet, da ein Anreiz des Verkäufers bestehen könnte, den Verkauf so weit wie möglich hinauszuzögern. Dem Kunden wird ein Zusatzentgelt abverlangt, ohne dass er dafür eine Gegenleistung oder sonst einen nennenswerten Vorteil erhält. Die auch im Falle der erfolgreichen Vermittlung neben der Provision zu entrichtende und daher insgesamt als zusätzliches Entgelt zu wertende „Werbemittel- und Platzmietpauschale" ist demnach mit wesentlichen Grundgedanken der gesetzlichen Regelung unvereinbar und daher gem. § 307 II Nr. 1, I unwirksam. Gem. § 306 I bleibt der Vertrag im Übrigen wirksam; an die Stelle der unwirksamen Vertragsklausel tritt grundsätzlich das dispositive Gesetzesrecht (§ 306 II).

b) Fraglich ist dann, ob sich aus dem dispositiven Gesetzesrecht für *A* ein Anspruch auf Zahlung eines Entgelts, wie es ihm durch die „Werbemittel- und Platzmietpauschale" verschafft werden soll, ergibt. Der vertraglich festgelegte Dienstlohn gem. §§ 611, 612 i. V. m. § 675 I besteht ausschließlich in der vereinbarten Provision. Gem. § 670 i. V. m. § 675 I wird kein Anspruch auf eine zusätzliche Vergütung für eine Tätigkeit gewährt.

3. Rechtsfolge

A hat demnach kein Zurückbehaltungsrecht gem. § 273. Nach §§ 675, 667 ist er zur Herausgabe des Fahrzeugs an *H* verpflichtet.

II. Anspruch aus § 985

1. Tatbestandliche Voraussetzungen

a) *H* müsste Eigentümerin des Mercedes sein. Laut Sachverhalt handelt es sich dabei um ein „Erbstück" der Großtante und damit gem. § 1922 um Eigentum der *H*. Dieses Eigentum hat *H* auch nicht durch die Überlassung des Fahrzeugs an *A* verloren. Inhalt der Vereinbarung zwischen *H* und *A* war nicht die Übereignung, sondern die Vermittlung des Mercedes.

b) *A* müsste als Anspruchsgegner Besitzer des Mercedes ohne Recht zum Besitz gem. § 986 I sein. *A* hat durch die Übergabe des Wagens gem. § 854 I unmittelbaren Besitz erlangt. Das Fahrzeug befindet sich noch immer auf seinem Firmengelände. Ein Recht zum Besitz gem. § 986 I könnte aus dem mit *H* geschlossenen Vermittlungsvertrag[35] folgen. Dieser könnte aber durch Kündigung erloschen sein. Eine Kündigung ist gem. §§ 675, 671 jederzeit möglich und durch das Herausgabeverlangen der *H* auch wie gesehen[36] (konkludent) erklärt worden.

---

[34] *BGH* NJW 2011, 1726 (1727) m. w. N.
[35] Dabei handelt es sich um einen entgeltlichen Geschäftsbesorgungsvertrag mit Dienstvertragscharakter, siehe oben I 1 a.
[36] Oben I 1 b.

2. Einreden

Dem Anspruch könnten aber Einreden entgegenstehen.[37]

a) Fraglich ist auch hier, ob dem Herausgabeverlangen der *H* Einreden entgegengehalten werden können. In Frage kommt zunächst ein Zurückbehaltungsrecht gem. § 1000 S. 1. Danach kann der Besitzer die Herausgabe der Sache verweigern, bis er wegen der ihm zu ersetzenden Verwendungen befriedigt wird. Voraussetzung für das Zurückbehaltungsrecht ist ein Verwendungsersatzanspruch des Besitzers gegen den Eigentümer gem. §§ 994, 995. Verwendungen sind freiwillige Vermögensopfer, die zumindest auch der Sache zugutekommen sollen und ihrer Wiederherstellung, ihrem Erhalt oder Verbesserung dienen.[38] Notwendig sind diese, wenn sie zur Erhaltung oder ordnungsgemäßen Bewirtschaftung der Sache nach objektivem Maßstab zur Zeit der Vornahme erforderlich sind; es muss sich um solche Maßnahmen handeln, die auch der Eigentümer hätte vornehmen müssen und die nicht nur den Sonderzwecken des Besitzers dienen.[39] Die vorliegenden Kosten beziehen sich ausschließlich auf die „Werbemittel- und Platzmietpauschale". Diese Aufwendungen stellen keine Verwendungen in diesem Sinne dar. Es handelt sich weder um einen Mietzins für eine notwendige Aufbewahrung[40] (diese hätte auch kostenlos durchgeführt werden können), noch um notwendige Erhaltungskosten. Tätigkeiten wie z. B. die Autowäsche sind von einer „Werbemittel- und Platzmietpauschale" wohl nicht umfasst. Ein Zurückbehaltungsrecht gem. § 1000 S. 1 besteht daher nicht. Im Übrigen scheitert das Zurückbehaltungsrecht an der Unwirksamkeit der Klausel Nr. 2.[41]

b) Es könnte aber ein Zurückbehaltungsrecht nach § 273 bestehen. Die Norm gilt für Schuldverhältnisse aller Art, also auch solche auf sachenrechtlicher Grundlage. Ein Zurückbehaltungsrecht kann daher auch gegenüber dem Herausgabeanspruch gem. § 985 geltend gemacht werden.[42] Jedenfalls aber liegen die Voraussetzungen des Zurückbehaltungsrechts gem. § 273 I aufgrund der Unwirksamkeit der Klausel Nr. 2[43] nicht vor. Damit ist der Herausgabeanspruch begründet.

3. Ergebnis

H kann damit von *A* auch gem. § 985 Herausgabe des Mercedes verlangen.

---

[37] Das Recht zum Besitz nach § 986 ist nach ganz überwiegender Ansicht keine Einrede, sondern ein negatives Tatbestandsmerkmal, siehe die Nachweise bei Jauernig/*Berger*, § 986 Rn. 2. Nach ständiger Rechtsprechung (BGHZ 64, 122 (125); *BGH* NJW-RR 1986, 282, *BGH* NJW 2002, 1050 (1052)) können jedoch auch Zurückbehaltungsrechte ein Recht zum Besitz begründen. A. A. zu Recht die Literatur, vgl. nur MüKoBGB/*Baldus*, § 986 Rn. 32; *Baur/Stürner*, Sachenrecht, 18. Aufl. 2009, § 11 Rn. 26a.

[38] BGHZ 131, 220.

[39] *BGH* NJW-RR 1996, 336.

[40] *BGH* NJW 1978, 1256.

[41] Siehe oben I 2.

[42] Palandt/*Grüneberg*, § 273 Rn. 2; *Looschelders*, Schuldrecht AT, Rn. 306.

[43] Siehe oben I 2.

Fall 15. Verpasste Leidenschaft

Loslösung vom Partnervermittlungsvertrag und Rückforderung der geleisteten Anzahlung – Anfechtung – Widerruf bei Außergeschäftsraumvertrag – Aufrechnung mit Wertersatzanspruch – außerordentliche Kündigung – AGB-Kontrolle

Sachverhalt

Teil I:

Frau *Freud* ist nach mehreren für sie enttäuschend verlaufenen Beziehungen auf der Suche nach einer dauerhaften Partnerschaft. Sie hatte im Internet eine Kontaktanzeige entdeckt, in der sich ein Innenarchitekt vorstellte, der genau ihrer Partnervorstellung entsprach. Um an seine Kontaktdaten zu kommen, musste sie sich laut Internetanzeige bei der *Partner-on-demand* GbR melden. Frau *Freud* ruft daher bei der *Partner-on-demand* GbR an und bestellt den Mitarbeiter Herrn *Tricks* zu sich nach Hause, um alle Einzelheiten über die Kontaktaufnahme mit dem Innenarchitekten zu besprechen. Herr *Tricks*, ein sehr redegewandter Herr, bietet der gutgläubigen Dame bei dem Gespräch am 1. Februar einen Partnervermittlungsvertrag an, den Frau *Freud* in Erwartung eines raschen Treffens mit dem Innenarchitekten gleich unterschreibt. Gegen ein Entgelt von 5 000 € sollte sie insgesamt 20 Partnervorschläge bekommen. Andere Agenturen verlangen hierfür im Durchschnitt zwischen 3 000 € und 4 000 €. Frau *Freud* leistet eine sofortige Anzahlung in Höhe von 3 500 €, damit umgehend mit der Auswahl begonnen werden könne. Herr *Tricks* informiert Frau *Freud* noch darüber, dass ihr ein gesetzliches Widerrufsrecht zustehe. Entsprechende Formulare hat er allerdings nicht dabei. Eine ordnungsgemäße Widerrufsbelehrung geht Frau *Freud* dann am 9. Februar zu. Diese schreibt daraufhin Herrn *Tricks* per E-Mail, er solle sich nicht mit dem „Papierkram" aufhalten, sie wolle endlich eine Gegenleistung für ihr Geld.

Danach erhält Frau *Freud* nicht wie gewünscht die Kontaktdaten des Innenarchitekten, sondern zwölf andere Partnervorschläge mit Kontaktdaten, die sich jedoch allesamt als für sie uninteressant herausstellen. Daraufhin teilt sie der *Partner-on-demand* GbR am 22. Februar schriftlich mit, dass sie kein Interesse mehr an weiteren Partnervorschlägen habe und den Partnervermittlungsvertrag widerrufe. Sie sei mit dem wahrscheinlich überhaupt nicht existierenden Innenarchitekten nur dazu verlockt worden, einen kostenintensiven Partnervermittlungsvertrag abzuschließen. Mit den von der *Partner-on-demand* GbR angebotenen anderen Kontakten habe sie überhaupt nichts anfangen können. Daher verlange sie die von ihr geleistete Anzahlung in Höhe von 3 500 € zurück.

Die *Partner-on-demand* GbR verweigert die Rückzahlung. Sie meint, der Innenarchitekt sei – was zutrifft – keineswegs eine Erfindung, vielmehr sei er aber kurz nach dem Vertragsschluss mit Frau *Freud* anderweitig vermittelt worden. Damit hätte Frau *Freud* rechnen müssen, da der Innenarchitekt als Kunde der *Partner-on-demand* GbR selbstverständlich auch andere Partnervorschläge erhalten habe. Mit dem Partnervermittlungsvertrag habe der Kunde keinen Anspruch auf einen bestimmten Partner. Ein Widerruf komme nicht in Frage, da Frau *Freud* kein Widerrufsrecht zustehe. Sie habe den Mitarbeiter der *Partner-on-demand* GbR schließlich selbst zu sich nach Hause bestellt. Frau *Freud* klagt daraufhin gegen die *Partner-on-demand* GbR auf Rückzahlung von 3 500 €. Die *Partner-on-demand* GbR beantragt, die Klage abzuweisen, hilfsweise erklärt sie die Aufrechnung mit einer Gegenforderung in Höhe von 3 000 € für die zwölf erbrachten Partnervorschläge, jedenfalls aber in Höhe von 1 000 € für ersparte eigene Kontaktanzeigen durch Frau *Freud*. Sie behauptet zutreffend und unwidersprochen, dass sich für gewöhnlich auf eine Kontaktanzeige, die etwa 500 € kostet, zwischen fünf und zehn Interessenten melden.

Hat Frau *Freud* einen Anspruch auf Rückzahlung von 3 500 € gegen die *Partner-on-demand* GbR?

Teil II:

Nach diesem Misserfolg möchte Frau *Freud* ihr Glück bei einer anderen Agentur versuchen. Daher sucht sie die Geschäftsräume der *Arabella* GmbH auf und lässt sich dort beraten. Die *Arabella* GmbH arbeitet auf der Basis eines individuell erstellten Persönlichkeitsanalyseberichts, für dessen Anfertigung ein analytisches Gespräch sowie mehrere Tests mit dem Kunden durchgeführt werden. Anschließend erfolgt die Auswertung durch einen erfahrenen Psychologen. Auf der Grundlage dieses Persönlichkeitsprofils sucht die *Arabella* GmbH potentielle Partner für ihre Kunden, deren Kontaktdaten sie dem Kunden fortlaufend zusendet. Auch bei der Vorbereitung der ersten Verabredung steht die *Arabella* GmbH ihren Kunden hilfreich zur Seite, indem Vorschläge zu passenden Aktivitäten, zum Restaurant und zum Kleidungsstil gemacht werden. Vor Beginn der Tests unterschreibt Frau *Freud* einen vorgefertigten Vertrag, in dem es u. a. heißt:

„1. Mit der Erstellung des Persönlichkeitsanalyseberichts schließe ich einen Werkvertrag mit der Arabella GmbH. Der Gesamtpreis von 5 000 € wird folgendermaßen berechnet:

3 000 €: Analytisches Gespräch und Tests

2 000 €: Auswertung der Untersuchungen durch einen Psychologen.

Die nachfolgenden zehn Partnervorschläge sind kostenfrei."

Im Anschluss an die Erstellung des Persönlichkeitsprofils erhält Frau *Freud* zwei Kontaktvorschläge. Beide sagen ihr wiederum nicht zu. Frustriert beschließt Frau *Freud* daraufhin, auf weitere Kontaktsuche zu verzichten. Sie möchte sich daher von dem Vertragsverhältnis lösen und verlangt die bereits gezahlten 5 000 € von der *Arabella* GmbH zurück. Zu Recht?

Lösung

Teil I – Widerruf

A. Anspruch auf Rückzahlung aus §§ 312g I, 312b I i. V. m. §§ 355 III, 357 I

Frau *Freud* (*F*) könnte einen Anspruch gegen die *Partner-on-demand* GbR (*P*) auf Rückzahlung der bereits als Anzahlung geleisteten 3 500 € aus §§ 312g I, 312b I i. V. m. §§ 355 III, 357 I haben.

I. Anspruch entstanden

Der Anspruch auf Rückzahlung ist entstanden, wenn zwischen *F* und der *P* ein Vertrag wirksam zustande gekommen ist, den *F* form- und fristgerecht widerrufen hat. Ferner muss ihr ein Widerrufsrecht zustehen und der Widerruf darf nicht ausgeschlossen sein.

1. Wirksamer Vertrag

F und die *P*, die als nach außen auftretende GbR rechtsfähig ist[1] und die mangels gegenteiliger Anhaltspunkte wirksam im Sinne von § 164 durch Herrn *Tricks (T)* vertreten wurde, haben am 1. Februar einen Vertrag mit dem Inhalt einer entgeltlichen Partnervermittlung geschlossen. Der Partnervermittlungsvertrag könnte aber infolge einer wirksamen Anfechtung als von Anfang an nichtig anzusehen sein, § 142 I. Dazu müsste zunächst eine Anfechtungserklärung vorliegen. Zwar kann die einseitige Willenserklärung von *F*, obwohl sie ausdrücklich einen Widerruf erklärt hat, gem. § 133 i. V. m. § 157 analog auch als Anfechtungserklärung ausgelegt werden. Allerdings muss *F* auch einen Anfechtungsgrund haben. In Betracht kommt eine arglistige Täuschung durch die *P* nach § 123 I Alt. 1. Eine solche läge vor, wenn es sich vorliegend um ein sog. Lockvogelangebot handelte, der Kunde also mit nur scheinbar vermittlungsbereiten Personen geworben würde.[2] Der Innenarchitekt war jedoch nach den zutreffenden Aussagen der *P* selbst Kunde der *P* und hatte kurz vor der geplanten Vermittlung an *F* eine andere Partnerin gefunden. Folglich lag hier kein Lockvogelangebot vor. Eine arglistige Täuschung seitens der *P* nach § 123 I Alt. 1 als Anfechtungsgrund scheidet mithin aus. Der Partnervermittlungsvertrag zwischen *F* und der *P* ist nicht infolge einer Anfechtung gem. § 142 I als von Anfang an nichtig anzusehen, sondern zunächst wirksam zustande gekommen.

2. Form- und fristgerechte Widerrufserklärung

F müsste den Widerruf fristgerecht erklärt haben. Der Widerruf ist eine einseitige, empfangsbedürftige Willenserklärung, die formlos erfolgen kann (§ 355 I 2). Das Wort „Widerruf" braucht nicht verwendet zu werden, solange aus der Erklärung des Verbrauchers nur hinreichend deutlich wird, dass er an dem Vertrag nicht mehr festhalten will. Daher kann der Widerruf auch konkludent erklärt werden.[3] Vorliegend hat *F* ausdrücklich den Widerruf erklärt, und dies sogar schriftlich. Eine Begründung des Widerrufs ist eigentlich nicht erforderlich (§ 355 I 4), hier aber sogar erfolgt. Die Widerrufsfrist beträgt gem. § 355 II 1 grundsätzlich 14 Tage nach Vertragsschluss. Nachdem der Vertrag am 1. Februar geschlossen wurde, wäre der am 22. Februar erklärte Widerruf eigentlich verfristet. Allerdings beginnt die Widerrufsfrist erst dann zu laufen, wenn der Unternehmer den Verbraucher ordnungsgemäß gem. § 356 III 1 i. V. m. Art. 246a § 1 II 1 Nr. 1 EGBGB unterrichtet hat. Das war hier am 9. Februar geschehen. Die mündliche Belehrung genügt insoweit nicht, wie sich aus Art. 246a § 4 II 1 EGBGB und dem damit verfolgten Schutzzweck erhellt.[4] Damit war die Erklärung des Widerrufs fristgerecht.

---

[1] Vgl. grundlegend BGHZ 146, 341.
[2] *BGH* NJW 2008, 982 (983).
[3] S. *Hoffmann/Schneider*, NJW 2015, 2529 (richtlinienkonforme Auslegung von § 355 I 3).
[4] Palandt/*Grüneberg*, § 356 Rn. 7. Problematisch ist, dass Art. 246a § 1 I EGBGB offenbar davon ausgeht, dass die Informationserteilung stets vor Vertragsschluss erfolgen müsse. Für Heilungsmöglichkeit bei Informationserteilung nach Vertragsschluss daher *Wendehorst*, NJW 2014, 577 (582).

3. Bestehen eines Widerrufsrechts

Weiterhin müsste *F* ein Widerrufsrecht zustehen. Dieses könnte sich aus §§ 312g I, 312b I, 355 I 1 ergeben. Zunächst müsste der Anwendungsbereich der §§ 312 ff. eröffnet sein. Dafür müsste *F* als Verbraucherin mit der *P* als Unternehmerin einen Vertrag über eine entgeltliche Leistung wirksam geschlossen haben, zu dessen Abschluss es außerhalb von Geschäftsräumen kam.

a) Es müsste zunächst ein Verbrauchervertrag vorliegen, § 312 I i.V.m. § 310 III. Dies wäre der Fall, wenn die *P* Unternehmerin und *F* Verbraucherin wäre. *F* ist als natürliche Person, die beim Abschluss des Partnervermittlungsvertrages in privater Angelegenheit handelte, als Verbraucherin im Sinne von § 13 anzusehen. Unternehmer ist gem. § 14 I Var. 3, II auch eine rechtsfähige Personengesellschaft, die bei Vertragsabschluss in Ausübung ihrer gewerblichen oder selbstständigen beruflichen Tätigkeit handelt. Die Gesellschaft bürgerlichen Rechts besitzt Rechtsfähigkeit, soweit sie durch Teilnahme am Rechtsverkehr eigene Rechte und Pflichten begründet.[5] Da die *P* als Außengesellschaft bürgerlichen Rechts die Partnervermittlung gewerblich betreibt, handelte sie bei Abschluss des Partnervermittlungsvertrages mit *F* als Unternehmerin gem. § 14 I Var. 3, II.

b) Es müsste weiter ein Vertrag über eine entgeltliche Leistung vorliegen. Im Partnervermittlungsvertrag vereinbarten *F* und die *P*, dass 5 000 € für 20 Partnervorschläge zu zahlen seien; damit liegt ein entgeltliches Vertragsverhältnis vor. Bei der Leistung kann es sich um jede Art von Sach- oder Dienstleistung handeln, für die ein Entgelt geschuldet ist. Ein Partnervermittlungsvertrag ist grundsätzlich als Dienstvertrag anzusehen. Dafür spricht – in Abgrenzung zum Maklervertrag – die Erfolgsunabhängigkeit der Vergütungsverpflichtung des Kunden. Nachdem der Vermittler nicht ein bloßes Tätigkeitsergebnis schuldet, sondern für die Vertragsdauer immer wieder Dienste durch Übersendung weiterer Partnervorschläge erbringen muss, unterscheidet sich der Partnervermittlungsvertrag auch von einem Werkvertrag.[6] Auch wenn sich der Partnervermittler bei den Partnervorschlägen nicht auf die bloße Namensnennung beschränkt, sondern auch Angaben über Alter, Herkunft, berufliche Stellung, Einkommens- und Vermögensverhältnisse, Charaktereigenschaften sowie Interessen macht, liegt kein Werk i.S.d. § 631 vor.[7] Die frühere Ansicht in der Rechtsprechung, dass Partnervermittlungsverträge deshalb nicht als Dienstverträge angesehen werden könnten, weil kein Dauerschuldverhältnis vorliege,[8] ist abzulehnen, da Dienstverträge nicht notwendigerweise Dauerschuldverhältnisse sein müssen (z.B. die einmalige Beratung durch einen Arzt oder einen Anwalt).

c) Ein Außergeschäftsraumvertrag gem. § 312b I 1 Nr. 1 ist gegeben, wenn der Vertrag bei gleichzeitiger körperlicher Anwesenheit des Verbrauchers und des Unternehmers an einem Ort geschlossen wurde, der kein Geschäftsraum des Unternehmers ist.[9] Entscheidend ist folglich, wo die zum Vertragsschluss führenden Willenserklärungen abgegeben wurden und wo sie dem anderen Teil zugehen und wirksam werden.[10] *F* und *T* als Mitarbeiter der *P* führten im Bereich der Privatwohnung von *F* mündliche Vertragsverhandlungen. Diese Gespräche führten zur Abgabe der auf Abschluss des Vertrages gerichteten Willenserklärung der *F*. Es ist davon auszuge-

---

5   Siehe Fn. 1.
6   Vgl. das grundlegende Urteil BGHZ 106, 341 (343 f.) sowie BGHZ 112, 122 (123); MüKoBGB/*Roth*, § 656 Rn. 22 ff.
7   *BGH* NJW 1989, 1479 (1480).
8   *OLG Hamburg* NJW 1986, 325 (326).
9   MüKoBGB/*Wendehorst*, § 312b Rn. 34.
10 MüKoBGB/*Wendehorst*, § 312b Rn. 35.

hen, dass sich *F* nur aufgrund der überrumpelnden Situation in Erwartung eines Kontakts mit dem Innenarchitekten auf den Abschluss eines allgemeinen Partnervermittlungsvertrages eingelassen hat, der eine Zahlungspflicht in Höhe von 5 000 € begründete. Ein Außergeschäftsraumvertrag liegt damit vor.

4. Kein Ausschluss nach § 312g II

Das Widerrufsrecht könnte aber ausgeschlossen sein, weil die Initiative zum Vertragsschluss von *F* ausging, ja sie den *T* sogar ausdrücklich zu sich nach Hause bestellt hatte. Man könnte deswegen annehmen, der Zweck des Widerrufsrechts – Schutz vor Überrumpelung – sei hier von vornherein nicht einschlägig. Indessen schließt eine „vorhergehende Bestellung" durch den Verbraucher – anders als nach altem Recht (§ 312 III Nr. 1 a. F.)[11] – das Widerrufsrecht nicht mehr generell aus: Nach § 312g II 1 Nr. 11 gilt dies nur dann, wenn sich der Vertrag auf die Durchführung dringender Reparatur- und Instandhaltungsmaßnahmen bezieht.[12] Das war hier ersichtlich nicht der Fall.

5. Ausschluss analog § 656 I 2

Eine Rückforderung könnte aber analog § 656 I 2 ausgeschlossen sein. Der Ehemaklervertrag begründet nach § 656 I 1 eine unvollkommene, nicht einklagbare Verbindlichkeit. Der an den Ehemakler gezahlte Lohn kann indessen nicht zurückgefordert werden, § 656 I 2. Wegen der vergleichbaren Interessenlage wird überwiegend eine analoge Anwendung des § 656 auf den Partnervermittlungsvertrag befürwortet,[13] sodass auch § 656 I 2 gilt. Ein Rückzahlungsanspruch ist jedoch hierdurch bei solchen Umständen nicht ausgeschlossen, die auch bei einer klagbaren Verpflichtung den Leistenden zur Rückforderung des von ihm Gezahlten berechtigen würden, also im Falle von anspruchshindernden und -vernichtenden Einwendungen, etwa bei Vertragsbeendigung durch Kündigung.[14] Eine Rückforderung des Geleisteten ist danach beim Widerruf eines Partnervermittlungsvertrages möglich.

6. Rechtsfolge

Aufgrund des Widerrufs hat *F* gegen die *P* einen Anspruch auf Rückgewähr der geleisteten 3 500 € aus §§ 312g I, 312b I, 355 III 1, 357 I.

II. Anspruch erloschen

Der Anspruch von *F* könnte aber (teilweise) erloschen sein, wenn die *P* mit einem Gegenanspruch wirksam aufgerechnet hat. Ein solcher Gegenanspruch könnte sich daraus ergeben, dass die *P* der *F* bereits zwölf Partnervorschläge unterbreitet hat.

1. Aufrechnungslage gem. §§ 387, 390

Voraussetzung ist zunächst eine gegenseitige, gleichartige, fällige und durchsetzbare Forderung der *P* gegen *F* sowie die Erfüllbarkeit der Forderung von *F* gegen die *P*.

a) Gegenseitig sind die Forderungen, wenn zwei Personen einander Leistungen schulden und jeder von den beiden Personen zugleich Gläubiger und Schuldner des

---

[11] Dazu die Voraufl.
[12] Näher *Schwab/Hromek*, JZ 2015, 271 (276 f.).
[13] Vgl. Jauernig/*Mansel*, § 656 Rn. 3; MüKoBGB/*Roth*, § 656 Rn. 20 m. w. N.; *P. Meier*, NJW 2011, 2396.
[14] Palandt/*Sprau*, § 656 Rn. 1a; MüKoBGB/*Roth*, § 656 Rn. 11; *BGH* NJW 1983, 2817 (2818).

anderen ist. Der *P* könnte gegen *F* vorliegend ein Anspruch auf Zahlung von 3 000 €
aufgrund der bereits erbrachten zwölf Partnervorschläge zustehen.

aa) Der mit dem Rückzahlungsanspruch der *F* im Gegenseitigkeitsverhältnis stehende Anspruch der *P*, mit dem diese aufrechnen kann, könnte sich aus § 357 VIII
ergeben. Diese Vorschrift normiert eine Wertersatzpflicht für den Widerruf von
Verträgen über die Erbringung von Dienstleistungen unter besonderen Voraussetzungen.[15] Zunächst muss sich der Verbraucher damit einverstanden erklärt haben,
dass der Unternehmer vor Ablauf der Widerrufsfrist mit der Lieferung beginnt
(§ 357 VIII 1). Das darin liegende Leistungsverlangen des Verbrauchers muss „ausdrücklich" erfolgt sein; eine Fiktion dieser Erklärung in den Unternehmer-AGB
genügt nicht.[16] Damit soll verhindert werden, dass der Verbraucher im Ergebnis eine
ihm vor dem Widerruf aufgedrängte Dienstleistung vergüten muss. Vorliegend war
F bei Vertragsschluss ausweislich der prompt geleisteten Anzahlung offensichtlich
an einem sofortigen Beginn der Partnervermittlung interessiert. Allerdings erscheint
zweifelhaft, ob sie dies in der vom Gesetz geforderten Ausdrücklichkeit geäußert
hat. Das kann indessen dahinstehen, da die nachgeholte Belehrung nicht vor, sondern nach dem Leistungsverlangen erfolgte. Nach Sinn und Zweck der Regelung, die
einen Verbraucher davor schützen soll, dass er ohne ordnungsgemäße Belehrung
einem Wertersatzanspruch ausgesetzt wäre (§ 357 VIII 2), muss die Belehrung dem
Leistungsverlangen allerdings vorgehen.[17] Nun hat *F* jedoch nach Erhalt dieser
Belehrung am 9. Februar gegenüber *T* ausdrücklich einen sofortigen Leistungs-
beginn angemahnt. Dass sie sich darunter wohl ein Treffen mit dem Innenarchitekten vorgestellt hat und weniger den Erhalt von Partnervorschlägen, spielt an dieser
Stelle keine Rolle. Die zusätzliche Anforderung des § 357 VIII 3, wonach der Verbraucher das Leistungsverlangen dem Unternehmer auf einem dauerhaften Daten-
träger (§ 126b S. 2) zu übermitteln hat,[18] ist hier mit der E-Mail der *F* erfüllt.

Allerdings erlischt das Widerrufsrecht nach § 356 IV 1, wenn der Unternehmer
bereits vollständig an den Verbraucher geleistet hat und der Verbraucher gleichzeitig
seine Kenntnis darüber bestätigt, dass er sein Widerrufsrecht hierdurch verliert.
Dem Unternehmer steht dann ein Zahlungsanspruch gegen den Verbraucher zu; für
einen Wertersatzanspruch ist naturgemäß kein Raum mehr. § 357 VIII 1 erfasst
damit diejenigen Fälle, in denen der Unternehmer – wie hier – seine Leistung bei
Ausübung des Widerrufsrechts durch den Verbraucher erst teilweise erbracht hat.
Damit hat *P* gegen *F* einen Anspruch auf Wertersatz aus § 357 VIII 1. *F* und die *P*
stehen sich mit ihren Ansprüchen jeweils als Schuldner und Gläubiger gegenüber,
sodass die Forderungen auch gegenseitig sind.

bb) Fraglich ist die Höhe des Wertersatzanspruchs.[19] Dem Wertersatz ist nach der
ausdrücklichen gesetzlichen Anordnung in § 357 VIII 4 der vereinbarte Gesamtpreis

---

[15] Nach altem Recht kam über die Verweisungsnorm des § 357 I 1 a. F. das Rücktrittsfolgen-
     regime der §§ 346 ff. zur Anwendung. Vgl. zu den daraus resultierenden Problemen die
     entsprechenden Ausführungen in der Voraufl.
[16] Palandt/*Grüneberg*, § 357 Rn. 14.
[17] Palandt/*Grüneberg*, § 357 Rn. 15.
[18] Diese besondere Form lässt sich mit dem Überraschungsmoment für den Verbraucher
     rechtfertigen, das Außergeschäftsraumverträgen immanent ist.
[19] Unter Geltung des alten Rechts war umstritten, ob eine Wertersatzpflicht des Verbrauchers
     auf der Grundlage des § 346 II 1 1. Halbs. bestand. BGHZ 178, 355 (360 f.) hat dies bejaht;
     dazu und zur vorzugswürdigen Gegenansicht die entsprechenden Ausführungen in der
     Voraufl.

zugrunde zu legen und nicht etwa der objektive Wert der erbrachten Leistungen.[20] Danach wären für 20 Partnervorschläge 5 000 € zu zahlen; dies entspräche 250 € je Partnervorschlag. Daher wäre bei zwölf bereits erbrachten Partnervorschlägen ein anteiliger Betrag in Höhe von 3 000 € als Wertersatz zu leisten.

(1) Allerdings schreibt § 357 VIII 5 eine Minderung dieses Wertersatzes vor, wenn die vereinbarte Gegenleistung unverhältnismäßig hoch ist;[21] es kommt dann auf den tatsächlichen Marktwert der erbrachten Leistung an. Der Begriff der Unverhältnismäßigkeit muss unter Berücksichtigung seiner unionsrechtlichen Herkunft ausgelegt werden. Art. 14 III 3 VRRL spricht von einem „überhöhten", ErwGr. 50 VRRL hingegen von einem „unverhältnismäßigen" Gesamtpreis. Unterschiede dürften sich daraus nicht ergeben: Wann eine Unverhältnismäßigkeit gegeben ist, muss im Rahmen einer Einzelfallabwägung ermittelt werden.[22] Faktoren können – in Anlehnung an die Auslegung der §§ 275 II, 343 I oder 655 – insbesondere der vom Unternehmer betriebene Aufwand und das wirtschaftliche Interesse des Verbrauchers an der Leistung sein. Feste Wertgrenzen verbieten sich; die Unverhältnismäßigkeit liegt jedenfalls unterhalb der Grenze des § 138. Die Literatur sieht sie bei einem 20 % über dem Marktpreis liegenden Gesamtpreis erreicht.[23] Vorliegend bieten andere Agenturen ihre Dienstleistungen im Durchschnitt um 1 000 bis 2 000 € günstiger an als *P*. Zwar hat *F* offensichtlich ein besonderes Interesse an der Leistung der *P*, da sie sich über diese Kontakte zu „ihrem" Innenarchitekten erhofft. Da andererseits nicht ersichtlich ist, inwieweit der von *P* zur Partnervermittlung betriebene Aufwand besonders hoch wäre, liegt der Schluss nahe, dass der vereinbarte Gesamtpreis unverhältnismäßig hoch liegt.

(2) Zu erstatten ist damit nach § 357 VIII 5 der Marktwert, also die übliche bzw. angemessene Vergütung, die für eine solche Leistung zu bezahlen ist (ErwGr. 50 VRRL).[24] Bei Verträgen der vorliegenden Art steht die Mitteilung von Kontaktdaten passender Partner im Vordergrund. Derartige Informationen entfalten (ähnlich einem Maklernachweis) nur im Erfolgsfall ihren vollen Wert; in allen anderen Fällen sind sie eigentlich wertlos. Daher haben sie einen nur unter großen Schwierigkeiten zu ermittelnden Marktwert.[25]

In Betracht kommt eine Anlehnung an die bereits zum mittlerweile aufgehobenen Haustürwiderrufsgesetz (HWiG) ergangene Rechtsprechung:[26] Danach muss *F* Wertersatz nur in Höhe der Kosten leisten, die sie selbst für Kontaktanzeigen hätte

---

[20] Anders die frühere Rechtslage, wo von vornherein die übliche bzw. angemessene Vergütung als Grundlage herangezogen wurde, vgl. *BGH* NJW 2010, 2868 (2871 f.).

[21] Eine entsprechende Regelung enthält § 357a II 4, 5 bei Verträgen über Finanzdienstleistungen.

[22] Allgemein zur Struktur der Verhältnismäßigkeitsprüfung im Privatrecht *Stürner*, Der Grundsatz der Verhältnismäßigkeit im Schuldvertragsrecht, 2010, S. 347 ff.

[23] Palandt/*Grüneberg*, § 357 Rn. 16; *Looschelders*, Schuldrecht AT, Rn. 938 a. E.; Jauernig/ *Stadler*, § 357 Rn. 11; MüKoBGB/*Fritsche*, § 357 Rn. 47.

[24] S. bereits *BGH* NJW 2010, 2868 (2871 f.); zum Versicherungsvertrag auch *BGH* NJW 2014, 1655 (1657 Rn. 29); *BGH* NJW-RR 2015, 548 (551 Rn. 30 ff.).

[25] *BGH* NJW 2010, 2868 (2871 f.).

[26] Vgl. *OLG Düsseldorf* NJW-RR 1992, 506 f. Das Gericht entschied, dass nach Sinn und Zweck des Widerrufsrechts der Kunde Wertausgleich nach § 3 III 1. Halbs. HWiG i. V. m. § 818 II im Zuge der Rückabwicklung nur schuldet, wenn und soweit er durch die nicht gegenständlichen Leistungen bereichert ist. Mithin sprach sich das Gericht für eine entsprechende Anwendung der Vorschrift des § 818 III auf den Wertersatzanspruch aus § 3 III 1. Halbs. HWiG aus. Die Bereicherung bestand in dem zu entscheidenden Fall in der Ersparnis von Aufwendungen, die entstanden wären, wenn der Kunde selbst Zeitungsanzeigen für die Partnersuche aufgegeben hätte.

aufwenden müssen, um die ihr bekannt gegebenen Adressen zu erlangen. Die Darlegungs- und Beweislast bezüglich der erforderlichen Anzahl an Kontaktanzeigen und deren Preis trägt die P als Unternehmerin.[27] Vorliegend ist von der P unwidersprochen vorgetragen worden, dass sich für gewöhnlich auf eine Kontaktanzeige, die etwa 500 € kostet, zwischen fünf und zehn Interessenten melden. Eine Schätzung nach § 287 II ZPO beläuft sich daher auf 1 000 €.

b) Gleichartigkeit ist regelmäßig nur bei Geldforderungen oder bei Gattungsschulden jeweils derselben Gattung vertretbarer Sachen gegeben. Vorliegend stehen sich auf beiden Seiten Geldschulden gegenüber: Hauptforderung ist der Anspruch der F gegen die P aus § 355 III 1 i. V. m. § 357 I in Höhe von 3 500 €; Gegenforderung ist der Anspruch der P gegen F aus § 357 VIII in Höhe von 1 000 €.

c) Die Forderungen aus dem Rückgewährschuldverhältnis sind gleichzeitig fällig und durchsetzbar. Zwar gilt § 348 nicht. Doch ergibt sich im Umkehrschluss aus § 357 IV 1, dass außerhalb des Verbrauchsgüterkaufes keine Vorleistungspflicht des Verbrauchers besteht, so dass die Leistungen im Ergebnis Zug um Zug rückabzuwickeln sind.

d) Die Erfüllbarkeit der Passivforderung bezeichnet den Zeitpunkt, ab dem der Schuldner leisten darf, der Gläubiger also durch Nichtannahme der Leistung in Annahmeverzug kommt. Im Zweifel gilt § 271 I, sodass die Forderung der F gegen die P sofort erfüllbar ist.

e) Damit ist die Aufrechnungslage gegeben.

2. Wirksame Aufrechnungserklärung

Die Aufrechnungserklärung ist eine einseitige, empfangsbedürftige Willenserklärung. Als Gestaltungsrecht ist sie bedingungsfeindlich, § 388 S. 2. Der Gegner der Aufrechnungserklärung soll vor einem ungewissen, möglicherweise lang andauernden Schwebezustand bewahrt werden.[28] Die Eventualaufrechnung im Prozess ist jedoch für den Fall zulässig, dass das Gericht die Hauptforderung als begründet ansieht und somit die Klage ohne die Aufrechnung Erfolg haben würde.[29] Das Bestehen der Hauptforderung ist keine echte, sondern nur eine Scheinbedingung, da die Existenz der Hauptforderung für eine Aufrechnung notwendig ist. Mit der Eventualaufrechnung wiederholt der Aufrechnende also lediglich ein Wirksamkeitserfordernis der Aufrechnung.[30]

3. Kein Aufrechnungsausschluss

Ein Aufrechnungsausschluss nach §§ 393, 394 liegt nicht vor.

---

[27] Nach § 287 II ZPO hat der Anspruchsteller die Schätzungsgrundlagen als Anknüpfungstatsachen darzulegen und ggf. zu beweisen.
[28] BeckOK BGB/*Dennhardt*, § 388 Rn. 5; Staudinger/*Gursky* (2016), § 388 Rn. 25.
[29] So bereits RGZ 97, 269 (273); in § 204 I Nr. 5 wird zum Beispiel die Zulässigkeit einer Eventualaufrechnung im Prozess gesetzlich vorausgesetzt. Nach § 204 I Nr. 5 wird die Verjährung der Aktivforderung durch die Geltendmachung der Aufrechnung im Prozess gehemmt, was nur dann Sinn macht, wenn die Aktivforderung möglicherweise nicht erlischt – nämlich dann, wenn die Klage bereits unbegründet ist und damit nicht aufgerechnet werden muss, vgl. Staudinger/*Gursky* (2016), § 388 Rn. 32.
[30] Staudinger/*Gursky* (2016), § 388 Rn. 35 f.; *Rosenberg/Schwab/Gottwald*, Zivilprozessrecht, 17. Aufl. 2010, § 103 Rn. 19; *Gernhuber*, Die Erfüllung und ihre Surrogate, 2. Aufl. 1994, § 12 VIII 6. Teilweise wird auch von einer „Rechtsbedingung" gesprochen, vgl. PWW/*Pfeiffer*, § 388 Rn. 3.

III. Ergebnis

Der Anspruch der *F* gegen die *P* aus §§ 355 III 1, 357 I in Höhe von 3 500 € ist damit durch die wirksame Aufrechnung der *P* mit ihrer Gegenforderung aus § 357 VIII 1 in Höhe von 1 000 € teilweise erloschen. *F* hat gegen die *P* folglich einen Anspruch auf anteilige Rückzahlung der geleisteten Anzahlung in Höhe von 2 500 €.

B. Anspruch auf Rückzahlung gem. §§ 628 I 3 Alt. 2, 812 I 2 Alt. 1

F könnte daneben ein Anspruch auf Rückzahlung der 3 500 € aus §§ 628 I 3 Alt. 2, 812 I 2 Alt. 1 zustehen. Voraussetzung ist die außerordentliche Kündigung eines Dienstvertrages.

I. Dienstvertrag

Der Partnervermittlungsvertrag ist wie gesehen als Dienstvertrag anzusehen.[31]

II. Außerordentliche Kündigung

Es müsste eine Kündigungserklärung vorliegen. Vorliegend hat *F* ausdrücklich den Widerruf des Partnervermittlungsvertrages erklärt. Diese Erklärung könnte aber durch Auslegung nach §§ 133, 157 auch als Kündigungserklärung angesehen werden. Es ist davon auszugehen, dass *F* jedenfalls die für sie günstigste Möglichkeit der Lösung vom Vertrag wählen wollte. Dies würde voraussetzen, dass *F* durch eine Kündigung besser, zumindest aber nicht schlechter stünde als bei einem Widerruf.

Nach § 628 I 1 könnte die *P* nach erfolgter Kündigung durch *F* einen ihren bisherigen Leistungen entsprechenden Teil der Vergütung verlangen. Grundsätzlich erfolgt die Berechnung im Rahmen von § 628 I 1 *pro rata temporis*.[32] Bei Partnerschaftsvermittlungsverträgen bemisst sich die Vergütung für Partnervorschläge nach dem Verhältnis der erstellten Vorschläge zur vereinbarten Gesamtzahl.[33] Bei einem Gesamtentgelt von vorliegend 5 000 € für 20 Partnervorschläge ist ein Partnervorschlag mit 250 € anzusetzen. Dies ergibt damit 3 000 € für zwölf Partnervorschläge. Insgesamt erhielte *F* nur 500 € ihrer Anzahlung zurück; eine Kündigung wäre somit nachteilig gegenüber dem Widerruf. Deshalb scheidet eine Auslegung der Erklärung von *F* als Kündigungserklärung aus.

C. Anspruch auf Rückzahlung aus § 346 I Alt. 1

Ein Anspruch auf Rückerstattung der 3 500 € aus § 346 I Alt. 1 kommt mangels Vorliegens eines Rücktrittsgrundes nicht in Betracht: Weder liegt eine Nichtleistung gem. § 323 vor, noch ist ein Festhalten am Vertrag für *F* unzumutbar wegen einer Schutzpflichtverletzung gem. § 324.

D. Anspruch auf Rückzahlung aus § 812 I 1 Alt. 1

In Betracht kommt schließlich eine Rückforderung aus Leistungskondiktion, § 812 I 1 Alt. 1. Die *P* hat die 3 500 € durch Leistung der *F* erlangt. Rechtsgrund für diese

---

[31] Siehe oben A I 2 b.
[32] „Pro rata temporis" heißt „nach dem Verhältnis der Zeit", der Geldbetrag wird also zeitanteilig verteilt. Anders im Werkvertragsrecht: Zwar kann man auch einen Werkvertrag jederzeit kündigen (§ 649), schuldet aber dann dennoch den vollen Werklohn (unter Abzug ersparter Aufwendungen bzw. anderweitigen Erwerbs).
[33] Palandt/*Weidenkaff*, § 628 Rn. 3.

Leistung war der Partnervermittlungsvertrag. Dieser begründet zwar analog § 656 I 1 nur eine unvollkommene Verbindlichkeit; allerdings bestimmt der ebenfalls analog anwendbare § 656 I 2, dass das Geleistete nicht deshalb zurückgefordert werden kann, weil eine Verbindlichkeit nicht bestanden hat.[34] Vielmehr bildet das unvollkommene Rechtsverhältnis den Rechtsgrund für das Behalten der Leistung. Eine Leistungskondiktion gem. § 812 I 1 Alt. 1 scheidet mithin aus.

E. Ergebnis

F hat gegen die P einen Anspruch auf anteilige Rückzahlung der geleisteten Anzahlung aus § 355 III 1 i. V. m. § 357 I in Höhe von 2 500 €.

Teil II – Außerordentliche Kündigung

A. Anspruch auf Rückzahlung aus §§ 312g I, 312b I i. V. m. §§ 355 III 1, 357 I

Einen Anspruch der F gegen die *Arabella* GmbH *(A)* auf Rückzahlung der 5 000 € aus §§ 312g I, 312b I i. V. m. §§ 355 III 1, 357 I scheidet bereits deswegen aus, weil kein Außergeschäftsraumvertrag vorliegt; auch besteht ein Widerrufsrecht nicht nach sonstigen Vorschriften.

B. Anspruch auf Rückzahlung aus §§ 628 I 3 Alt. 2, 812 I 2 Alt. 1

Ein Anspruch auf Rückzahlung könnte sich aber aus §§ 628 I 3 Alt. 2, 812 I 2 Alt. 1 ergeben, wenn F einen Dienstvertrag außerordentlich gekündigt hat.[35]

I. Dienstvertrag

Damit § 628 überhaupt anwendbar ist, müsste es sich beim vorliegenden Vertrag um einen Dienstvertrag handeln. Der hier zu beurteilende Partnervermittlungsvertrag ist ein gemischter Vertrag, der sich aus Elementen des Werk- und des Dienstvertrages zusammensetzt. Ein gemischter Vertrag „bildet ein einheitliches Ganzes und kann deshalb bei der rechtlichen Beurteilung nicht in dem Sinn in seine verschiedenen Bestandteile zerlegt werden. Der Eigenart des Vertrags wird vielmehr grundsätzlich nur die Unterstellung unter ein einziges Vertragsrecht gerecht, nämlich dasjenige, in dessen Bereich der Schwerpunkt des Vertrags liegt."[36] Gemischte Verträge sind also grundsätzlich dem Recht desjenigen Vertragstyps zu unterstellen, in dessen Bereich der Schwerpunkt des Rechtsgeschäftes liegt.[37] Die Benennung des Vertrages als Werkvertrag durch die Parteien in den AGB ist nicht entscheidend; vielmehr kommt

---

[34] Siehe oben A I 5.

[35] Zur Einschränkung des ordentlichen Kündigungsrechts in AGB durch Schriftformklauseln *BGH* NJW 2016, 2800; *LG München I* MMR 2016, 675. Das Gesetz zur Verbesserung der zivilrechtlichen Durchsetzung von verbraucherschützenden Vorschriften des Datenschutzrechts vom 17.2.2016 (BGBl. I 233) hat § 309 Nr. 13 insoweit verschärft, als die Kündigung jedenfalls in Textform (§ 126b) möglich sein muss. Die Neuregelung gilt für Schuldverhältnisse, die nach dem 30.9.2016 entstanden sind (Art. 229 § 37 EGBGB).

[36] *BGH* NJW 2005, 2008 (2010).

[37] Sog. Absorptionsmethode, *BGH* NJW 2007, 213 (214); MüKoBGB/*Emmerich*, § 311 Rn. 29; BeckOK BGB/*Gehrlein/Sutschet*, § 311 Rn. 20; PWW/*Stürner*, § 311 Rn. 24 ff. Lässt sich aber kein solcher Schwerpunkt feststellen, so sind die für die jeweils in Rede stehende Leistungspflicht einschlägigen Vorschriften anzuwenden (Kombinationsmethode), s. dazu auch Fall 19 sowie Fall 14.

es auf die inhaltliche Ausgestaltung des Vertrages sowie die wechselseitigen Rechte und Pflichten der Parteien an.[38]

Zwar enthält der vorliegende Partnervermittlungsvertrag mit der Erstellung des Persönlichkeitsanalyseberichts auch ein werkvertragliches Element. Der Schwerpunkt der Vereinbarung ist allerdings die fortlaufende Vermittlung potentieller Partner, die anhand des Abgleichs der Persönlichkeitsprofile gesucht werden; zudem wird eine Unterstützung bei den Vorbereitungen für die erste Verabredung angeboten. Die Erstellung des Persönlichkeitsanalyseberichts ist eine unselbstständige Vorbereitungshandlung für die eigentliche Partnervermittlung. Somit liegt der Schwerpunkt im Dienstvertragsrecht, sodass die dienstvertraglichen Vorschriften und insbesondere auch § 628 zur Anwendung gelangen.

II. Außerordentliche Kündigung

1. Kündigungserklärung

Eine Kündigungserklärung ist durch Auslegung analog §§ 133, 157 jedenfalls im Rückzahlungsverlangen der *F* gegenüber der *A* zu sehen.

2. Kündigungsgrund

Weiter müsste ein außerordentlicher Kündigungsgrund vorliegen. § 626 scheidet aus, da kein wichtiger Grund für die Kündigung ersichtlich ist. In Betracht kommt aber § 627 I. Danach ist weder die Einhaltung einer Kündigungsfrist noch das Vorliegen eines wichtigen Grundes erforderlich. § 627 setzt als Kündigungsgrund voraus, dass ein Dienstverhältnis vorliegt, das kein Arbeitsverhältnis im Sinne von § 622 und kein dauerndes Dienstverhältnis mit festen Bezügen ist, und der Dienstpflichtige Dienste höherer Art erbringt, die üblicherweise aufgrund besonderen Vertrauens übertragen werden.[39]

a) § 627 ist vorrangig gegenüber dem sachlich ebenfalls einschlägigen § 314.[40]

b) Ein Arbeitsvertrag, also ein unselbstständiger Dienstvertrag, durch den der Dienstverpflichtete eine weisungsabhängige, fremdbestimmte Tätigkeit verspricht,[41] liegt hier nicht vor.

c) Ob ein Dienstverhältnis als dauernd angesehen wird, entscheiden die Verkehrsanschauung und der allgemeine Sprachgebrauch:[42] Nach der Verkehrsauffassung ist eine gewisse persönliche Bindung zwischen den Vertragsparteien erforderlich, an der es bei Dienstleistungsunternehmen mit einer großen, unbestimmten und unbegrenzten Anzahl von Kunden fehlt.[43] Bei Partnervermittlungsagenturen liegt daher kein dauerndes Dienstverhältnis vor. Auch stellen die von *F* entrichteten 5 000 € keine festen Bezüge, also auf längere Sicht bestimmte und von vornherein festgelegte Beträge dar.[44]

d) Gegenstand des Partnervermittlungsvertrages müssten Dienste höhere Art sein. Dies sind solche Dienste, die ein „überdurchschnittliches Maß an Fachkenntnissen, Kunstfertigkeit oder wissenschaftlicher Bildung, eine hohe geistige Phantasie oder

---

[38] *BGH* NJW 2010, 150 (151); *BGH* NJW 1989, 1479 (1480); *BGH* NJW 1987, 2808.

[39] *Rockstroh/Gründner*, NJW 2016, 3393 (3394).

[40] MüKoBGB/*Henssler*, § 627 Rn. 5; *Stürner*, JURA 2016, 163 (166).

[41] MüKoBGB/*Henssler*, § 627 Rn. 11.

[42] *BGH* NJW 1967, 1416.

BGH NJW 1989, 1479 (1480).

[44] *Rockstroh/Gründner*, NJW 2016, 3393 (3394); Palandt/*Weidenkaff*, § 627 Rn. 1.

Flexibilität voraussetzen und infolgedessen dem Dienstpflichtigen eine herausgehobene Stellung verleihen".[45] Entscheidend ist die typische Situation, nicht der konkrete Einzelfall. Auch solche Tätigkeiten, die den persönlichen Lebensbereich betreffen, wie die Dienste von Partnervermittlungsagenturen, können Dienste höherer Art sein.[46] Es ist üblich, wenn nicht sogar notwendig, dass der Partnersuchende dem Partnervermittler vertrauliche Auskünfte über seine eigene Person und über die des gewünschten Partners gibt. Daher verlangt die Tätigkeit eines Partnervermittlers äußerste Diskretion und ein hohes Maß an Taktgefühl.[47]

e) Schließlich müsste ein besonderes Vertrauensverhältnis zwischen *F* und den Mitarbeitern der *A* vorliegen; das Vertrauen darf nicht nur auf der Sachkompetenz, sondern muss gerade auch auf der Person des Vertragspartners basieren.[48] Entscheidend sind objektive Kriterien und nicht die Umstände des konkreten Einzelfalles.[49] Vorliegend wurden von den Mitarbeitern der *A* ein analytisches Gespräch, verschiedene psychologische Tests sowie die Auswertung dieser Tests durchgeführt. Insbesondere die psychologischen Tests berühren die Privat- und Intimsphäre des Kunden, sodass bereits deswegen ein besonderes Vertrauensverhältnis zwischen *A* und *F* gegeben ist.

3. Ergebnis

Damit liegt eine wirksame außerordentliche Kündigung der *F* vor.

III. Rechtsfolge

Fraglich ist, welche Rechtsfolgen die Kündigung nach § 627 I hat. Zunächst kommt die Anwendung der §§ 346 ff. über § 628 I 2, 3 Alt. 1 nicht in Betracht, da die *A* die Kündigung der *F* nicht durch vertragswidriges Verhalten veranlasst hat. Somit ist § 628 I 1, 3 Alt. 2 anzuwenden: Danach steht dem Dienstverpflichteten ein seinen bisherigen Leistungen entsprechender Vergütungsanteil zu, der restliche Teil ist nach Bereicherungsrecht herauszugeben. Zu prüfen ist, wie hoch der bereits verdiente Vergütungsanteil gem. § 628 I 1 ist.

1. Höhe des Rückzahlungsanspruchs nach dem vorgefertigten Formular

Nach dem vorgefertigten Formular der *A*, nach dem 3 000 € für das analytische Gespräch und die Tests sowie 2 000 € für die Auswertung der Untersuchungen durch einen Psychologen zu zahlen sind, während die Partnervorschläge kostenfrei erfolgen, sind bereits 5 000 € durch die *A* verdient. Danach hätte *F* keinen Rückzahlungsanspruch aus §§ 628 I 3 Alt. 2, 812 I 2 Alt. 1. Diese vertragliche Bestimmung könnte allerdings nach den §§ 305 ff. unwirksam sein.

a) Es müsste sich zunächst um AGB handeln, für die der Anwendungsbereich der AGB-Kontrolle eröffnet ist. Da der Vertrag mehrfach verwendet wird und vorformuliert ist, liegen unproblematisch AGB im Sinne von § 305 I vor. Der persönliche und sachliche Anwendungsbereich der AGB-Kontrolle ist nach § 310 I, IV eröffnet.

---

[45] MüKoBGB/*Henssler*, § 627 Rn. 21.
[46] *BGH* NJW 2010, 150.
[47] *BGH* NJW 1987, 2808.
[48] MüKoBGB/*Henssler*, § 627 Rn. 28.
[49] MüKoBGB/*Henssler*, § 627 Rn. 26.

b) Die hier relevanten Klauseln wurden auch gem. § 305 II in den Vertrag mit einbezogen.

c) Fraglich ist, ob die verwendeten AGB der Inhaltskontrolle standhalten.

aa) Eine Inhaltskontrolle von AGB findet gem. § 307 III 1 nur insoweit statt, als eine von Rechtsvorschriften abweichende oder diese ergänzende Regelung getroffen wird. Der Inhaltskontrolle entzogen sind Abreden, die Art und Umfang der vertraglichen Leistungspflichten unmittelbar regeln, insbesondere Preisvereinbarungen, da diese nicht vom dispositiven Recht abweichen.[50] Hier liegt allerdings keine Preisvereinbarung vor, sondern im Wege der unzulässigen Umgehung (§ 306a) eine Klausel, nach der den Kunden das Recht genommen werden soll, nach Kündigung einen noch nicht verdienten Vorschuss zurückzufordern.[51] Danach weicht die Klausel von § 628 I 1, 3 ab und ist mithin kontrollfähig.

bb) In Betracht kommt zunächst eine Klauselkontrolle auf der Grundlage der §§ 309, 308; diese geht der Inhaltskontrolle nach § 307 vor.

(1) Die Verbotstatbestände des § 309 sind nicht einschlägig. In Betracht kommt jedoch eine Unwirksamkeit nach § 308 Nr. 7a, wenn die A aufgrund der AGB im Falle einer Kündigung durch den Kunden eine unangemessen hohe Vergütung für ihre Leistungen verlangen kann. Nach der Vertragsklausel soll die gesamte vom Kunden zu zahlende Vergütung bereits am Tag des Vertragsschlusses verdient sein, obwohl die Übermittlung der Partnervorschläge die für den Kunden entscheidende Leistung ausmacht. Die Erstellung des Persönlichkeitsanalyseberichts als solche hat für den Kunden keinen eigenständigen Wert und ist nur Vorbereitungshandlung für die eigentliche Partnervermittlung. Die von der A verwendete Klausel ist daher eine willkürliche Untergliederung von Leistungsbestandteilen. Der Kunde müsste nach der Klausel selbst im Falle einer kurz nach Vertragsschluss erfolgenden Kündigung das gesamte Entgelt entrichten bzw. erhielte – wenn er den gesamten Betrag bereits bei Vertragsschluss gezahlt hat – nichts zurück. Unter Berücksichtigung des Umstandes, dass die entscheidende Leistung des Vertrages die Partnervermittlung ist, ist die Vergütung im Falle einer Kündigung, die sich die A mit der Klausel sichert, unangemessen hoch. Mithin ist die Klausel nach § 308 Nr. 7a unwirksam.

(2) Jedenfalls aber liegt eine unangemessene Benachteiligung nach § 307 vor. Die Klausel steht gemäß § 307 II Nr. 1 im Widerspruch zu den wesentlichen Grundgedanken der gesetzlichen Regelung des § 628 I 1, 3. Indem sie anordnet, dass das gesamte Entgelt nur für die Erstellung des Persönlichkeitsanalyseberichts zu zahlen ist, ist der Kunde selbst im Falle der außerordentlichen Kündigung kurz nach dem Vertragsschluss verpflichtet, das gesamte Entgelt zu zahlen. Damit führt die Klausel zu einer unzulässigen Modifikation der Vergütungsregelung des § 628.

d) An die Stelle der unwirksamen Klausel tritt gem. § 306 II die gesetzliche Regelung, also § 628.

2. Höhe des Rückzahlungsanspruchs nach der gesetzlichen Regelung

Die Anspruchshöhe richtet sich danach, welchen Anteil von den bereits gezahlten 5 000 € die A gem. § 628 I 1 bisher tatsächlich verdient hat, wobei bei Partnervermittlungsverträgen auf das Verhältnis der erstellten Vorschläge zur vereinbarten Gesamtzahl abgestellt wird. Vorliegend hat die A bei zwei Partnervorschlägen noch

---

[50] *BGH* NJW 2010, 150 (152); *BGH* NJW 2007, 3344 (3345); *BGH* NJW 1999, 2276 (2277). Siehe zur Kontrollfähigkeit von Preisnebenabreden auch Fall 14.

[51] *BGH* NJW 2010, 150 (152).

nicht die gesamten 5 000 € verdient; die entgegenstehenden AGB sind wie geprüft unwirksam. Zwar können auch bereits erbrachte besondere Aufwendungen, die nicht mehr rückgängig gemacht und auch nicht anderweitig verwendet werden können, von dem Rückzahlungsanspruch abgezogen werden,[52] z. B. Kosten für die Anlaufarbeit.[53] Da die *A* als Dienstverpflichtete und Bereicherungsschuldnerin jedoch darlegen und beweisen muss, welchen Teil der Vorauszahlung sie durch ihre bisherigen Dienstleistungen verdient hat,[54] müsste sie im Einzelnen noch vortragen, was sie für die Erstellung des Persönlichkeitsanalyseberichts bekommt. Insofern ist davon auszugehen, dass die 5 000 € auf die schwerpunktmäßige Leistung der Partnervorschläge gleichmäßig zu verteilen sind und damit die *A* für zwei von zehn Partnervorschlägen 1 000 € verdient hat. Damit beläuft sich die Höhe des Rückzahlungsanspruchs von *F* auf 4 000 €.

IV. Ergebnis

F hat einen Anspruch auf Rückzahlung gegen die *A* aus §§ 628 I 3 Alt. 2, 812 I 2 Alt. 1 in Höhe von 4 000 €.

C. Anspruch auf Rückzahlung aus § 346 I Alt. 1

Ein Anspruch auf Rückzahlung der 5 000 € aus § 346 I Alt. 1 scheidet aus, da der Rücktritt durch das Kündigungsrecht nach § 627 jedenfalls dann ausgeschlossen ist, wenn das Dienstverhältnis in Vollzug gesetzt worden ist.[55]

D. Anspruch auf Rückzahlung aus § 812 I 1 Alt. 1

Ein Anspruch aus Leistungskondiktion gem. § 812 I 1 Alt. 1 kommt aus den oben genannten Gründen auch hier nicht in Betracht.[56]

E. Endergebnis

F hat gegen die *A* einen Anspruch auf anteilige Rückzahlung aus §§ 628 I 3 Alt. 2, 812 I 2 Alt. 1 in Höhe von 4 000 €.

---

[52] MüKoBGB/*Henssler*, § 628 Rn. 12.
[53] *BGH* NJW 1991, 2763 (2764).
[54] *BGH* NJW 2010, 150 (152); *BGH* NJW 1991, 2763 (2764).
[55] MüKoBGB/*Henssler*, § 627 Rn. 5.
[56] Siehe oben Teil I, D.

Fall 16. Wer auf Sand baut

Ausgleich gemeinschaftsbezogener Zuwendungen (Arbeitsleistung) bei Auflösung der nichtehelichen Lebensgemeinschaft – Wegfall der Geschäftsgrundlage

Sachverhalt

Edgar und *Lisa* leben seit 2006 in nichtehelicher Lebensgemeinschaft zusammen und haben sich ewige Treue versprochen. 2014 erwarb *Edgar* ein Baugrundstück, damit sie sich den Traum vom gemeinsamen eigenen Familienheim erfüllen können. *Edgar* wurde als alleiniger Eigentümer im Grundbuch eingetragen. In der Folgezeit bebauten sie unter gleich verteilter finanzieller Unterstützung das Grundstück mit einem Einfamilienhaus, bei dessen Errichtung *Lisa*, die praktischerweise von Beruf Architektin ist, sämtliche Planungsleistungen allein erbrachte. *Lisa* sollte dafür später ein lebenslanges Wohnrecht eingeräumt werden. Kurz nach dem gemeinsamen Einzug begann die Beziehung jedoch zu kriseln. Ende 2016 kommt es schließlich zur Trennung und *Lisa* zieht aus dem gemeinsamen Haus aus. Sie verlangt nun von *Edgar* Ausgleich der von ihr für die Planung und Errichtung des Wohnhauses erbrachten Architektenleistungen, die *Edgars* finanziellen Anteil übersteigen. *Lisa* meint, nach der Trennung müsse *Edgar* ihr die Hälfte ihrer Mehrleistungen nebst Zinsen, insgesamt 200 000 €, erstatten. *Edgar* bestreitet einen derartigen Anspruch. Er ist der Meinung, dass *Lisas* Zuwendungen als ihr Beitrag zu ihrer nichtehelichen Lebensgemeinschaft zu werten seien.

Steht *Lisa* ein derartiger Ausgleichsanspruch dem Grunde nach zu? (Vorschriften der HOAI sind nicht zu prüfen.)

Lösung[1]

I. Vertragliche Ansprüche

1. Anspruch gem. §§ 631 I, 632 II

Ein Anspruch der *Lisa (L)* gegen *Edgar (E)* auf Vergütung der Planungsleistungen könnte sich zunächst aus §§ 631 I, 632 II ergeben. Dies setzt aber grundsätzlich voraus, dass zwischen beiden ein Architektenvertrag über die Erbringung von Planungsleistungen für den Hausbau geschlossen wurde. Der Architektenvertrag, der sich aus dienst- und werkvertraglichen Elementen zusammensetzen kann, ist im Hinblick auf die Erbringung von Planungsleistungen erfolgsbezogen und damit ein Werkvertrag.[2] Der vom Architekten entworfene und gefertigte Bauplan ist für sich genommen ein Werk i. S. des § 631.[3] Ausdrücklich ist ein Vertragsschluss nicht erfolgt. Der Vertrag könnte jedoch auch konkludent geschlossen worden sein.

---

[1] Der Fall ist angelehnt an BGHZ 177, 193 = *BGH* NJW 2008, 3277 und *BGH* NJW 2008, 3282.

[2] BGHZ 31, 224.

[3] RGZ 97, 122 (125).

Der *BGH* ist bei der Annahme konkludent geschlossener Verträge zwischen Partnern einer nichtehelichen Lebensgemeinschaft eher zurückhaltend.[4] Haben die Partner unter sich nichts explizit geregelt, so ist in einer nichtehelichen Lebensgemeinschaft grundsätzlich davon auszugehen, dass persönliche und wirtschaftliche Leistungen der Partner nicht miteinander abgerechnet, sondern ersatzlos von demjenigen Partner erbracht werden sollen, der dazu in der Lage ist.[5] Bei einer nichtehelichen Lebensgemeinschaft stehen die persönlichen Beziehungen im Vordergrund. Diese bestimmen auch das die Gemeinschaft betreffende vermögensbezogene Handeln der Partner, so dass nicht nur in persönlicher, sondern auch in wirtschaftlicher Hinsicht grundsätzlich keine Rechtsgemeinschaft besteht.[6] Aus der Erbringung von Planungsleistungen im Zuge der Bebauung des Hausgrundstücks durch *L* folgt daher kein konkludenter Vertragsschluss. Mithin ist *E* nicht zur hälftigen Rückzahlung der entsprechenden Beträge aus Werkvertrag verpflichtet.

2. Anspruch aus „Partnerschaftsvertrag" im Sinne von §§ 311 I, 241

L und *E* könnten gem. § 311 i. V. m. § 241 einen Partnerschaftsvertrag geschlossen haben. Durch einen solchen Vertrag können Partner einer nichtehelichen Lebensgemeinschaft ihr Zusammenleben und ihre Vermögensverhältnisse gestalten.[7] Der Gesetzgeber bezeichnet mit dem Begriff „Partnerschaftsvertrag" zwar einen Vertrag über die Errichtung einer Partnerschaftsgesellschaft (PartGG), einer Gesellschaft für Angehörige Freier Berufe (§ 3 PartGG); der im allgemeinen Sprachgebrauch übliche Begriff des Partnerschaftsvertrages kann für die Regelung des nichtehelichen bzw. nicht eingetragenen Zusammenlebens allerdings ebenso verwendet werden, da sich insoweit keine Verwechselungsgefahr ergeben dürfte.[8] Zum Teil wird in Abgrenzung zum Lebenspartnerschaftsvertrag gem. § 7 S. 1 LPartG von einer „Partnerschaftsvereinbarung" gesprochen.[9] *E* und *L* haben von dieser Möglichkeit ausdrücklich jedoch keinen Gebrauch gemacht. Ein konkludenter Vertragsschluss ist unter gleicher Argumentation wie hinsichtlich des Abschlusses eines Architektenvertrags abzulehnen. Ansprüche auf dessen Grundlage scheiden daher aus.

3. Anspruch auf Aufwendungsersatz aus Auftrag gem. §§ 670, 662

L könnte gegen *E* aber möglicherweise ein Anspruch auf Aufwendungsersatz gem. §§ 670, 662 zustehen. Zwar kann die eigene Arbeitsleistung des Beauftragten nach dem Rechtsgedanken des § 1835 III jedenfalls dann eine Aufwendung im Sinne eines freiwilligen Vermögensopfers gem. § 670 darstellen, wenn die im Rahmen der Geschäftsführung vorgenommene Tätigkeit zum Beruf des Geschäftsführers gehört.[10] Auch ein Anspruch gem. § 670 setzt aber eine vertragliche Verpflichtung voraus. *L* hat die Planungsleistungen ohne Auftrag des *E* freiwillig und ohne fremde Ver-

---

[4] *BGH* NJW 1981, 1502.
[5] *BGH* NJW 1981, 1502.
[6] *BGH* NJW 1980, 1520. Diese Rechtsprechung hat der *BGH* zwar hinsichtlich gemeinschaftsbezogener Zuwendungen teilweise abgeändert (BGHZ 177, 193; *BGH* NJW 2008, 3282; *BGH* NJW 2010, 998) und gewährt nunmehr unter bestimmten Voraussetzungen einen Anspruch nach den Grundsätzen über den Wegfall der Geschäftsgrundlage und aus ungerechtfertigter Bereicherung (s. dazu noch unten V und VI). Hinsichtlich der Annahme konkludent abgeschlossener Verträge ergeben sich jedoch keine Änderungen.
[7] Vgl. z. B. *Grziwotz*, Partnerschaftsverträge für die nichteheliche und die nicht eingetragene Lebenspartnerschaft, 4. Aufl. 2002; auch MüKoBGB/*Wellenhofer*, Anh. § 1302 Rn. 76.
[8] *Grziwotz*, Nichteheliche Lebensgemeinschaft, 5. Aufl. 2014, § 8 Rn. 5.
[9] *Grziwotz*, Nichteheliche Lebensgemeinschaft, 5. Aufl. 2014, § 8 Rn. 5 m. w. N.
[10] Vgl. Jauernig/*Mansel*, § 670 Rn. 2.

anlassung erbracht. Sie hat sich nicht verpflichtet, unentgeltlich Planungsleistungen im Interesse des *E* zu erbringen. Diese sollten vielmehr das gemeinsame Familienheim erschaffen und damit für die Dauer des Zusammenlebens beiden zugutekommen. Der Anspruch scheidet daher aus.

4. Anspruch wegen Widerrufs einer Schenkung gem. §§ 531 II, 530 I i. V. m. §§ 812 I 2 Alt. 1, 818 II

L könnte gegen *E* einen Anspruch auf Ausgleich nach einem wirksamen Schenkungswiderruf haben. Dann müsste *L* den *E* gem. § 516 I beschenkt und diese Schenkung gem. §§ 531 I, 530 I wirksam widerrufen haben.

a) Es müsste sich um eine Schenkung gem. § 516 handeln. Fraglich ist bereits, ob Arbeitsleistungen als solche tauglicher Gegenstand einer Schenkung sein können.[11] Die aus dem Bereich der ehelichen Lebensgemeinschaft bekannte Differenzierung zwischen Schenkung und der sog. unbenannten Zuwendung kann auf Zuwendungen der Partner einer nichtehelichen Lebensgemeinschaft übertragen werden.[12] Eine Schenkung unter Ehegatten liegt vor, wenn die Zuwendung nach deren Willen unentgeltlich im Sinne echter Freigiebigkeit erfolgt und nicht an die Erwartung des Fortbestehens der Ehe geknüpft, sondern zur freien Verfügung des Empfängers geleistet wird. Dagegen stellt eine Zuwendung unter Ehegatten, der die Vorstellung oder Erwartung zu Grunde liegt, dass die eheliche Lebensgemeinschaft Bestand haben werde, oder die sonst um der Ehe willen oder als Beitrag zur Verwirklichung oder Ausgestaltung der ehelichen Lebensgemeinschaft erbracht wird und darin ihre Geschäftsgrundlage hat, keine Schenkung dar, sondern eine sog. ehebedingte Zuwendung.[13]

Zuwendungen unter Lebensgefährten erfolgten in der Regel zur Verwirklichung oder Ausgestaltung der Lebensgemeinschaft und haben keinen Schenkungscharakter. Aufgrund der bestehenden persönlichen Beziehungen und Bindungen erfolgt die Zuwendung zur Verwirklichung der Lebensgemeinschaft.[14] Sie bereichert in der Regel den Empfänger nicht einseitig, sondern soll der Lebensgemeinschaft und damit auch dem Zuwendenden selbst zugutekommen. Bei nichtehelichen Lebensgemeinschaften spricht der *BGH* insoweit von „gemeinschaftsbezogenen" Zuwendungen, bei Arbeitsleistungen von „gemeinschaftsbezogenen Arbeitsleistungen".[15]

An dieser Bewertung ändert auch die neuere Rechtsprechung des *BGH* zu Zuwendungen der Schwiegereltern an die Schwiegerkinder als Schenkungen[16] nichts. Der *BGH* hebt vielmehr hierin gerade die Unterschiede der Beziehung zwischen Schwiegereltern und -kindern zur Situation zwischen Ehegatten hervor. Bezüglich der Zuwendungen soll die Situation zwischen nichtehelichen Partnern derjenigen zwischen Ehegatten entsprechen.[17] *L* hat die Planungsleistungen im Wert von 200 000 € als Beitrag zur gemeinsamen Lebensführung erbracht. Diese Leistungen dienten zur Errichtung des Wohnhauses, das beide gemeinsam bewohnen wollten und auch zeitweise gemeinsam bewohnten. Ob es sich hierbei um eine gemeinschaftsbezogene

---

[11] Vgl. auch *Schwab*, ZJS 2009, 115 m. w. N.
[12] *BGH* NJW 2008, 3277 (3278); *BGH* NJW 2014, 2638.
[13] BGHZ 116, 167; *BGH* NJW-RR 1990, 386; BGHZ 129, 259; *BGH* NJW 1997, 2747.
[14] *BGH* NJW 2008, 3277 (3278).
[15] *BGH* NJW 2008, 3277 (3281).
[16] BGHZ 184, 190 Rn. 19 ff.; *BGH* NJW 2015, 1014 Rn. 14 ff.
[17] *BGH* NJW 2008, 3277 (3278).

Zuwendung oder eine gemeinschaftsbezogene Arbeitsleistung handelt, kann insoweit noch dahingestellt bleiben.[18] Eine Schenkung liegt jedenfalls nicht vor.

b) Ohnehin aber muss der Anspruch auch aus anderen Gründen ausscheiden: Voraussetzung wäre außerdem, dass sich der Beschenkte durch eine schwere Verfehlung gegen den Schenker groben Undanks schuldig gemacht hat. Eine schwere Verfehlung setzt objektiv ein gewisses Maß an Schwere voraus und subjektiv eine tadelnswerte Gesinnung, die einen erheblichen Mangel an Dankbarkeit erkennen lässt.[19] Beides ist hier nicht ersichtlich. Die Auflösung einer nichtehelichen Lebensgemeinschaft ist außerdem kein „grober Undank". Anders wäre es allenfalls, wenn ein Partner noch Geschenke annimmt, obwohl er sich bereits von seinem ahnungslosen Lebensgefährten bereits ab- und einem neuen Partner zugewandt hat.[20] Dafür bestehen hier aber keine Anhaltspunkte. Ein Anspruch aus Schenkung scheidet damit aus.

II. Gesellschaftsrechtliche Ansprüche

1. Anspruch gem. §§ 733 II 1, 705, 734

L könnte gegen *E* aber ein Ausgleichsanspruch nach den Vorschriften über die bürgerlich-rechtliche Gesellschaft gem. §§ 733 II 1, 705, 734 zustehen. Es könnte sich bei der nichtehelichen Lebensgemeinschaft um eine BGB-Innengesellschaft handeln.[21]

a) Eine Rückerstattung bzw. Vergütung der Arbeitsleistung könnte bereits gem. § 733 II 3 ausgeschlossen sein. Danach kann für Gesellschaftereinlagen, die in der Erbringung von Diensten bestanden, kein Ersatz verlangt werden. Dies greift allerdings nicht, soweit durch die Arbeitsleistung das Vermögen der Gesellschaft konkret und als bleibender Wert vergrößert wurde.[22] Bei Planungsleistungen eines Architekten zur Errichtung eines Gebäudes ist dies indessen der Fall.[23]

b) Ein Ausgleich gem. §§ 730 ff., 705, 734 kommt in Betracht, wenn die Partner einer nichtehelichen Lebensgemeinschaft ausdrücklich oder durch schlüssiges Verhalten einen entsprechenden Gesellschaftsvertrag geschlossen haben, in dem sich die Zusammenlebenden als Gesellschafter verpflichtet haben, einen gemeinsamen Zweck erreichen zu wollen und ihn in der im Vertrag bestimmten Weise zu fördern. Voraussetzung hierfür ist wiederum ein entsprechender Rechtsbindungswille.[24] Ein solcher Vertrag könnte bereits mit der Begründung einer nichtehelichen Lebensgemeinschaft konkludent zustande gekommen sein. Dies wird unterschiedlich beurteilt.

aa) Zum Teil wird bereits in der Begründung einer nichtehelichen Lebensgemeinschaft der konkludente Abschluss eines Gesellschaftsvertrages mit dem Gesellschaftszweck des Zusammenlebens, bestehend aus dem Miteinanderwohnen und gemeinsamen Wirtschaften gesehen.[25] Danach ließe sich bereits aus dem Zusammen-

---

[18] Siehe auch unten V 1 b.
[19] *Palandt/Weidenkaff*, § 530 Rn. 5; *BGH* FamRZ 2006, 196 (197); *BGH* FamRZ 2005, 511.
[20] *OLG Hamm* NJW 1978, 224 (225).
[21] Zur Ehegatten-Innengesellschaft *BGH* FamRZ 2016, 965.
[22] *BGH* NJW 1986, 51.
[23] *BGH* NJW 1980, 1744.
[24] BGHZ 165, 1 (10); BGHZ 177, 193 (199).
[25] *LG München* NJW-RR 1993, 334; *LG Bonn* NJW 1989, 1498; *Battes*, ZHR 143 (1979), 385 (394); ebenso MüKoBGB/*Wacke*, 4. Aufl. 2000, Anh. § 1302 Rn. 18; *Krause*, JuS 1989, 455 (456 f.); *Liebs*, JZ 1998, 408 (409).

leben von *L* und *E* als nichtehelicher Lebensgemeinschaft eine BGB-Innengesellschaft herleiten.

bb) Nach der herrschenden Meinung kann dagegen allein aus dem Zusammenleben von zwei Menschen und einem gemeinsamen Haushalt nicht auf den rechtsgeschäftlichen Willen geschlossen werden, sich rechtlich binden zu wollen und die Beziehung umfassend dem Gesellschaftsrecht zu unterstellen.[26] Die nichteheliche Lebensgemeinschaft ist vom Ansatz her eine Verbindung ohne Rechtsbindungswillen, ein solcher wäre aber für die Anwendung gesellschaftsrechtlicher Regelungen erforderlich.[27] Gegen die Behandlung solcher Beziehungen als GbR spricht schon der für Ehegattengesellschaften zu beachtende Rechtszwang der Ehe.[28] Bei nichtehelichen Paaren ist es üblich, dass sie sich aufgrund ihrer persönlichen Beziehung, die auch das wirtschaftliche Handeln betreffen, gegenseitig unterstützen, ohne dafür eigene Vorteile zu erwarten. Hier stehen die persönlichen Beziehungen derart im Vordergrund, dass sie auch das die Gemeinschaft betreffende, vermögensbezogene Handeln der Partner bestimmen und daher nicht nur in persönlicher, sondern auch in wirtschaftlicher Hinsicht grundsätzlich keine Rechtsgemeinschaft besteht.[29] Dies überzeugt. Allein eine Entscheidung, wie Eheleute zusammen zu wohnen und zusammen die dafür notwendige Grundlage zu schaffen, begründet keinen ausreichenden Gesellschaftszweck. *L* und *E* müssten daher im Hinblick auf den gemeinsamen Hausbau entweder ausdrücklich oder konkludent einen Gesellschaftsvertrag geschlossen haben. Ausdrücklich ist dies nicht erfolgt, so dass nur ein konkludenter Vertragsschluss in Betracht kommt.

c) Bei nichtehelichen Lebensgemeinschaften kann im Gegensatz zu Ehepaaren die Schaffung gemeinsamer Vermögenswerte sogar dann gemeinsamer Zweck im Rahmen eines Abschlusses eines Gesellschaftsvertrages sein, wenn sie nicht über die Verwirklichung der Lebensgemeinschaft hinausweist.[30] Der gemeinsame Hausbau kann daher durchaus als Gesellschaftszweck angesehen werden. Voraussetzung ist aber dennoch, dass von *L* und *E* zwei auf den Abschluss eines Gesellschaftsvertrages gerichtete Willenserklärungen mit Rechtsbindungswillen abgegeben wurden. Ein solcher Rechtsbindungswille fehlt jedoch nach neuer Rechtsprechung des *BGH*, wenn der Zweck nicht über die Verwirklichung der nichtehelichen Lebensgemeinschaft hinausgeht.[31] In diesem Bereich haben die Partner regelmäßig keine über die Ausgestaltung ihrer Gemeinschaft hinausgehenden rechtlichen Vorstellungen.[32] Die Partner einer nichtehelichen Lebensgemeinschaft wollen sich ja gerade nicht rechtlich binden. Dann wollen sie dies auch nicht bei Maßnahmen, die auf die Stabilisierung oder Verwirklichung der nichtehelichen Gemeinschaft gerichtet sind.[33] Anders wäre dies nur bei der Schaffung von Vermögensgegenständen, die zur Erzielung von Einkünften dienen, z. B. bei Mietobjekten oder Unternehmen.[34]

---

[26] BGHZ 77, 55 = FamRZ 1980, 664; *OLG Naumburg* NJW 2003, 1819; MüKoBGB/*Wellenhofer*, Anh. § 1302 Rn. 93; *Schlüter*, BGB-Familienrecht, 14. Aufl. 2012, Rn. 501; *ders.*, Die nichteheliche Lebensgemeinschaft, 1981, S. 27; *Diederichsen*, FamRZ 1988, 889 (895); *Coester-Waltjen*, NJW 1988, 2085 (2088).

[27] BGHZ 165, 1 = NJW 2006, 1268.

[28] MüKoBGB/*Schäfer*, Vor § 705 Rn. 81.

[29] *BGH* MDR 1992, 679.

[30] *BGH* NJW 2008, 3277 (3278).

[31] *BGH* NJW 2008, 3277 (3278); *BGH* NJW 2013, 2187.

[32] *BGH* NJW 2008, 3277 (3278).

[33] So auch *Hausmann/Hohloch*, Das Recht der nichtehelichen Lebensgemeinschaft, 2. Aufl. 2004, Kap. 4 Rn. 68 f.; Staudinger/*Löhnig* (2015), Anhang zu §§ 1297 ff. Rn. 41 ff.

[34] *Von Proff*, FPR 2010, 382 (385).

E und *L* hatten vorliegend nicht die Absicht, einen gemeinsamen Vermögenswert zu schaffen. Die formal-dingliche Alleinberechtigung *Es* als Alleineigentümer hat *L* akzeptiert. Sie war damit einverstanden, dass von beiden zwar ein Wert geschaffen wird, der von beiden gemeinsam bewohnt und genutzt wird, ihnen indessen aber nicht gemeinsam gehören sollte. Daraus kann nicht auf den Abschluss eines konkludenten Gesellschaftsvertrages geschlossen werden.[35] *L* sollte nur ein lebenslanges Wohnrecht bestellt werden. Darin kommt zum Ausdruck, dass das Eigentum an dem Anwesen auch im Verhältnis der Parteien zueinander auf Dauer *E* zugeordnet bleiben sollte. Dies spricht gegen die Annahme einer Innengesellschaft. Eine nichteheliche „Lebenspartner-Innengesellschaft"[36] ist daher nicht zustande gekommen. Ein Ausgleichsanspruch gem. §§ 733 II 1, 705, 734 kommt somit nicht in Betracht.

2. Anspruch analog §§ 733 II 1, 705, 734

Die Anwendbarkeit der Regeln über die Innengesellschaft wurde nach der früheren Rechtsprechung des *BGH* bejaht, wenn es um die eigentumsrechtliche Zuordnung einzelner bedeutender Vermögensgegenstände ging, die durch Leistung beider Partner in der Zeit des Zusammenlebens erwirtschaftet wurden (z. B. ein gemeinsam errichtetes Haus).[37] Diesen gemeinsamen Hausbau wertete der *BGH* im Einzelfall dann als ein Indiz für eine gemeinsame Wertschöpfung der nichtehelichen Partner, die einen Ausgleichsanspruch nach den Vorschriften über die bürgerlich-rechtliche Gesellschaft analog §§ 730 ff. aufgrund einer faktischen BGB-Gesellschaft selbst dann begründen konnte, wenn ein entsprechender Gesellschaftsvertrag weder ausdrücklich noch stillschweigend geschlossen wurde.[38]

Diese nicht unumstrittene[39] Rechtsprechung hat der *BGH* inzwischen modifiziert, die Möglichkeit einer analogen Anwendung der §§ 730 ff. zwischenzeitlich verneint und einen ausdrücklichen oder doch zumindest konkludenten Abschluss eines Gesellschaftsvertrags gefordert.[40] Eine rein faktische Willensübereinstimmung reicht daher für eine nach gesellschaftsrechtlichen Grundsätzen zu beurteilende Zusammenarbeit der Partner nicht mehr aus. Ein entsprechender Anspruch analog §§ 733 II 1, 705, 734 scheidet daher aus.

III. Anspruch aus Geschäftsführung ohne Auftrag, §§ 670, 677, 683

In Betracht kommt ein Aufwendungsersatzanspruch von *L* aus Geschäftsbesorgung ohne Auftrag gem. §§ 670, 677, 683. Dann müsste *L* mit Erbringung der Planungsleistungen ein fremdes Geschäft ohne Auftrag des *E* oder sonstige Berechtigung geführt haben. *L* hat aber zumindest auch im eigenen Interesse gehandelt. Es könnte sich daher um ein sog. „auch-fremdes" Geschäft handeln. Allerdings erfolgte dieses mit Berechtigung aus dem Benutzungs- und Gemeinschaftsverhältnis, das aus der nichtehelichen Lebensgemeinschaft resultiert.[41] Ein Anspruch gem. §§ 670, 677, 683 ist demnach ebenfalls nicht gegeben.

---

[35] *BGH* NJW 2008, 3277 (3279).
[36] *Haußleiter/Schulz*, Vermögensauseinandersetzung bei Trennung und Scheidung, 5. Aufl. 2011, Kap. 9 Rn. 33 (der Begriff wird in der 6. Aufl. 2015 nicht mehr verwendet).
[37] *BGH* NJW 1992, 906.
[38] *BGH* NJW 1992, 906.
[39] *K. Schmidt*, Gesellschaftsrecht, 4. Aufl. 2002, § 59 I 2b bb; *Diederichsen*, NJW 1983, 1017; *Halfmeier*, JA 2008, 97.
[40] BGHZ 165, 1 = *BGH* NJW 2006, 1268; *BGH* NJW 2008, 443 m. Anm. *v. Proff*.
[41] Palandt/*Sprau*, § 677 Rn. 11.

IV. Familienrechtliche Ansprüche

1. Anspruch auf hälftigen Zugewinnausgleich analog §§ 1378 I, 1372

Ein Ausgleichsanspruch der *L* ließe sich ggf. über eine analoge Anwendung der eherechtlichen Vorschriften gem. §§ 1363 ff. herleiten. *E* und *L* haben ihr Vermögen während der Dauer der nichtehelichen Lebensgemeinschaft um das Hausgrundstück vermehrt. Die Planungsleistungen haben in dem Einfamilienhaus ihren Niederschlag gefunden. Dieser Betrag könnte daher als „Zugewinn" im Sinne von § 1373 anzusehen sein. Zugewinn ist zunächst der Betrag, um den das Endvermögen eines Ehegatten das Anfangsvermögen übersteigt. Ein Ausgleichsanspruch analog §§ 1378 I, 1372 setzt allerdings voraus, dass eine planwidrige Regelungslücke besteht und die rechtliche Situation der nichtehelichen Lebensgemeinschaft insoweit mit derjenigen der ehelichen Zugewinngemeinschaft vergleichbar ist.

Die Partner einer nichtehelichen Lebensgemeinschaft verzichten mit dem Eingang dieser Lebensform aber bewusst auf eine Eheschließung und damit auf die für die Ehe geltenden Rechtsfolgen, insbesondere für den Fall einer Scheidung. Die nichteheliche Lebensgemeinschaft ist zwar eine Verantwortungs- und Einstehensgemeinschaft zwischen einem Mann und einer Frau, die auf Dauer angelegt ist, daneben keine weitere Lebensgemeinschaft gleicher Art zulässt und sich durch innere Bindung auszeichnet, die ein gegenseitiges Einstehen der Partner füreinander begründet, also über die Beziehung einer reinen Haushalts- und Wirtschaftsgemeinschaft hinausgeht.[42] Kennzeichnend ist aber gerade ihre fehlende umfassende rechtliche Verbindlichkeit und die Möglichkeit der jederzeitigen Beendigung der Partnerschaft ohne die Notwendigkeit der Einhaltung bestimmter Voraussetzungen.[43] Die vergleichbare Interessenlage fehlt daher. Art. 6 I GG steht außerdem einer Gleichstellung der Ehe mit eheähnlichen Lebensgemeinschaften im Weg.[44] Die Vorschriften des Eherechts über den Zugewinnausgleich sind daher weder direkt noch analog anwendbar. Ein entsprechender Ausgleichsanspruch analog §§ 1378 I, 1372 besteht mithin nicht.

2. Anspruch aus § 1298 I 1

a) *L* könnte gegen *E* einen Anspruch § 1298 I 1 geltend machen, wenn beide verlobt waren und sie die Leistungen in Erwartung der künftigen Ehe erbracht hat. Das Verlöbnis ist das ernsthafte gegenseitige Versprechen zweier Personen verschiedenen Geschlechts, künftig die Ehe oder Lebenspartnerschaft miteinander einzugehen[45] und das dadurch begründete familienrechtliche Gemeinschaftsverhältnis.[46] Dem Sachverhalt ist indessen ein solches Verlöbnis gerade nicht zu entnehmen. Ein Anspruch aus § 1298 I besteht daher nicht.

b) Es könnte aber ein Anspruch analog § 1298 I 1 bestehen. Dann müssten sich *E* und *L* ein verlöbnisähnliches Versprechen im Sinne von § 1297 I abgegeben haben und *L* müsste ihre Leistungen in dessen Erwartung erbracht haben. Zwar könnte das Versprechen der gegenseitigen Treue, das sich *L* und *E* gegeben haben, als ein verlöbnisähnliches Versprechen angesehen werden. Die §§ 1297–1302 können aber

---

42 *BVerfG* NJW 1993, 643; *BSG* NJW 1993, 3346; *BVerwG* NJW 1995, 2802.
43 Palandt/*Brudermüller*, Einl v. § 1297 Rn. 10.
44 *BGH* NJW 1980, 124.
45 RGZ 61, 267; BGHZ 28, 376 (377).
46 *BGH* JZ 1992, 1023; Palandt/*Brudermüller*, Einf. v. § 1297 Rn. 1.

entsprechend der obigen Argumentation zur Anwendbarkeit eherechtlicher Vorschriften auf die nichteheliche Lebensgemeinschaft nicht analog angewendet werden.

V. Anspruch aus Rücktritt nach Wegfall der Geschäftsgrundlage, §§ 313 I, III, 346 I

L könnte einen Anspruch auf Ersatz wegen Wegfalls der Geschäftsgrundlage haben. Die nichteheliche Lebensgemeinschaft zwischen *L* und *E* ist gescheitert. *L* kommen die von ihr zugewendeten Planungsleistungen zum Hausbau nach ihrem Auszug nicht mehr zugute. Insoweit könnte ihr gegen *E* auch ein Anspruch wegen Wegfalls der Geschäftsgrundlage gem. § 313 I zustehen, der vorrangig auf Anpassung des Vertrags gerichtet ist. Ein Rücktrittsrecht besteht nur, wenn gem. § 313 III 1 eine Anpassung unmöglich oder für eine Partei unzumutbar ist.[47]

1. Wegfall der Geschäftsgrundlage

a) Der Wegfall der Geschäftsgrundlage setzt zunächst voraus, dass sich Umstände geändert haben, die zur Grundlage des Vertrags geworden sind. Geschäftsgrundlage sind nach ständiger Rechtsprechung die bei Abschluss eines Vertrags zu Tage getretenen, dem anderen Teil erkennbar gewordenen und von ihm nicht beanstandeten Vorstellungen der einen Partei oder die gemeinsamen Vorstellungen beider Parteien von dem Vorhandensein oder dem künftigen Eintritt bestimmter Umstände, sofern der Geschäftswille der Parteien auf diesen Vorstellungen aufbaut.[48] Voraussetzung ist daher zunächst eine vertragliche Grundlage zwischen *E* und *L*. Wie bereits dargestellt, stehen bei einer nichtehelichen Lebensgemeinschaft die persönlichen Beziehungen im Vordergrund. Dies bestimmt auch das die Gemeinschaft betreffende vermögensbezogene Handeln der Partner, so dass nicht nur in persönlicher, sondern auch in wirtschaftlicher Hinsicht grundsätzlich keine Rechtsgemeinschaft vorliegt.[49] Ohne ein Rechtsgeschäft kann aber auch keine Geschäftsgrundlage bestehen.[50] Es liegt daher schon kein Vertrag (sui generis) vor, dessen Geschäftsgrundlage sich geändert hat oder entfallen ist.

b) Ein anderes Ergebnis könnte sich aber ergeben, wenn man der aktuellen Auffassung des *BGH* folgt. Bei den erbrachten Architektenleistungen könnte es sich um sog. gemeinschaftsbezogene Zuwendungen handeln, deren Geschäftsgrundlage entfallen ist. Fraglich ist allerdings schon, ob diese nach Ansicht des *BGH* überhaupt einem Ausgleich unterliegen.

aa) Während in der Literatur ein Ausgleich unbenannter Zuwendungen befürwortet worden ist,[51] wurde dies von der früheren ständigen Rechtsprechung verneint. Danach waren gemeinschaftsbezogenen Zuwendungen der Partner einer nichtehelichen Lebensgemeinschaft ohne besondere vertragliche Abrede grundsätzlich nicht aus-

---

[47] Zum Verhältnis zwischen § 313 und § 812 I 2 2. Alt. Palandt/*Grüneberg*, § 313 Rn. 15; BeckOK BGB/*Unberath*, § 313 Rn. 24 m. w. N.; MüKoBGB/*Finkenauer*, § 313 Rn. 177 ff.; *Scherpe*, JZ 2014, 659.
[48] BGHZ 121, 378; *BGH* NJW 1997, 3371.
[49] *BGH* NJW 1980, 1520.
[50] *Schlüter*, BGB-Familienrecht, 14. Aufl. 2012, Rn. 505.
[51] Für die Anwendung von § 313 *Schulz*, FamRZ 2007, 593 (598 ff.) und bereits zum alten Recht *Lipp*, AcP 180 (1980), 537 (580 ff.) Für § 812 I 2 2. Alt. dagegen *Beyerle*, Die bereicherungsrechtliche Abwicklung eheähnlicher Gemeinschaften, 1981, S. 61 ff.; *Maus*, Scheidung ohne Trauschein – die vermögensrechtliche Auseinandersetzung nach Beendigung einer nichtehelichen Lebensgemeinschaft, 1984, S. 145 ff.

zugleichen.[52] Der Fortbestand der Lebensgemeinschaft sei keine Geschäftsgrundlage, anderenfalls liefe dies der speziellen Risikoverteilung in der nichtehelichen Lebensgemeinschaft zuwider. Wer eine solche Gemeinschaft eingehe, übernehme das Risiko, dass er Leistungen erbringt, die er zwar selbst ausnutzen, aber nicht ersetzt verlangen kann.[53]

bb) Diese Rechtsprechung hat der *BGH* nach dem Wechsel des zuständigen Senats dahingehend geändert,[54] dass ein Ausgleichsanspruch nach den Grundsätzen über den Wegfall der Geschäftsgrundlage gem. § 313 in Betracht kommen kann, soweit der gemeinschaftsbezogenen Zuwendung die Vorstellung oder Erwartung zugrunde lag, die Lebensgemeinschaft, deren Ausgestaltung sie gedient hat, werde Bestand haben. Wie bei einer Ehe stehen bei einer nichtehelichen Lebensgemeinschaft die persönlichen Beziehungen im Vordergrund. Bei der Ehe bestimmen sie das vermögensbezogene Handeln der Ehegatten, ohne dass daraus hinsichtlich überobligationsmäßiger Leistungen auf das Fehlen einer Rechtsgemeinschaft geschlossen würde. Insofern werden ehebezogene Zuwendungen angenommen, die nach Scheidung der Ehe, insbesondere bei Gütertrennung, zu Ausgleichsansprüchen nach den Grundsätzen über den Wegfall der Geschäftsgrundlage führen können.[55] Das Argument, der leistende Partner einer nichtehelichen Lebensgemeinschaft habe dagegen deren Scheitern bewusst in Kauf genommen, mithin nicht auf deren Bestand vertrauen dürfen, lässt der *BGH* inzwischen nicht mehr gelten. Der Partner wisse zwar, dass die Lebensgemeinschaft jederzeit beendet werden kann, seiner Zuwendung wird aber regelmäßig die Erwartung zu Grunde liegen, dass die Gemeinschaft von Bestand sein werde. Soweit er hierauf tatsächlich und für den Empfänger der Leistung erkennbar vertraut hat, erscheint dies schutzwürdig. Dass nur das Vertrauen von Ehegatten in die lebenslange Dauer ihrer Verbindung rechtlich geschützt ist (§ 1353 I 1), vermag mit Blick auf die hohe Scheidungsquote eine unterschiedliche Behandlung nicht mehr überzeugend zu begründen.[56]

Die vom *BGH* damit für möglich erachtete Rückabwicklung hat allerdings nicht zur Folge, dass bei Scheitern der Beziehung sämtliche Zuwendungen auszugleichen sind. Die im Rahmen des täglichen Zusammenlebens ersatzlos erbrachten Leistungen fallen nicht hierunter. Um Leistungen des täglichen Zusammenlebens geht es hier allerdings auch nicht. Die Geschäftsgrundlage der gemeinschaftsbezogenen Zuwendung ist gerade die Erwartung, die Lebensgemeinschaft, deren Ausgestaltung sie gedient hat, werde Bestand haben. Diese Erwartung hatte im vorliegenden Fall auch *L.* Sie hoffte, am Ertrag ihrer Zuwendung noch lange partizipieren zu können. Fraglich ist aber, ob es sich bei der Erbringung von Planungsleistungen überhaupt um gemeinschaftsbezogene Zuwendungen handelt, zumal solche Eigenleistungen, die ein Partner zugunsten des anderen erbringt und mit denen er dessen Vermögen steigert, begrifflich nicht als Zuwendungen anzusehen sind. Insofern kommt es nicht zu einer Übertragung von Vermögenssubstanz.[57] Wirtschaftlich betrachtet stellen sie aber ebenso eine geldwerte Leistung dar, so dass nach dem Scheitern einer Lebensgemeinschaft Ausgleichsansprüche in Betracht kommen. Hier handelt es sich um Architektenleistungen, die demnach keine gemeinschaftsbezogenen Zuwendungen sind.

---

[52] BGHZ 77, 55 (58 f.); *BGH* NJW-RR 1996, 1473; *BGH* FamRZ 2004, 94.

[53] *BGH* NJW 1983, 1055.

[54] BGHZ 177, 193; *BGH* FamRZ 2008, 1828.

[55] Ebenso *Hausmann/Hohloch*, Das Recht der nichtehelichen Lebensgemeinschaft, 2. Aufl. 2004, Kap. 4 Rn. 4.

[56] So *BGH* NJW 2010, 3277.

[57] BGHZ 84, 361 (365); BGHZ 127, 48 (51).

cc) Der *BGH* hat im Rahmen der Rückabwicklung von in der Ehe erbrachten Arbeitsleistungen vielmehr den Schluss auf einen stillschweigend zustande gekommenen, besonderen familienrechtlichen Vertrag eigener Art zugelassen, den sog. Kooperationsvertrag. Das Scheitern der Ehe lässt die Geschäftsgrundlage für diesen Kooperationsvertrag entfallen, sofern diese Arbeitsleistungen über erwiesene Gefälligkeiten und insbesondere über das, was etwa im Rahmen der Unterhaltspflicht oder der Verpflichtung zur ehelichen Lebensgemeinschaft an Beistandsleistungen geschuldet wird, weit hinausgehen.[58]

Diese Grundsätze können auf die nichteheliche Lebensgemeinschaft übertragen werden, sofern nicht auf eine Beistandspflicht abgestellt wird.[59] Erbringt einer der Partner unter solchen Umständen Arbeitsleistungen, so ist davon auszugehen, dass diese Leistungen nach einer stillschweigenden Übereinkunft mit dem anderen Partner zur Ausgestaltung der Lebensgemeinschaft erbracht werden und darin ihre Geschäftsgrundlage haben. Die Arbeitsleistung der *L* müsste daher erheblich über bloße Gefälligkeiten oder das, was das tägliche Zusammenleben erfordert, hinausgehen und zu einem messbaren und noch vorhandenen Vermögenszuwachs des anderen Partners geführt haben. *L* hat Planungsleistungen in erheblichem Umfang erbracht. Diese waren zur Errichtung des Wohnhauses erforderlich und haben sich im Eigenheim wertmäßig niedergeschlagen. Durch das Scheitern der Beziehung ist es ihr nicht mehr möglich, am Substrat ihrer erheblichen Leistungen teilzuhaben.

Bei Kenntnis dieser Umstände hätte *L* die Architektenleistungen so nicht erbracht. Wenn sie vorausgesehen hätte, dass die Beziehung nach wenigen Jahren scheitert, hätte sie nicht derart in den Hausbau investiert.

2. Unzumutbarkeit

Ein Anspruch auf Rückgewähr einer gemeinschaftsbezogenen Zuwendung oder ein Ausgleich für gemeinschaftsbezogene Arbeitsleistungen kann sich entsprechend der neuen Rechtsprechung des *BGH* nach den Regeln über den Wegfall der Geschäftsgrundlage ergeben, wenn dem leistenden Lebenspartner die Beibehaltung der herbeigeführten Vermögensverhältnisse nicht zugemutet werden kann.[60] Hier schlägt sich die veränderte Wertung des *BGH* nieder: *L* wusste zwar, dass die Lebensgemeinschaft jederzeit beendet werden kann. Ihrer erbrachten Architektenleistung lag aber die Erwartung zu Grunde, dass die Gemeinschaft von Bestand sein werde. Darauf hat sie tatsächlich und für *E* erkennbar vertraut, was somit schutzwürdig ist. Das Scheitern der Beziehung ist nunmehr nicht mehr einseitig dem Risikobereich des Zuwendenden zugeteilt. Ein unverändertes Festhalten der *L* an ihrem Beitrag ist ihr nicht zuzumuten.[61]

3. Bewertung

Der *BGH* nimmt allerdings keinerlei Stellung dazu, wie dieser „Kooperationsvertrag" zustande kommt und wie er rechtlich einzuordnen ist. Obgleich er beim

---

[58] Zur ehelichen Gemeinschaft BGHZ 84, 361 (367 ff.).

[59] *BGH* NJW 2008, 3282.

[60] So *Haußleiter/Schulz*, Vermögensauseinandersetzung bei Trennung und Scheidung, 6. Aufl. 2015, Rn. 2178; i.E. auch *BGH* NJW 2013, 2187 (2188) (allerdings nennt der *BGH* das Kriterium „Unbilligkeit").

[61] Ein Anspruch würde dann nicht über den Betrag hinausgehen, um den das Vermögen des *E* noch im Zeitpunkt der Trennung vermehrt ist und kann nicht höher beziffert werden als die ersparten Kosten einer alternativen Architektenbeauftragung, vgl. *BGH* NJW 2008, 3277 (3281).

Abschluss eines Gesellschaftsvertrages einen Rechtsbindungswillen voraussetzt, äußert er sich diesbezüglich beim Kooperationsvertrag nicht.[62] Jedenfalls dürfte auch für den Kooperationsvertrag das Vorliegen eines Rechtsbindungswillens eher fraglich sein. Vielmehr dürfte es sich, soweit man denn überhaupt eine Abrede zwischen beiden Seiten erkennen kann, nur um eine unverbindliche handeln, der jedenfalls kein Vertragscharakter zukommt. Ansonsten würden Widersprüche zu den auch vom *BGH* abgelehnten vertraglichen Ansprüchen offensichtlich. Folgt man dem, so scheiden Ausgleichsansprüche nach §§ 313, 346 ff. aus.

4. Ergebnis

Ein Anspruch gem. §§ 313 I, III, 346 ff. ist damit nicht gegeben.

VI. Bereicherungsrechtliche Ansprüche

1. Anspruch aus § 812 I 1 Alt. 1 und gem. § 812 I 2 Alt. 1

a) *L* könnte gegen *E* einen Anspruch gem. § 812 I 1 Alt. 1 haben. *E* hat durch die Arbeitsleistung Planungsleistungen für sein Eigenheim erlangt. *L* hat die Planungsleistungen erbracht, um den Bau des Hauses zu ermöglichen. Darin liegt eine bewusste und zweckgerichtete Mehrung fremden Vermögens. *L* hat die Planungsleistungen jedoch zur Verwirklichung der nichtehelichen Lebensgemeinschaft und damit nicht ohne Rechtsgrund erbracht; Rechtsgrund ist vielmehr die eheähnliche Lebensgemeinschaft.[63] Im Übrigen hat sie in Kenntnis einer Nichtschuld gem. § 814 geleistet. *L* war aufgrund der nichtehelichen Lebensgemeinschaft nicht verpflichtet, die Planungsleistungen für *Es* Haus zu erbringen. Ein Anspruch gem. § 812 I 1 Alt. 1 scheidet daher aus.

b) Auch ein Anspruch gem. § 812 I 2 Alt. 1 ist nicht gegeben. Der Rechtsgrund (nichteheliche Lebensgemeinschaft) ist zwar nachträglich weggefallen. Dies wirkt aber nicht zurück, so dass die für die Zeit des Zusammenlebens erbrachten Leistungen mit Rechtsgrund erfolgten.

2. Anspruch gem. §§ 812 I 2 Alt. 2, 818 II[64]

L könnte aber schließlich gem. §§ 812 I 2 Alt. 2, 818 II einen Anspruch auf Ausgleich gegen *E* haben. Nach der geänderten Rechtsprechung des *BGH* ist bei Leis-

---

[62] Vgl. auch *Schwab*, ZJS 2009, 115 (118 f.).

[63] *OLG Saarbrücken* NJW 1979, 2050; OLGZ Celle 1970, 326.

[64] Nimmt man als Grundlage der gemeinschaftsbezogenen Arbeitsleistung einen Vertrag an (Kooperationsvertrag), stellt ein Vorgehen nach § 313 eigentlich das vorrangige Ausgleichsinstrument dar (vgl. auch *Schwab*, ZJS 2009, 115 (120)). Im Anwendungsbereich des § 313 scheidet dann eine Kondiktion gem. § 812 I 2 2. Alt. aus (siehe *BGH* NJW 1992, 2690). Zu einem Ausgleich über § 812 I 2 2. Alt., 818 II gelangt man nur, wenn man die Willensübereinstimmung, die den Kooperationsvertrag eigener Art zugrunde liegt, nicht vertraglich einordnet, sondern als eine Abrede über den mit der Leistung bezweckten Erfolg (vgl. auch *Schwab*, ZJS 2009, 115, 122), also eine tatsächliche Einigung der Beteiligten, die aber nicht den Charakter einer vertraglichen Bindung hat. Der *BGH* prüft hingegen § 812 I 2 2. Alt. vor § 313 (*BGH* NJW 2008, 3282; BGHZ 177, 193; vgl. auch *von Proff*, NJW 2008, 3266 (3268)). Eine Abwicklung nach § 313 soll in Betracht kommen, wenn ein gesellschaftsrechtlicher Ausgleichsanspruch oder aber eine Zweckabrede nach § 812 I 2 2. Alt. nicht feststellbar ist. § 313 ist nach der Ansicht des *BGH* demnach subsidiär (vgl. auch BGHZ 142, 137; a. A. Palandt/*Grüneberg*, § 313 Rn. 15). Vgl. aber die Ausführungen in der Entscheidung *BGH* NJW 2011, 2880 (2881 ff.), wo der *BGH* § 313 vor § 812 I 2 2. Alt prüft. Für Vorrang des Bereicherungsrechts vor § 313 *Scherpe*, JZ 2014, 659 (666 f.).

tungen, die über das hinausgehen, was das tägliche Zusammenleben erst ermöglicht, wie etwa die Erfüllung der laufenden Unterhaltsbedürfnisse oder die Entrichtung der Miete für die gemeinsam genutzte Wohnung, nunmehr im Einzelfall auch zu prüfen, ob ein Ausgleichsverlangen nach den Regeln der ungerechtfertigten Bereicherung bei Zweckverfehlung begründet ist.[65]

a) Dann müsste *E* etwas erlangt haben. Dies ist jeder vermögenswerte Vorteil. *E* hat durch die Arbeitsleistung der *L* Planungsleistungen für sein Eigenheim erlangt. Ob in diesen Fällen die Planungsleistungen selbst oder aber das Ersparnis anderweitiger Aufwendungen für einen Architekten den Vermögensvorteil darstellen, ist umstritten. Die Rechtsprechung sieht im erlangten „etwas" die ersparten Aufwendungen,[66] die Literatur dagegen die vermögenswerte Leistung selbst.[67] Erlangt wurde beides auch jedenfalls durch Leistung der *L*, indem sie bewusst und zweckgerichtet die Planungsleistungen zum Bau erbrachte. Um Leistungen des täglichen Lebens, die nicht ausgeglichen werden, handelt es sich hierbei nicht.

b) Gem. § 812 I 2 Alt. 2 besteht für den Empfänger einer Leistung die Pflicht zur Herausgabe der Zuwendung, sofern der mit der Leistung nach dem Inhalt des Rechtsgeschäfts bezweckte Erfolg nicht eingetreten ist (Zweckverfehlung). Ein Bereicherungsanspruch wegen Fehlschlagens dieser Erwartung setzt daher voraus, dass darüber mit dem Empfänger der Leistung eine Willensübereinstimmung (Zweckvereinbarung) erzielt worden ist. Einseitige Vorstellungen genügen nicht. Die danach erforderliche finale Ausrichtung der Leistung auf einen nicht erzwingbaren Erfolg wird sich innerhalb einer nichtehelichen Lebensgemeinschaft oder einer anderen auf Dauer angelegten Partnerschaft nur bezüglich solcher Zuwendungen oder Arbeitsleistungen feststellen lassen, die deutlich über das hinausgehen, was die Gemeinschaft Tag für Tag benötigt.[68] Voraussetzung ist eine konkrete Zweckabrede.

Eine ausdrückliche Vereinbarung haben *E* und *L* nicht getroffen. Eine stillschweigende Einigung kann aber angenommen werden, wenn der eine Teil mit seiner Leistung einen bestimmten Erfolg bezweckt, der andere Teil dies erkennt und die Leistung entgegennimmt, ohne zu widersprechen.[69] Grundsätzlich wird der Partner einer nichtehelichen Lebensgemeinschaft mit seiner Leistung einen Beitrag zur Ausgestaltung der Lebensgemeinschaft erbringen. Dieser Zweck wäre hier allerdings nicht verfehlt, sondern durch das Zusammenleben von *L* und *E* bis zur Trennung erreicht.

Sofern *L* ihre Leistung lediglich erbracht hat, um dadurch die Lebensgemeinschaft aufrecht zu erhalten und deren Bestand auch noch in ferner Zukunft zu fördern, so wäre dieser Zweck mit der Trennung zwar verfehlt. Zwischen der Leistung und dem erwarteten Erfolg müsste dann aber eine solche Verknüpfung bestehen, dass die Leistung von der Zweckerreichung gleichsam abhängig gemacht wurde. Es darf nicht nur bloßer Beweggrund oder eine einseitige Erwartung des Leistenden sein.[70]

Nach neuer Rechtsprechung des *BGH* kann eine solche konkrete Zweckabrede jedoch vorliegen, wenn die Partner zwar keine gemeinsamen Vermögenswerte schaffen wollten, der eine aber das Vermögen des anderen in der Erwartung vermehrt hat, an dem erworbenen Gegenstand langfristig partizipieren zu können.[71]

---

[65] BGHZ 177, 193 (206). Dazu auch *Sorge*, JZ 2011, 660.
[66] Z. B. BGHZ 55, 128 (Flugreisefall).
[67] Z. B. *Lieb*, NJW 1971, 1289; NK-BGB/*v. Sachsen Gessaphe*, § 812 Rn. 12 m. w. N.
[68] BGHZ 177, 193 (206 f.).
[69] BGHZ 115, 261 (262 f.) m. w. N.; BGHZ 177, 193 (206).
[70] Palandt/*Sprau*, § 812 Rn. 30.
[71] BGHZ 177, 193 (206 f.).

L und *E* wollten keine gemeinsamen Vermögenswerte schaffen und *L* hat *Es* Vermögen vielmehr in der Erwartung vermehrt, an dem erworbenen Gegenstand langfristig teilhaben zu können. Ihr sollte für die Erbringung der Planungsleistung ein lebenslanges Wohnrecht eingeräumt werden. Die Partner gingen dementsprechend vom Fortbestehen der nichtehelichen Lebensgemeinschaft aus. Dies war *E* auch bewusst und er hat die Leistungen der *L* widerspruchslos entgegengenommen. Er hatte damit positive Kenntnis der Zweckvorstellung der *L*. Eine stillschweigende konkrete Zweckabrede kann daher – folgt man der neuen Rechtsprechung des *BGH* – in diesem Einzelfall angenommen werden. Der mit der Leistung nach dem Inhalt des Rechtsgeschäfts bezweckte Erfolg – die Teilhabe der *L* durch ein lebenslanges Wohnrecht – kann nach der endgültigen Trennung und deren Auszug nicht mehr eintreten.

c) Einem Anspruch könnte § 814 entgegenstehen. *L* hat in Kenntnis einer Nichtschuld gehandelt. Sie war nicht verpflichtet, die Planungsleistungen für das Haus des *E* zu erbringen. § 814 ist im Rahmen des § 812 I 2 Alt. 2 aber nicht anwendbar.[72]

d) Gem. § 815 ist eine Rückforderung wegen Nichteintritts des mit der Leistung bezweckten Erfolgs ausgeschlossen, wenn der Eintritt des Erfolgs von Anfang an unmöglich war und der Leistende dies wusste oder aber den Eintritt des Erfolgs wider Treu und Glauben verhindert hat. Eine beabsichtigte lebenszeitliche Dauer der nichtehelichen Lebensgemeinschaft war hier nicht von Anfang an unmöglich. Die Vorschrift greift allenfalls dann ein, wenn *L* selbst die Verbindung wider Treu und Glauben gelöst hat. Dafür bestehen hier keine Anhaltspunkte.

e) Ergebnis: Ein Ausgleichsanspruch gem. §§ 812 I 2 Alt. 2, 818 II ist gegeben.

---

[72] Palandt/*Sprau*, § 814 Rn. 2.

Fall 17. Verfängliche Machenschaften

Schadensersatz wegen Verletzung von Beraterpflichten einer Ratingagentur hinsichtlich Anlageempfehlungen – Ratingvertrag mit Schutzwirkung zugunsten Dritter – Haftung gem. § 311 III

Sachverhalt

Die Ratingagentur *Special & Pecunious* benotet den Energieriesen *RU-INS* im Dezember 2016 im Bereich des „investment grade" mit der Note AA+. Zu dem Rating hat *RU-INS* die Agentur selbst beauftragt. Nach dem Rating emittiert das Unternehmen eine Standardanleihe mit einem Volumen von 300 Millionen Euro und einer Laufzeit von zehn Jahren. Das Papier wird zu pari (d. h. zu 100 % des Nominalwertes) herausgegeben und mit 5 % pro Jahr verzinst. Seit Anfang 2014 bekommt die *ALSO-Versicherung* die monatlich erscheinende Zeitschrift von *Special & Pecunious* mit den aktuellen Ratingurteilen zugesandt. Für den Bezug der Ratingpublikation zahlt die Versicherung jährlich 1 500 € an die Ratingagentur. In den Vertrag haben die Parteien unter anderem folgende Klauseln aufgenommen:

1. *Die von Special & Pecunious in Bezug auf Emittenten abgegebenen Ratingurteile stellen keine Empfehlung zum Kaufen, Halten oder Verkaufen von Wertpapieren dar und ersetzen somit eigene Untersuchungen seitens des Anlegers nicht.*
2. *Im Hinblick auf ein fehlerhaftes Rating haftet Special & Pecunious für leichte Fahrlässigkeit nicht.*

Aufgrund der guten Ratingnote und des dadurch gering bescheinigten Ausfallrisikos in der Ausgabe vom 28. Dezember 2016 kauft die *ALSO-Versicherung* Teile der *RU-INS*-Anleihe für insgesamt 100 000 €. Aus der Rendite sollen Belohnungen für die besten Mitarbeiter der *ALSO-Versicherung* finanziert werden.

Nach einer durch die Börsenaufsicht veranlassten Untersuchung zwei Monate nach der Neuemission der Anleihe muss *RU-INS* einräumen, dass das Unternehmen in den vergangenen fünf Jahren Gewinne um zwei Milliarden Euro zu hoch ausgewiesen hat. Die Anleihe von *RU-INS* sinkt nach der Aufdeckung der Bilanzfälschungen auf einen Wert von wenigen Cents. Die Ratingnote, die *RU-INS* von *Special & Pecunious* erhalten hatte, gab die Wirtschaftskraft von *RU-INS* zu optimistisch wieder. Ein realistisches Rating hätte zum Zeitpunkt der Emission im Bereich des „speculative grade" mit der Note CC gelegen. Zu der Fehleinschätzung ist es aufgrund von leicht fahrlässigen Buchprüfungen der Mitarbeiter von *Special & Pecunious* bei der Ratingerstellung gekommen.

Der *ALSO-Versicherung* entsteht hierdurch ein Schaden in Höhe von 98 000 €. Sie wendet sich nun an die Ratingagentur *Special & Pecunious* und verlangt von ihr Schadensersatz. Zu Recht? (Es ist davon auszugehen, dass deutsches Recht anwendbar ist.)

A. Anspruch aus § 280 I i. V. m. einem Abonnement-Vertrag[1]

Die *ALSO-Versicherung (A)* könnte einen Anspruch auf Ersatz des ihr entstandenen Schadens aus § 280 I i. V. m. dem mit der Ratingagentur *Special & Pecunious (S&P)* geschlossenen Abonnement-Vertrag haben.

I. Schuldverhältnis

Zwischen *A* und *S&P* müsste ein Schuldverhältnis in Form eines Abonnement-Vertrags bestehen. Im Jahre 2014 haben sie sich darüber geeinigt, dass *A* über einen unbestimmten Zeitraum die monatlich erscheinende Ratingpublikation der Agentur für 1 500 € pro Jahr beziehen würde. Mithin haben die Parteien einen Abonnement-Vertrag bezüglich der Ratingpublikation geschlossen. Ein Abonnement-Vertrag ist ein Sukzessivlieferungsvertrag, auf den die Vorschriften über den Sachkauf gemäß §§ 433 ff. zur Anwendung kommen.[2]

II. Pflichtverletzung

S&P könnte durch das fehlerhafte Rating eine Pflicht aus dem Abonnement-Vertrag verletzt haben.

1. Beratungspflicht?

Eine Pflichtverletzung käme zunächst dann in Betracht, wenn die Agentur – neben ihren kaufvertraglichen Pflichten – auch eine Beratungspflicht gegenüber ihren Abonnenten aus einem den Kaufvertrag überlagernden Beratungsvertrag hätte. Bei einem Börsendienst nimmt der *BGH* eine entgeltliche, anlagegerechte Beratungspflicht an, wenn der Herausgeber eines periodisch erscheinenden Börsendienstes darin Anlageempfehlungen gibt, derentwegen das Abonnement abgeschlossen wird; bei einer ohne die gebotene Sorgfalt erstellten Anlageempfehlung haftet der Herausgeber des Börsendienstes den Abonnenten gegenüber.[3] Ein solcher Beratungsvertrag kommt jedoch zwischen Ratingagentur und Abonnenten nicht zustande, da die Ratingagenturen im Gegensatz zu den Börseninformationsdiensten in ihren Publika-

---

[1] Diese Möglichkeit der Haftung einer Ratingagentur besteht nur hinsichtlich solcher Anleger, die eine Ratingpublikation abonniert haben. Aufgrund der nicht geringen Bezugspreise handelt es sich bei solchen Anlegern meist nur um institutionelle Anleger wie Versicherungen oder Banken. Für private Anleger bestehen lediglich die Haftungsmöglichkeiten, die unten (unter B.-G.) angesprochen werden. Zu einem praktischen Beispielsfall *Berger/Stemper*, WM 2010, 2289 ff. Rechtsvergleichend zum Themenkreis *Seibold*, Die Haftung von Ratingagenturen nach deutschem, französischem, englischem und europäischem Recht, 2016.

[2] BGHZ 70, 356 = NJW 1978, 997; *Deipenbrock*, BB 2003, 1849 (1852); *Stemper*, Rechtliche Rahmenbedingungen des Ratings, 2010, S. 172 f.; MüKoBGB/*Westermann*, Vor § 433 Rn. 32. Anders *Lehmann-Richter*, in: Graf von Westphalen (Hrsg.), Vertragsrecht und AGB-Klauselwerke, 33. EL (Mai 2013), Abonnementvertrag und Druckschriftenvertrieb, Rn. 5: Kombinationsvertrag, da Kauf und Dienstleistung (Anlieferung) gleichwertig nebeneinander stünden.

[3] BGHZ 70, 356 (360 f.) = NJW 1978, 997 ff. Ein entsprechender Haftungsausschluss in AGB ist unwirksam: *Lehmann-Richter*, in: Graf von Westphalen (Hrsg.), Vertragsrecht und AGB-Klauselwerke, 33. EL (Mai 2013), Abonnementvertrag und Druckschriftenvertrieb, Rn. 29.

tionen keine Anlageempfehlungen abgeben.[4] Dies hat *S&P* auch ausdrücklich im Vertrag klargestellt.

2. Auskunftspflicht?

Allerdings könnte – in Anlehnung an die Rechtsprechung zur Bankenauskunft[5] – eine Pflichtverletzung der *S&P* unter dem Aspekt vorliegen, dass die Agentur durch das fehlerhafte Rating eine Auskunftspflicht verletzt hat. Einen stillschweigend geschlossenen Auskunftsvertrag bejaht die Rechtsprechung, wenn ein sachkundiger Auskunftsgebender erkennen kann, dass die Auskunft für den Empfänger für von ihm zu treffende wesentliche Entscheidungen sehr bedeutsam ist.[6] Obwohl Ratingagenturen über besondere Sachkunde verfügen, Investoren im Rahmen ihrer Anlageentscheidungen auf das Ratingurteil vertrauen und für das Abonnement ein beträchtliches Entgelt bezahlen, ist der Rechtsbindungswille seitens der Ratingagenturen für solche haftungsrechtlich bedeutsamen Auskunftspflichten zu verneinen.[7] Vielmehr weisen die meisten Ratingagenturen – wie auch vorliegend *S&P* – bei Vertragsschluss ausdrücklich darauf hin, dass das Rating keine Empfehlung zum Kaufen, Halten oder Verkaufen von Wertpapieren darstellt und eigene Untersuchungen durch den Anleger nicht ersetzt.[8] Dies stellt eine zulässige Bestimmung der Leistungspflicht durch die Ratingagenturen dar.[9] Mangels Rechtsbindungswillens von *S&P* bestand mithin keine Auskunftspflicht der Agentur, gegen die sie durch das fehlerhafte Rating verstoßen hat. Die Agentur war lediglich zur Übergabe und Übereignung aller während der Vertragszeit erscheinenden Publikationen in mangelfreiem Zustand verpflichtet.[10]

3. Mangelhaftes Rating

Als Pflichtverletzung kommt daher nur die Mangelhaftigkeit der Ratingpublikation in Betracht. Durch das fehlerhafte Rating bezüglich *RU-INS* ist die von *S&P* herausgegebene Ausgabe vom 28. Dezember 2016 inhaltlich teilweise unrichtig. Zwar haben die Parteien die inhaltliche Richtigkeit der Ratingpublikationen nicht ausdrücklich als Beschaffenheit vereinbart, weshalb jedenfalls kein Mangel gemäß § 434 I 1 in Betracht kommt. Die inhaltliche Richtigkeit der Publikationen könnte jedoch eine übliche Beschaffenheit darstellen, sodass die inhaltlich fehlerhafte Dezember-Ausgabe einen Mangel gemäß § 434 I 2 Nr. 2 begründen könnte. Bei Büchern und Druckschriften liegt ein Sachmangel jedenfalls bei äußeren Fehlern (z. B. Verschmutzung, falsche Bindung, Risse) und teilweise auch bei Druckfehlern vor.[11] Ob die

[4] *Deipenbrock*, BB 2003, 1849 (1852); *Habersack*, ZHR 169 (2005), 185 (205); *Stemper*, Rechtliche Rahmenbedingungen des Ratings, 2010, S. 173; *Vetter*, WM 2004, 1701 (1708).

[5] *BGH* NJW 1989, 2882 (2884); *BGH* NJW 1989, 1029; *BGH* NJW 1986, 180 (181).

[6] Siehe Vornote.

[7] So *Berger/Stemper*, WM 2010, 2289 (2290); *Deipenbrock*, BB 2003, 1849 (1852); *Ebenroth/ Koos*, in: Büschgen/Everling (Hrsg.), Handbuch Rating, 1996, S. 483 (496 f.); *Lemke*, Haftungsrechtliche Fragen des Ratingwesens – ein Regelungsproblem?, 2000, S. 69 f.; *Stemper*, Rechtliche Rahmenbedingungen des Ratings, 2010, S. 173 f. A. A. hingegen *Peters*, Die Haftung und die Regulierung von Rating-Agenturen, 2001, S. 93 ff.; *Vetter*, WM 2004, 1701 (1708), der jedoch einen Haftungsausschluss für fahrlässig fehlerhaftes Rating annimmt; siehe auch *Faust*, AcP 210 (2010), 555.

[8] *Berger/Stemper*, WM 2010, 2289 (2290).

[9] *Lemke*, in: Büschgen/Everling (Hrsg.), Handbuch Rating, 2. Aufl. 2007, S. 611 (620).

[10] *Stemper*, Rechtliche Rahmenbedingungen des Ratings, 2010, S. 173.

[11] BeckOK BGB/*Faust*, § 434 Rn. 70; Staudinger/*Matusche-Beckmann* (2013), § 434 Rn. 245.

inhaltliche Unrichtigkeit von Druckerzeugnissen, insbesondere von Ratingpublikationen, einen Mangel im Sinne von § 434 darstellt, ist umstritten.

a) Teilweise wird vertreten, dass nur äußere Fehler der Ratingpublikation einen Sachmangel im Sinne von § 434 begründen.[12] Die Agenturen wiesen in den Ratingpublikationen darauf hin, dass sie weder die Richtigkeit noch die Vollständigkeit der erteilten Informationen garantieren. Daher sei die inhaltliche Richtigkeit nicht Gegenstand der vertraglich vereinbarten Leistung. Eine solche negative bzw. ausschließende Leistungsbeschreibung entziehe sich der inhaltlichen Klauselkontrolle gem. §§ 305 ff. und schließe die Haftung der Ratingagenturen für inhaltlich fehlerhafte Ratings wirksam aus.[13]

b) Andere differenzieren nach den unterschiedlichen Arten von Werken und nehmen bei einer inhaltlich unrichtigen Ratingpublikation einen Sachmangel an.[14] Geht es um einen Roman und seine künstlerische Qualität, sei kein Sachmangel gegeben. Bei einem Werk, bei dem die Informationsvermittlung im Mittelpunkt steht, komme hingegen ein Sachmangel in Betracht, wenn der inhaltliche Fehler so bedeutsam ist, dass er das Vertrauen in das Werk erschüttert und damit den Wert des Werkes als Informationsquelle in Frage stellt.[15] Bei einer Ratingpublikation geht es um die Vermittlung von Informationen, auf die die Abonnenten im Hinblick auf ihre Anlageentscheidungen vertrauen. Bei einem fehlerhaften Rating wird der Wert der Ratingpublikation daher deutlich herabgesetzt, weshalb nach letzterer Ansicht ein Sachmangel zu bejahen wäre.

c) Für die differenzierende Ansicht spricht, dass der *BGH* zum alten Schuldrecht in der sog. Nottestament-Entscheidung[16] judiziert hat, dass der Inhalt eines Druckwerkes grundsätzlich als „Eigenschaft" der Kaufsache zugesichert werden kann. Nunmehr ist im Rahmen von § 434 die „Beschaffenheit" des Kaufgegenstandes der zentrale Begriff für Sachmängel, der sich mit dem alten Eigenschaftsbegriff deckt,[17] sodass auch danach die inhaltliche Richtigkeit einer Publikation zu ihrer Beschaffenheit gehören kann. In der Börsendienst-Entscheidung[18] hat der *BGH* das Vorliegen eines Mangels im Falle eines inhaltlich unrichtigen Börseninformationsdienstes nur deshalb abgelehnt, weil die in der Broschüre vermittelten Informationen nur innerhalb eines eng begrenzten Zeitraums sinnvoll verwendbar sind und daher der Umstand der Sache nicht auf eine gewisse Dauer anhaftet. Die Dauerhaftigkeit verstand der *BGH* als konstitutiv für eine „Eigenschaft", sodass ein unrichtiger Börsendienst keinen Mangel begründete. Selbst wenn auch nach neuem Schuldrecht nur bei einer gewissen Dauerhaftigkeit von einer mangelhaften „Beschaffenheit" auszugehen wä-

---

[12] *Berger/Stemper*, WM 2010, 2289 f.; *Ebenroth/Koos*, in: Büschgen/Everling (Hrsg.), Handbuch Rating, 1996, S. 483 (496); *Ebenroth/Daum*, WM 1992, Sonderbeilage 5, 11 f.; *Lemke*, in: Büschgen/Everling (Hrsg.), Handbuch Rating, 2. Aufl. 2007, S. 611 (619 f.); *Stemper*, Rechtliche Rahmenbedingungen des Ratings, 2010, S. 173.

[13] *Lemke*, in: Büschgen/Everling (Hrsg.), Handbuch Rating, 2. Aufl. 2007, S. 611 (619 f.).

[14] *Hennrichs*, FS Hadding, 2004, S. 875 (885 ff.); BeckOK BGB/*Faust*, § 434 Rn. 70. Auch *Habersack*, ZHR 169 (2005), 185 (205 f.) geht davon aus, dass die hinreichende inhaltliche Qualität der Information zur geschuldeten Beschaffenheit der Ratingpublikation gehört, sodass es der Annahme einer Auskunftspflicht nicht mehr bedürfe, und nimmt daher wohl eine Sachmängelhaftung an.

[15] BeckOK BGB/*Faust*, § 434 Rn. 70.

[16] *BGH* NJW 1973, 843 (844).

[17] BeckOK BGB/*Faust*, § 434 Rn. 19 ff.; Staudinger/*Matusche-Beckmann* (2013), § 434 Rn. 42.

[18] BGHZ 70, 356 (359 f.) = NJW 1978, 997.

re,[19] ist dies bei einem fehlerhaften Rating zu bejahen.[20] Unter Berücksichtigung des nicht geringen Bezugspreises für die Ratingpublikation, die der Abonnent im Hinblick auf seine Anlageentscheidungen gerade wegen der Information als solcher und nicht wegen des die Information verkörpernden Druckerzeugnisses entrichtet, spricht einiges für das Vorliegen eines Sachmangels bei inhaltlich unrichtiger Ratingpublikation.[21] Somit besteht die Pflichtverletzung der *S&P* in einer mangelhaften Lieferung im Sinne von § 434 I 2 Nr. 2.

III. Vertretenmüssen

Gemäß § 280 I 2 müsste *S&P* die Pflichtverletzung in Form einer mangelhaften Lieferung zu vertreten haben. Vorliegend beruht das fehlerhafte Rating von *RU-INS* auf den leicht fahrlässigen Buchprüfungen der Mitarbeiter von *S&P*, sodass grundsätzlich ein Vertretenmüssen der Agentur in Form einer Fahrlässigkeit gemäß §§ 276 II, 278 in Betracht kommt. Allerdings hat *S&P* bei Vertragsschluss eine Haftung für leichte Fahrlässigkeit ausgeschlossen. Dieser Haftungsausschluss ist – gleich ob individuell vereinbart (vgl. § 276 III) oder in Form von AGB einbezogen (vgl. § 309 Nr. 8a) – wirksam. Folglich haftet *S&P* gegenüber *A* nicht für die leicht fahrlässigen Buchprüfungen ihrer Mitarbeiter.

IV. Ergebnis

A hat keinen Schadensersatzanspruch gegen *S&P* aus § 280 I i. V. m. dem zwischen ihnen geschlossenen Abonnement-Vertrag.

B. Anspruch aus § 280 I i. V. m. den Grundsätzen über Verträge mit Schutzwirkung zugunsten Dritter

A könnte ein Anspruch auf Schadensersatz gegen *S&P* aus § 280 I i. V. m. den Grundsätzen über Verträge mit Schutzwirkung zugunsten Dritter zustehen. Dann müssten *S&P* und *RU-INS* einen Vertrag geschlossen haben, der Schutzwirkungen auch gegenüber Kapitalanlegern entfaltet.

I. Vertragsverhältnis zwischen *S&P* und *RU-INS*

Zwischen *S&P* und *RU-INS* müsste ein Vertragsverhältnis bestehen. Ratingagenturen werden entweder aufgrund eines Auftrags des zu bewertenden Unternehmens (sog. *solicited ratings*) oder ohne Auftrag des Emittenten (sog. *unsolicited ratings*) tätig.[22] Vorliegend beauftragte *RU-INS* die Agentur *S&P* mit der Erstellung eines Ratingurteils über das Unternehmen, um bei der Emission der neuen Anleihe seine Absatzchancen zu erhöhen. Wegen der Entgeltlichkeit der Ratingtätigkeit[23] handelt es sich bei dem Ratingvertrag aber nicht um einen Auftrag gemäß § 662. Die Unabhängigkeit und Selbstständigkeit der Ratingagentur spricht gegen eine Einordnung des Ratingvertrags als Geschäftsbesorgungsverhältnis, da der Geschäftsführer im Rahmen einer Geschäftsbesorgung gemäß § 675 I i. V. m. § 665 weisungsgebunden

---

[19] Dagegen Staudinger/*Matusche-Beckmann* (2013), § 434 Rn. 42; BeckOK BGB/*Faust*, § 434 Rn. 24 m. w. N.

[20] *Hennrichs*, FS Hadding, 2004, S. 875 (885 ff.).

[21] So *Habersack*, ZHR 169 (2005), 185 (205).

[22] *Deipenbrock*, BB 2003, 1849 (1850).

[23] *Hennrichs*, FS Hadding, 2004, S. 875 (878).

ist.[24] In Abgrenzung zu einem Dienstvertrag schuldet eine Ratingagentur nicht eine bloße Analysetätigkeit, sondern die Erstellung des Ratings als Erfolg.[25] Der Ratingvertrag gilt als typengemischter Vertrag mit ausgeprägten werkvertraglichen Elementen, sodass auf ihn ergänzend die Vorschriften des Werkvertrags gemäß §§ 631 ff. angewendet werden.[26] Die Ratingagentur verpflichtet sich, ein externes Rating über *RU-INS* zu erstellen, während *RU-INS* eine Zahlungsverpflichtung eingeht. Das von *S&P* zu erstellende externe Rating soll Aufschluss über die relative Bonität des Unternehmens geben (sog. Unternehmens-Rating).[27] Dabei handelt es sich um eine standardisierte, durch bestimmte Symbole dargestellte Einschätzung der Wahrscheinlichkeit der vollständigen und termingetreuen Erfüllung von Zins- und Tilgungsverpflichtungen in der Zukunft.[28] In die Bewertung des Unternehmens fließen neben harten Finanzdaten (sog. quantitative Faktoren) auch weiche Faktoren (sog. qualitative Faktoren wie Struktur und Transparenz des Unternehmens) ein.[29] Ein Vertragsverhältnis zwischen *S&P* und *RU-INS* besteht somit.

II. Schutzwirkung zugunsten Dritter

Fraglich ist, ob der Ratingvertrag zwischen *S&P* und *RU-INS* Schutzwirkungen zugunsten Dritter entfaltet. Die Einbeziehung eines Dritten in den vertraglichen Schutzbereich unterliegt strengen Voraussetzungen, um die unterschiedliche Ausgestaltung von vertraglicher und deliktischer Haftung insbesondere bei reinen Vermögensschäden nicht aufzuweichen.[30] Sinn und Zweck des Vertrags und die erkennbaren Auswirkungen der vertragsgemäßen Leistung müssen eine Einbeziehung des Dritten unter Berücksichtigung von Treu und Glauben erfordern.[31] Dritte können

---

[24] *Hennrichs*, FS Hadding, 2004, S. 875 (878 f.) Siehe aber Palandt/*Sprau*, § 675 Rn. 30 (Geschäftsbesorgung); ebenso *v. Schweinitz*, WM 2008, 953 (956) mit dem Argument, dass bei Annahme eines Werkvertrags die Zahlungspflicht des Auftraggebers erst mit Abnahme fällig würde (§ 641 I 1) und dadurch die Unabhängigkeit der Ratingagentur erheblich beeinträchtigt wäre.

[25] *Deipenbrock*, BB 2003, 1849 (1851); *Witte/Hrubesch*, ZIP 2004, 1346 (1349).

[26] *Deipenbrock*, BB 2003, 1849 (1851); *Witte/Hrubesch*, ZIP 2004, 1346 (1349). Einem „reinen" Werkvertrag steht nicht die mangelnde Abnahme des Werkes (des Ratingurteils) entgegen, da auch bei nicht körperlichen Gegenständen regelmäßig eine Abnahme ausgeschlossen ist. Im Falle eines Ratings liegt zudem eine Abnahme des Werkes im Sinne von § 640 I vor, wenn die Veröffentlichung des Ratings von der Zustimmung des Emittenten abhängt (*Lemke*, in: Büschgen/Everling (Hrsg.), Handbuch Rating, 2. Aufl. 2007, S. 611 (614)). Gegen einen „reinen" Werkvertrag spricht jedoch, dass die Ratingagentur ein eigenes Interesse an der Erstellung und Publikation des Ratingurteils hat. Zudem hat der Emittent – anders als der Besteller im Rahmen eines Werkvertrags – keinen Einfluss auf das Ratingergebnis, vgl. *Deipenbrock*, BB 2003, 1849 (1851); für einen „reinen" Werkvertrag hingegen *Reidenbach*, Aktienanalysten und Ratingagenturen – Wer überwacht die Überwacher?, 2006, S. 354. Wieder anders (Vertrag sui generis gemäß § 311 I) *Hennrichs*, FS Hadding, 2004, S. 875 (880).

[27] Anders das sog. Credit-Rating, das über die relative Sicherheit einer bestimmten Anleihe informiert; vgl. hierzu *Vetter*, WM 2004, 1701; *Witte/Hrubesch*, ZIP 2004, 1346.

[28] *Vetter*, WM 2004, 1701 f.

[29] *Witte/Hrubesch*, ZIP 2004, 1346 (1348).

[30] Das *RG* erblickte die Rechtsgrundlage des Vertrags mit Schutzwirkung zugunsten Dritter in § 328. Heute stellt die Rechtsprechung für die Existenz des Rechtsinstituts „auf die ergänzende Auslegung eines Hauptvertrags nach §§ 133, 157" ab. Eine verbreitete Ansicht sieht dagegen die Grundlage in einer rechtsfortbildenden gesetzlichen Ausgestaltung des Vertragsverhältnisses nach Treu und Glauben (§ 242) und nimmt Gewohnheitsrecht an. Dazu MüKoBGB/*Gottwald*, § 328, Rn. 168 ff.; PWW/*Stürner*, Vor §§ 328–335 Rn. 2, jeweils m. w. N.; *Pinger/Behme*, JuS 2008, 675.

[31] BGHZ 176, 281.

dann in den vertraglichen Schutzbereich einbezogen werden, wenn folgende vier Voraussetzungen erfüllt sind: Leistungsnähe des Dritten, Einbeziehungsinteresse des Gläubigers, Erkennbarkeit für den Schuldner sowie Schutzbedürftigkeit des Dritten.[32]

1. Leistungsnähe des Dritten

A als Dritte müsste bestimmungsgemäß mit der Hauptleistung von *S&P* als Schuldnerin in Berührung kommen. Kapitalanleger berücksichtigen die Ratingurteile bei ihrer Entscheidung, eine bestimmte Anleihe bzw. andere Wertpapiere des Unternehmens zu kaufen oder nicht. Sie kommen damit mit der Hauptleistung der Ratingagentur, der Erstellung von Ratingurteilen, bestimmungsgemäß in Berührung. Somit ist die Leistungsnähe der *A* zu bejahen.

2. Einbeziehungsinteresse des Gläubigers

Nach dem Willen des Gläubigers muss die Leistung nicht nur in seinem Interesse, sondern auch im Interesse eines Dritten sorgfältig ausgeführt werden.

a) Für ein Einbeziehungsinteresse des Gläubigers ist nicht mehr erforderlich, dass eine Beziehung mit „personenrechtlichem Einschlag" (insbesondere ein familien-, arbeits- oder mietrechtliches Fürsorgeverhältnis) besteht, dieser also für das „Wohl und Wehe" des Dritten mitverantwortlich ist.[33] Die persönliche Fürsorgepflicht im Innenverhältnis ist keine notwendige Voraussetzung für die Erstreckung des vertraglichen Schutzbereiches auf den Dritten. Ausreichend ist, dass die Vertragsparteien den Willen hatten, zugunsten eines Dritten eine Schutzpflicht zu begründen, was im Wege ergänzender Vertragsauslegung festzustellen ist.[34] Es ist dabei eine Interessenbewertung im Einzelfall vorzunehmen.[35]

b) Ob bei Ratingverträgen ein solcher Parteiwille vorliegt, ist umstritten. Nach einer Meinung liegen hinreichende Anhaltspunkte für einen auf Drittschutz gerichteten Parteiwillen beim Ratingvertrag vor.[36] Die Vertreter dieser Meinung ziehen dabei eine Parallele zu der Rechtsprechung des *BGH* zu den Gutachterfällen.[37] Entsprechend dem Zweck des Gutachtens, aufgrund der besonderen Sachkunde und der Neutralität sowie Objektivität des Sachverständigen dem Dritten gegenüber Vertrauen zu erwecken und Beweiskraft zu besitzen, steht es danach der Einbeziehung des Dritten nicht entgegen, dass der Dritte dem Gläubiger nicht nahe stehe.[38] Das Vorliegen eines Vertrags mit Schutzwirkung zugunsten Dritter sei nicht mit dem Argument zu verneinen, dass die Interessen des Auftraggebers und des Dritten hinsichtlich des Gutachtens gegenläufig sind.[39] Der Schutzpflichtige müsse zudem die Zahl und die Namen der zu schützenden Personen nicht kennen. Es reiche aus,

---

[32] BGHZ 49, 350 (354); BGHZ 70, 327 (329); *BGH* NJW 1996, 2927 (2929); *BGH* MDR 2017, 73 Rn. 17 (dazu *Stürner*, JURA (JK) 2017, 603, § 328 BGB); siehe auch PWW/*Stürner*, Vor §§ 328–335 Rn. 5 ff.

[33] Dazu BGHZ 51, 91 (96) = NJW 1969, 269 (271 f.); *BGH* NJW 2001, 3115 (3116).

[34] BGHZ 133, 168 (173); *BGH* NJW 2001, 3115 (3116).

[35] MüKoBGB/*Gottwald*, § 328 Rn. 184.

[36] *Berger/Stemper*, WM 2010, 2289 (2291); *Ebenroth/Koos*, in: Büschgen/Everling (Hrsg.), Handbuch Rating, 1996, S. 483 (497); *Amort*, EuR 2013, 272 (276); einschränkend *Habersack*, ZHR 169 (2005), 185 (205); *Witte/Hrubesch*, ZIP 2004, 1346 (1351); *Grundmann/Renner*, JZ 2013, 379 (382 f.).

[37] BGHZ 127, 378; vgl. auch *Ackermann*, Der Schutz des negativen Interesses, 2007, S. 536 ff.

[38] BGHZ 127, 378 (380).

[39] BGHZ 127, 378 (380).

dass dem Schuldner bekannt ist, dass das Gutachten für Dritte bestimmt ist.[40] Auch sei unschädlich, dass der Gläubiger ein objektiv richtiges Gutachten, das auch den Interessen der Dritten entspricht, gar nicht will und nicht alle für ein richtiges Gutachten erforderlichen Informationen mitteilt. Solange dieser innere Wille verborgen bleibe, sei er bei der Ermittlung des objektiven Erklärungswertes nicht zu berücksichtigen.

In Anlehnung an diese Rechtsprechung wird vertreten, dass die Ratingurteile Dritten gegenüber ebenfalls Vertrauen erwecken und Beweiskraft besitzen.[41] Den Ratingagenturen sei bewusst, dass Anleger auf die Richtigkeit der Ratings vertrauen, keine eigene Analyse mehr anstellen und die Ratings als Grundlage für weit reichende Anlageentscheidungen heranziehen – sie also als sog. Informationsintermediäre funktionieren.[42] Die großen Ratingagenturen verfügten über eine besondere Sachkunde, auf die sich der Kapitalmarkt im Hinblick auf die Bonität von Unternehmen verlasse.[43] Wenn die Ratingagentur gemäß der Rating-VO[44] registriert ist, verfüge sie sogar über eine Art staatliche Anerkennung.[45] Da auch das Merkmal der Gleichgerichtetheit der Interessen von Gläubiger und Drittem aufgegeben sei, ergebe sich auch unter diesem Blickwinkel[46] kein Argument gegen eine Schutzpflicht gegenüber Anlegern aus dem Ratingvertrag.[47]

c) Andere lehnen eine Einbeziehung von Dritten in den Schutzbereich mit unterschiedlichen Argumenten ab. Teilweise wird bereits das besondere Vertrauen, das Voraussetzung für eine Dritthaftung ist, abgelehnt, da die Ratingagenturen ihren Ratingurteilen selbst den Empfehlungscharakter absprechen und somit ein Selbstbindungswille fehle.[48] Aufgrund der negativen Leistungsbeschreibung könne dem Ratingvertrag gerade nicht eine Garantieerklärung entnommen und daraus eine Expertenhaftung abgeleitet werden. Da der Vertrag ein Instrument privatautonomer Gestaltung ist, müsse eine Haftung gegenüber Dritten mehr an dem rechtsgeschäftlichen Willen der Vertragsparteien als an einem Verkehrsbedürfnis angelehnt sein.[49]

Auch spreche die Informationsbeschaffung der Ratingagenturen im Vergleich zu den Wirtschaftsprüfern, für die eine Dritthaftung anerkannt ist, gegen eine Dritthaftung, da die Ratingagenturen auf die ihnen von den Emittenten übermittelten Informatio-

---

[40] BGHZ 127, 378 (380).

[41] *Ebenroth/Daum*, WM 1992, Sonderbeilage Nr. 5, 14, die den Ratingvertrag sogar als den „Idealfall eines Vertrags mit Schutzwirkung für Dritte" bezeichnen; ferner *Peters*, Die Haftung und die Regulierung von Rating-Agenturen, 2001, S. 112 ff.; *v. Schweinitz*, WM 2008, 953 (956 ff.).

[42] *Berger/Stemper*, WM 2010, 2289 (2291); *v. Schweinitz*, WM 2008, 953 (956).

[43] *Witte/Hrubesch*, ZIP 2004, 1346 (1351); *Grundmann/Renner*, JZ 2013, 379 (382).

[44] Verordnung (EU) Nr. 462/2013 des Europäischen Parlaments und des Rates vom 21. Mai 2013 zur Änderung der Verordnung (EG) Nr. 1060/2009 über Ratingagenturen, ABl. EU L 146/1. S. dazu *Gomille*, GPR 2011, 186; *Blaurock*, EuZW 2013, 608; *Wojcik*, NJW 2013, 2385.

[45] *Berger/Stemper*, WM 2010, 2289 (2291).

[46] Der Emittent möchte ein möglichst positives Rating, da sich dadurch die Absatzchancen seiner Wertpapiere erhöhen und sich seine Marktposition verbessert. Der Investor erwartet zur Einschätzung bzw. Verringerung seines Investitionsrisikos ein verlässliches, objektiv richtiges Urteil über das Bonitätsrisiko des Emittenten. Vgl. *Berger/Stemper*, WM 2010, 2289 (2291), die darauf hinweisen, dass letztlich auch für den Emittenten ein wirklichkeitsnahes Rating von Interesse ist, um Ratingherabstufungen zu vermeiden.

[47] *Ebenroth/Koos*, in: Büschgen/Everling (Hrsg.), Handbuch Rating, 1996, S. 483 (497); *Grundmann/Renner*, JZ 2013, 379 (382, 386).

[48] *Vetter*, WM 2004, 1701 (1710 f.).

[49] *Lemke*, in: Büschgen/Everling (Hrsg.), Handbuch Rating, 2. Aufl. 2007, S. 611 (620 f.).

nen angewiesen sind.[50] Zudem sehe sich bereits die Rechtsprechung zu den Gutachterfällen erheblicher Kritik ausgesetzt. Es könne nicht dem Willen der Parteien entsprechen, dass sich der Gläubiger unter Umständen einem Regressanspruch des Gutachters ausgesetzt sieht.[51] Der Annahme, dass sich der Sachverständige auf eine Regelung einlässt, nach der er dem Dritten gegenüber auch dann haftet, wenn ihn der Auftraggeber über den Zustand des zu begutachtenden Objekts arglistig täuscht, stehe bereits der Rechtsgedanke des § 334 entgegen.[52] Insbesondere wird angeführt, dass mit dieser Rechtsprechung das Kriterium der „Gläubigernähe" jede Kontur zu verlieren drohe, womit eine Eingrenzung des Kreises der möglichen Anspruchsteller, der dieses Kriterium dienen soll, unmöglich werde.[53]

Mit dieser Argumentation im Einklang steht es, wenn von einigen Autoren eine Haftung der Ratingagentur auf der Grundlage eines Vertrages mit Schutzwirkung zugunsten Dritter wegen der mangelnden Eingrenzbarkeit des Kreises schutzwürdiger Dritter abgelehnt wird.[54] Bei der Frage nach einer Dritthaftung müssen auch die Interessen der Ratingagenturen nach Rechtssicherheit und Rechtsklarheit im Sinne eines kalkulierbaren und begrenzbaren Haftungsrisikos berücksichtigt werden. Zwar müssen Name und Anzahl der zu schützenden Dritten dem Schuldner nicht bekannt sein. Der geschützte Personenkreis muss aber klar abgrenzbar sein, um das Haftungsrisiko kalkulierbar und versicherbar zu erhalten.[55] Ratingurteile erfolgen jedoch oftmals „ad incertas personas", weshalb das Haftungsrisiko typischerweise, nämlich dann, wenn das Ratingurteil – wie regelmäßig – veröffentlicht wird, nicht begrenzt ist.[56] Dies führe zu einer Art Produkthaftung. Es bedürfe risikoeingrenzender Kriterien wie die Beschränkung der Haftung auf grobe Fahrlässigkeit (nach dem Vorbild des § 37c II WpHG) und die Festlegung von Haftungshöchstgrenzen (nach dem Vorbild des § 323 II HGB), die die Belastung der Experten mit unübersehbaren Drittschäden verhindere. Dies sei jedoch Aufgabe des Gesetzgebers.[57]

d) Letzteres überzeugt im Ergebnis. Mangels Eingrenzbarkeit der Anspruchsberechtigten besteht kein schutzwürdiges Interesse, Dritte in den Schutzbereich des Ratingvertrags einzubeziehen. Somit findet keine Dritthaftung der Ratingagenturen nach den Grundsätzen des Vertrages mit Schutzwirkung zugunsten Dritter statt.

III. Ergebnis

A steht kein Anspruch auf Schadensersatz gegen *S&P* aus § 280 I i. V. m. den Grundsätzen über Verträge mit Schutzwirkung zugunsten Dritter zu.

---

[50] *Deipenbrock*, BB 2003, 1849 (1853).
[51] *Hennrichs*, FS Hadding, 2004, S. 875 (888); *Picker*, FS Medicus, 1999, S. 397, 403 f.
[52] *Canaris*, JZ 1995, 441, 444; *Hennrichs*, FS Hadding, 2004, S. 875, 888.
[53] *Hennrichs*, FS Hadding, 2004, S. 875, 887 f. mit Verweis auf *Canaris*, JZ 1995, 441 (444) und auf *Picker*, FS Medicus, 1999, S. 397 (400 ff.).
[54] *Berger/Stemper*, WM 2010, 2289 (2291 f.); *Deipenbrock*, BB 2003, 1849 (1853 f.); *Stemper*, Rechtliche Rahmenbedingungen des Ratings, 2010, S. 176 f.
[55] *BGH* NJW 1984, 355; *BGH* NJW 1987, 1758 (1760); *BGH* NJW 1995, 392; BGHZ 138, 257 (262) = NJW 1998, 1948; BGHZ 159, 1 (8) = NJW 2004, 3035 (3037).
[56] *Berger/Stemper*, WM 2010, 2289 (2291 f.); *Deipenbrock*, BB 2003, 1849 (1853); a. A. *v. Schweinitz*, WM 2008, 953 (956 f.), für den aus Sicht der Ratingagentur von vorherein nach objektiven Kriterien erkennbar ist, dass sie denjenigen Anlegern gegenüber haftet, die aufgrund des Ratings in das Kreditrisiko des Emittenten investieren. *V. Schweinitz* (a. a. O., 958 f.) diskutiert dagegen Beweisprobleme bezüglich der Kausalität zwischen Rating und Anlageentscheidung, bejaht die Kausalität schließlich jedoch wegen der durch das Rating hervorgerufenen „Anlagestimmung".
[57] *Habersack*, ZHR 169 (2005), 185 (207 f.).

C. Anspruch aus §§ 280 I, 241 II, 311 III

A könnte jedoch einen Anspruch auf Schadensersatz gegen *S&P* aus §§ 280 I, 241 II, 311 III haben. Dann müsste ein vorvertragliches Schuldverhältnis mit Pflichten nach § 241 II zu einer Person zustande gekommen sein, die nicht Vertragspartei des Vertrages werden sollte.

I. Anwendbarkeit

Nicht geklärt ist bislang das Verhältnis dieser Form der Dritthaftung zum Vertrag mit Schutzwirkung zugunsten Dritter. In der Regierungsbegründung zum Schuldrechtsmodernisierungsgesetz wurde geäußert, etwa die Fälle der Expertenhaftung könnten künftig über § 311 III gelöst werden.[58] Die Literatur ist dem teilweise gefolgt und möchte insbesondere die Fälle der Gutachterhaftung als eigenständige Dritthaftung § 311 III zuordnen.[59] Das Konzept einer Dritthaftung über § 311 III entspreche insbesondere in denjenigen Konstellationen, in denen die Interessen von Auftraggeber und Drittem gegenläufig sind, besser der Interessenlage als eine Drittberechtigung durch Einbeziehung des Dritten in die Schutzwirkung des Gutachtervertrags.[60] Eine Schutzwirkung lässt sich hier schwer auf einen Willen der Parteien stützen, sodass der *BGH* in diesen Fällen auf die besondere Sachkunde des Gutachters und die gesteigerte Beweiskraft des Gutachtens verweist, anstatt – wie grundsätzlich in den Fällen der Verträge mit Schutzwirkung zugunsten Dritter vorgesehen – das Einbeziehungsinteresse des Gläubigers durch ergänzende Auslegung des Gutachtervertrags zu ermitteln.[61] Andere Stimmen wollen weiterhin die Grundsätze des Vertrags mit Schutzwirkung zugunsten Dritter anwenden.[62] Für letztere Ansicht spricht, dass der Haftungsgrund bei § 311 III gerade das persönlich in Anspruch genommene Vertrauen des Geschädigten ist.[63] Die Figur des Vertrags mit Schutzwirkung zugunsten Dritter hingegen verfügt mit dem Kriterium der Erkennbarkeit über ein Korrektiv, das unabsehbare Haftungsfolgen auszuschließen vermag. Eine Entscheidung könnte letztlich dann dahin stehen, wenn eine Haftung nach §§ 280 I, 241 II, 311 III aus anderen Gründen scheitert.[64]

II. Schuldverhältnis

Ein Schuldverhältnis mit Pflichten nach § 241 II kann gemäß § 311 III auch zu Dritten entstehen. Zu Personen, die nicht selbst Vertragsparteien werden, entsteht ein Schuldverhältnis, wenn der Dritte in besonderem Maße Vertrauen für sich in Anspruch

---

[58] BT-Drs. 14/6040, S. 163.

[59] Siehe etwa *Hennrichs*, FS Hadding, 2004, S. 875 (889 f.); MüKoBGB/*Emmerich*, § 311 Rn. 182 ff.; *J. Koch*, AcP 204 (2004), 40 (59 ff.) (für die sog. Auskunftshaftung); *Pinger/Behme*, JuS 2008, 675 (678); *Schinkels*, JZ 2008, 272 sowie monographisch *Kersting*, Die Dritthaftung für Informationen im Bürgerlichen Recht, 2007.

[60] *Ackermann*, Der Schutz des negativen Interesses, 2007, S. 538 f.

[61] Siehe oben B II 2.

[62] Palandt/*Grüneberg*, § 311 Rn. 60 sowie § 328 Rn. 34; Jauernig/*Stadler*, § 311 Rn. 49. Wieder andere nehmen einen stillschweigend geschlossenen Auskunftsvertrag zwischen Gutachter und Drittem an, dazu *Faust*, AcP 210 (2010), 555.

[63] Grundlegend dazu *Ballerstedt*, AcP 151 (1950/51), 501; *Canaris*, Die Vertrauenshaftung im deutschen Privatrecht, 1971.

[64] *Berger/Stemper*, WM 2010, 2289 (2292 f.) prüfen die Expertenhaftung gemäß §§ 280 I, 241 II, 311 III neben einer Haftung in Verbindung mit den Grundsätzen des Vertrags mit Schutzwirkung zugunsten Dritter, ohne die Anwendungsbereiche voneinander abzugrenzen.

nimmt und dadurch die Vertragsverhandlungen oder den Vertragsschluss erheblich beeinflusst (§ 311 III 2). Das besondere Vertrauen muss über das normale Verhandlungsvertrauen hinausgehen. Es genügt nicht, dass jemand auf eigene Sachkunde verweist. In Bezug auf Ratingagenturen liegt zwar – anders als etwa in den Gutachterfällen – keine besondere staatliche Anerkennung vor, die eine Inanspruchnahme gesteigerten Vertrauens rechtfertigen würde. Dennoch ist die Bedeutung solcher (privater) Ratings für die Anlageentscheidung eines Investors am Markt von erheblicher Bedeutung, auch wenn es für den Anleger vielfach schwer oder sogar unmöglich sein wird zu beweisen, dass gerade das der Sachkunde der Ratingagentur entgegengebrachte Vertrauen ausschlaggebend für die Investitionsentscheidung war.[65]

III. Pflichtverletzung

S&P muss eine Pflicht im Sinne von § 241 II, also Rücksicht auf die Rechte, Rechtsgüter und Interessen potentieller Anleger zu nehmen, verletzt haben. Bei dem *solicited rating*, das den Regelfall der externen Ratings bildet, sind die Pflichten der Parteien im Ratingvertrag festgelegt. Während der Emittent das vereinbarte Entgelt zahlen und die für das Rating erforderlichen Informationen zur Verfügung stellen muss, ist Hauptpflicht der Ratingagentur die Erstellung eines fehlerfreien Ratingurteils und wesentliche Nebenpflicht die Geheimhaltung der erhaltenen Informationen.[66] Da mithin „nur" eine Verletzung einer Hauptpflicht durch die Ratingagentur, nämlich die Pflicht zur Erstellung eines fehlerfreien Ratings, in Frage kommt, § 311 III aber die Verletzung einer nicht leistungsbezogenen Nebenpflicht verlangt, ist eine Pflichtverletzung im Rahmen von § 311 III jedenfalls nicht gegeben.[67] Teilweise wird hiergegen eingewandt, der Anspruch des Anlegers könne nicht von dem eher zufälligen Umstand abhängen, ob ein beauftragtes oder ein auftragsloses Rating gegeben sei, sodass es eines von dem Hauptvertrag zwischen Emittenten und Ratingagentur unabhängigen Anspruchs des Anlegers bedürfe. Der Hinweis der Agenturen, keinen Anlagerat zu erteilen, entlasse sie zwar aus der Haftung für fehlerhaften Rat, nicht jedoch aus der Haftung für fehlerhafte Bonitätsbewertung insgesamt.[68] Dieser Einwand verfängt jedoch nicht, da eine Pflicht zur Rücksichtnahme auf Vermögensinteressen Dritter nicht in Bezug auf einen unbeschränkten Personenkreis bestehen kann.[69]

IV. Ergebnis

A hat keinen Anspruch auf Schadensersatz gegen *S&P* aus §§ 280 I, 241 II, 311 III.

D. Anspruch aus § 823 I

Ein Anspruch der *A* gegen *S&P* auf Schadensersatz aus § 823 I scheidet aus, da der *A* ein bloßer Vermögensschaden entstanden ist, der nicht unter die von § 823 I geschützten absoluten Rechte fällt.[70]

---

[65] *Berger/Stemper*, WM 2010, 2289 (2291 f.); *Amort*, EuR 2013, 272 (276); *Wojcik*, NJW 2013, 2385 (2387).
[66] *Deipenbrock*, BB 2003, 1849 (1851).
[67] *Deipenbrock*, BB 2003, 1849 (1852 f.).
[68] *Reidenbach*, Aktienanalysten und Ratingagenturen – Wer überwacht die Überwacher?, 2006, S. 371.
[69] Im Ergebnis ebenso *Hennrichs*, FS Hadding, 2004, S. 875 (889 f.).
[70] *Berger/Stemper*, WM 2010, 2289 (2293); *Lemke*, in: Büschgen/Everling (Hrsg.), Handbuch Rating, 2. Aufl. 2007, S. 611 (621).

E. Anspruch aus § 823 II i. V. m. einem Schutzgesetz

I. § 823 II i. V. m. § 263 StGB

Ein Schadensersatzanspruch wegen eines Vermögensschadens aus Delikt könnte sich jedoch aus § 823 II ergeben, wenn *S&P* gegen ein Schutzgesetz verstoßen hat. Ein solches Schutzgesetz, das zum Schutz von Individualinteressen dient, ist beispielsweise der Betrugstatbestand gemäß § 263 StGB. Dessen Voraussetzungen liegen jedoch evidentermaßen nicht vor, sodass *A* keinen Schadensersatzanspruch aus § 823 II i. V. m. § 263 StGB herleiten kann.

II. § 823 II i. V. m. § 34b WpHG

Ferner könnte ein Anspruch aus § 823 II i. V. m. § 34b WpHG bestehen. § 34b WpHG stellt Sorgfaltsanforderungen für Personen auf, die eine sog. Finanzanalyse, also Informationen über Finanzinstrumente oder deren Emittenten erstellen. Auf Ratingagenturen ist die Vorschrift jedoch nicht anzuwenden, da die Finanzanalyse eine ausreichend konkrete Information und Empfehlung für eine Anlageentscheidung voraussetzt. Bei den Ratingagenturen, die ausdrücklich keine Anlageempfehlungen aussprechen, ist die Finanzanalyse somit nicht vom Leistungsangebot umfasst. Ferner stellt § 34b WpHG kein Schutzgesetz dar, da er primär dem Schutz der Funktionsfähigkeit eines Finanzplatzes und nur reflexartig den Individualinteressen einzelner Investoren dient.[71]

III. § 823 II i. V. m. der Rating-VO

Ebenfalls scheitert ein Anspruch nach § 823 II i. V. m. der Rating-VO am fehlenden drittschützenden Charakter der Regelungen.[72]

IV. Ergebnis

Folglich steht der *A* kein Schadensersatzanspruch gemäß § 823 II i. V. m. einem Schutzgesetz gegen *S&P* zu.

F. Anspruch aus § 826

Ferner könnte sich ein deliktischer Schadensersatzanspruch wegen eines Vermögensschadens aus § 826 ergeben. Allerdings setzt § 826 ein sittenwidriges Handeln der Agentur bei der Ratingerstellung voraus, was insbesondere bei einem kollusiven Verhalten mit dem Emittenten der Fall wäre.[73] Aber auch dann, wenn die Fehlerhaftigkeit auf grober Fahrlässigkeit im Sinne eines leichtfertigen und gewissenlosen Handelns beruht, kommt eine Haftung wegen Sittenwidrigkeit in Betracht.[74] Vorliegend hat *S&P* indessen weder kollusiv mit *RU-INS* zusammengearbeitet noch leichtfertig und gewissenlos gehandelt. Die Fehlerhaftigkeit des Ratings beruht auf schlicht fahrlässigem Verhalten, sodass eine Haftung nach § 826 bereits aus diesem

---

[71] Hierzu *Lemke*, in: Büschgen/Everling (Hrsg.), Handbuch Rating, 2. Aufl. 2007, S. 611 (622).

[72] *Berger/Stemper*, WM 2010, 2289 (2293); offener *Wojcik*, NJW 2013, 2385 (2386).

[73] *Berger/Stemper*, WM 2010, 2289 (2293); *Ebenroth/Koos*, in: Büschgen/Everling (Hrsg.), Handbuch Rating, 1996, S. 483 (500); *Lemke*, in: Büschgen/Everling (Hrsg.), Handbuch Rating, 2. Aufl. 2007, S. 611 (623).

[74] *Ebenroth/Koos*, in: Büschgen/Everling (Hrsg.), Handbuch Rating, 1996, S. 483 (500). Siehe auch die Nachweise bei Palandt/*Sprau*, § 826 Rn. 30.

Grund ausscheidet. Ferner fehlt es auch an (bedingtem) Vorsatz bezüglich des Schadenserfolgs. Ein Anspruch aus § 826 scheidet damit ebenfalls aus.

G. Haftung nach Art. 35a Rating-VO

Die geänderte Rating-VO enthält nunmehr in Art. 35a einen eigenen Schadensersatzanspruch, den Anleger und Emittenten gegen eine Ratingagentur geltend machen können, wenn diese vorsätzlich oder grob fahrlässig eine der in Anhang III zur Rating-VO aufgeführten Zuwiderhandlungen begangen und diese sich auf ein Rating ausgewirkt hat. Nach nationalem Recht bestehende Ersatzansprüche werden dadurch nicht ausgeschlossen (Art. 35a V Rating-VO).

I. Zuwiderhandlung

In objektiver Hinsicht setzt der Anspruch eine der fast 100 in Anhang III zur Rating-VO aufgeführten Zuwiderhandlungen voraus. Diese kann etwa darin liegen, dass die Ratingagentur „keine geeigneten Verfahren annimmt, umsetzt und durchsetzt, um sicherzustellen, dass die von ihr abgegebenen Ratings und Ratingausblicke auf einer gründlichen Analyse aller Informationen basieren, die ihr zur Verfügung stehen und für ihre Analyse nach den anwendbaren Ratingmethoden von Bedeutung sind" (Anhang III Teil 1 Nr. 42 Rating-VO). Diese Zuwiderhandlung muss sich auf das Rating ausgewirkt haben.[75] Anspruchsberechtigt ist ein Anleger, „wenn er nachweist, dass er sich bei seiner Entscheidung, in ein Finanzinstrument, auf das sich dieses Rating bezieht, zu investieren, dieses Instrument weiter zu halten oder zu veräußern, in vertretbarer Weise im Einklang mit Artikel 5a Absatz 1 oder in sonstiger Weise mit gebührender Sorgfalt auf dieses Rating verlassen hat" (Art. 35a I 2 Rating-VO). Diesbezüglich bestehen gewisse Substantiierungserleichterungen (Art. 35a II Rating-VO). Inwieweit dieser Nachweis hier gelingt und ob überhaupt eine relevante Zuwiderhandlung vorliegt, kann dann offen bleiben, wenn *S&P* jedenfalls kein Verschulden trifft.

II. Verschulden

Die Haftung setzt jedenfalls grobe Fahrlässigkeit seitens der Ratingagentur voraus (Art. 35a I Rating-VO). Vorliegend steht aber allenfalls leichte Fahrlässigkeit des betreffenden Mitarbeiters (§ 278)[76] in Rede, so dass eine Haftung jedenfalls aus diesem Grunde ausscheidet.[77] Auf die Zulässigkeit der Haftungsbeschränkung (Art. 35a III Rating-VO) kommt es ebenfalls nicht mehr an.

H. Ergebnis

A hat keinerlei Ansprüche gegen *S&P*.

---

[75] Näher dazu *Wojcik*, NJW 2013, 2385 (2387).

[76] Art. 35a IV 2 Rating-VO unterstellt die in der Verordnung nicht geregelten Rechtsfragen dem jeweils anwendbaren nationalen Recht.

[77] Kritisch zu dieser Beschränkung etwa *G. Wagner*, FS Blaurock, 2013, S. 467 (491 ff.), der sich für eine Haftung für leichte Fahrlässigkeit in Kombination mit einer Haftungshöchstsumme ausspricht.

Fall 18. Mit dem Floß auf der Havel

Widerruf eines Fernabsatzvertrages – Nutzungs- und Wertersatz – richtlinienkonforme Auslegung – Versäumnisurteil

Sachverhalt

Albert aus Berlin-Charlottenburg liebt den Wassersport. Zur Vorbereitung eines Wochenendausfluges bestellt er am 30.4.2015 auf dem von der *Onlineshopping GmbH* betriebenen Internet-Portal www.onlineshopping.de die Bücher „Mit dem Floß auf der Havel" zum Preis von 19,90 € sowie „Wasserwandern im Spreewald" zum Preis von 39,90 €, beide auf Rechnung. Zur besseren Orientierung bestellt *Albert* bei www.onlineshopping.de zusätzlich noch ein tragbares GPS-Navigationsgerät zum Preis von 249 €, den er sofort entrichtet. In den AGB des Portals, die auf www.onlineshopping.de abrufbar sind und die *Albert* bei Bestätigung der Bestellung auch noch einmal per E-Mail zugesandt werden, findet sich u. a. folgende Bestimmung:

„Widerrufsrecht: Sie können die bei uns bestellte Ware innerhalb von 14 Tagen nach Erhalt an die Online Shopping GmbH, Hafenstr. 1, 20095 Hamburg zurücksenden. Die schlichte Rücksendung der Ware akzeptieren wir als Widerruf."

Ansonsten entspricht die Widerrufsbelehrung den Vorgaben des Art. 246a § 1 II 2 EGBGB. Das GPS-Gerät wird zusammen mit den beiden Büchern am 8.5.2015 geliefert. Beide Bücher sind originalverpackt. *Albert* entnimmt die Bücher der Verpackung. Das Buch „Wasserwandern im Spreewald" blättert er ausführlich durch und lässt es für 5 € zum Schutz vor Nässe im Copyshop um die Ecke laminieren. Den Floßführer nimmt *Albert* auf seinen Ausflug mit und lässt diesen – entgegen seinen sonstigen Gewohnheiten – ungeschützt im Regen liegen. Da die im Buch beschriebenen Strecken *Albert* nicht besonders gefallen haben, hat er dafür keine Verwendung mehr und schickt es daher sieben Tage nach Erhalt der Sendung kommentarlos an die *Onlineshopping GmbH* zurück. Doch auch vom Wasserwanderführer möchte sich *Albert* wieder trennen, da er sich am Tag nach der Rückkehr von der Floßtour einen komplizierten Bänderriss zugezogen hat und Wandern für ihn daher nicht mehr in Frage kommt. Er lädt dazu ein Widerrufsformular von der Internetseite der *Onlineshopping GmbH* herunter, füllt es aus und sendet es zehn Tage nach Erhalt des Buches an *Onlineshopping GmbH*. Wegen der vielen Arztbesuche vergisst *Albert* allerdings, den Wasserwanderführer zurückzuschicken.

Einige Wochen später erhält *Albert* von der *Onlineshopping GmbH* eine Rechnung. Darin verlangt diese von *Albert* 9,90 € als „Ersatz für den Gebrauch des Floßführers", der – was zutrifft – starke Gebrauchsspuren aufweise, und 39,90 € für den Wasserwanderführer. *Albert* verweigert jede Zahlung. Er hat gehört, dass man bei der Rückgabe von Online-Bestellungen „nie etwas zahlen müsse". Dennoch sei er bereit, den Wasserwanderführer zurückzuschicken, bestehe aber darauf, dass ihm die Kosten für die Laminierung ersetzt würden, die schließlich eine Wertsteigerung des Buches herbeigeführt habe.

Auch mit dem GPS-Navigationsgerät hat *Albert* wenig Glück. Zwar arbeitet das Gerät zunächst sehr zuverlässig. Bei einer herbstlichen Radtour mit seinem E-Bike entlang der Oder Ende Oktober 2015 stellt *Albert* jedoch fest, dass der Bildschirm des GPS-Geräts nur noch schwarz ist. Auch auf mehrfache Nachfrage *Alberts* lehnt die *Onlineshopping GmbH* in der Folge sowohl eine kostenlose Reparatur des Geräts als auch eine Neulieferung ab. Daraufhin erhebt *Albert* Klage zum AG Berlin-Charlottenburg. Er verlangt Erstattung des Kaufpreises Zug um Zug gegen Rückgabe des GPS-Geräts. Die *Onlineshopping GmbH*, vertreten durch ihren Geschäftsführer *Gustav*, beantragt Klageabweisung. Sie macht geltend, es handele sich offenbar um einen Fall von Fehlbedienung. Selbst wenn das Gerät einen Mangel aufweisen sollte, so lasse sich doch – was zutrifft – nicht nachweisen, dass dieser bereits bei Lieferung vorhanden war. Dessen ungeachtet stünden der *Onlineshopping GmbH* jedenfalls Gegenansprüche gegen *Albert* wegen der mehr als sechsmonatigen Nutzung des GPS-Geräts zu. Diese beliefen sich auf der Basis für den Mietpreis für ein vergleichbar hochwertiges Gerät auf wenigstens 249 €.

Das AG Berlin-Charlottenburg setzt nach ordnungsgemäßer Ladung beider Parteien einen Termin zur mündlichen Verhandlung am 4.2.2017 an. Zu diesem erscheint zwar *Gustav* als Vertreter der *Onlineshopping GmbH*, nicht aber *Albert*. *Gustav* beantragt und bekommt im Termin den Erlass eines Versäumnisurteils. Dieses wird *Albert* am 9.2.2017 zugestellt. Mit Schreiben vom 21.2.2017, beim AG Berlin-Charlottenburg eingegangen am 22.2.2017, erklärt *Albert*, er wolle „Berufung gegen das ihm übersandte Versäumnisurteil" einlegen. Er habe den Termin vom 4.2.2017 wegen Krankheit versäumt und beabsichtige, seine Ansprüche gegen die *Onlineshopping GmbH* vollumfänglich weiterzuverfolgen.

1. Stehen der *Onlineshopping GmbH* gegen *Albert* in Bezug auf den Floßführer Ansprüche zu? Auf die Höhe etwaiger Ansprüche ist dabei nicht näher einzugehen.
2. Muss *Albert* die von der *Onlineshopping GmbH* geforderten 39,90 € bezahlen oder bestehen sonstige Ansprüche? Stehen ihm Gegenrechte zu?
3. Wie sind die Erfolgsaussichten des von *Albert* gegen das Versäumnisurteil vom 4.2.2017 eingelegten Rechtsbehelfs zu beurteilen? Es ist dabei zu unterstellen, dass vom Gericht etwa zu erteilende Belehrungen ordnungsgemäß erfolgt sind. Auch hier ist auf die Höhe der von der *Onlineshopping GmbH* geltend gemachten Ansprüche nicht einzugehen.

Anhang:

I. Auszug aus der Richtlinie 2011/83/EU über Rechte der Verbraucher (VRRL)

Erwägungsgrund Nr. 48

Der Verbraucher sollte verpflichtet sein, die Waren spätestens 14 Tage nach dem Tag zurückzusenden, an dem er den Unternehmer über seinen Widerruf informiert hat. Erfüllt der Unternehmer oder der Verbraucher die Verpflichtungen im Zusammenhang mit der Ausübung des Widerrufsrechts nicht, so sollten Sanktionen, die gemäß dieser Richtlinie in innerstaatlichen Vorschriften festgelegt sind, sowie vertragsrechtliche Bestimmungen zur Anwendung gelangen.

Artikel 3 Geltungsbereich

(1) – (4) […]

(5) Diese Richtlinie lässt das allgemeine innerstaatliche Vertragsrecht wie die Bestimmungen über die Wirksamkeit, das Zustandekommen oder die Wirkungen eines Vertrags, soweit Aspekte des allgemeinen Vertragsrechts in dieser Richtlinie nicht geregelt werden, unberührt.

Artikel 4 Grad der Harmonisierung

Sofern diese Richtlinie nichts anderes bestimmt, erhalten die Mitgliedstaaten weder von den Bestimmungen dieser Richtlinie abweichende innerstaatliche Rechtsvorschriften aufrecht noch führen sie solche ein; dies gilt auch für strengere oder weniger strenge Rechtsvorschriften zur Gewährleistung eines anderen Verbraucherschutzniveaus.

Artikel 11 Ausübung des Widerrufsrechts

(1), (2) [...]

(3) Der Unternehmer kann dem Verbraucher zusätzlich zu den in Absatz 1 genannten Möglichkeiten auch die Wahl ein räumen, entweder das Muster-Widerrufsformular des Anhangs I Teil B oder eine entsprechende eindeutige Erklärung in beliebiger anderer Form auf der Webseite des Unternehmers elektronisch auszufüllen und abzuschicken. [...]

Artikel 14 Pflichten des Verbrauchers im Widerrufsfall

(1) [...]

Der Verbraucher hat nur die unmittelbaren Kosten der Rücksendung der Waren zu tragen, es sei denn, der Unternehmer hat sich bereit erklärt, diese Kosten zu tragen oder der Unternehmer hat es unterlassen, den Verbraucher darüber zu unterrichten, dass er diese Kosten zu tragen hat.

(2) Der Verbraucher haftet für einen etwaigen Wertverlust der Waren nur, wenn dieser Wertverlust auf einen zur Prüfung der Beschaffenheit, Eigenschaften und Funktionsweise der Waren nicht notwendigen Umgang mit den Waren zurückzuführen ist. Der Verbraucher haftet in keinem Fall für den Wertverlust der Waren, wenn er vom Unternehmer nicht gemäß Artikel 6 Absatz 1 Buchstabe h über sein Widerrufsrecht belehrt wurde.

(3), (4) [...]

(5) Sofern in Artikel 13 Absatz 2 und diesem Artikel nichts anderes vorgesehen ist, kann der Verbraucher aufgrund der Ausübung seines Widerrufsrechts nicht in Anspruch genommen werden.

II. Auszug aus der Richtlinie 1999/44/EG zu bestimmten Aspekten des Verbrauchsgüterkaufs und der Garantien für Verbrauchsgüter (VGKRL)

Artikel 5

(1), (2) [...]

(3) Bis zum Beweis des Gegenteils wird vermutet, daß Vertragswidrigkeiten, die binnen sechs Monaten nach der Lieferung des Gutes offenbar werden, bereits zum Zeitpunkt der Lieferung bestanden, es sei denn, diese Vermutung ist mit der Art des Gutes oder der Art der Vertragswidrigkeit unvereinbar.

Lösung

A. Frage 1 – Floßführer

I. Anspruch auf Herausgabe der gezogenen Nutzungen bzw. Wertersatz

Die *Onlineshopping GmbH (O)* könnte gegen *Albert (A)* einen Anspruch auf Herausgabe der gezogenen Nutzungen bzw. Wertersatz für das Buch „Mit dem Floß auf der Havel" (im Folgenden: „Floßführer") in Höhe von 9,90 € haben. Das Begehren der O geht auf „Ersatz für den Gebrauch" dieses Buches. In Betracht zu ziehen sind damit zunächst die Herausgabe von Nutzungen bzw. Wertersatz für Überlassung der Sache und die daraus resultierende Nutzungsmöglichkeit (Nutzungsersatz). A hatte Besitz an den Büchern erlangt. Hierbei handelt es sich um einen Gebrauchsvorteil im Sinne von § 100. Gebrauchsvorteile müssen nicht vermögensrechtlicher Natur sein; ihre Bewertung richtet sich nach ihrem objektiven Wert.[1] Es genügt die bloße Gebrauchsmöglichkeit, ohne dass es darauf ankäme, ob eine Gewinnerzielungsmöglichkeit bestand.[2] Da die Herausgabe der Nutzungen eines solchen Gebrauchsvorteils nach der Natur des Erlangten ausgeschlossen ist, wäre grundsätzlich Wertersatz zu leisten, wie insbesondere § 346 II Nr. 1[3] zeigt.

Problematisch ist allerdings bereits das Bestehen einer Anspruchsgrundlage. A hat hier den Widerruf erklärt. Während nach altem Recht die Rückabwicklung in Folge eines Verbraucherwiderrufs über den Verweis in § 357 I 1 a. F. nach den §§ 346 ff. erfolgte, so dass über § 346 I, II Nr. 1 bzw. später i. V. m. § 312e I a. F.[4] im Grundsatz auch ein Anspruch auf Herausgabe der Nutzungen bzw. Wertersatz für die Nutzungsmöglichkeit bestand,[5] so hat der Gesetzgeber im Zuge der Umsetzung der Verbraucherrechte-Richtlinie[6] mit Wirkung vom 13.6.2014 ein eigenständiges Widerrufsfolgeregime in die §§ 357–357c aufgenommen. Darin werden die Rechtsfolgen des Widerrufs insbesondere für Fernabsatzverträge abschließend geregelt. Ein Rückgriff auf die Regelungen des Rücktrittsrechts scheidet damit aus.[7] § 312e I a. F. als Umsetzung des *Messner*-Urteils des *EuGH*,[8] wonach der Nutzungswertersatz bei Fernabsatzverträgen nur unter ganz engen Voraussetzungen für zulässig angesehen wurde, hat keine Nachfolgevorschrift enthalten. Damit hat der Gesetzgeber den Spielraum, der nach der *Messner*-Entscheidung verblieben war, nicht genutzt: Der *EuGH* hatte darin ausgeführt, dass die Bestimmungen der damals einschlägigen FernabsRL nicht nach nationalem Recht bestehenden Verpflichtungen des Verbrauchers zum Wertersatz für die Benutzung der Ware entgegenstehen, „wenn er die durch Vertragsabschluss im Fernabsatz gekaufte Ware auf eine mit den Grundsätzen des bürgerlichen Rechts wie denen von Treu und Glauben oder der ungerechtfertigten Bereicherung unvereinbare Art und Weise benutzt hat".[9] Dies gelte jedenfalls dann, sofern die Zielsetzung dieser Richtlinie und insbesondere die Wirksamkeit

---

[1] *BGH* NJW 1995, 2627 (2628).

[2] Palandt/*Ellenberger*, § 100 Rn. 2.

[3] Auch im Rahmen von § 987 ist anerkannt, dass Wertersatz zu leisten ist, wenn die Nutzungen nicht in natura herausgegeben werden können, s. nur *BGH* NJW 2013, 1881 Rn. 12.

[4] Diese Norm wurde m. W. v. 4.8.2011 durch das Gesetz zur Anpassung der Vorschriften über den Wertersatz bei Widerruf von Fernabsatzverträgen und über verbundene Verträge vom 27.7.2011 (BGBl. I 1600) eingefügt. Sie sah vor, dass eine Wertersatzpflicht für Nutzungen beim Widerruf von Fernabsatzverträgen durch Verbraucher abweichend von §§ 357 I, 346 nur dann besteht, soweit (1) der Verbraucher die Ware in einer Art und Weise genutzt hat, die über die Prüfung der Eigenschaften und der Funktionsweise hinausgeht, und (2) er vom Unternehmer über diese Rechtsfolge belehrt worden ist.

[5] Eingehend dazu die Vorauflage unter A. Problematisch war vor allem die Vereinbarkeit dieses Anspruchs mit den Vorgaben der mittlerweile durch die VRRL aufgehobenen FernabsRL.

[6] Gesetz zur Umsetzung der Verbraucherrechterichtlinie und zur Änderung des Gesetzes zur Regelung der Wohnungsvermittlung vom 20.9.2013 (VRRL-UG), BGBl. I 3642.

[7] Zu einer Ausnahme unten B. IV. 2.

[8] *EuGH* v. 3.9.2009, Rs. C-489/07 – *Messner*, Slg. 2009, I-7315 = NJW 2009, 3015.

[9] *EuGH* v. 3.9.2009, Rs. C-489/07 – *Messner*, Slg. 2009, I-7315 = NJW 2009, 3015 Rn. 26.

und die Effektivität des Rechts auf Widerruf nicht beeinträchtigt werden.[10] Auch wenn keine Klarheit darüber besteht, welche Reichweite dieser Ausnahme aus Sicht des *EuGH* zukommt, so sollten doch jedenfalls aber jenseits der Schwelle des Rechtsmissbrauchs Erstattungsansprüche möglich sein. Der Gesetzgeber hat sich indessen nicht auf solcherlei Abgrenzungsfragen eingelassen. Damit entfallen im Gegensatz zum alten Recht Nutzungsersatzansprüche des Unternehmers (arg. § 361 I).

II. Anspruch der O auf Wertersatz gem. §§ 357 VII, 355 III 1, 312g, 312c für die Verschlechterung des Floßführers in Höhe von 9,90 €

Der O könnte aber gegen A ein Anspruch auf Wertersatz für die nutzungsbedingte Verschlechterung bzw. die durch den Gebrauch verursachte Wertminderung am Floßführer zustehen. Dafür müssten der zwischen A und O geschlossene Vertrag wirksam widerrufen worden und die Voraussetzungen des § 357 VII erfüllt sein.

1. Vertragsschluss

Ein Vertrag zwischen A und O ist unproblematisch gegeben.

2. Wirksamer Widerruf, § 355 I

Der Vertrag könnte jedoch von A wirksam widerrufen worden sein. Voraussetzung dafür ist, dass A ein Widerrufsrecht zusteht und er dieses fristgerecht ausgeübt hat.[11]

a) Bestehen eines Widerrufsrechts, §§ 312g, 312c

Es müsste ein Fernabsatzvertrag vorliegen, § 312c I.[12] Vorliegend haben A und O einen entgeltlichen[13] Vertrag über die Lieferung von Waren abgeschlossen (hier: Lieferung von Büchern). A ist Verbraucher (§ 13), O Unternehmer (§ 14). Der Anwendungsbereich der besonderen Vorschriften über Verbraucherverträge ist demnach eröffnet, § 312 I. Der Vertragsschluss erfolgte unter ausschließlicher Verwendung von Fernkommunikationsmitteln im Internet über das von O betriebene Internetportal www.onlineshopping.de; dabei handelt sich um ein für den Fernabsatz organisiertes Vertriebs- oder Dienstleistungssystem. Nachdem eine Ausnahme nach § 312g II nicht gegeben ist, steht A grundsätzlich ein Widerrufsrecht nach § 312g I zu.

b) Ausübung des Widerrufsrechts, § 355 I

aa) Für die Ausübung des Widerrufsrechts ist gemäß § 355 I 2, 3 eine eindeutige Erklärung gegenüber dem Unternehmer erforderlich.[14] A hat den Floßführer kommentarlos an O zurückgesendet. Fraglich ist, ob dies den genannten Anforderungen genügt. Eine bestimmte Wortwahl, etwa die Verwendung des Begriffs „Widerruf", ist ebenso wenig Voraussetzung wie die Abgabe einer Begründung.[15] Wie bei anderen Gestaltungsrechten auch ist der Inhalt dieser Erklärung durch Auslegung zu

---

[10] *EuGH* v. 3.9.2009, Rs. C-489/07 – *Messner*, Slg. 2009, I-7315 = NJW 2009, 3015 Rn. 27.

[11] Zur Legitimation des Widerrufsrechts und seinen tatbestandlichen Voraussetzungen *Stürner*, JURA 2016, 26.

[12] Siehe zu dieser Vertriebsform *Stürner*, JURA 2015, 690.

[13] Zur europarechtlichen Problematik dieses Tatbestandsmerkmals *Stürner*, JURA 2015, 30 (35).

[14] Diese Verschärfung gegenüber dem alten Recht wurde wegen der Vorgaben des Art. 11 I lit. b VRRL notwendig.

[15] Siehe auch ErwGr. 44 VRRL.

ermitteln. Beruft sich der Verbraucher etwa auf einen Sachmangel oder auf Verzug, so kann unabhängig von den gewählten Worten auch ein Rücktritt nach den §§ 323, 326 V gemeint sein. Umgekehrt lässt die völlig kommentarlose Rücksendung einer Sache offen, ob damit der Widerruf erklärt oder aber Gewährleistungsrechte geltend gemacht werden sollen. Damit wäre grundsätzlich auch eine konkludente Erklärung durch Rücksendung der Ware möglich, sofern der Erklärungsinhalt nur hinreichend deutlich wird.[16] Genau dies erscheint hier aber fraglich: Da der zurückgesandte Floßführer beschädigt war, könnte darin neben dem Widerrufsrecht auch die Geltendmachung eines Nacherfüllungsanspruchs zu sehen sein. Da die von § 355 I 3 geforderte Eindeutigkeit damit nicht vorliegt, wäre die Rücksendung des Buches durch A nicht als Widerruf anzusehen.

bb) Fraglich ist, ob die AGB der O daran etwas ändern, die auch eine schlichte Rücksendung der Ware als Widerruf akzeptieren. § 355 ist als verbraucherschützende Norm halbzwingend ausgestaltet (§ 361 I) und kann nicht zu Lasten, wohl aber zu Gunsten des Verbrauchers abgeändert werden.[17] Hiergegen spricht auch nicht das Prinzip der Vollharmonisierung, das der VRRL in ihrem Art. 4 zugrunde liegt, denn Art. 11 III VRRL enthält eine entsprechende Öffnungsklausel, die den vorliegenden Fall zwar nicht direkt, wohl aber sinngemäß erfasst.[18] Die AGB der O sind wirksam einbezogen worden und erweitern die Möglichkeit für den Verbraucher, den Widerruf zu erklären. Sie begünstigen diesen. Andere Unwirksamkeitsgründe sind nicht ersichtlich. Die AGB sind damit wirksam. Daraus folgt, dass die kommentarlose Rücksendung der Ware als Ausübung des Widerrufsrechts anzusehen ist.

c) Einhaltung der Widerrufsfrist, § 355 I 1

Die zweiwöchige Widerrufsfrist beginnt nach § 355 II grundsätzlich mit Vertragsschluss, der hier am 30.4.2015 erfolgt ist. Gemäß § 356 II Nr. 1 lit. a wird der Beginn der Frist bei Fernabsatzverträgen jedoch auf den Erhalt der Ware verlagert. Eine Erklärung des Widerrufs ist hier durch Rücksendung der Ware nach sieben Tagen erfolgt. Zur Wahrung der Frist genügt die rechtzeitige Absendung des Widerrufs (§ 355 I 5). Ob die Belehrung durch O entsprechend der in § 356 III 1 genannten Anforderungen ordnungsgemäß erfolgt ist, ist im Hinblick auf den Floßführer demnach nicht von Bedeutung.

3. Wertersatzpflicht

a) Keine bloße Prüfung der Sache

Nach § 357 VII hat der Schuldner Wertersatz zu leisten, wenn der empfangene Gegenstand einen Wertverlust erlitten hat. Nach § 357 VII Nr. 1 bleibt der durch den zur Prüfung von Beschaffenheit, Eigenschaften und Funktionsweise der Ware notwendigen Umgang mit der Ware entstandene Wertverlust jedoch außer Betracht. Der Floßführer weist starke Gebrauchsspuren auf. Es ist fraglich, ob der Umgang des A mit dem Buch damit noch von der Prüfungsmöglichkeit gedeckt ist. Dem Zweck der VRRL entsprechend, einen Ausgleich dafür zu schaffen, dass der Vertragspartner bei einem Fernabsatzgeschäft die Ware vor Vertragsschluss nicht in natura zu sehen bekommt,[19] ist es dem Verbraucher gestattet, mit der Ware so umzugehen, wie er dies in einem Geschäft tun dürfte. Der konkrete Umfang der

---

[16] Für richtlinienkonforme Auslegung des § 355 I 3 *Hoffmann/Schneider*, NJW 2015, 2529.
[17] MüKoBGB/*Masuch*, § 355 Rn. 3 m. N.
[18] Siehe auch BT-Drs. 17/12637, S. 60.
[19] *BGH* NJW 2017, 878.

Prüfungsmöglichkeit hängt von der Sache selbst und den üblichen Erkenntnis- und Informationsmöglichkeiten ab, die dem Verbraucher in einem durchschnittlichen Ladengeschäft typischerweise zur Verfügung stehen. Dies umfasst grundsätzlich auch das Öffnen der Originalverpackung und u. U. sogar die Veränderung der Sache selbst. So hat es der *BGH* für angemessen erachtet, dass der Verbraucher ein im Fernabsatz erworbenes Wasserbett befüllt und ausprobiert hat.[20] Geht es um ein Buch, ist es dem Verbraucher im Geschäft möglich, dieses durchzublättern, nicht aber, es mit auf eine Bootstour zu nehmen. Das Fehlen der Beratung durch geschultes Verkaufspersonal im Falle eines Kaufs im Fernabsatz kann indessen nicht durch eine Erweiterung der Prüfmöglichkeiten kompensiert werden. Dies käme einer durch sachliche Gründe nicht gerechtfertigten und vom Gesetzgeber nicht beabsichtigten Besserstellung eines Vertragsabschlusses im Fernabsatz gegenüber einem solchen im stationären Handel gleich.[21] Der Umgang des *A* mit dem Floßführer entspricht somit nicht mehr den Prüfungsmöglichkeiten des § 357 VII Nr. 1.

Dieses Ergebnis steht auch im Einklang mit Unionsrecht: Nach Art. 14 I 2 VRRL hat der Verbraucher nur die unmittelbaren Kosten der Rücksendung der Ware zu tragen. Bereits zur inhaltlich insoweit vergleichbaren FernabsRL hatte der *EuGH* entschieden, diese habe nicht zum Ziel, dem Verbraucher Rechte einzuräumen, die über das hinausgingen, was zur zweckdienlichen Ausübung des Widerrufsrechts erforderlich sei.[22] Art 14 II VRRL nimmt dies nun explizit auf: Danach haftet der Verbraucher für einen etwaigen Wertverlust der Waren nur, wenn dieser Wertverlust auf einen zur Prüfung der Beschaffenheit, Eigenschaften und Funktionsweise der Waren nicht notwendigen Umgang mit den Waren zurückzuführen ist.

b) Belehrung über Folgen

Der Wertersatzanspruch besteht allerdings nur dann, wenn *O* den *A* gemäß § 357 VII Nr. 2 über die Bedingungen, die Fristen und das Verfahren für die Ausübung des Widerrufsrechts nach § 355 I sowie das Muster-Widerrufsformular in der Anlage 2 zu Art. 246a EGBGB belehrt hat. Verwendet der Unternehmer das in Anlage 1 zu Art. 246a EGBGB enthaltene Muster für die Widerrufsbelehrung, genügt auch dies nach Art. 246a § 1 II 2 EGBGB den Anforderungen aus § 357 VII Nr. 2. Laut Sachverhalt genügte *O* mit ihrer Widerrufsbelehrung diesen Vorgaben.

aa) Allerdings findet sich darin der Zusatz, dass die bloße Rücksendung der Ware als Widerruf aufzufassen sei. Es fragt sich, ob eine solche Abweichung die Belehrungswirkung entfallen lässt. Abänderungen durch den Unternehmer führen grundsätzlich zum Verlust der Schutzwirkung der Musterwiderrufsbelehrung.[23] Umstritten ist etwa, ob bloße Fußnotenhinweise eine in diesem Sinne relevante Abänderung der Musterwiderrufsbelehrung darstellen können.[24] Rein redaktionelle Änderungen im

---

[20] BGHZ 187, 268.
[21] So *BGH* NJW 2017, 878 Rn. 27 für den Fall des Widerrufs eines im Fernabsatz getätigten Kaufs eines Katalysators nach Einbau in das Auto des Verbrauchers. In Richtung einer Privilegierung des Fernabsatzes ging allerdings der Vorschlag der EU-Kommission über eine Richtlinie zum Online-Warenhandel vom 9.12.2015, COM(2015) 635 final, dazu kritisch *Stürner*, JURA 2016, 884.
[22] *EuGH* v. 3.9.2009, Rs. C-489/07 – *Messner*, Slg. 2009, I-7315 = NJW 2009, 3015 Rn. 25 f.
[23] *BGH* NJW 2014, 2022 Rn. 16 ff. zur BGB-InfoV a. F.
[24] Dagegen *OLG Köln* GWR 2015, 455 Rn. 12; wohl auch *OLG Frankfurt*, 20.7.16 – 17 U 218/15, juris Rn. 53 (beim *BGH* anhängig, XI ZR 431/16); dafür nun aber *BGH* ZIP 2016, 1958 Rn. 19; ebenso bereits *OLG Hamm* NJW-RR 2016, 494 Rn. 23, alle zu § 14 BGB-InfoV a. F.

Muster, die nicht geeignet sind, die Belehrung für den Kunden in irgendeiner Form unübersichtlich oder missverständlich zu machen, sollen dagegen ebenso unschädlich sein[25] wie die Verwendung des Wortes „Widerrufserklärung" anstatt des richtigen Wortes „Widerrufsbelehrung", sich aber das eigentlich Gemeinte unzweifelhaft aus dem Zusammenhang ergibt.[26] Auch im vorliegenden Fall erscheint es ausgeschlossen, dass der für den Verbraucher günstige Zusatz zur Muster-Widerrufsbelehrung in irgendeiner Weise eine Irreführung über Bestand und Umfang des Widerrufsrechts bewirken könnte. Damit ist die Belehrung gerade nicht geeignet, durch ihre missverständliche Fassung den Verbraucher von der Ausübung seines Widerrufsrechts abzuhalten.[27]

bb) Fraglich erscheint nun noch, ob die Belehrung nach § 357 VII Nr. 2 einen besonderen Hinweis gerade auf die mögliche Wertersatzpflicht enthalten muss. Aus der Norm selbst ergibt sich dies nicht; auch die VRRL macht keine entsprechenden Vorgaben.[28] Allerdings enthält die Muster-Widerrufsbelehrung in Anlage 1 zu Art. 246a EGBGB einen Hinweis auf eine mögliche Wertersatzpflicht (Gestaltungshinweis 5c). Auch wenn diese wohl kaum geeignet ist, über die Reichweite der gesetzlichen Regelung zu informieren, zumal darin keine Erklärung enthalten ist, wie die Ersatzpflicht vermieden werden kann, so entfällt doch bei der Belehrung i. S. d. Art. 246a § 1 II 1 Nr. 1 EGBGB jeglicher Hinweis auf die Wertersatzpflicht. Vor diesem Hintergrund wird vertreten, dass die Wertersatzpflicht nur dann besteht, wenn ein ausdrücklicher Hinweis hierauf in der Widerrufsbelehrung enthalten ist.[29] In der Tat ist die Diskrepanz zwischen den beiden nach § 357 VII Nr. 2 möglichen Belehrungswegen, die einmal eine Belehrung über die Wertersatzpflicht enthalten (Art. 246a § 1 II 2 EGBGB) und einmal nicht (Art. 246a § 1 II 1 Nr. 1 EGBGB), augenscheinlich.

Allerdings erscheint zweifelhaft, ob daraus auf eine generelle Pflicht zur Belehrung über die Wertersatzpflicht geschlossen werden kann. Verbraucherschutz und effet utile allein dürften nicht genügen, um zu einer solch extensiven Auslegung des § 357 VII Nr. 2 zu gelangen. Für das Vorliegen eines Redaktionsversehens des Richtliniengebers fehlt es an hinreichenden Anhaltspunkten.[30] Ein Rückschluss von der Muster-Widerrufsbelehrung auf die gesetzliche Grundlage erscheint auch methodisch unsauber. Letztlich kann der Streit aber dahin stehen, da die O hier gerade über das Bestehen einer möglichen Wertersatzpflicht belehrt hat.

4. Folgen

Bei der Berechnung des Ersatzanspruchs, der hier nicht zu prüfen war, ist der objektive Wert der Ware zu Grunde zu legen. Dies ergibt sich im Umkehrschluss zu § 357 VIII 4, der für Dienstleistungen den vereinbarten Gesamtpreis für maßgeblich erklärt.[31] Der Unternehmer kann damit den mit dem Vertrag verbundenen Gewinn nicht ersetzt verlangen. Die Höhe des Wertersatzanspruchs ist indessen auf das

---

[25] *OLG Hamburg* WM 2015, 1987, noch zur Rechtslage vor dem VRRL-UG.

[26] So zum alten Recht *OLG Frankfurt*, 21.12.15 – 19 U 160/15 (juris Rn. 44).

[27] Dazu *BGH* ZIP 2016, 1958 Rn. 26; *BGH* WM 2009, 1497 Rn. 25.

[28] MüKoBGB/*Fritsche*, § 357 Rn. 31; BeckOK BGB/*Müller-Christmann*, § 357 Rn. 23; *Schwab*, JZ 2015, 644 (650).

[29] Dafür Palandt/*Grüneberg*, § 357 Rn. 10 (mit Hinweis auf den Warnzweck der Informationspflicht); Erman/*Koch*, § 357 Rn. 16; BeckOGK/*Mörsdorf*, § 357 Rn. 72.

[30] Dafür aber BeckOGK/*Mörsdorf*, § 357 Rn. 72.

[31] MüKoBGB/*Fritsche*, § 357 Rn. 33; *Wendelstein/Zander*, JURA 2014, 1191 (1207); ebenso zum alten Recht BGHZ 185, 192 Rn. 23 ff.

vertragliche Entgelt zu beschränken, sofern der objektive Wert dieses übersteigen sollte.[32] Die O hat gegen A einen Anspruch auf Wertersatz in Höhe von 9,90 €.

II. Weitere Ansprüche

Weitere Ansprüche des O gegen den A auf Wertersatz oder gar Nutzungsersatz aus § 280; §§ 987, 990; § 823 I oder §§ 812 I 2 Alt. 1, 818 ff. sind gemäß § 361 I ausgeschlossen.[33]

III. Ergebnis zu Frage 1

O hat damit gegen A einen Anspruch aus §§ 357 VII, 355 I, 312g I, 312c I auf Wertersatz hinsichtlich des Floßführers in Höhe von 9,90 €.

B. Frage 2 – Wasserwanderführer

I. Kaufpreiszahlung

Zunächst könnte O gegen A ein Anspruch auf Zahlung des Kaufpreises aus Kaufvertrag zustehen, § 433 II. Hinsichtlich des Vertragsschlusses bestehen keinerlei Bedenken. Indessen könnte der Vertrag infolge Widerrufs hinfällig geworden sein. Zunächst wäre zu überlegen, ob bereits der Widerruf des Vertrags über den Floßführer die auf Vertragsschluss gerichtete Willenserklärung des A insgesamt vernichtet hat (§ 355 I 1). Dafür könnte sprechen, dass A die beiden Bücher zusammen bestellt hat und damit ein Vertrag über zwei Bücher vorliegt, so dass ein einheitliches Rechtsgeschäft vorliegt, dem durch den Widerruf die Grundlage entzogen wird.[34] Allerdings entspräche dies jedenfalls dann kaum den Parteiinteressen, wenn es sich – wie hier – um eine teilbare Leistung handelt. Die ganz h. M. bejaht daher ein Teilwiderrufsrecht.[35] Hiergegen sprechen auch nicht § 356 II Nr. 1 lit. b und c, die sich ausschließlich auf den Fristlauf beziehen und für einheitliche Bestellvorgänge keinen darüber hinaus gehenden Zusammenhang herstellen wollen.[36] Schließlich lässt sich eine Parallele zur Teilanfechtung und zum Teilrücktritt ziehen; Grenzfälle können über § 139 gelöst werden. Damit hat die auf den Floßführer bezogene Widerrufserklärung des A nicht bereits den Vertrag insgesamt vernichtet.

Allerdings hat A auch in Bezug auf den Wasserwanderführer den Widerruf erklärt. Wie oben erläutert liegt ein Fernabsatzvertrag vor, für den ein Widerrufsrecht besteht.[37] Der Widerruf erfolgt durch Erklärung gegenüber dem Unternehmer (§§ 355 I 2, 356 I 1), die hier fristgerecht (§§ 355 II, 356 II Nr. 1 lit. a in der Übersendung des Muster-Widerrufsformulars an die O zu sehen ist. Nach § 355 I 1 entfällt damit die Bindung der Vertragspartner an ihre auf den Abschluss des Vertrags gerichteten Willenserklärungen im Falle eines durch den Verbraucher erklärten Widerrufs. Mithin hat die O keinen Anspruch auf Kaufpreiszahlung.

---

[32] Palandt/*Grüneberg*, § 357 Rn. 11; a. A. BeckOGK/*Mörsdorf*, § 357 Rn. 73. Der Verbraucher kann der Wertersatzpflicht entgehen, wenn er die Ware auf eigene Kosten in den ursprünglichen Zustand zurückversetzt, vgl. *Schwab*, JZ 2015, 644 (650).

[33] S. dazu unter der alten Rechtslage die Vorauflage.

[34] So im Ausgangspunkt Staudinger/*Kaiser* (2012), § 355 Rn. 27.

[35] MüKoBGB/*Fritsche*, § 355 Rn. 25; BeckOGK/*Mörsdorf*, § 355 Rn. 37; ebenso i. E. auch Staudinger/*Kaiser* (2012), § 355 Rn. 27 unter Annahme eines konkludent vereinbarten Teilwiderrufsrechts.

[36] MüKoBGB/*Fritsche*, § 355 Rn. 25.

[37] Siehe oben A II 2 a.

II. Wertersatz, § 357 VII

Allerdings könnte der O gegen A ein Anspruch auf Wertersatz in Höhe von 39,90 €
zustehen. Wie oben könnte ein Anspruch aus § 357 VII in Betracht kommen, der als
Spezialvorschrift für Wertersatzansprüche gegen den Verbraucher vorrangig zu
prüfen ist. Tatbestandlich wird hier ein Wertverlust der Ware vorausgesetzt, also
jegliche Minderung des Werts der Sache, sei es durch (übermäßigen) Gebrauch oder
durch Beschädigung. Weder das eine noch das andere liegt hier vor: Der Wasserwanderführer befindet sich unversehrt bei A. Mit guten Gründen lässt sich argumentieren, auch der Totalverlust der Ware verpflichte zum Wertersatz.[38] Doch erfasst
dies nicht den hier vorliegenden Fall der schlichten Rückgabeverweigerung bzw.
-verzögerung. Mithin scheidet der Anspruch aus.

III. Schadensersatz

1. Anspruch aus §§ 280 I, III, 281

Der O könnte aber ein Anspruch auf Schadensersatz statt der Leistung nach §§ 280
I, III, 281 zustehen. Voraussetzung wäre eine Pflichtverletzung des A, die hier in der
unterbliebenen Rückgabe des Buches zu sehen wäre.

a) Sperrwirkung des § 361 I?

Zunächst fragt sich aber, ob solche Ansprüche nicht bereits durch § 361 I gesperrt
sind. Danach ist das Widerrufsfolgenregime grundsätzlich abschließend: Es stehen
dem Unternehmer infolge des Widerrufs keine weiteren Ansprüche gegen den Verbraucher zu als die in den §§ 355 ff. geregelten Tatbestände. Diese auf Art. 14 V
VRRL zurückgehende Vorschrift soll verhindern, dass der Schutzzweck der verbraucherschützenden Widerrufsvorschriften durch abweichende Gestaltungen unterlaufen wird. Allerdings ist streitig, inwieweit diese Sperrwirkung auch für solche
Ansprüche gilt, die nicht im Zusammenhang mit der unmittelbaren Rückgabe der
Ware stehen. Richtigerweise werden diese nicht von § 361 I erfasst.[39] Dafür lässt sich
vor allem der Zweck der Vorschrift anführen: Dieser erschöpft sich darin, solche
Gestaltungen auszuschließen, die den Verbraucher von der Ausübung des Widerrufsrechts abhalten könnten.[40] Nach Ausübung des Widerrufsrechts entsteht indessen ein Rückgewährschuldverhältnis, dessen Verletzung eigene Rechtsfolgen aus-
lösen kann, die dann gerade nicht mehr „infolge" oder „aufgrund"[41] des Widerrufs
zur Entstehung gelangen. Hierfür spricht weiter ErwGr. 48 VRRL, der Sanktionen
für die Verletzung der Rückgabepflicht ausdrücklich auch in Bezug auf den Verbraucher nicht ausschließt. Ansonsten könnte der Verbraucher gefahrlos die Sache
behalten und wäre jedenfalls solange keinen Ersatzansprüchen des Unternehmers
ausgesetzt wie die Sache nicht beschädigt oder zerstört wird. Der Unternehmer wäre
auf die Durchsetzung seines Anspruchs auf Rückgewähr beschränkt. Ohnehin lässt
Art. 3 V VRRL die allgemeinen Vorschriften des Vertragsrechts im Recht der Mitgliedstaaten unberührt.

---

[38] BeckOGK/*Mörsdorf*, § 357 Rn. 51.
[39] MüKoBGB/*Fritsche*, § 361 Rn. 4; BeckOK BGB/*Müller-Christmann*, § 361 Rn. 6; Beck-
OGK/*Rosenkranz*, § 361 Rn. 11.2; *Wendelstein/Zander*, JURA 2014, 1191 (1206); zu weiteren Konstellationen auch *Singbartl/Zintl*, NJW 2016, 1848.
[40] Siehe auch ErwGr. 47 VRRL a. E.: Die Verpflichtungen des Verbrauchers im Falle des
Widerrufs sollten den Verbraucher nicht davon abhalten, sein Widerrufsrecht auszuüben.
[41] So der Wortlaut in Art. 14 V VRRL.

b) Pflichtverletzung eines Schuldverhältnisses

Der Widerruf gestaltet den Vertrag in ein Rückgewährschuldverhältnis eigener Art um.[42] Hieraus entstehen für beide Parteien Rückgewährpflichten, für den Verbraucher insbesondere die Pflicht zur unverzüglichen Rückgewähr der empfangenen Leistungen (§ 355 III 1). Den Begriff „unverzüglich" konkretisiert § 357 I abweichend von § 121 I 1 dahin, dass die Rückgewähr spätestens nach 14 Tagen zu erfolgen hat. Diese Frist beginnt für den Verbraucher mit der Abgabe der Widerrufserklärung und wird durch rechtzeitige Absendung der Ware gewahrt (§ 355 III 2, 3).

c) Fristsetzung

Nach § 281 I 1 müsste O dem A eine Frist zur Leistungserbringung gesetzt haben. Daran fehlt es hier: Zwar hat O den A zur Zahlung von 39,90 € aufgefordert. Die Fristsetzung muss sich jedoch gerade auf die geforderte Leistungspflicht beziehen, hier die Rückgabe des Wasserwanderführers. Eine Entbehrlichkeit der Fristsetzung (§ 281 II Alt. 1) kann nicht angenommen werden, da A grundsätzlich zur Rückgewähr des Buches bereit ist. Damit scheidet der Anspruch aus.

2. Verzug, §§ 280 I, II, 286

In Betracht kommen könnte indessen ein Anspruch auf Schadensersatz wegen Verzugs, §§ 280 I, II, 286. Auch diesbezüglich entfaltet § 361 I keine Sperrwirkung.[43] Überschreitet der Verbraucher die gesetzliche Frist, so tritt Verzug ohne Mahnung ein (§ 286 II Nr. 2).[44] Diesen Umstand hat A auch zu vertreten (§ 286 IV), sofern man dieses Kriterium im vorliegenden Kontext nicht ohnehin für entbehrlich hält.[45] Dies gilt umso mehr, als der Verbraucher in Bezug auf die Rücksendung der Ware sogar vorleistungspflichtig ist (§ 357 IV 1). Allerdings ist nicht ersichtlich, welchen Schaden O hier infolge des Verzugs hätte. Jedenfalls können die geforderten 39,90 € nicht als Verzugsschaden geltend gemacht werden.

IV. Rückgabe

1. Anspruchsentstehung

Der O könnte allerdings ein Anspruch auf Rückgabe des Wasserwanderführers zustehen, §§ 355 III 1, 357 I. Wie dargelegt, führte der Widerruf des A zu einer Umgestaltung des Kaufvertrags in ein Rückgewährschuldverhältnis mit entsprechenden Leistungspflichten beider Parteien, wobei der Verbraucher im Ergebnis sogar vorleistungspflichtig ist (§ 357 IV 1), ohne dass diesem Umstand hier besondere Bedeutung zukäme. Da die Rückgabe weiterhin möglich ist, insbesondere § 275 nicht greift, besteht der Anspruch dem Grunde nach.

2. Einreden

Allerdings könnte A hier ein Zurückbehaltungsrecht wegen eigener Ansprüche zustehen, die daraus erwachsen sein könnten, dass A das Buch hat laminieren lassen. Eine derartige Einrede ließe sich auf § 320 stützen, da das Rückgewährschuldver-

---

[42] Dazu *Wendelstein/Zander*, JURA 2014, 1191 (1206 ff.); *Stürner*, JURA 2016, 374.
[43] Dazu bereits oben 1 a.
[44] MüKoBGB/*Fritsche*, § 357 Rn. 11; Palandt/*Grüneberg*, § 286 Rn. 23; BeckOGK/*Mörsdorf*, § 355 Rn. 112; a. A. *Schärtl*, JuS 2014, 577 (581).
[45] So BeckOGK/*Mörsdorf*, § 355 Rn. 112.

hältnis ein gegenseitiges Schuldverhältnis ist. Voraussetzung wäre ein Gegenanspruch des *A*, hier in Form eines Verwendungsersatzanspruches.

a) Ausschluss von Ansprüchen des Verbrauchers?

Wiederum ist zunächst zu prüfen, ob solche Ansprüche nicht von vornherein innerhalb der §§ 355 ff. gesperrt sind, da diese Normen selbst keinen solchen Anspruch vorsehen. Zunächst folgt jedoch aus § 361 I keine derartige Ausschlusswirkung für Ansprüche des Verbrauchers gegen den Unternehmer; diese betrifft nur das umgekehrte Verhältnis.[46] Problematisch könnte allerdings der Grundsatz der Vollharmonisierung sein, auf dem die VRRL beruht:[47] Nach Art. 4 VRRL „erhalten die Mitgliedstaaten weder von den Bestimmungen dieser Richtlinie abweichende innerstaatliche Rechtsvorschriften aufrecht noch führen sie solche ein; dies gilt auch für strengere oder weniger strenge Rechtsvorschriften zur Gewährleistung eines anderen Verbraucherschutzniveaus". Daraus folgt, dass auch weitergehende Ansprüche des Verbrauchers insoweit ausgeschlossen sind, als sie sich innerhalb des sachlichen Geltungsbereichs der VRRL bewegen. Diese befasst sich mit der widerrufsbedingten Rückabwicklung selbst, nicht jedoch mit den Rechtsfolgen ihrer nicht pflichtgemäßen Durchführung: Hierfür kann nach dem bereits erwähnten ErwGr. 48 VRRL mitgliedstaatliches Vertragsrecht zur Anwendung gelangen. Damit können über eine analoge Anwendung von § 347 II, der eine vergleichbare Interessenlage regelt, Verwendungsersatzansprüche des Verbrauchers begründet werden.[48]

b) Bestehen des Verwendungsersatzanspruchs

Ersatzansprüche ließen sich zunächst auf § 347 II 1 analog stützen. Dies setzt das Vorliegen von notwendigen Verwendungen aus. Solche sind hier ersichtlich nicht gegeben, da die Laminierung nicht zur Erhaltung des Buches unerlässlich war.[49] Liegen damit gewöhnliche Verwendungen vor, besteht ein Ersatzanspruch nur dann, wenn sie zu einer Bereicherung der *O* führen, § 347 II 2 analog. Davon ist hier allerdings nicht auszugehen, im Gegenteil: Der Wasserwanderführer dürfte für *O* infolge der Laminierung unverkäuflich und damit wertlos sein. *A* steht damit mangels Gegenrechten kein Zurückbehaltungsrecht zu.

V. Ergebnis zu Frage 2

O hat gegen *A* einen Anspruch auf Rückgabe des Wasserwanderführers. Nach entsprechender Fristsetzung bestehen ggf. auch Schadensersatzansprüche. Gegenrechte stehen *A* nicht zu.

C. Frage 3 – GPS-Gerät

Der Rechtsbehelf des *A* hat Aussicht auf Erfolg, wenn er zulässig und begründet ist. Hier hat *A* Berufung gegen das gegen ihn ergangene Versäumnisurteil eingelegt. Eine Berufung ist nach § 511 I ZPO jedoch nur gegen erstinstanzliche Endurteile statthaft. Nachdem das Versäumnisurteil die Instanz nicht abschließt, wäre die von *A* dagegen eingelegte Berufung unzulässig (§ 514 ZPO). Das Begehren des *A* ist jedoch

---

[46] Vgl. BGHZ 174, 290 Rn. 9 ff. (Nutzungsausfallschaden des Käufers bei Rücktritt oder Widerruf).
[47] Dazu *Stürner*, JURA 2015, 30 (33 f.).
[48] *Schwab*, JZ 2015, 644 (651); zust. Palandt/*Grüneberg*, § 361 Rn. 1.
[49] Vgl. *BGH* NJW-RR 2013, 1318 Rn. 22.

als Prozesshandlung einer Auslegung zugänglich.[50] Entscheidend ist der dem objektiven Betrachter erkennbare Sinn der Erklärung. *A* wendet sich gegen das Versäumnisurteil und möchte seine Ansprüche weiter verfolgen. Statthafter Rechtsbehelf hiergegen ist der Einspruch, § 338 S. 1 ZPO. Der Antrag des *A* ist daher durch Auslegung dahin zu interpretieren, dass er Einspruch einlegen möchte. Dieser müsste auch zulässig sein.

I. Zulässigkeit des Einspruchs, § 341 I ZPO

Der Einspruch ist statthaft, da er gegen ein „echtes" Versäumnisurteil gerichtet ist, § 338 ZPO. Die Frist beträgt zwei Wochen ab Zustellung, § 339 ZPO. Die Fristberechnung richtet sich nach § 222 I ZPO, §§ 187 I, 188 II BGB. Die Zustellung des Versäumnisurteils erfolgte am 9.2.2017; Fristbeginn ist somit am 10.2.2017. Fristende ist am 23.2.2017, sodass der Eingang des Einspruchs beim AG Berlin-Charlottenburg am 22.2.2017 fristgerecht erfolgt ist. Durchgreifende formale Mängel liegen nicht vor: Die fehlende Verwendung des Begriffs Einspruch schadet nicht, solange klar ist, dass die Partei das Versäumnisurteil nicht gegen sich gelten lassen will.[51] Eine Begründung ist entbehrlich; § 340 III ZPO stellt kein dahingehendes Zulässigkeitserfordernis auf.[52] Ob *A* den Termin vom 4.2.2017 wegen Krankheit versäumt hat oder ihn schlicht vergessen hat, spielt keine Rolle, sondern ist nur bei der Kostenfrage zu berücksichtigen. Die Folge ist eine Zurückversetzung des Prozesses in die Lage vor der Säumnis, § 342 ZPO. Für die sachliche Entscheidung nach dem Einspruch hat das Gericht sowohl die Zulässigkeit als auch die Begründetheit der Klage zu prüfen.

II. Zulässigkeit der Klage

1. Sachliche Zuständigkeit

Die sachliche Zuständigkeit des Amtsgerichts ergibt sich aus §§ 23, 71 GVG, da der Streitwert unter 5 000 € liegt.

2. Örtliche Zuständigkeit

Fraglich ist, welches Gericht örtlich zur Streitentscheidung zuständig ist.

a) Allgemeine Zuständigkeit

Eine Zuständigkeit des AG Berlin-Charlottenburg am allgemeinen Gerichtsstand gem. §§ 12, 17 ZPO scheidet aus, da der Sitz der Beklagten in Hamburg und nicht in Berlin ist. Auch der besondere Gerichtsstand für Verbraucher an dessen Wohnsitz gem. § 29c ZPO ist nicht einschlägig, da er nur für Haustürgeschäfte greift.

b) Erfüllungsort

In Betracht kommt aber eine Zuständigkeit am besonderen Gerichtsstand des Erfüllungsortes, § 29 ZPO. Hierunter fallen auch Klagen im Zusammenhang mit der Rückabwicklung eines Vertrages.[53] Wo der Erfüllungsort ist, bestimmt sich nach materiellem Recht, im Zweifel nach § 269. Vorliegend liegt zwar in der Vereinbarung

---

[50] Zöller/*Greger*, Vor § 128 Rn. 25.
[51] Zöller/*Herget*, § 340 Rn. 4.
[52] Aber möglicherweise Präklusion gem. § 296 i. V. m. § 340 III 3 ZPO.
[53] Zöller/*Vollkommer*, § 29 Rn. 6.

eines Versendungskaufs wohl keine Bringschuld, sondern eine Schickschuld,[54] so
dass Erfüllungsort für die ursprüngliche Leistung Hamburg ist. Anderes gilt jedoch
für die hier streitgegenständliche Rückabwicklung nach Rücktritt bzw. Widerruf: Ist
die Klage auf Rückzahlung des Kaufpreises Zug um Zug gegen Rückgabe der Kaufsache gerichtet, so ist Erfüllungsort derjenige Ort, wo sich die Kaufsache bei Rücktritt bzw. Widerruf befindet. Sind die Leistungen bereits ausgetauscht worden, so
führt dies zu einem Gerichtsstand am Wohnsitz des Käufers.[55]

c) Rügelose Einlassung

Die Zuständigkeit des angerufenen Gerichts ergibt sich jedenfalls auch durch rügelo-
se Einlassung der O, § 39 S. 1 ZPO. Voraussetzung ist die mündliche Verhandlung
zur Hauptsache; der Antrag auf Erlass eines Versäumnisurteils genügt.[56] Die sonstigen Prozessvoraussetzungen sind ebenfalls gegeben.

III. Begründetheit der Klage

Die Klage wäre begründet, wenn der geltend gemachte Ansprüche bestünde und
keine Einreden geltend gemacht würden.

1. Anspruch aus §§ 312b, 312g, 355 III 1, 357

Ein Anspruch des A könnte sich zunächst infolge eines Widerrufs des Fernabsatzvertrages ergeben. Voraussetzung hierfür ist zunächst ein wirksamer Widerruf. Ein
Widerrufsrecht gem. § 312g I ist grundsätzlich gegeben, dieses ist auch nicht durch
die in Bezug auf die beiden Bücher abgegebenen Widerrufserklärungen ausgeschlossen.[57] Die Widerrufserklärung könnte hier in der Klageerhebung zu sehen sein.[58]
Problematisch ist jedoch die Einhaltung der Widerrufsfrist. Diese beträgt normalerweise 14 Tage (§ 355 II 1) und beginnt mit dem Erhalt der Ware (§ 356 II Nr. 1 lit.
a). Vorliegend sind seit Übergabe der Sache fast sechs Monate vergangen. Der Fristbeginn setzt eine ordnungsgemäße Belehrung voraus (§ 356 III 1). Diese ist, wie
bereits geprüft,[59] erfolgt. Ein Widerruf scheidet mithin aus.

2. Anspruch aus §§ 346 I, 437 Nr. 2, 440, 323, 434, 433

A könnte aber gegen O einen Anspruch auf Rückzahlung des Kaufpreises Zug um
Zug gegen Rückgabe des GPS-Geräts aus Rücktritt wegen Sachmangels haben.

a) Kaufvertrag

Ein Kaufvertrag zwischen A und O liegt unproblematisch vor.

b) Sachmangel

Auch ist ein Sachmangel i. S. d. § 434 I 2 Nr. 2 gegeben, da der Bildschirm des GPS-
Geräts nicht mehr funktionstüchtig ist.

---

[54] Siehe zum Problemkreis auch Fall 10.
[55] *OLG Saarbrücken* NJW 2005, 906 (907) m. w. N.; a. A. *M. Stöber*, NJW 2006, 2661.
[56] *Zöller/Vollkommer*, § 39 Rn. 9.
[57] Siehe oben B I.
[58] Der Widerruf unterliegt keiner besonderen Form (§ 355 I 2; anders noch § 355 I 2 a. F.:
Textform).
[59] Siehe oben A II 3 b. Zu den Folgen einer mangelhaften Widerrufsbelehrung die Ausführungen in der Vorauflage.

c) Bei Gefahrübergang

Der Sachmangel müsste bei Gefahrübergang vorgelegen haben. Hier war das Gerät zunächst funktionstüchtig. Dass der Bildschirm dann nicht mehr funktionierte, könnte indessen auf einen bereits vorhandenen Grundmangel zurückzuführen sein. Dass dieser bei Gefahrübergang der Sache bereits anhaftete, lässt sich laut Sachverhalt allerdings nicht nachweisen. Fraglich ist daher, wen die Beweislast bei einem „non liquet"[60] trifft, da in einer solchen Situation eine Entscheidung nach Beweislast ergeht.[61] Nach den allgemeinen prozessualen Grundsätzen hat der Kläger die anspruchsbegründenden Tatsachen darzulegen und zu beweisen. Eine Beweisfälligkeit ginge daher zu Lasten des *A*.

aa) Da *A* Verbraucher ist, könnte zu seinen Gunsten allerdings die Beweislastumkehr des § 476 eingreifen. Ein Verbrauchsgüterkauf im Sinne des § 474 I 1 liegt vor. Die in § 476 aufgestellte Vermutung, dass der Sachmangel bereits bei Gefahrübergang der Sache anhaftete, gilt bis sechs Monate nach Gefahrübergang, der mit Übergabe der Sache an *A* (§ 446) am 8.5.2015 eingetreten ist. Dazu muss der Mangel innerhalb dieses Zeitraums aufgetreten sein. Eine Anzeigeobliegenheit folgt aus § 476 nicht. Fraglich ist hier die Reichweite dieser Beweislastumkehr.

(1) Nach früher überwiegender Ansicht, die vor allem vom *BGH* geteilt wurde,[62] betrifft die Vermutung des § 476 nicht die Frage des Vorliegens des Mangels selbst, sondern nur die Frage des Zeitpunktes des Vorliegens. Dass ein Mangel vorliegt, müsse der Käufer beweisen. Dies bedeutete, dass ein Sachmangel, der innerhalb der Sechs-Monatsfrist nach Gefahrübergang auftritt, die Vermutung nicht auslöst, dass dieser auf einem Grundmangel beruht, der seinerseits bereits bei Gefahrübergang vorlag.[63] Hierfür lassen sich auch Anhaltspunkte in der Gesetzesbegründung finden.[64] Kommen also mehrere Ursachen für den akut aufgetretenen Mangel in Betracht, und begründet eine davon eine vertragswidrige Beschaffenheit, die andere dagegen nicht, so geht dies dann zu Lasten des Käufers, wenn nicht aufklärbar ist, worauf der eingetretene akute Mangel beruht.[65]

(2) Fraglich ist, ob dies mit den Vorgaben des europäischen Richtlinienrechts in Einklang steht. Zu berücksichtigen sind hier insbesondere die Vorgaben des Art. 5 III VGKRL.[66] Diese Norm hat der *EuGH* in der Rechtssache *Faber*[67] dahin ausgelegt, dass der Käufer für das Eingreifen der Vermutung nur darlegen und nachweisen muss, dass die erworbene Sache nicht den Qualitäts-, Leistungs- und Eignungsstandards einer Sache entspricht, die er zu erhalten nach dem Vertrag und den in Art. 2 II VGKRL genannten Maßstäben vernünftigerweise erwarten konnte. Im Ergebnis muss der Käufer also insoweit lediglich den Nachweis einer Mangelerscheinung, also eines mangelhaften Zustands erbringen, der – unterstellt, er beruhe auf einer dem Verkäufer zuzurechnenden Ursache – eine Haftung des Verkäufers wegen

---

[60] Ein „non liquet" bezeichnet eine Situation im Prozess, in der eine strittige Frage nicht aufgeklärt werden kann, weil weder der Tatsachenvortrag der einen noch der anderen Seite bewiesen ist.

[61] Entscheidung nach Beweislast bedeutet, dass der Umstand als nicht erwiesen gilt, wenn eine Partei für eine Tatsache beweispflichtig ist und diesen Beweis nicht erbringen kann.

[62] *BGH* NJW 2004, 2299.

[63] Anders allerdings bereits *Lorenz*, NJW 2004, 3020.

[64] BT-Drs. 14/6040, S. 245.

[65] BGHZ 200, 1 Rn. 22; *BGH* NJW 2006, 434 Rn. 20.

[66] Zum Klausuraufbau in solchen Fällen *Stürner*, JURA 2016, 1133 (1138 ff.).

[67] *EuGH* v. 4.6.2015, Rs. C-497/13 – *Faber*, NJW 2015, 2237.

Abweichung von der geschuldeten Beschaffenheit begründen würde.[68] Diese Beweiserleichterung zugunsten des Verbrauchers stützt der *EuGH* maßgeblich auf die Erwägung, dass sich in Fällen, in denen die Vertragswidrigkeit erst nach dem Zeitpunkt der Lieferung des Gutes offenbar wird, die Erbringung des Beweises, dass diese Vertragswidrigkeit bereits zu diesem Zeitpunkt bestand, als „eine für den Verbraucher unüberwindbare Schwierigkeit" erweisen kann, während es in der Regel für den Gewerbetreibenden viel leichter ist, zu beweisen, dass die Vertragswidrigkeit nicht zum Zeitpunkt der Lieferung bestand und dass sie beispielsweise auf einen unsachgemäßen Gebrauch durch den Verbraucher zurückzuführen ist.[69]

(3) Es fragt sich, ob sich diese Vorgaben des EU-Rechts im Wege der richtlinienkonformen Auslegung des § 476 erfüllen lassen. Das Gebot zur Umsetzung von Richtlinien aus Art. 288 III AEUV wie auch der Grundsatz der Unionstreue gemäß Art. 4 III EUV verpflichtet alle Organe eines Mitgliedstaates und damit auch die Gerichte, die Auslegung des nationalen Rechts unter voller Ausschöpfung des Beurteilungsspielraums, den ihnen das nationale Recht einräumt, soweit wie möglich am Wortlaut und Zweck der Richtlinie auszurichten, um das mit der Richtlinie verfolgte Ziel zu erreichen.[70] Eine Grenze ist indessen dann erreicht, wenn der erkennbare Wille des Gesetzgebers verändert würde.[71]

Zutreffend hat der *BGH* nunmehr seine frühere restriktive Rechtsprechung aufgegeben und § 476 richtlinienkonform im Sinne der Vorgaben des *EuGH* ausgelegt.[72] Eine solche Auslegung des § 476 ist von dessen Wortlaut (zeigt sich „ein Sachmangel", wird vermutet, dass „die Sache" bereits bei Gefahrübergang mangelhaft war) noch gedeckt,[73] so dass eine richtlinienkonforme Rechtsfortbildung nicht notwendig ist.[74] Auch der Wille des Gesetzgebers steht dem nicht entgegen. Ausweislich der Gesetzesmaterialien war der Gesetzgeber bestrebt, § 476 so auszugestalten, dass diese Vorschrift mit Art. 5 III VGKRL vereinbar ist. Die genaue Reichweite bleibt indessen offen; es wird lediglich ausgeführt, § 476 übernehme die Vermutung aus Art. 5 III VGKRL. Dieser generelle Umsetzungswille genügt nach der neueren Rechtsprechung des *BGH* für die Zulässigkeit einer richtlinienkonformen Rechtsanwendung.[75] Darüber hinaus kommt dem Verbraucher die Vermutungswirkung des § 476 auch dahin zugute, dass der binnen sechs Monaten nach Gefahrübergang zu Tage getretene mangelhafte Zustand zumindest im Ansatz schon bei Gefahrübergang vorgelegen hat. Damit wird der Käufer des Nachweises enthoben, dass ein erwiesenermaßen erst nach Gefahrübergang eingetretener akuter Mangel seine Ursache in einem latenten Mangel hat. Die vom *BGH* bislang vorgenommene Unterscheidung zwischen akutem Mangel und latentem Mangel wird damit obsolet. Ebenfalls ohne praktische Bedeutung ist die Frage, ob die Vermutungswirkung sich nur auf die Anfangsstufe eines später eingetretenen Mangels oder auch einen diesem vorgelagerten Grundmangel erstreckt, denn der vom *EuGH* in der Rechtssache *Faber* gewählte allgemeine Begriff („im Ansatz") erfasst aufgrund seines weiten

---

[68] *EuGH* v. 4.6.2015, Rs. C-497/13 – *Faber*, NJW 2015, 2237 Rn. 69 ff.
[69] *EuGH* v. 4.6.2015, Rs. C-497/13 – *Faber*, NJW 2015, 2237 Rn. 54.
[70] St. Rspr., vgl. *EuGH* v. 10.4.1984, C-14/83 – *von Colson und Kamann*, Slg. 1984, 1891, Rn. 26, 28.
[71] Etwa BGHZ 179, 27 = NJW 2009, 427 Rn. 28 (*Quelle*).
[72] *BGH* NJW 2017, 1093; dazu *Gsell*, JZ 2017, 576; *R. Koch*, NJW 2017, 1068; *Gutzeit*, JuS 2017, 357; *Stürner*, JURA (JK) 2017, 359, § 476 BGB.
[73] *BGH* NJW 2017, 1093 Rn. 40.
[74] Zu deren Voraussetzungen *Stürner*, JURA 2017, 777 (780 ff.).
[75] Etwa BGHZ 192, 148 Rn. 30 ff.

Bedeutungsgehalts beide Fallgestaltungen.[76] Folge ist eine faktische Haltbarkeits-garantie für die ersten sechs Monate nach Gefahrübergang.[77]

cc) Vorliegend trat der Mangel Ende Oktober 2015 und damit weniger als sechs Monate nach Übergabe der Sache auf. Die O hat damit zur Entkräftung der Ver-mutung darzulegen und nachzuweisen, dass ein Sachmangel zum Zeitpunkt des Gefahrübergangs noch nicht vorhanden war, weil er seinen Ursprung in einem Handeln oder Unterlassen nach diesem Zeitpunkt hat und dem Verkäufer damit nicht zuzurechnen ist.[78] Ein solcher Beweis lässt sich hier aber nicht führen, so dass das non liquet mithin zu Lasten der O geht. Damit steht zum einen fest, dass ein Mangel vorliegt, und zum anderen, dass dies auch bereits bei Gefahrübergang der Fall war.

d) Vorrang der Nacherfüllung

Der von A erklärte Rücktritt setzt indessen voraus, dass die O Gelegenheit zur Nach-erfüllung hatte. Dieser Vorrang der Nacherfüllung ergibt sich aus dem für den Rück-tritt bestehenden Fristsetzungserfordernis der §§ 323 I, 437 Nr. 2, 440 S. 1. Eine Ausnahme gilt bei endgültiger Erfüllungsverweigerung, § 440 S. 1 Var. 1. Daran sind indessen strenge Anforderungen zu stellen: Die Möglichkeit des Verkäufers, den Mangel zu beheben, erweist sich als Auswirkung des Grundsatzes der Vertragserhal-tung; die mit dem Rücktritt bewirkte Lösung vom Vertrag steht nur als ultima ratio zur Verfügung.[79] Nach st. Rspr. des *BGH* kann von einer Erfüllungsverweigerung nur dann ausgegangen werden, wenn der Schuldner unmissverständlich und eindeutig zum Ausdruck bringt, er werde seinen Vertragspflichten unter keinen Umständen nachkommen.[80] Das bloße Bestreiten von Mängeln als solches genügt daher in aller Regel nicht. Vielmehr müssen weitere Umstände hinzutreten, welche die Annahme rechtfertigen, dass der Schuldner über das Bestreiten der Mängel hinaus bewusst und endgültig die Erfüllung seiner Vertragspflichten ablehnt und es damit ausgeschlossen erscheint, dass er sich von einer (ordnungsgemäßen) Nacherfüllungsaufforderung werde umstimmen lassen.[81] Auch nach diesen Maßstäben liegt hier eine ernsthafte und endgültige Verweigerung der Nacherfüllung vor. O hat zwar das Vorliegen eines Mangels bestritten, aber überdies trotz mehrfacher Aufforderung seitens des A so-wohl Nachbesserung als auch Nachlieferung abgelehnt. A durfte bei dieser Sachlage davon ausgehen, dass O auch nach weiterer Aufforderung ihre Meinung nicht ändern würde, so dass A sofort zurücktreten konnte (§ 440 S. 1).

3. Anspruch durchsetzbar

Der Durchsetzbarkeit des Anspruchs könnte ein Zurückbehaltungsrecht der O auf-grund von Gegenansprüchen entgegenstehen, §§ 437 Nr. 2, 346 I, II Nr. 1, 348, 320.[82]

---

[76] *BGH* NJW 2017, 1093 Rn. 49 ff.

[77] So MüKoBGB/*Lorenz*, § 476 Rn. 4; *Hübner*, NJW 2015, 2241; kritisch *Gsell*, JZ 2017, 576 (578 ff.).

[78] Vgl. *BGH* NJW 2017, 1093 Rn. 54 ff.

[79] Dieser Grundsatz kommt etwa auch in § 313 III zum Ausdruck.

[80] So zum Paralleltatbestand des § 323 II Nr. 1 *BGH* NJW 2015, 3455 Rn. 33; *BGH* NJW 2013, 1074 Rn. 22; *BGH* NJW 2011, 3435 Rn. 24; *BGH* NJW 2011, 2872 Rn. 14; *BGH* NJW 2006, 1195 Rn. 25.

[81] So *BGH* NJW 2015, 3455 Rn. 33.

[82] In Betracht käme auch eine Aufrechnung. Allerdings ist das Begehren der O dahingehend auszulegen, dass sie ihrer Ansprüche nicht verlustig gehen will; es liegt auch kein Hinweis auf eine Hilfsaufrechnung vor.

a) Bestehen von Gegenansprüchen

Die Anspruchsvoraussetzungen liegen an sich vor: Der von A ausgeübte Rücktritt gestaltet den Kaufvertrag in ein Rückgewährschuldverhältnis um, in dem beide Parteien zur Rückgewähr des Erlangten verpflichtet sind. Dies umfasst auch die Herausgabe der gezogenen Nutzungen (§ 346 I Alt. 2) bzw. Wertersatz hierfür (§ 346 II Nr. 1).

b) Verstoß gegen die VGKRL?

Dem könnten aber europarechtliche Bedenken entgegenstehen: Die VGKRL sieht in Art. 3 II, III 1 und IV die Unentgeltlichkeit der Herstellung des vertragsgemäßen Zustands des Verbrauchsguts durch den Verkäufer vor, so dass dem Unternehmer im Falle der Nacherfüllung keine Ansprüche auf Nutzungsersatzes zustehen.[83] Der Verweis auf die §§ 346 ff., den das deutsche Recht in § 439 IV ausspricht, verstößt gegen diese Vorgaben und wurde im Geltungsbereich der VGKRL über § 474 V 1 ausgeschlossen.[84] Fraglich ist, ob für den Rücktritt genauso zu entscheiden wäre. Die Auslegung der VGKRL durch die *Quelle*-Entscheidung des *EuGH*[85] ist für diese Frage nicht unmittelbar einschlägig. Im Gegenteil: Die VGKRL erfasst die Rechtsfolgen des Rücktritts nicht; ErwGr. 15 VGKRL gestattet es den Mitgliedstaaten sogar ausdrücklich, die Benutzung der vertragswidrigen Ware im Falle der Vertragsauflösung zu berücksichtigen.[86] Auch aus der Sicht des deutschen Rechts erfordert der Gedanke der Systemkohärenz keine Gleichbehandlung von Rücktritt und Nachlieferung, dafür spricht jedenfalls die Neufassung von § 474 V.[87] Im Ergebnis schuldet *A* Nutzungsersatz aus § 346 I, II Nr. 1, d. h. Wertersatz wegen der Gebrauchsvorteile, § 100. Ausgangspunkt ist der objektive Wert einer Sache, der i. d. R. mit dem Kaufpreis übereinstimmen wird. Es kommt auf die Dauer der Nutzbarkeit der Sache bis zum Eintritt der Gebrauchsuntauglichkeit an; diese ist ins Verhältnis zu setzen zu der voraussichtlichen Gesamtnutzungsdauer.[88] Der Mietpreis, der für ein vergleichbares Gerät zu entrichten wäre, spielt also entgegen der Einlassungen der *O* gerade keine Rolle. Geht man davon aus, dass ein GPS-Gerät normalerweise etwa zwei Jahre gebraucht wird,[89] so wäre der Nutzungswert für die etwa fünf Monate von Erhalt der Sache bis zur Funktionsunfähigkeit im Wege der zeitanteiligen linearen Wertminderung bei etwa 50 € anzusetzen.[90]

---

[83] *EuGH* v. 17.4.2008, Rs. C-404/06 – *Quelle*, Slg. 2008, I-2685 = NJW 2008, 1433, Rn. 33.
[84] Ebenso bereits zur vorherigen Rechtslage über eine richtlinienkonforme Rechtsfortbildung BGHZ 179, 27 = NJW 2009, 427.
[85] *EuGH* v. 17.4.2008, Rs. C-404/06 – *Quelle*, Slg. 2008, I-2685 = NJW 2008, 1433.
[86] In diesem Sinne auch der Hinweis in *EuGH* v. 17.4.2008, Rs. C-404/06 – *Quelle*, Slg. 2008, I-2685 = NJW 2008, 1433, Rn. 38 f. und explizit BGHZ 182, 241 Rn. 15; zust. *Höpfner*, NJW 2010, 127; *Lieder*, JURA 2010, 612; MüKoBGB/*Gaier*, § 346 Rn. 24; Jauernig/*Stadler*, § 346 Rn. 5; PWW/*Stürner*, § 346 Rn. 5.
[87] Zur weitergehenden Frage des Verhältnisses zwischen Rücktritt und Schadensersatz *Höpfner*, NJW 2010, 127 (129 f.).
[88] Die umfangreiche Judikatur hierzu befasst sich vorrangig mit dem Nutzungswertersatz bei Kfz, Nachweise dazu bei MüKoBGB/*Gaier*, § 346 Rn. 27.
[89] Dies beruht auf dem raschen technischen Wandel; vertretbar wäre es durchaus auch, von einer längeren Nutzungsdauer auszugehen.
[90] 249 € ./. 24 Monate = (gerundet) 10,38 € Wertminderung pro Monat; für fünf Monate also 51,9 €. Diese Berechnung konnte laut Sachverhaltsangabe offenbleiben.

IV. Ergebnis zu Frage 3

Das angerufene Gericht wird den Prozess in die Lage vor der Säumnis zurückversetzen (§ 342 ZPO) und der Klage des *A* teilweise stattgeben. Dieser hat einen Anspruch auf Rückzahlung des Kaufpreises Zug um Zug gegen Rückgabe des GPS-Geräts und Leistung von Nutzungswertersatz.

Fall 19. Immer wieder samstags

Typengemischter Vertrag – Schadenszurechnung – Beweisverwertungsverbot – Hausrecht

Sachverhalt

Benni ist Fan des in der Rechtsform einer AG verfassten *FC Rot-Weiß*, dessen erste Mannschaft in der Fußball-Bundesliga gemeldet ist. Für einen regelmäßigen Stadionbesuch fehlt ihm jedoch das nötige Kleingeld. So ist *Benni* hocherfreut, als ihm sein Kumpel *Kalli* mitteilt, da er selbst das nächste Heimspiel des *FC* nicht besuchen könne, überlasse er die auf seinen Namen ausgestellte Dauerkarte *Benni*. In den Dauerkarten-AGB des *FC Rot-Weiß* ist eine solche Übertragung für einzelne Spieltage gestattet. Am betreffenden Samstag betritt *Benni* das im Eigentum des *FC Rot-Weiß* stehende Stadion durch eine Drehtür, die für Dauerkarteninhaber eingerichtet ist und sich durch Scannen der Karte öffnet. Eine Kontrolle durch Mitarbeiter des *FC Rot-Weiß* findet nicht statt. So kann *Benni* während der 2. Halbzeit unbehelligt die mitgebrachten Knallkörper zünden, die aufgrund ihrer Sprengenergie dem Sprengstoffgesetz unterfallen. Einen davon wirft *Benni* auf den Unterrang, wo er detoniert und durch die Wucht seiner Explosion sieben Zuschauer verletzt. Das Spiel wird daraufhin durch den Schiedsrichter abgebrochen. Ein Stadionordner erkennt *Benni*, der ihm als Pyromane bekannt ist; daraufhin wird ein lebenslanges Stadionverbot gegen ihn ausgesprochen. Wegen dieses Vorfalls verhängt das Sportgericht des Deutschen Fußballbundes (DFB) in der Folge eine Verbandsstrafe gegen den *FC Rot-Weiß*, die u. a. aus einer Geldstrafe in Höhe von 30 000 € besteht. Nunmehr macht der *FC Rot-Weiß* diesen Betrag gegenüber *Benni* geltend. Dieser verteidigt sich damit, er habe mit einer so entfernten Möglichkeit wie der Abwälzung einer Verbandsstrafe nicht rechnen müssen. Wenigstens aber sei zu berücksichtigen, dass der *FC Rot-Weiß* ihn weder am Einlass kontrolliert, noch später am Werfen des Knallkörpers gehindert habe.

1. Besteht der geltend gemachte Anspruch?
2. Da *Benni* nicht bezahlen will, erhebt der *FC Rot-Weiß* Klage zum zuständigen Landgericht. Im Prozess verteidigt sich *Benni* damit, er habe den Sprengkörper überhaupt nicht geworfen. Kann der *FC Rot-Weiß* Videoaufnahmen, die ein privater Sicherheitsdienst in seinem Auftrag im Stadion während des Spiels gemacht hat, im Prozess als Beweismittel einführen, wenn es der einzige Weg ist, die Tat zu beweisen? Auf die Möglichkeit einer Videoüberwachung werden die Stadionbesucher nicht hingewiesen. Die Aufnahmen werden, sofern davon keine sicherheitsrelevanten Vorfälle erfasst sind, regelmäßig nach Ablauf von wenigen Tagen gelöscht. (Hinweis: Auf die Vorschriften des BDSG ist nicht einzugehen.)
3. Wie wäre Frage 2 zu entscheiden, wenn keine Videoaufnahmen existierten, und der *FC Rot-Weiß* nur deshalb auf *Benni* als möglichen Täter gekommen ist, weil ein von ihm engagierter Privatdetektiv in *Bennis* Handy eine Wanze installiert und auf diese Weise ein Gespräch aufzeichnet, in dem *Benni* seinem Kumpel *Kalli* in allen Einzelheiten von dem Böllerwurf erzählt?
4. Besteht ein Anspruch des *Benni* auf Aufhebung des lebenslangen Stadionverbots?

Lösung

A. Frage 1 – Abwälzung der Verbandsstrafe

I. Anspruch aus §§ 311 I, 280 I, 241 II

Dem *FC Rot-Weiß* (*FC*) könnte ein Anspruch gegen *Benni* (*B*) aus §§ 311 I, 280 I, 241 II zustehen.

1. Vorliegen eines Schuldverhältnisses

Hierfür müsste ein Schuldverhältnis zwischen *B* und dem *FC* bestehen.

a) In Betracht kommt ein Zuschauervertrag. Dabei handelt es sich um einen typengemischten Vertrag, für den eine gesetzliche Normierung fehlt. Die Vertragsfreiheit umfasst selbstverständlich auch solche Rechtsgeschäfte (§ 311 I). Der Zuschauervertrag wird durch die Kombination verschiedener Elemente gekennzeichnet, insbesondere die Miete eines (bestimmten) Sitzplatzes sowie vor allem die organisatorische Durchführung des sportlichen Wettkampfes. In diesem Sinne schuldet der Veranstalter also einen Erfolg, so dass der Werkvertrag (§ 631) dem Zuschauervertrag sein typisches Gepräge gibt.[1] Die rechtliche Beurteilung solcher Innominatverträge richtet sich jedenfalls dann nach der jeweils einschlägigen Leistungspflicht, wenn sich kein klarer Schwerpunkt hinsichtlich eines bestimmten Vertragstyps erkennen lässt.[2] Wiese etwa der Stadionordner einem Zuschauer vertragswidrig einen Stehplatz zu, so ergäben sich dessen Rechte aus den §§ 535 ff. Träte hingegen nicht die erste Mannschaft zum Bundesligaspiel an, sondern eine Nachwuchsauswahl, so wären die §§ 631 ff. einschlägig. Vorliegend geht es hingegen um eine mögliche Nebenpflichtverletzung des Zuschauers. Insoweit kann eine genaue Einordnung offenbleiben.

b) Es müsste ein Vertrag zwischen *B* und dem *FC* zustande gekommen sein. Hierzu sind zwei Wege denkbar.

aa) Einerseits könnte in der Überlassung der Dauerkarte an *B* eine Abtretung (§ 398) des in dieser verbrieften Anspruchs auf Besuch des Spiels zu sehen sein.[3] Bei der Dauerkarte handelt es sich um ein qualifiziertes Legitimationspapier (§ 808 I 1), da der Veranstalter – anders als im Falle einer schlichten Eintrittskarte für Theater oder Kino – nicht an jeden beliebigen Inhaber des Papiers leisten möchte, sondern grundsätzlich nur an die dort namentlich genannte Person.[4] Jedoch können auch die in qualifizierten Legitimationspapieren verbrieften Rechte übertragen werden (§§ 398 ff., 952 II). Ein Abtretungsverbot (Vinkulierung, § 399 Alt. 2) wurde hier gerade nicht vereinbart,[5] so dass der in der Dauerkarte verbriefte Anspruch aus § 631 auf den Besuch eines Fußballspiels auf *B* übergegangen sein könnte. Mit der Abtre-

---

[1] Siehe *Otting/Thelen*, JURA 2017, 380 (381); Palandt/*Sprau*, Einf. v. § 631 Rn. 29; *Schulze*, JURA 2011, 481 (484). Teilweise wird auch ein Dienstvertrag angenommen, so *Koller*, RdA 1982, 47 (51).

[2] BGHZ 173, 344 Rn. 19 (Speditionsvertrag); *BGH* NJW 2010, 150 (151 Rn. 16). (Partnervermittlungsvertrag); *BGH* MDR 2017, 334 Rn. 10 ff. (Pferdepensionsvertrag); *Medicus/Petersen*, BR, Rn. 14. S. dazu auch Fall 14 und Fall 15.

[3] *Schulze*, JURA 2011, 481 (485); *Mäsch*, JuS 2017, 261 (262).

[4] MüKoBGB/*Habersack*, § 808 Rn. 10; *Schulze*, JURA 2011, 481 (485); *Weller*, NJW 2005, 934 (935).

[5] Dieses Problem trat bei der Fußball-WM 2006 in Deutschland auf, da die Verkaufs-AGB des DFB ein Übertragungsverbot vorsahen. Darin liegt nach zutreffender Ansicht eine unangemessene Benachteiligung i. S. d. § 307 I, dazu *Weller*, NJW 2005, 934 (935 f.); *Schulze*, JURA 2011, 481 (486).

tung rückte *B* in die Gläubigerstellung ein,[6] so dass bereits zu diesem Zeitpunkt ein Schuldverhältnis vorliegt.

bb) Zwischen *B* und dem *FC* könnte auch ein gesonderter Zuschauervertrag nach den §§ 145 ff. zustande gekommen sein. Durch das Vorzeigen der Dauerkarte am Einlass hat *B* nach dem objektiven Empfängerhorizont eine eigene, auf Abschluss eines Zuschauervertrags gerichtete Willenserklärung abgegeben, die der *FC* durch Bereithaltung der elektronischen Einlassvorrichtung als verkörperte Gedankenerklärung angenommen hätte.[7] Diese Konstruktion vermag zwar den hier vorliegenden Fall der einmaligen Überlassung der Dauerkarte vertragsrechtlich adäquat abzubilden, erweist sich aber als wenig überzeugend für den Regelfall: Sollte der Dauerkarteninhaber für jeden einzelnen Stadionbesuch einen erneuten Zuschauervertrag abschließen? Das erschiene gekünstelt.[8]

cc) Indessen kann dies hier dahin stehen, da man in beiden Fällen zur Entstehung eines Schuldverhältnisses gelangt. Mithin erstrecken sich die Verhaltenspflichten aus dem Zuschauervertrag für das betreffende Spiel auch auf *B*.[9]

2. Pflichtverletzung

Die einzige primäre Leistungsverpflichtung des Zuschauers liegt in der Entrichtung des vereinbarten Entgeltes für das Ticket.[10] Indessen besteht eine Reihe weiterer Pflichten. Hier könnte *B* die Leistungstreuepflicht verletzt haben.[11] Danach haben die Parteien alles zu unterlassen, was den Vertragszweck oder den Leistungserfolg beeinträchtigen oder gefährden könnte.[12] Vertragszweck ist aus Zuschauersicht die Gewährung einer passiven Teilhabe an der Sportveranstaltung. Der Leistungserfolg besteht in der reibungslosen Durchführung der Veranstaltung. In der Folge der Detonation des Sprengkörpers hat der Schiedsrichter das Spiel abgebrochen, wodurch der Leistungserfolg nicht vollständig herbeigeführt werden konnte. Überdies hat *B* durch das Zünden des Knallkörpers auch die aus dem Zuschauervertrag folgenden Rücksichtnahmepflichten aus § 241 II verletzt.[13] Ob die Stadionordnung die Verwendung von Sprengkörpern, Pyrotechnik o. Ä. verbietet, und ob sie wirksam in den Vertrag einbezogen war, kann folglich dahin stehen. Mithin liegt eine Pflichtverletzung vor.[14]

3. Vertretenmüssen

B handelte auch vorsätzlich. Damit hat er die Pflichtverletzung i. S. v. § 276 I 1 zu vertreten. Auf die Vermutung des § 280 I 2 kommt es hier nicht an.

---

6 *Medicus/Lorenz*, Schuldrecht I, Rn. 801.
7 So i. E. *OLG Köln* SpuRt 2016, 83 Rn. 13; dies billigend *BGH* NJW 2016, 3715 Rn. 11.
8 *Mäsch*, JuS 2017, 261 (262).
9 S. *OLG Köln* SpuRt 2016, 83.
10 *Otting/Thelen*, JURA 2017, 380 (381); *Meier/Lenze*, MDR 2017, 6.
11 Die dogmatische Einordnung der Leistungstreuepflicht ist umstritten. Richtigerweise dürfte ihr Rechtsgrund aus § 242 folgen; die Rechtsfolgen hingegen aus § 241 II, dazu m. N. *Weller*, Die Vertragstreue, 2009, S. 244 ff., 250 ff.
12 Palandt/*Grüneberg*, § 242 Rn. 27 ff.; PWW/*Schmidt-Kessel/Kramme*, § 242 Rn. 80; *Weller*, Die Vertragstreue, 2009, S. 244 ff.
13 *OLG Rostock* NJW 2006, 1819; *Schulze*, JURA 2011, 481 (490); *Weller/Benz/Wolf*, JZ 2017, 237 (243).
14 Zur Abgrenzung der Pflichten nach § 241 II von § 241 I vertiefend MüKoBGB/*Bachmann*, § 241 Rn. 52 ff.

4. Kausal entstandener Schaden

Dem *FC* ist durch die Verbandsstrafe ein Schaden in Höhe von 30 000 € entstanden. Dem steht nicht etwa entgegen, dass diese Strafe freiwillig bezahlt wurde. Für diesen Schaden müsste die Pflichtverletzung des *B* kausal gewesen sein.

a) Das Zünden des Knallkörpers durch *B* kann nicht hinweggedacht werden, ohne dass die Verbandsstrafe durch das Sportgericht des DFB entfiele und war damit kausal i. S. d. Äquivalenztheorie.[15]

b) Es ist weder völlig unwahrscheinlich noch ungewöhnlich, dass Fußballvereinen im Anschluss an Pyrotechnikvorfälle oder Fanausschreitungen im Stadion Verbandsstrafen auferlegt werden. Die Pflichtverletzung von *B* war damit auch adäquat kausal.[16]

c) Fraglich ist indessen, ob der geltend gemachte Schaden auch unter den Schutzzweck der Norm fällt.[17]

aa) Eine Haftung besteht nur für diejenigen äquivalenten und adäquaten Schadensfolgen, die aus dem Bereich der Gefahren stammen, zu deren Abwendung die verletzte Norm erlassen oder die verletzte Vertragspflicht übernommen wurde. Der geltend gemachte Schaden muss in einem inneren Zusammenhang mit der durch den Schädiger geschaffenen Gefahrenlage stehen. Ein „äußerlicher", gleichsam „zufälliger" Zusammenhang genügt dagegen nicht. Insoweit ist eine wertende Betrachtung geboten. Das Hinzutreten weiterer Ursachen wie dem Dazwischentreten Dritter unterbricht den Zurechnungszusammenhang jedenfalls dann nicht, wenn in dem Schaden die besonderen Gefahren fortwirken, die durch die erste Ursache gesetzt wurden.[18]

bb) Zweck der Rücksichtnahmepflicht aus § 241 II ist es, im Interesse der anderen Zuschauer und Vereine ein zwischenfallfreies Fußballspiel zu gewährleisten.[19] Ob sich dieser Schutzzweck auch auf die Verhinderung einer Sanktionierung des Veranstalters mit einer Verbandsstrafe erstreckt, erscheint hingegen problematisch.

(1) Einer solchen Erstreckung könnte widersprechen, dass der durch die Verbandsstrafe erlittene Schaden nicht aus dem Verhalten des *B* selbst, sondern aus der freiwilligen Unterwerfung des *FC* unter die DFB-Verbandsregeln und aus der Entscheidung des DFB-Sportgerichts folgt. Das Ausmaß der Strafe könne der Durchschnittszuschauer nicht vorhersehen.[20]

(2) Allerdings musste sich der *FC* dem Verbandsstrafenreglement des DFB unterwerfen, um überhaupt ein Fußballspiel der Bundesliga durchführen zu dürfen. Damit ist die Verbandsstrafe eine für den Veranstalter nicht zu vermeidende Folge gravierender Störungen des Ablaufs eines Fußballspiels und wird damit nicht nur „zufällig" aus deren Anlass verhängt. Folglich beruht die vom Sportgericht aus-

---

[15] Zur Äquivalenztheorie vgl. Palandt/*Grüneberg*, Vorb. v. § 249 Rn. 25; *Brand*, Schadensersatzrecht, § 3 Rn. 7 ff.

[16] *OLG Köln* SpuRt 2016, 83 Rn. 18; zur Adäquanztheorie vgl. Palandt/*Grüneberg*, Vorb. v. § 249 Rn. 26 ff.; *Brand*, Schadensersatzrecht, § 3 Rn. 20 ff.; *Medicus/Lorenz*, Schuldrecht I, Rn. 681.

[17] Zur Lehre vom Schutzzweck der Norm Palandt/*Grüneberg*, Vorb. v. § 249 Rn. 29 ff.; *Brand*, Schadensersatzrecht, § 3 Rn. 28 f.; *Medicus/Lorenz*, Schuldrecht I, Rn. 682 f.

[18] St. Rspr., vgl. jüngst *BGH* NJW 2016, 3715 Rn. 14 f.; Palandt/*Grüneberg*, Vorb. v. § 249 Rn. 29.

[19] *BGH* NJW 2016, 3715 Rn. 17; *Scheuch*, SpuRt 2016, 58 (60); *Weller/Benz/Wolf*, JZ 2017, 237 (243).

[20] So *OLG Köln* SpuRt 2016, 83 Rn. 22. Vertretbar erscheint es, diesen Gesichtspunkt bereits unter dem Gesichtspunkt der Adäquanz zu diskutieren, vgl. *Scheuch*, SpuRt 2016, 58 (60).

gesprochene Strafe direkt auf der Störung durch *B* und ist vom Schutzzweck der Norm umfasst.[21] Aufgrund der Fanarbeit der Vereine und der Medienberichterstattung ist dieser Zusammenhang auch für den durchschnittlichen Stadionbesucher vorhersehbar.[22]

cc) Allerdings könnte eine ergänzende Auslegung des Zuschauervertrags nach §§ 133, 157 ergeben, dass ein Zuschauer (und damit auch *B*) sich nicht auf eine solche weitreichende Haftung einlassen würde. Dies könnte den Schutzzweckzusammenhang entfallen lassen, sofern man für diesen der Parteivereinbarung Relevanz zumessen will.[23] Allerdings hat ein Veranstalter, der ein spielstörendes Verhalten der Zuschauer nicht selbst sicher verhindern kann, ein berechtigtes Interesse daran, dass die Folgen, denen er sich nicht entziehen kann, vom Störer getragen werden. Einem Zuschauer, der keine solche – den Spielablauf zu stören geeignete – Handlung vornimmt, droht keine derartige Haftungsfolge. Der Zuschauer kann sie ohne Weiteres vermeiden. Daher hätte sich ein redlicher und verständiger Zuschauer auch darauf eingelassen. Bei Abschluss des Zuschauervertrags muss ihm zudem klar sein, dass ein Veranstalter einen Zuschauer gar nicht erst zuließe, der nicht dazu bereit wäre, für sich selbst eine solche Handlung auszuschließen.[24] Auf die davon möglicherweise abweichende Position des *B* kann es insoweit nicht ankommen.

dd) Damit ist der geltend gemachte Schaden auch vom Schutzzweck der Norm umfasst.

5. Mitverschulden

Der Anspruch könnte jedoch aufgrund eines Mitverschuldens des *FC* nach den §§ 254 I, II 2, 278 S. 1 zu mindern sein. Hierfür müsste das Verhalten des *FC* für die Entstehung des Schadens mitursächlich gewesen sein.[25] Da der *FC* als juristische Person nicht selbst handeln kann, kommt es nach §§ 254 II 2, 278 S. 1 auf die für ihn handelnden Personen an.[26] *B* bringt vor, dass es der *FC* unterlassen habe, ihn am Einlass zu kontrollieren und ihn am Zünden der Knallkörper zu hindern. Ein Zuschauer benötigt eine solche Kontrolle oder Beaufsichtigung jedoch nicht, um ohne weiteres Spielstörungen unterlassen zu können. *B* durfte eine solche nicht erwarten; auch bestand für den *FC* im Verhältnis zu *B* weder eine Verpflichtung noch eine Obliegenheit, Handlungen vorzunehmen, die ihn von Störungen des Spiels abhielten. Aus diesem Grund sind die eingesetzten Ordner auch keine Personen, derer sich der *FC* zur Erfüllung einer Obliegenheit gem. §§ 254 II 2, 278 S. 1 gegenüber *B* bedient hat.[27] Damit ist der Anspruch des *FC* nicht aufgrund eines Mitverschuldens nach §§ 254 I, II 2, 278 S. 1 zu kürzen.

6. Zwischenergebnis

Damit hat der *FC* gegen *B* einen Anspruch i. H. v. 30 000 € aus §§ 311 I, 280 I, 241 II.

---

[21] *BGH* NJW 2016, 3715 Rn. 18 ff.
[22] *Scheuch*, SpuRt 2016, 58 (60); *Riehm*, LMK 2016, 384429.
[23] *Brand*, Schadensersatzrecht, § 3 Rn. 28.
[24] *BGH* NJW 2016, 3715 Rn. 22.
[25] *Brand*, Schadensersatzrecht, § 9 Rn. 13 f.
[26] § 254 II 2 bezieht sich trotz der systematischen Stellung auf Abs. 1 und ist als selbstständiger Abs. 3 zu lesen; st. Rspr. seit RGZ 62, 107; s. dazu *Brand*, Schadensersatzrecht, § 9 Rn. 32; *Medicus/Lorenz*, Schuldrecht I, Rn. 754; Palandt/*Grüneberg*, § 254 Rn. 48.
[27] *BGH* NJW 2016, 3715 Rn. 31.

II. Anspruch aus § 823 I

Daneben könnte der *FC* einen Anspruch aus § 823 I gegen *B* haben. Hierfür müsste *B* ein in § 823 I geschütztes Rechtsgut in zurechenbarer Weise verletzt haben. Das Vermögen als solches ist nicht von § 823 I geschützt.[28] In Betracht kommt das Recht am eingerichteten und ausgeübten Gewerbebetrieb.[29] Soweit der *FC* einen solchen unterhält, müsste der Eingriff auch betriebsbezogen sein. Hierzu müsste sich der Eingriff spezifisch gegen den betrieblichen Organismus oder die unternehmerische Entscheidungsfreiheit richten.[30] Daran fehlte es beim Zünden des Knallkörpers durch *B*.[31] Der *FC* hat damit keinen Anspruch aus § 823 I.

III. § 823 II i. V. m. § 40 I Nr. 3 SprengG[32]

Hierfür müsste der eingetretene Schaden in den (funktionalen) Schutzbereich eines Schutzgesetzes fallen.[33] Ein Anspruch scheitert daran, dass § 40 I Nr. 3 SprengG nicht den Schutz des Vereins vor Verbandsstrafen des DFB umfasst.[34]

IV. § 826

Der *FC* könnte einen Anspruch aus § 826 haben.

1. Schädigung

Dem *FC* ist ein Schaden i. H. v. 30 000 € aufgrund der Verbandsstrafe des DFB entstanden, der durch das Werfen des Knallkörpers durch *B* kausal verursacht wurde.[35] Das Werfen eines Knallkörpers auf andere Zuschauer ist sowohl aufgrund des eingesetzten Mittels als auch des verfolgten Zwecks mit den grundlegenden Wertungen der Rechts- und Sittenordnung nicht vereinbar und verstößt damit gegen das Anstandsgefühl aller billig und gerecht Denkenden.[36]

2. Vorsatz

Darüber hinaus müsste *B* mit Schädigungsvorsatz gehandelt haben. Dieser muss sich auf die den Sittenverstoß begründenden Tatsachen sowie den Schaden beziehen.[37] Fraglich ist damit lediglich, ob *B* gerade in Bezug auf die Verhängung einer Geldstrafe durch das DFB-Sportgericht eine hinreichend konkrete Vorstellung von den

---

[28] BGHZ 41, 127; Palandt/*Sprau*, § 823 Rn. 11; *Medicus/Lorenz*, Schuldrecht II, Rn. 1306; *Wandt*, Gesetzliche Schuldverhältnisse, 8. Aufl. 2017, § 16 Rn. 99.

[29] So die h. M., grundlegend RGZ 58, 24; Palandt/*Sprau*, § 823 Rn. 133 ff.; *Wandt*, Gesetzliche Schuldverhältnisse, 8. Aufl. 2017, § 16 Rn. 75 ff.; *Staake/v. Bressensdorf*, JuS 2016, 297; a. A. *Larenz/Canaris*, Schuldrecht II/2, § 81 II–IV (es handele sich dabei eigentlich um eine „Normerschleichung", durch die ein dem § 823 I fremder allgemeiner Vermögensschutz für Unternehmen erreicht werden solle).

[30] BGHZ 138, 311 (318 f.); Palandt/*Sprau*, § 823 Rn. 135.

[31] So auch *OLG Köln* SpuRt 2016, 83 Rn. 36.

[32] Die Prüfung dieses Anspruches wird nicht erwartet und dient hier lediglich der Vollständigkeit.

[33] Palandt/*Sprau*, § 823 Rn. 59; *Wandt*, Gesetzliche Schuldverhältnisse, 8. Aufl. 2017, § 17 Rn. 18.

[34] *OLG Köln* SpuRt 2016, 83 Rn. 37.

[35] Siehe oben I 4.

[36] Vgl. Palandt/*Sprau*, § 826 Rn. 4; *Medicus/Lorenz*, Schuldrecht II, Rn. 1333; *Wandt*, Gesetzliche Schuldverhältnisse, 8. Aufl. 2017, § 17 Rn. 24.

[37] Palandt/*Sprau*, § 826 Rn. 10; *Medicus/Lorenz*, Schuldrecht II, Rn. 1332; *Wandt*, Gesetzliche Schuldverhältnisse, 8. Aufl. 2017, § 17 Rn. 26.

schädigenden Folgen seines Handelns gehabt hat. Es genügt, wenn der Schädiger Art und Richtung des möglichen Schadens vorausgesehen und billigend in Kauf genommen hat, mithin reicht bedingter Vorsatz aus.[38] Zudem ist kein genaues Wissen vom Umfang des Schadens und des Kausalverlaufes erforderlich.[39] Mit der obigen Argumentation[40] kann man davon ausgehen, dass *B* Kenntnis davon gehabt hat, dass der *FC* durch den DFB bei entsprechenden Vorfällen eine Verbandsstrafe auferlegen kann, und dies bei seinem Handeln auch billigend in Kauf genommen hat. *B* handelte daher vorsätzlich.

3. Zwischenergebnis

Der *FC* hat gegen *B* einen Anspruch auf Zahlung von 30 000 € aus § 826.

V. Ergebnis

Der *FC* kann von *B* die Zahlung von 30 000 € aus §§ 311 I, 280 I 1, 241 II sowie aus § 826 verlangen. Die Ansprüche stehen in freier Anspruchskonkurrenz.[41]

B. Frage 2 – Videoaufnahmen

I. Grundlagen

Die Rechtsanwendung im Zivilprozess setzt die richterliche Überzeugung von der Wahrheit der dem geltend gemachten Anspruch zugrunde liegenden Tatsachenbehauptungen voraus. Wird entsprechender Vortrag vom Gegner bestritten, so ist im Wege der Beweisaufnahme zu klären, ob er zutrifft oder nicht. Dazu stellt die ZPO verschiedene Beweismittel zur Verfügung (§ 284 S. 1 ZPO).

Hier behauptet der *FC* in der Klage, *B* habe den Sprengkörper geworfen und sei damit haftbar für die Folgen. Da dieser bestreitet, muss Beweis erhoben werden. Bleibt der insoweit beweisbelastete *FC*[42] beweisfällig, so wird die Klage abgewiesen. Als Beweismittel kommen hier die vom Sicherheitsdienst angefertigten Videoaufnahmen in Betracht. Diese könnten im Wege des Augenscheins nach § 371 ZPO in den Prozess eingeführt werden. Beweis durch Augenschein ist jede Feststellung, der eine Sinneswahrnehmung durch das Gericht zugrunde liegt. Entgegen des Wortlauts „Augenschein" erfolgt die Wahrnehmung auch durch jeden anderen Sinn, beispielsweise durch Gehör, Geruch, Geschmack oder Gefühl.[43] Damit wird aufgrund der notwendigen Sinneswahrnehmung durch das Gericht über Videoaufnahmen prozessual im Wege des Augenscheins Beweis erhoben.[44]

---

[38] BGHZ 8, 387 (393); Palandt/*Sprau*, § 826 Rn. 11; *Medicus/Lorenz*, Schuldrecht II, Rn. 1332; *Wandt*, Gesetzliche Schuldverhältnisse, 8. Aufl. 2017, § 17 Rn. 26.

[39] BGHZ 108, 134 (143); Palandt/*Sprau*, § 826 Rn. 11; *Medicus/Lorenz*, Schuldrecht II, Rn. 1332; *Wandt*, Gesetzliche Schuldverhältnisse, 8. Aufl. 2017, § 17 Rn. 26.

[40] Zum Zurechnungszusammenhang im Rahmen der Kausalitätsprüfung siehe oben I 4 c.

[41] Vgl. zur Anspruchskonkurrenz *Medicus/Petersen*, BR, Rn. 12 ff.; vertiefend *Thomale*, JuS 2013, 296; *Kuhn*, JURA 2013, 975.

[42] Nach den allgemeinen Regeln trägt jede Partei die Beweislast für die Voraussetzungen einer ihr günstigen Norm, vgl. etwa *BGH* NJW 1999, 362 (363).

[43] BeckOK ZPO/*Bach*, 24. Ed., Stand 1.3.2017, § 371 Rn. 1; Musielak/Voit/*Huber*, ZPO, 14. Aufl. 2017, § 371 Rn. 3; Saenger/*Siebert*, ZPO, 7. Aufl. 2017, § 371 Rn. 1.

[44] BGHZ 65, 300 (301); *Bäumerich*, JuS 2016, 803; BeckOK ZPO/*Bach*, 24. Ed., Stand 1.3.2017, § 371 Rn. 1.1; *Gehrlein*, VersR 2011, 1350 (1351).

Die Einnahme eines Augenscheins ist als unzulässig abzulehnen, sofern ein Beweisverbot besteht.[45] Die Videoaufnahmen, die der *FC* von einem privaten Sicherheitsdienst hat anfertigen lassen, dürften also keinem Beweisverbot unterliegen. Hierfür
ist in einem ersten Schritt zu untersuchen, ob mit der Beweisgewinnung gegen ein
rechtliches Verbot verstoßen wurde. Ist dies der Fall, stellt sich in einem zweiten
Schritt die Frage, ob ein Beweisverwertungsverbot vorliegt.[46]

II. Unzulässige Beweisgewinnung

Die Anfertigung der Videoaufnahmen könnte einen Eingriff in *Bs* von § 823 I
geschütztes allgemeines Persönlichkeitsrecht,[47] das aus Art. 2 I, 1 I GG abgeleitet
wird, in seiner Ausprägung als Recht am eigenen Bild und auf informationelle
Selbstbestimmung[48] darstellen. Letzteres umfasst die Befugnis des Einzelnen, grundsätzlich selbst zu entscheiden, wann und innerhalb welcher Grenzen persönliche
Lebenssachverhalte offenbart werden, und daher grundsätzlich selbst über die Preis-
gabe und Verwendung persönlicher Daten zu bestimmen.[49] Ob und in welchem
Umfang die Anfertigung der Videoaufnahmen rechtswidrig ist oder *B* dies hin-
zunehmen hat, kann nur für den Einzelfall und unter der Vornahme einer Güter-
und Interessensabwägung ermittelt werden, die alle (verfassungs-)rechtlich geschützten Positionen der Beteiligten zu berücksichtigen hat.[50]

1. Grundrechtskollision

Vorliegend ist das allgemeine Persönlichkeitsrecht des *B* mit der Eigentums- (Art. 14
GG i. V. m. Art. 19 III GG) und der Berufsfreiheit (Art. 12 I GG i. V. m. Art. 19 III
GG) des *FC* abzuwägen.

a) Fraglich erscheint schon, ob das allgemeine Persönlichkeitsrecht von *B* überhaupt
betroffen ist. Vorliegend dient die Videoüberwachung durch den vom *FC* beauftragten privaten Sicherheitsdienst dem präventiven Schutz. So dürfte die Überwachung
von Räumen, in denen sich Geldautomaten befinden, aber auch die an von Kriminalität besonders betroffenen Orten, wie U-Bahnhöfen etc., regelmäßig durch das
Einverständnis der Kunden bzw. Nutzer gedeckt sein.[51] Da in einem Fußballstadion
ebenfalls die Gefahr von Fanausschreitungen und damit Straftaten besteht, ist es mit
von Kriminalität besonders bedrohten Orten zu vergleichen. Hinzu kommt noch,
dass Spiele der Fußball-Bundesliga regelmäßig im Fernsehen übertragen werden,
wobei ebenfalls Aufnahmen von den Fans gemacht werden. Dass *B* offensichtlich

---

[45] Musielak/Voit/*Huber*, ZPO, 14. Aufl. 2017, § 371 Rn. 15. Allg. hierzu (mit dem Schwerpunkt auf Dashcam-Aufzeichnungen) *Bäumerich*, JuS 2016, 803.

[46] Eine hier nicht relevante Fallgruppe betrifft intraprozessuale Beweisverbote, so etwa die
Unzulässigkeit des Zeugenbeweises im Urkundsprozess (vgl. § 595 II ZPO).

[47] St. Rspr. seit BGHZ 13, 334; *Medicus/Petersen*, BR, Rn. 615; MüKoBGB/*G. Wagner*, § 823
Rn. 364; Palandt/*Sprau*, § 823 Rn. 84.

[48] BeckOK BGB/*Bamberger*, § 12 Rn. 108; nur bezugnehmend auf letzteres *BGH* NJW 2010,
1533 (1534 Rn. 11).

[49] BVerfGE 65, 1 (42 f.) = NJW 1984, 419.

[50] *BGH* NJW 1995, 1955 (1956 f.); *Gehrlein*, VersR 2011, 1350 (1351). Einfachgesetzlich ist auf
§ 6b I 1 BDSG hinzuweisen, wonach Videoüberwachungen insbesondere zur Wahrnehmung des Hausrechts zulässig sind.

[51] So Staudinger/*Hager* (2017), § 823 Rn. C 216. Siehe auch § 6b I 2 Nr. 1 BDSG, wonach bei
der Videoüberwachung von öffentlich zugänglichen großflächigen Anlagen, wie insbesondere Sport-, Versammlungs- und Vergnügungsstätten, Einkaufszentren oder Parkplätzen,
der Schutz von Leben, Gesundheit oder Freiheit von dort aufhältigen Personen als ein
besonders wichtiges Interesse gilt.

nicht mit der Anfertigung der Videoaufnahmen einverstanden gewesen wäre, da er die Absicht hatte, im Stadion Knallkörper zu zünden, dürfte nicht ins Gewicht fallen. Vorzugswürdig erscheint eine abstrakt-generelle Betrachtungsweise, die nicht auf das individuell-konkrete Interesse des Betroffenen abstellt, sondern auf einen durchschnittlichen Kunden, Nutzer oder Passanten.

b) Dies kann indes dahinstehen, wenn in einer Abwägung zwischen den Interessen des *B* und denen des *FC* letztere überwiegen.

aa) Aufseiten des *B* steht dessen allgemeines Persönlichkeitsrecht. Für dessen Gewichtung wurde die sog. Sphärentheorie entwickelt.[52] Danach wird zwischen Intim-, Privat- und Sozialsphäre unterschieden. Die Intimsphäre umfasst den Kernbereich höchstpersönlicher, privater Lebensgestaltung.[53] Der engere persönliche Lebensbereich, insbesondere die Familie, wird von der Privatsphäre umfasst.[54] Die Sozialsphäre ist der Raum der beruflichen oder gesellschaftlichen Entfaltung der Person im Kontakt zu anderen.[55] In letzterer Sphäre ist der Persönlichkeitsschutz am geringsten.[56] Vorliegend hat *B* sich in ein Fußballstadion begeben, einen Ort, an dem sich während eines Fußballspiels mehrere zehntausend Menschen aufhalten. Damit betrifft die Videoüberwachung seine Sozialsphäre.

bb) Aufseiten des Schädigers sind das Motiv und der Zweck des Eingriffs entscheidend.[57] Der *FC* kann Art. 14, 12 GG ins Feld führen. Er hat insbesondere gegenüber den anderen Zuschauern vertraglich Schutzpflichten übernommen und macht sich bei mangelnder Wahrnehmung dieser Schutzpflichten ggf. schadensersatzpflichtig.[58] Ziel der Videoüberwachung ist es in der Regel, ein möglichst schnelles Eingreifen zu ermöglichen und Straftaten aufzuklären. Dadurch, dass der private Sicherheitsdienst bei Nichtvorliegen irgendwelcher relevanten Ereignisse die Aufnahmen alsbald löscht,[59] ist das Eingriffsniveau relativ moderat.[60]

cc) Die Interessen des *FC* überwiegen in der Sozialsphäre die Interessen des *B*.

2. Folge

Damit liegt kein Eingriff in das allgemeine Persönlichkeitsrecht des *B* vor.[61]

---

[52] Vgl. hierzu BeckOK GG/*Lang*, 32. Ed., Stand: 1.3.2017, Art. 2 Rn. 35 ff.; *Epping*, Grundrechte, 6. Aufl. 2015, Rn. 629 ff.; Palandt/*Sprau*, § 823 Rn. 87.

[53] Palandt/*Sprau*, § 823 Rn. 87.

[54] BeckOK GG/*Lang*, 32. Ed., Stand: 1.3.2017, Art. 2 Rn. 41.

[55] MüKoBGB/*Rixecker*, § 12 Anh. Rn. 12.

[56] Palandt/*Sprau*, § 823 Rn. 87.

[57] Palandt/*Sprau*, § 823 Rn. 99.

[58] Siehe auch § 6b I 2 BDSG.

[59] Nach § 6b V BDSG sind die Daten unverzüglich zu löschen, wenn sie zur Erreichung des Zwecks nicht mehr erforderlich sind oder schutzwürdige Interessen der Betroffenen einer weiteren Speicherung entgegenstehen. Nach dem Maßstab des § 121 sind die hier praktizierten „wenigen Tage" wohl gerade noch zulässig. Jedenfalls aber dürfte sich ein Verstoß gegen die Vorgaben des BDSG nicht entscheidend auf die Grundrechtsabwägung auswirken.

[60] Dahin Staudinger/*Hager* (2017), § 823 Rn. C 218.

[61] Vertreten lässt sich auch die Ansicht, die Interessenabwägung führe nicht zur Verneinung des Eingriffs, sondern (nur) zu dessen Rechtfertigung, s. etwa Jarass/Pieroth/*Jarass*, GG, 14. Aufl. 2016, Vorb. vor Art. 1 Rn. 37; Schmidt-Bleibtreu/Hoffmann/Hennecke/*Müller-Franken*, GG, 13. Aufl. 2014, Vorb. v. Art. 1 Rn. 42.

III. Ergebnis

Die Beweisgewinnung war rechtmäßig. Damit kann die umstrittene Frage offenbleiben, ob hinsichtlich rechtswidrig erlangter Beweismittel ein Beweisverwertungsverbot besteht. Die Einführung der Videoaufzeichnungen als Beweismittel im Wege des Augenscheins nach § 371 ZPO ist damit zulässig.

C. Frage 3 – Wanze

Wiederum fragt sich, ob das Beweismittel in den Prozess eingeführt werden kann. Im Unterschied zu Frage 2 liegt hier allerdings eine klare Rechtswidrigkeit bei der Beweisgewinnung vor: Das Installieren der Wanze auf dem Handy des *B* verwirklicht sogar den Straftatbestand des § 201 I Nr. 1, II 1 Nr. 1 StGB. Insofern fragt sich, ob dies ein Beweisverwertungsverbot nach sich zieht.

Anders als die StPO enthält die ZPO keine geschriebenen Beweisverwertungsverbote. Die Behandlung rechtswidrig erlangter Beweismittel im Zivilprozess ist seit langem umstritten. Ein Teil der Literatur geht davon aus, dass die Herkunft eines Beweismittels unerheblich sei; sie geht unter Verweis auf die dem Prozess eigene Wahrheitsfindungsaufgabe und dem Ziel des materiell richtigen Ergebnisses von einer vollen Verwertbarkeit aus.[62] Ein anderer Teil spricht sich hingegen für ein generelles Verbot rechtswidrig erlangter Beweismittel aus und stützt dies auf den Gedanken der Einheit der Rechtsordnung; auch schaffe die Verwertbarkeit unerwünschte Anreize zu unerlaubtem Verhalten.[63] Überwiegend wird jedoch eine Abwägungslösung vertreten, die von einer grundsätzlichen Unverwertbarkeit ausgeht und sich nur bei wesentlichem Überwiegen der Interessen des Beweisführers gegenüber denjenigen des Gegners für eine Zulässigkeit des Beweismittels ausspricht.[64] Das bloße Interesse des Beweisführers an der Sicherung eines Beweismittels zur Durchsetzung eines zivilrechtlichen Anspruchs genügt nach der Rechtsprechung jedenfalls nicht. Vielmehr muss eine Notwehrsituation oder eine notwehrähnliche Lage i. S. v. § 227 BGB gegeben sein.[65]

Nach diesen Maßstäben dürfte hier ein Beweisverwertungsverbot bestehen. Das Installieren einer Wanze stellt einen schwerwiegenden Eingriff in das Persönlichkeitsrecht des *B* dar. Ein wesentliches Überwiegen der Interessen des *FC* an der Durchsetzung seiner Ansprüche lässt sich demgegenüber nicht feststellen: Eine Notwehrsituation setzt einen gegenwärtigen, rechtswidrigen Angriff auf rechtlich geschützte Individualinteressen voraus. Bereits die Gegenwärtigkeit erscheint hier aufgrund des langen zeitlichen Abstandes zwischen der Handlung des *B* und der für die Anspruchsentstehung des *FC* maßgeblichen Verhängung der Strafe durch den DFB zweifelhaft. Jedenfalls aber dürfte es an der Verhältnismäßigkeit des eingesetzten Mittels fehlen, da dem *FC* durchaus mildere Mittel zur Verfügung gestanden hätten,[66] insbesondere die nach § 6b I BDSG zulässige Videoüberwachung im Stadion.

---

[62] Etwa *Brinkmann*, AcP 206 (2006), 746 (759 ff.) (ein Ausgleich sei ggf. auf materiellrechtlicher Ebene herbeizuführen).

[63] *Grunsky/Jacoby*, Zivilprozessrecht, 15. Aufl. 2016, Rn. 538.

[64] *BVerfG* NJW 2002, 3619 (3624); *BGH* NJW 2003, 1123 (1124 f.); *BGH* NJW 2013, 2668 (2670 Rn. 18).

[65] *BVerfG* NJW 2002, 3619 (3624); *BGH* NJW 2005, 497; *BGH* NJW 2003, 1727 (1728); *BGH* NJW 2013, 2668 (2670 Rn. 22).

[66] S. etwa *BGH* NJW 2013, 2668 (2670 Rn. 24 ff.).

D. Frage 4 – Stadionverbot

B könnte einen Anspruch gegen den *FC* auf Aufhebung des lebenslangen Stadion-verbotes aus §§ 1004 I 1 analog, 823 I i. V. m. Art. 2 I, 1 I GG haben (sog. quasi-negatorischer Beseitigungsanspruch).

I. Beeinträchtigung

Hierfür müsste ein von § 823 I geschütztes Recht des *B* beeinträchtigt worden sein. In Betracht kommt das aus Art. 2 I, 1 I GG abgeleitete allgemeine Persönlichkeits-recht, das als sonstiges Recht i. S. v. § 823 I anerkannt ist.[67] Vom Schutzbereich des allgemeinen Persönlichkeitsrechts ist das Recht des Einzelnen auf Achtung seiner persönlichen und sozialen Identität sowie Entfaltung seiner Persönlichkeit gegen-über dem Staat und im privaten Rechtsverkehr umfasst.[68] Vorliegend wird es *B* durch das Stadionverbot unmöglich gemacht, Fußballspiele des *FC* in dessen Stadion zu besuchen. Damit ist er in seiner Sozialsphäre[69] beeinträchtigt.

II. Störer

Der *FC* als Anspruchsgegner müsste Störer sein. Das Hausverbot wurde vom *FC* (bzw. seinen vertretungsberechtigten Organen, § 31) ausgesprochen, damit ist die Beeinträchtigung adäquat auf den *FC* als sog. Handlungsstörer zurückzuführen.[70]

III. Keine Duldungspflicht

B dürfte keiner Duldungspflicht unterliegen, § 1004 II analog. Eine solche könnte sich hier daraus ergeben, dass in dem gegen *B* verhängten Stadionverbot eine zu-lässige Ausübung des Hausrechts des *FC* zu sehen ist.

1. Hausrecht

Ein Stadionverbot ist Resultat der Ausübung des Hausrechts in der Form eines Hausverbotes.[71] Es basiert auf dem Grundstückseigentum bzw. -besitz. Der Haus-rechtsinhaber (hier der *FC*) kann gem. §§ 858, 903, 1004[72] grundsätzlich frei darüber entscheiden, wem er den Zutritt zum Stadion erlauben bzw. verbieten will.[73] Dabei dient das Hausrecht der Wahrung der äußeren Ordnung innerhalb des Gebäudes bzw. der Örtlichkeit, auf welches es sich bezieht und damit der Sicherstellung des vom Hausrechtsinhaber vorgegebenen Benutzungszwecks.[74] Öffnet der *FC* aber eine Veranstaltung gegenüber jedermann, darf er einen Einzelnen nicht willkürlich aus-schließen (venire contra factum proprium, § 242).[75] Das mittelbar ins Zivilrecht

---

[67] St. Rspr. seit BGHZ 13, 334; *Medicus/Petersen*, BR, Rn. 615; MüKoBGB/*G. Wagner*, § 823 Rn. 364; Palandt/*Sprau*, § 823 Rn. 84.

[68] BGHZ 27, 284; Palandt/*Sprau*, § 823 Rn. 86.

[69] Siehe hierzu bereits oben C II 1 b.

[70] St. Rspr. seit RGZ 92, 22 (25); *Baur/Stürner*, Sachenrecht, 18. Aufl. 2009, § 12 Rn. 13; Palandt/*Herrler*, § 1004 Rn. 16.

[71] *AG Dortmund* BeckRS 2014, 20612 Rn. 15; *Breucker*, JR 2005, 133.

[72] Zur dogmatischen Herleitung des privatrechtlichen Hausrechts *Schulze*, JZ 2015, 381; kritische Erwiderung *Baldus*, JZ 2016, 449; Schlusswort *Schulze*, JZ 2016, 453. Ebenfalls kritisch *Hofmann*, JURA 2014, 141.

[73] *BGH* NJW 2006, 377 (379); *Marzahn*, ZJS 2010, 428 (429).

[74] *BGH* NJW 2006, 1054 (1055).

[75] *Schulze*, JZ 2015, 381 (388).

einwirkende[76] allgemeine Persönlichkeitsrecht (Art. 2 I, 1 I GG) sowie das Gebot der Gleichbehandlung (Art. 3 I GG) untersagen es, einem Einzelnen ohne sachlichen Grund den Zugang zu verwehren.[77]

2. Sachlicher Grund

a) Der *FC* müsste einen sachlichen Grund gehabt haben, *B* mit dem Stadionverbot zu belegen. Dieser ist dann gegeben, wenn von dem Einzelnen eine Störungsgefahr ausgeht und daher dem Inhaber des Hausrechts ein individueller Unterlassungsanspruch nach §§ 862 I 2, 1004 I 2 gegen den Betroffenen zusteht.[78] Eine Störungsgefahr liegt vor, wenn objektive Anhaltspunkte dafür vorliegen, dass Zuschauer durch ihr Verhalten den reibungslosen Veranstaltungsablauf, die Sicherheit des eingesetzten Personals oder der anderen Zuschauer gefährden.[79] Anknüpfungspunkt hierfür ist die aus den allgemeinen Verkehrssicherungspflichten gem. §§ 823 ff. folgende Pflicht des *FC*, die in seinem Stadion stattfindenden Fußballspiele so zu organisieren und auszurichten, dass es zu keinen Rechtsgutsverletzungen bei den Besuchern kommt.[80]

Ein sachlicher Grund liegt daher vor, wenn aufgrund von objektiven Tatsachen die Gefahr besteht, dass künftig sicherheitsrelevante Störungen durch die betreffende Person zu befürchten sind, wobei eine rein subjektive Befürchtung nicht ausreicht.[81] Es muss also eine Wiederholungsgefahr bestehen. Dabei handelt es sich um eine materielle Anspruchsvoraussetzung, mit deren Wegfall auch der Anspruch erlischt.[82] Eine solche Gefahr wird vermutet, wenn das Verhalten des Betroffenen in der Vergangenheit zukünftige von ihm ausgehende Beeinträchtigungen befürchten lässt.[83] Diese Vermutung muss vom Störer widerlegt werden; kann er dies nicht, liegt eine Wiederholungsgefahr vor.[84]

Der als Pyromane bereits bekannte *B* hat vor Verhängung des gegen ihn gerichteten Hausverbots diverse Straftaten (§§ 223 I, 224 I Nr. 2 Var. 2 StGB, § 40 I Nr. 3 SprengG) im Stadion des *FC* begangen, die zur Verletzung von sieben Zuschauern führte. Mit diesen Handlungen hat er gleichzeitig die aus dem Zuschauervertrag resultierenden Rücksichtnahmepflichten nach § 241 II schwerwiegend verletzt. *B* ist also Störer. Er wurde hierbei von einem Stadionordner erkannt. Daraus lässt sich auf die Gefahr künftiger Gewalttaten durch *B* und damit auf sicherheitsrelevante Störungen schließen. Da *B* diese Vermutung auch nicht widerlegen kann, liegt eine Wiederholungsgefahr vor.

---

[76] Sog. mittelbare Drittwirkung, BVerfGE 7, 198 (205); Palandt/*Grüneberg*, § 242 Rn. 8; *Epping*, Grundrechte, 6. Aufl. 2015, Rn. 343 ff.

[77] *BGH* NJW 2010, 534 (535).

[78] *BGH* NJW 2010, 534 (535); *Brox/Walker*, Besonderes Schuldrecht, 40. Aufl. 2016, § 53 Rn. 6.

[79] *Walker*, FS Schapp, 2010, S. 491 (495).

[80] *BGH* NJW 2010, 534 (535); *Breucker*, NJW 2006, 1233; *Marzahn*, ZJS 2010, 428 (429); *Schulze*, JURA 2011, 481 (489).

[81] *BGH* NJW 2010, 534 (536); *Marzahn*, ZJS 2010, 428 (430); Staudinger/*Gursky* (2012), § 1004 Rn. 215.

[82] H. M., vgl. *BGH* NJW 1994, 2096; *Baur/Stürner*, Sachenrecht, 18. Aufl. 2009, § 12 Rn. 25; BeckOK BGB/*Fritzsche*, § 1004 Rn. 79; MüKoBGB/*Baldus*, § 1004 Rn. 293; Palandt/*Herrler*, § 1004 Rn. 32.

[83] *BGH* NJW 2010, 534 (536); *Baur/Stürner*, Sachenrecht, 18. Aufl. 2009, § 12 Rn. 25; *Breucker*, JR 2005, 133 (135); BeckOK BGB/*Fritzsche*, § 1004 Rn. 83; MüKoBGB/*Baldus*, § 1004 Rn. 290.

[84] MüKoBGB/*Baldus*, § 1004 Rn. 292; Palandt/*Herrler*, § 1004 Rn. 32.

b) Fraglich erscheint aber, ob der *FC* das Stadionverbot auch lebenslang verhängen durfte.[85] Der Wortlaut des Unterlassungsanspruchs stellt keine zeitliche Grenze auf. Der Berechtigte hat im Grundsatz einen zeitlich unbegrenzten Anspruch darauf, jemanden von seinem Grundstück auszuschließen. Gleichwohl entfällt die Anspruchsvoraussetzung der zu besorgenden Beeinträchtigung nach einem Zeitraum, in dem es zu keinen weiteren Vorfällen mehr gekommen ist.[86] Dies bedeutet für das Stadionverbot, dass die Höchstdauer davon abhängt, wie nach der gestellten Gefahrenprognose zukünftige Störungen zu befürchten sind.[87] Grundsätzlich gilt auch hier, dass der Störer die Beweislast für die Widerlegung der Gefahrenprognose trägt. *B* bringt zum jetzigen Zeitpunkt nichts vor, was widerlegen könnte, dass die Gefahrenprognose nach Ablauf einer bestimmten Zeit entfallen wird. Im Gegenteil: Da *B* bereits als Pyromane aufgefallen ist, und der für das Stadionverbot entscheidende Böllerwurf sich als besonders gravierend erweist, bestehen auch hinsichtlich der Dauer des Verbotes keine Bedenken. Der *FC* durfte damit das lebenslange Stadionverbot gegen *B* erlassen.[88]

4. Zwischenergebnis

Aufgrund der zulässigen Ausübung des Hausrechts durch den *FC* muss *B* das Stadionverbot analog § 1004 II dulden.

IV. Ergebnis

B hat keinen Anspruch auf Aufhebung des Stadionverbots gegen den *FC* gem. §§ 1004 I analog, 823 I i. V. m. Art. 2 I, 1 I GG.

---

[85] Die „Richtlinien zur einheitlichen Behandlung von Stadionverboten" des DFB vom 1.11.2016 sehen in § 5 III bei „wiederholten schweren/wiederholten besonders schweren" Fällen eine maximale Dauer des Stadionverbotes von 60 Monaten vor. Insofern dürfte ein lebenslanges Stadionverbot in der Praxis in Deutschland nicht vorkommen. Anders wird dies teilweise in England oder Spanien gehandhabt: Dort werden lebenslange Stadionverbote durchaus ausgesprochen.

[86] *Breucker*, JR 2005, 133 (137).

[87] *Breucker*, JR 2005, 133 (137); *Klesczewski*, JZ 2010, 251 (254); *Walker*, FS Schapp, 2010, S. 491 (503).

[88] Die oben genannten DFB-Richtlinien sehen in § 7 detaillierte Regelungen zur Aufhebung, Aussetzung oder Reduzierung des Stadionverbots vor.

Fall 20. Das mangelhafte Wohnmobil

Konkludente Rechtswahl – Fristsetzung zur Nacherfüllung – Umsetzung von Richtlinienvorgaben – Gerichtsstandsklauseln in AGB

Sachverhalt

Kurt aus Ulm, erfolgreicher und geschäftserfahrener Unternehmer und Inhaber eines größeren Ingenieurbüros, verbringt seine Urlaube am liebsten in Skandinavien. Da ihn hohe Hotelpreise schon des Öfteren geärgert haben, möchte er zukünftig seine Unterkunft selbst mitbringen und entschließt sich zum Kauf eines Wohnmobils. Nach einiger Recherche findet er die Internet-Seite des Anbieters *Vordermeier* mit Sitz in Linz (Österreich), der dort gut sichtbar mit „zufriedenen Kunden in ganz Europa" wirbt. Auch ist auf der Seite „Kontakt" die Telefon- und Faxnummer mit der internationalen Vorwahl für Österreich angegeben. Weiterhin findet sich dort eine Anfahrtsskizze zum Unternehmen des *V*, auf der u. a. die Autobahn A8 Stuttgart-Ulm-München-Salzburg-Linz deutlich sichtbar markiert ist. In der Rubrik „Neufahrzeuge" findet *Kurt* ein sehr günstiges Angebot über ein fabrikneues Wohnmobil Typ „Nordstern" zum Preis von 50 000 €. *Kurt* nimmt Kontakt mit *Vordermeier* auf, und man wird sich schnell handelseinig. *Vordermeier* schickt daraufhin *Kurt* einen Standardkaufvertrag, den *Vordermeier* für alle seine Kunden verwendet. Dort findet sich u. a. folgende Vereinbarung:

§ 4 Die Lieferung des Fahrzeugs erfolgt in Linz. Der Käufer holt das Fahrzeug dort selbst ab.

Der Kaufvertrag wird beiderseits unterschrieben, und *Kurt* überweist den Kaufpreis vollständig an *Vordermeier*. Ein Termin für die Übergabe lässt sich allerdings im stets vollen Terminkalender des *Kurt* nur schwer finden. Da *Vordermeier* das Fahrzeug aber schnell vom Hof haben möchte und ohnehin geschäftlich in Stuttgart zu tun hat, erklärt er sich ausnahmsweise bereit, das Wohnmobil bei *Kurt* vorbeizubringen. Dies geschieht auch. Bevor *Kurt* jedoch zur ersten großen Reise aufbrechen kann, zeigen sich bereits wenige Wochen nach der Übergabe auf einigen Fahrten in das Umland gravierende Mängel am Wohnmobil, die ein beigezogener Sachverständiger auch bestätigt. *Kurt* fordert daher *Vordermeier* dazu auf, diese Mängel an seinem Wohnsitz in Ulm zu beseitigen; schließlich befinde sich das Wohnmobil bestimmungsgemäß dort. Auch sei das Fahrzeug zwar grundsätzlich fahrbereit, angesichts der Mängel wolle er aber keine längeren Strecken mehr damit fahren. *Vordermeier* lehnt dies ab; er meint, das Vorliegen von Mängeln könne nur in seiner hauseigenen Werkstatt in Linz festgestellt werden; auch könne er eine ggf. erforderliche Reparatur nur dort durchführen. Nachdem sich *Vordermeier* in der Folge nicht mehr meldet, erklärt der inzwischen völlig verärgerte *Kurt* vier Wochen darauf den Rücktritt vom Vertrag und verlangt von *Vordermeier* Rückzahlung des Kaufpreises, Zug um Zug gegen Rückgabe des Wohnmobils.

1. Welches Recht ist auf die Forderung des *Kurt* gegen *Vordermeier* anwendbar?
2. Unterstellt, der geltend gemachte Anspruch unterläge deutschem Recht: Besteht ein Anspruch des *Kurt* gegen *Vordermeier* auf Rückzahlung des Kaufpreises? Hierzu meint der von *Kurt* mandatierte Rechtsanwalt *Ralf*, er habe Bedenken, weil *Kurt* dem *Vordermeier* vor der Erklärung des Rücktritts keine Frist zur Nacherfüllung gesetzt habe.

Möglicherweise sei aber hier europäisches Recht „vorrangig". *Vordermeier* verteidigt sich demgegenüber damit, dass er eine Gelegenheit zur Behebung der Mängel bekommen müsse; *Kurt* sei verpflichtet, ihm das Wohnmobil zu diesem Zwecke zur Verfügung zu stellen. Schließlich sei als vertraglicher Lieferort Linz vereinbart.

3. Wie wäre Frage 2 zu beantworten, wenn *Kurt* ebenfalls Autohändler wäre und das Wohnmobil zum Weiterverkauf erworben hätte?

<u>Abwandlung zum Ausgangsfall:</u> Sitz des *Vordermeier* ist nunmehr Hamburg. Der Kaufvertrag enthält u. a. folgende formularmäßig vereinbarte Klauseln:

§ 4 Die Lieferung des Fahrzeugs erfolgt in Hamburg. Der Käufer holt das Fahrzeug dort selbst ab.

§ 5 Für alle Streitigkeiten aus diesem Vertrag ist Gerichtsstand der Sitz des Verkäufers.

Nachdem *Vordermeier* den Kaufpreis nicht zurückzahlt, möchte *Kurt* von Rechtsanwalt *Ralf* wissen, vor welchem Gericht er seine Forderung einklagen muss. *Ralf* weist auf die Gerichtsstandsvereinbarung hin, hat aber Bedenken im Hinblick auf ihre Wirksamkeit. Zwar sei *Kurt* als geschäftserfahrener Unternehmer weniger schutzwürdig als ein gänzlich unerfahrener Käufer. Immerhin habe er das Wohnmobil aber ausschließlich zu privaten Zwecken gekauft. Schließlich begünstige die Klausel einseitig *Vordermeier*, während nahezu alle Kunden das Nachsehen und die weite Anreise hätten. Er meint, diesbezüglich seien wiederum europarechtliche Vorgaben zu beachten.

4. Welches Gericht ist für die Klage des *Kurt* auf Rückzahlung des Kaufpreises zuständig?

Anhang:

I. Auszug aus der Richtlinie 1999/44/EG zu bestimmten Aspekten des Verbrauchsgüterkaufs und der Garantien für Verbrauchsgüter (VGKRL)

Artikel 1 Geltungsbereich und Begriffsbestimmungen

(1) Zweck dieser Richtlinie ist die Angleichung der Rechts- und Verwaltungsvorschriften der Mitgliedstaaten zu bestimmten Aspekten des Verbrauchsgüterkaufs und der Garantien für Verbrauchsgüter zur Gewährleistung eines einheitlichen Verbraucherschutz-Mindestniveaus im Rahmen des Binnenmarkts.

(2) Im Sinne dieser Richtlinie bezeichnet der Ausdruck

a) „Verbraucher" jede natürliche Person, die im Rahmen der unter diese Richtlinie fallenden Verträge zu einem Zweck handelt, der nicht ihrer beruflichen oder gewerblichen Tätigkeit zugerechnet werden kann;

b) „Verbrauchsgüter" bewegliche körperliche Gegenstände [...]

c) „Verkäufer" jede natürliche oder juristische Person, die aufgrund eines Vertrags im Rahmen ihrer beruflichen oder gewerblichen Tätigkeit Verbrauchsgüter verkauft; [...]

Artikel 3 Rechte des Verbrauchers

(1) Der Verkäufer haftet dem Verbraucher für jede Vertragswidrigkeit, die zum Zeitpunkt der Lieferung des Verbrauchsgutes besteht.

(2) Bei Vertragswidrigkeit hat der Verbraucher entweder Anspruch auf die unentgeltliche Herstellung des vertragsgemäßen Zustands des Verbrauchsgutes durch Nachbesserung oder Ersatzlieferung nach Maßgabe des Absatzes 3 oder auf angemessene Minderung des Kaufpreises oder auf Vertragsauflösung in bezug auf das betreffende Verbrauchsgut nach Maßgabe der Absätze 5 und 6.

(3) Zunächst kann der Verbraucher vom Verkäufer die unentgeltliche Nachbesserung des Verbrauchsgutes oder eine unentgeltliche Ersatzlieferung verlangen, sofern dies nicht unmöglich oder unverhältnismäßig ist.

Eine Abhilfe gilt als unverhältnismäßig, wenn sie dem Verkäufer Kosten verursachen würde, die

– angesichts des Werts, den das Verbrauchsgut ohne die Vertragswidrigkeit hätte,
– unter Berücksichtigung der Bedeutung der Vertragswidrigkeit und
– nach Erwägung der Frage, ob auf die alternative Abhilfemöglichkeit ohne erhebliche Unannehmlichkeiten für den Verbraucher zurückgegriffen werden könnte,

verglichen mit der alternativen Abhilfemöglichkeit unzumutbar wären.

Die Nachbesserung oder die Ersatzlieferung muß innerhalb einer angemessenen Frist und ohne erhebliche Unannehmlichkeiten für den Verbraucher erfolgen, wobei die Art des Verbrauchsgutes sowie der Zweck, für den der Verbraucher das Verbrauchsgut benötigte, zu berücksichtigen sind.

(4) Der Begriff „unentgeltlich" in den Absätzen 2 und 3 umfaßt die für die Herstellung des vertragsgemäßen Zustands des Verbrauchsgutes notwendigen Kosten, insbesondere Versand-, Arbeits- und Materialkosten.

(5) Der Verbraucher kann eine angemessene Minderung des Kaufpreises oder eine Vertragsauflösung verlangen,

– wenn der Verbraucher weder Anspruch auf Nachbesserung noch auf Ersatzlieferung hat oder
– wenn der Verkäufer nicht innerhalb einer angemessenen Frist Abhilfe geschaffen hat oder
– wenn der Verkäufer nicht ohne erhebliche Unannehmlichkeiten für den Verbraucher Abhilfe geschaffen hat.

II. Auszug aus der Richtlinie 93/13/EWG über mißbräuchliche Klauseln in Verbraucherverträgen (KlauselRL)

Artikel 1

(1) Zweck dieser Richtlinie ist die Angleichung der Rechts- und Verwaltungsvorschriften der Mitgliedstaaten über mißbräuchliche Klauseln in Verträgen zwischen Gewerbetreibenden und Verbrauchern. […]

Artikel 3

(1) Eine Vertragsklausel, die nicht im einzelnen ausgehandelt wurde, ist als mißbräuchlich anzusehen, wenn sie entgegen dem Gebot von Treu und Glauben zum Nachteil des Verbrauchers ein erhebliches und ungerechtfertigtes Mißverhältnis der vertraglichen Rechte und Pflichten der Vertragspartner verursacht.

(2) Eine Vertragsklausel ist immer dann als nicht im einzelnen ausgehandelt zu betrachten, wenn sie im voraus abgefaßt wurde und der Verbraucher deshalb, insbesondere im Rahmen eines vorformulierten Standardvertrags, keinen Einfluß auf ihren Inhalt nehmen konnte.

Die Tatsache, daß bestimmte Elemente einer Vertragsklausel oder eine einzelne Klausel im einzelnen ausgehandelt worden sind, schließt die Anwendung dieses Artikels auf den übrigen Vertrag nicht aus, sofern es sich nach der Gesamtwertung dennoch um einen vorformulierten Standardvertrag handelt.

Behauptet ein Gewerbetreibender, daß eine Standardvertragsklausel im einzelnen ausgehandelt wurde, so obliegt ihm die Beweislast.

(3) Der Anhang enthält eine als Hinweis dienende und nicht erschöpfende Liste der
Klauseln, die für mißbräuchlich erklärt werden können.

ANHANG

KLAUSELN GEMÄSS ARTIKEL 3 ABSATZ 3

1. Klauseln, die darauf abzielen oder zur Folge haben, daß [...]

q) dem Verbraucher die Möglichkeit, Rechtsbehelfe bei Gericht einzulegen oder sonstige
Beschwerdemittel zu ergreifen, genommen oder erschwert wird, und zwar insbesondere
dadurch, daß er ausschließlich auf ein nicht unter die rechtlichen Bestimmungen fallendes
Schiedsgerichtsverfahren verwiesen wird, die ihm zur Verfügung stehenden Beweismittel
ungebührlich eingeschränkt werden oder ihm die Beweislast auferlegt wird, die nach dem
geltenden Recht einer anderen Vertragspartei obläge.

Lösung

A. Frage 1 – Anwendbares Recht

I. Notwendigkeit einer kollisionsrechtlichen Prüfung

Nachdem der Sachverhalt wegen der Sitzes des *Vordermeier (V)* in Österreich
Auslandsbezug aufweist, ist eine Prüfung des anwendbaren Rechts vorzunehmen
(Art. 3 EGBGB). Die (rein deklaratorische, vgl. Art. 288 II AEUV) Vorschrift des
Art. 3 Nr. 1 EGBGB ordnet einen Vorrang der EU-Verordnungen mit kollisions-
rechtlichem Inhalt an. In Betracht kommen könnte die Rom I-VO.[1] Nachdem hier
ein grenzüberschreitender Warenkauf vorliegt, könnte allerdings auch das UN-
Kaufrecht (CISG) Anwendung finden. Der sachliche Anwendungsbereich des CISG
ist nach Art. 1 I CISG eröffnet, da *Kurt (K)* und *V* ihre jeweiligen Niederlassungen
in verschiedenen Staaten haben. Auch sind Österreich und Deutschland Vertrags-
staaten des CISG i. S. v. Art. 1 I lit. a CISG. Allerdings erfolgte der Kauf des Wohnmobils zu privaten Zwecken, so dass der Ausschlusstatbestand des Art. 2 lit. a CISG
gegeben ist. Offenbleiben kann damit die Frage, worauf der Vorrang des CISG vor
der Rom I-VO beruht.[2] Damit ist die Rom I-VO anwendbar.

II. Bestimmung des anwendbaren Rechts nach der Rom I-VO

1. Rechtswahl, Art. 3 Rom I-VO

Zunächst könnte eine Rechtswahl nach Art. 3 Rom I-VO vorliegen. Ausdrücklich
haben sich die Parteien allerdings nicht auf das anwendbare Recht verständigt.[3]
Möglich ist aber auch eine konkludente Rechtswahl. Diese müsste sich eindeutig aus

---

[1]   Verordnung (EG) Nr. 593/2008 des Europäischen Parlaments und des Rates vom 17. Juni
      2008 über das auf vertragliche Schuldverhältnisse anzuwendende Recht (Rom I), ABl. EU
      Nr. L 177 vom 4.7.2008, S. 6.
[2]   Der Vorrang des CISG wird überwiegend aus Art. 25 I Rom I-VO hergeleitet (Palandt/
      Thorn, Art. 25 Rom I Rn. 2. Nach anderer Ansicht besteht in der Rom I-VO eine Bereichs-
      ausnahme für Einheitsrecht (PWW/*Brödermann/Wegen*, Art. 1 Rom I Rn. 9).
[3]   Zu den Anforderungen einer Rechtswahl in AGB *EuGH* v. 28.7.2016, Rs. C-191/15 –
      Amazon, NJW 2016, 2727; dazu Langenbucher/*Stürner*, § 8 Rn. 48.

den Bestimmungen des Vertrags oder aus den Umständen des Falles ergeben, Art. 3 I 2 Rom I-VO. Ein starkes Indiz für eine konkludente Rechtswahl ergäbe sich aus einer Gerichtsstandsvereinbarung (vgl. ErwGr. 12 Rom I-VO), die aber im Ausgangsfall nicht geschlossen wurde. Weitere Anhaltspunkte können etwa die Verhandlungs- bzw. Vertragssprache, der Abschlussort oder die Währung sein. Diese Kriterien führen vorliegend allerdings nicht mit der von der Rom I-VO verlangten Eindeutigkeit zu der einen oder der anderen Rechtsordnung.

2. Objektive Anknüpfung, Art. 4 Rom I-VO

In Ermangelung einer Rechtswahl ist objektiv anzuknüpfen. Wendete man die allgemeine Kollisionsnorm aus Art. 4 Rom I-VO an, so käme vorliegend nach Art. 4 I lit. a Rom I-VO das Recht des Verkäufers *V* zur Anwendung, also österreichisches Recht.

3. Vorrang der Sonderanknüpfung für Verbraucherverträge, Art. 6 Rom I-VO

Allerdings könnte im Fall ein Vorrang der Sonderanknüpfung für Verbraucherverträge in Art. 6 Rom I-VO bestehen. Voraussetzung wäre zunächst das Vorliegen eines Verbrauchervertrags. Weiter müsste der Unternehmer seine Tätigkeit jedenfalls auch auf den Sitzstaat des Verbrauchers ausgerichtet haben. Dann würde das Recht des Staates zur Anwendung kommen, in dem der Verbraucher seinen gewöhnlichen Aufenthalt hat, hier also deutsches Recht.

a) Verbrauchervertrag

V ist unproblematisch Unternehmer (Art. 6 I Rom I-VO[4]). Hinsichtlich der Verbrauchereigenschaft des *K* könnten allerdings angesichts dessen unternehmerischer Tätigkeit als Inhaber eines Ingenieurbüros Zweifel bestehen. Die in Art. 6 I Rom I-VO definierte Verbrauchereigenschaft[5] stellt allerdings ausschließlich situativ auf den konkreten Vertrag ab. Da der Erwerb eines Wohnmobils in keinerlei Zusammenhang mit der unternehmerischen Tätigkeit des *K* steht, handelte er bei Abschluss des Vertrags als Verbraucher.

b) Ausrichten

Nachdem *V* seine gewerbliche Tätigkeit nicht in Deutschland ausübt (Art. 6 I lit. a Rom I-VO), kommt es vorliegend auf das Kriterium des Ausrichtens der gewerblichen Tätigkeit des *V* auf Deutschland an, Art. 6 I lit. b Rom I-VO. Fraglich ist, ob *V* hier seine Tätigkeit auf Deutschland ausgerichtet hat. Ausgangspunkt ist – wie grundsätzlich bei allen EU-Rechtsakten[6] – eine autonome Auslegung des Rechtsbegriffs. Auf diese Weise wird eine einheitliche Anwendung von Sekundärrecht in allen Mitgliedstaaten gewährleistet.[7] Entscheidend sind vor allem der Zweck der Vorschrift sowie die Regelungssystematik.

Aufgrund der Vergleichbarkeit der Regelungskonzepte kann zur Auslegung des Art. 6 I lit. b Rom I-VO wesentlich auf die hinsichtlich der prozessualen Parallel-

---

[4] Ein Rückgriff auf § 14 ist methodisch unrichtig, im Ergebnis aber unschädlich.

[5] Für einen Rückgriff auf § 13 gilt das in der Vornote Gesagte.

[6] *Riesenhuber*, in: ders. (Hrsg.), Europäische Methodenlehre, 3. Aufl. 2015, § 11; *Hess*, Europäisches Zivilprozessrecht, 2010, § 4 Rn. 42 ff.

[7] *EuGH* v. 20.1.2005, Rs. C-464/01 – *Gruber*, Slg. 2005, I-439, Rn. 31.

regelung in Art. 17 I lit. c EuGVVO[8] ergangene Rechtsprechung abgestellt werden. Dies ergibt sich insbesondere auch aus ErwGr. 24 Rom I-VO. Der Begriff des Ausrichtens impliziert eine irgendwie geartete, aktive Hinwendung zum Sitzstaat des Verbrauchers. Problematisch ist vorliegend, dass als Vertragsanbahnungsmedium das Internet gewählt wurde, das seiner Natur nach (nahezu) weltweit abrufbar ist. Dies allein kann jedoch nicht zur Erfüllung des Kriteriums des Ausrichtens genügen. Gegen eine solche Sichtweise spricht vor allem ein Vergleich mit Art. 6 I lit. a Rom I-VO, wonach eine aktive Ausübung der unternehmerischen Tätigkeit im Sitzstaat des Verbrauchers erforderlich ist. Auch wenn die Formulierung in lit. b großzügiger ist als diejenige in lit. a, so erscheint doch aus dieser Systematik heraus eine eher restriktive Auslegung von lit. b erforderlich, die den Verbraucherschutz nicht uferlos werden lässt.

Der *EuGH* hat in einigen Entscheidungen im Bereich des internationalen Zivilverfahrensrechts den Begriff des Ausrichtens konkretisiert.[9] Für die Anwendbarkeit des Verbrauchergerichtsstandes sieht der *EuGH* als entscheidendes Merkmal an, ob der Gewerbetreibende bereits vor dem eigentlichen Vertragsschluss seinen Willen zum Ausdruck gebracht hat, Geschäftsbeziehungen zu Verbrauchern eines oder mehrerer anderer Mitgliedstaaten, darunter des Wohnsitzmitgliedstaats des Verbrauchers, herzustellen. Anhaltspunkte dafür können sich nach der Entscheidung des *EuGH* aus folgenden Kriterien ergeben:[10]

– internationaler Charakter der Tätigkeit des Gewerbetreibenden;
– Angabe von Anfahrtsbeschreibungen von anderen Mitgliedstaaten aus zu dem Ort, an dem der Gewerbetreibende niedergelassen ist;
– Verwendung einer anderen Sprache oder Währung als der in dem Mitgliedstaat der Niederlassung des Gewerbetreibenden üblicherweise verwendeten Sprache oder Währung mit der Möglichkeit der Buchung und Buchungsbestätigung in dieser anderen Sprache.

Diese zum Verbrauchergerichtsstand entwickelten Auslegungskriterien können und sollen auch für Art. 6 Rom I-VO herangezogen werden, um eine Parallelität beider Rechtsakte zu gewährleisten. ErwGr. 24 S. 2 Rom I-VO möchte eine einheitliche Auslegung ausdrücklich sicherstellen.

Die Angabe auf der Website, dass in ganz Europa zufriedene Kunden des *V* vorhanden seien, spricht für einen internationalen Geschäftscharakter. Ebenso sprechen hierfür die internationale Vorwahl für Telefon und Fax, die *V* auf seiner Website angibt, sowie die Anfahrtsbeschreibung aus dem süddeutschen Raum. Die Verwendung der deutschen Sprache ist im vorliegenden Fall aufgrund des Sitzes des *V* in Österreich kein eindeutiges Indiz; ErwGr. 24 S. 4 Rom I-VO misst ihm gar überhaupt keine Bedeutung bei. Damit liegt ein Ausrichten (auch) auf den Wohnsitz des *K* vor, so dass nach Art. 6 I lit. b Rom I-VO deutsches Recht anwendbar ist. Dabei kommt es nicht darauf an, ob der Vertragsschluss gerade im Fernabsatz erfolgt ist.[11] Entscheidend ist das Vorliegen einer Kausalität zwischen der auf den Wohnsitzstaat

---

8   Bzw. deren Vorgängerregelungen.
9   Siehe *EuGH* v. 7.12.2010, verb. Rs. C-585/08 und C-144/09 – *Pammer und Hotel Alpenhof*, NJW 2011, 505 Rn. 75 ff.; *EuGH* v. 6.9.2012, Rs. C-190/11 – *Daniela Mühlleitner./. Ahmad Yusufi, Wadat Yusufi*, NJW 2012, 3225.
10 *EuGH* v. 7.12.2010, verb. Rs. C-585/08 und C-144/09 – *Pammer und Hotel Alpenhof*, NJW 2011, 505, Rn. 80, 81.
11 *EuGH* v. 6.9.2012, Rs. C-190/11 – *Mühlleitner*, NJW 2012, 3225. Die Angaben, die ErwGr. 24 Rom I-VO enthält, dürften damit obsolet sein, vgl. PWW/*Remien*, Art. 6 Rom I-VO Rn. 15.

des Verbrauchers ausgerichteten Tätigkeit des Unternehmers und dem Vertragsschluss; dieser muss in den Bereich der unternehmerischen Aktivität fallen. Das ist hier unproblematisch gegeben, denn der Kontakt zwischen *K* und *V* (und damit der Vertragsschluss) ergibt sich gerade aufgrund der Website des *V*.[12],[13]

4. Reichweite des Vertragsstatuts, Art. 12 Rom I-VO

Die Reichweite des Vertragsstatuts bestimmt Art. 12 Rom I-VO. Vorliegend geht es um einen Rücktritt wegen Sachmängeln und den darauf gestützten Anspruch auf Rückzahlung des Kaufpreises. Dieser Sachverhalt unterfällt Art. 12 I lit. c Rom I-VO (Folgen der Nichterfüllung) und damit dem Vertragsstatut.

5. Ergebnis zu Frage 1

Es ist deutsches Recht anzuwenden.

B. Frage 2 – Bestehen des Rückzahlungsanspruchs nach deutschem Recht

Ein Anspruch des *K* auf Rückzahlung des Kaufpreises Zug um Zug gegen Rückgabe des Wohnmobils könnte sich aus §§ 346 I, 440, 437, 323 ergeben.

I. Vorliegen der Voraussetzungen für den Rücktritt vom Vertrag, § 323 I

Ein Kaufvertrag zwischen *K* und *V* ist unproblematisch gegeben. Weitere Voraussetzung ist eine Pflichtverletzung des Schuldners. Auch diese liegt unproblematisch vor: Laut Sachverhalt ist das Wohnmobil mangelhaft und nur bedingt fahrtauglich. Schließlich lag der Mangel auch bei Gefahrübergang vor (Vermutung des § 476).

II. Besondere Voraussetzungen für den Rücktritt aus § 440

Daneben müssten aber auch die besonderen Voraussetzungen für den Rücktritt nach §§ 440, 323 vorliegen.[14]

1. Fristsetzung

§ 323 I setzt indessen ausdrücklich voraus, dass der Gläubiger eine angemessene Frist zur Nacherfüllung gesetzt hat. Zwar hat *K* einige Zeit verstreichen lassen, er hat jedoch keine Frist gesetzt. *K* hat auch nicht durch nähere Qualifikation seines

---

[12] Nach der Entscheidung der *EuGH* in der Sache *Emrek* (Urt. v. 17.10.2013, Rs. C-218/12, EuZW 2013, 943), die zu Art. 15 I lit. c EuGVVO ergangen ist, kommt es für den auch in dieser Vorschrift verwendeten Begriff des Ausrichtens nicht auf eine Kausalität zwischen der Tätigkeit des Unternehmers und dem Vertragsschluss an. Die Streitfrage, ob diese Entscheidung auch für die Auslegung von Art. 6 I Rom I-VO relevant ist (dazu *Klöpfer/Wendelstein*, JZ 2014, 297; Langenbucher/*Stürner*, § 8 Rn. 45), muss daher hier nicht entschieden werden.

[13] Wer an dieser Stelle eine konkludente Rechtswahl annimmt, muss konsequenterweise auf Art. 6 II Rom I-VO eingehen. Danach verbleibt es jedenfalls bei der Anwendbarkeit des zwingenden Aufenthaltsrechts des *K*. Der im Rahmen dieser Norm erforderliche Günstigkeitsvergleich kann mangels Angaben zum österreichischen Recht nicht durchgeführt werden. Sollte auf das österreichische Recht abgestellt werden, so wäre noch darauf hinzuweisen, dass die Rom I-VO nur Sachnormverweisungen ausspricht, Art. 20 Rom I-VO.

[14] S. dazu bereits *Stürner*, JURA 2016, 1133 (1139 ff.), dort auch mit Hinweisen zum Klausuraufbau.

Verlangens wie „sofortige", „unverzügliche" oder „prompte" Mängelbeseitigung deutlich gemacht, dass er diese innerhalb eines bestimmbaren Zeitraums fordere.[15] Ausnahmen nach § 323 II liegen nicht vor. Danach wäre der Rücktritt (derzeit) nicht wirksam. Folglich bestünde auch der Anspruch auf Rückerstattung des Kaufpreises nicht.

2. Verstoß gegen europäische Vorgaben?

Fraglich ist, ob dieses Ergebnis mit den europarechtlichen Vorgaben vereinbar ist. Die vom deutschen Recht geforderte Fristsetzung könnte gegen die Vorgaben der VGKRL verstoßen. Diese müsste zunächst anwendbar sein. Weiter wäre durch autonome Auslegung der Richtlinie zu ermitteln, welche Voraussetzungen sie an den Rücktritt bei Vorliegen eines Sachmangels stellt und ob ein Umsetzungsfehler im Bereich des deutschen Rechts vorliegt.

a) Anwendbarkeit der VGKRL

Die VGKRL ist vorliegend anwendbar, da ein Verbrauchsgüterkauf vorliegt, Art. 1 VGKRL.

b) Fristsetzungserfordernis

Eine Fristsetzung ist in Art. 3 III VGKRL nicht vorgesehen; der Verbraucher muss lediglich eine angemessene Frist abwarten, bevor er zurücktritt. Ebenso lautet Art. 3 V VGKRL. Fraglich ist, was als angemessen im Sinne dieser Vorschriften anzusehen ist. Zweck der Fristregelung ist es, dem Verkäufer die Möglichkeit der Nachbesserung zu geben. Diese ist nach der Systematik des Art. 3 III VGKRL vorrangig vor den anderen Abhilfemöglichkeiten. Es kommt daher insbesondere darauf an, um welches Produkt es sich handelt und wie viel Zeit der Rechtsverkehr als ausreichend ansieht. Vorliegend geht es um die geschuldete Nachbesserung eines Wohnmobils. Dabei handelt es sich um ein hochwertiges Produkt, das wahrscheinlich intensive Reparaturen benötigt. Das Interesse des Verkäufers an einer genügend lang bemessenen Nachbesserungszeit ist jedoch abzuwägen mit dem Interesse des Käufers, ein mangelfreies Produkt auch nutzen zu können. Auch bei den hier vorliegenden Umständen ist daher davon auszugehen, dass eine Frist von vier Wochen als angemessen anzusehen ist. Es reicht also nach der VGKRL aus, wenn der Verbraucher die Beseitigung des Mangels verlangt, und dann eine angemessene Frist abwartet, bis er vom Vertrag zurücktritt.[16]

c) Umsetzungsmangel

Fraglich ist, ob damit ein Umsetzungsmangel vorliegt. Nach deutschem Recht wird das Setzen einer Frist in § 323 I ausdrücklich angeordnet. Aus den Gesetzesmaterialien ergibt sich, dass der Gesetzgeber dies auch für richtlinienkonform hielt, da die Fristsetzung für beide Vertragspartner klare Verhältnisse schaffe.[17] Das bloße Ver-

---

15 Nach *BGH* NJW 2009, 3153 (zu § 281 I) genügt es für das Fristsetzungserfordernis, „wenn der Gläubiger durch das Verlangen nach sofortiger, unverzüglicher oder umgehender Leistung oder vergleichbare Formulierungen deutlich macht, dass dem Schuldner für die Erfüllung nur ein begrenzter (bestimmbarer) Zeitraum zur Verfügung steht".

16 BeckOK BGB/*Faust*, § 437 Rn. 17; Langenbucher/*Herresthal*, § 2 Rn. 174; *Heiderhoff*, Europäisches Privatrecht, 4. Aufl. 2016, Rn. 495.

17 Siehe BT-Drs. 14/6040, S. 222.

streichenlassen eines angemessenen Zeitraums genügt danach nicht.[18] Durch das Fristsetzungserfordernis in § 323 I wird dem Verbraucher ein aktives Tun abgefordert. Dies bedeutet eine Schlechterstellung gegenüber dem bloßen Abwarten, das Art. 3 III VGKRL postuliert, und somit einen Verstoß des nationalen Rechts gegen die Richtlinienvorgaben.[19]

3. Umsetzung dieser Vorgaben im nationalen Recht

Fraglich ist, wie sich dieses Ergebnis auf die Beurteilung des Falles auswirkt. Ein nationales Gericht, das mit dem Problem eines Richtlinienverstoßes konfrontiert ist, muss alles ihm nach dem jeweils anwendbaren Recht methodisch Mögliche unternehmen, um die Vorgaben der Richtlinie umzusetzen.[20] Dies folgt direkt aus Art. 288 III AEUV, der sich an sämtliche staatliche Organe richtet, nicht nur an den Gesetzgeber. Für das deutsche Recht bedeutet dies zunächst die Verpflichtung zur richtlinienkonformen Auslegung. Möglich und geboten ist aber unter Umständen sogar eine richtlinienkonforme Rechtsfortbildung.[21] Auf welche Weise das nationale Recht den Richtlinienverstoß repariert, ist aus europarechtlicher Sicht unerheblich. Vor diesem Hintergrund bestehen vorliegend mehrere Möglichkeiten.

a) Teleologische Reduktion des § 323 I

In Betracht kommt zunächst eine teleologische Reduktion des § 323 I hinsichtlich des Fristsetzungserfordernisses.[22] Im Ergebnis wäre dadurch den europarechtlichen Vorgaben Genüge getan. Der Eingriff in die Vorschrift wäre jedoch sehr tief, da deren klarer Wortlaut eine Fristsetzung erfordert und eine planwidrige Lücke nicht vorliegt, weil der Gesetzgeber davon ausging, dass § 323 eine richtlinienkonforme Umsetzung biete.[23]

b) Erweiternde Auslegung des § 440

In Betracht kommt daneben eine erweiternde Auslegung des § 440: Ein Fehlschlagen der Nacherfüllung ist immer dann anzunehmen, wenn der Verkäufer diese nicht innerhalb angemessener Frist vornimmt.[24] Hiergegen spricht jedoch, dass ein Fehlschlagen i. S. d. § 440 – anders als im früheren § 11 Nr. 10b AGBG – nicht alle Fälle abdeckt, in denen die Nacherfüllung nicht erbracht wurde. Der Gesetzgeber des Schuldrechtsmodernisierungsgesetzes hat in § 323 ein differenziertes System geschaffen, das nicht unterlaufen werden darf.[25]

---

[18] Siehe wiederum *BGH* NJW 2009, 3153 (zu § 281 I).

[19] Vgl. nur die Nachweise bei MüKoBGB/*Lorenz*, Vor § 474 Rn. 21a. Aus der Rechtsprechung *AG Köln*, 28.1.2010 – 137 C 436/09 (juris); *LG Stuttgart*, 8.2.2012 – 13 S 160/11 (juris), dem folgend auch *AG Brandenburg*, 18.6.2012 – 31 C 133/10 (juris Rn. 43, wohl obiter, da in casu eine Frist gesetzt wurde). Anders aber BT-Drs. 14/6040, S. 222: Der Verbraucher könne nach dem BGB die Frist selbst bestimmen und sei dadurch besser gestellt. Mittlerweile ist auf Vorlage des *LG Hannover* vom 22.5.2016 (BauR 2016, 1522) ein Vorabentscheidungsverfahren beim *EuGH* hierzu anhängig (Rs. C-247/16 – *Schottelius*).

[20] Zu den Voraussetzungen näher Langenbucher/*Langenbucher*, § 1 Rn. 85 ff.; *Stürner*, JURA 2017, 777.

[21] BGHZ 179, 27 = NJW 2009, 427 (*Quelle*).

[22] *Canaris*, JZ 2001, 499 (510); so offenbar auch *AG Köln*, 28.1.2010 – 137 C 436/09 (juris Rn. 23); nicht differenzierend *LG Stuttgart*, 8.2.2012 – 13 S 160/11 (juris Rn. 19).

[23] *Unberath*, ZEuP 2005, 5 (29 f.).

[24] So BT-Drs. 14/6040, S. 222.

[25] So BeckOK BGB/*Faust*, § 437 Rn. 18.

c) Richtlinienkonforme Auslegung des § 323 II Nr. 3

Vorzugswürdig ist daher eine richtlinienkonforme (erweiternde) Auslegung des § 323 II Nr. 3.[26] Der generalklauselartige Wortlaut der Norm lässt diese Auslegung zu, obwohl er darauf hindeutet, dass hier überhaupt keine Frist abzuwarten ist (vgl. § 323 II Nr. 1 und 2). Hiergegen spricht zwar der historische Wille des Gesetzgebers, der das Fristsetzungserfordernis für richtlinienkonform hielt. Dieser ist aber überwindbar, da immerhin kein bewusster Verstoß gegen die Richtlinie vorlag, der Gesetzgeber diese vielmehr ordnungsgemäß umsetzen wollte.[27] Dies zeigt der Verweis auf eine mögliche richtlinienkonforme Auslegung in der Regierungsbegründung selbst.[28]

4. Zwischenergebnis

Der Rücktritt des *K* und damit sein Anspruch auf Rückzahlung des Kaufpreises scheitern jedenfalls nicht an der fehlenden Fristsetzung für die Nacherfüllung. Vielmehr genügt für einen wirksamen Rücktritt das Verstreichenlassen einer angemessenen Frist. *K* hat vier Wochen verstreichen lassen, bevor er zurücktrat. Dieser Zeitraum ist angemessen im Sinne der VGKRL.

III. Gelegenheit zur Nacherfüllung

Weitere Voraussetzung für den geltend gemachten Anspruch ist jedoch, dass der Verkäufer Gelegenheit zur Nacherfüllung hatte.[29] Problematisch könnte hier sein, dass *V* eine Untersuchung des Wohnmobils nur bei *K* hätte durchführen können oder aber dieses vorher bei *K* hätte abholen müssen. Ob unter diesen Voraussetzungen *V* Gelegenheit zur Nacherfüllung hatte, hängt insbesondere davon ab, wo der Erfüllungsort der Nacherfüllung ist.

1. Erfüllungsort der Nacherfüllung

Das BGB regelt den Erfüllungsort der Nacherfüllung nicht ausdrücklich. Möglich erscheint es, den Erfüllungsort der Nacherfüllung pauschal am Ort der bestimmungsgemäßen Ingebrauchnahme zu sehen, also regelmäßig am Sitz des Verbrauchers.[30] Dies wäre hier Ulm. Für diese Sichtweise sprächen ganz generell Gesichtspunkte des Verbraucherschutzes.

Nach einer anderen Ansicht kommt dem Erfüllungsort der Nacherfüllung keine eigenständige Bedeutung zu; er folgt daher schlicht dem Erfüllungsort der Primärleistungspflicht.[31] Das wäre hier laut der vertraglichen Vereinbarung Linz. In Betracht käme dabei aber eine parteiautonome Änderung der ursprünglich vereinbarten Holschuld durch die Lieferung des *V* nach Ulm in eine Bringschuld. Damit wäre auch nach dieser Ansicht Ulm Erfüllungsort der Nacherfüllung.

Nach Ansicht des *BGH* ist der Erfüllungsort der Nacherfüllung dagegen nach § 269 zu bestimmen.[32] Weder § 439 I noch II enthalten vorrangige Regelungen zu dieser

---

[26] BeckOK BGB/*Faust*, § 437 Rn. 18; *Unberath*, ZEuP 2005, 5 (31); MüKoBGB/*Lorenz*, Vor § 474 Rn. 21a. Dazu auch *Jäger*, Überschießende Richtlinienumsetzung im Privatrecht, 2006, S. 157 ff.

[27] Langenbucher/*Herresthal*, § 2 Rn. 174.

[28] BT-Drs. 14/6040, S. 222; vgl. BeckOK BGB/*Faust*, § 437 Rn. 18.

[29] *BGH* NJW 2010, 1448.

[30] *OLG München* (15. ZS) NJW 2006, 449 (450).

[31] *OLG München* (20. ZS) NJW 2007, 3214 (3215).

[32] BGHZ 189, 196 = NJW 2011, 2278.

Frage. Nachdem die Parteien hierzu keinerlei Regelungen getroffen haben, ist unter Anwendung von § 269 I, II der Sitz des Verkäufers in Linz Erfüllungsort der Nacherfüllung.

2. Vereinbarkeit mit der VGKRL

Folgt man der Ansicht des *BGH*, so stellt sich erneut die Frage der Europarechtskonformität der deutschen Regelung. Die Nacherfüllung muss nach Art. 3 III UAbs. 2 VGKRL ohne erhebliche Unannehmlichkeiten für den Verbraucher vonstatten gehen. Solche Unannehmlichkeiten können sowohl finanzieller Art sein, oder auch darin bestehen, dass der Verbraucher Zeit und Mühe aufwenden muss. Dafür spricht auch der Gedanke des europarechtlichen *effet utile*. Eine Verpflichtung des Verbrauchers, die Kaufsache zum Zweck der Nacherfüllung stets zum Sitz des Verkäufers zu bringen, kann im Einzelfall einen erheblichen Aufwand verursachen. Laut Sachverhalt ist das von *V* an *K* gelieferte Wohnmobil nur noch bedingt fahrbereit, so dass von erheblichen Unannehmlichkeiten im Sinne der VGKRL auszugehen ist. Damit liegt in der Anwendung des § 269 I auf die Verpflichtung zur Nacherfüllung ein Richtlinienverstoß.

3. Berücksichtigung der Vorgaben der VGKRL im deutschen Recht

Fraglich ist wiederum, ob dieser Richtlinienverstoß durch richtlinienkonforme Auslegung korrigiert werden kann. In Betracht kommt eine richtlinienkonforme Auslegung des § 269 I dahin, dass sich „aus der Natur des Schuldverhältnisses" hier etwas anderes ergibt, nämlich Erfüllungsort für die Nacherfüllung in Ulm. Diese Auslegung hält sich innerhalb des Wortlautes der Norm, so dass die Voraussetzungen einer Rechtsfortbildung nicht geprüft werden müssen.

4. Zwischenergebnis

Damit hat *K* dem *V* die Gelegenheit zur Nacherfüllung gegeben. Der Rücktritt scheidet auch nicht aus diesem Grund aus.

IV. Ergebnis

Der Anspruch des *K* gegen *V* auf Rückzahlung des Kaufpreises besteht.

C. Frage 3 – B2B-Geschäft

Problematisch ist in der Abwandlung, dass – bei ansonsten identischer Sachlage – kein Verbrauchsgüterkauf mehr vorliegt. Fraglich ist, ob der Anspruch des *K* auf Rückzahlung des Kaufpreises aus §§ 346 I, 440, 437, 323 auch unter diesen Voraussetzungen besteht.

I. Anspruchsvoraussetzungen

Hinsichtlich der Anspruchsvoraussetzungen kann zunächst auf Frage 2 verwiesen werden. Fraglich ist auch hier, ob eine Fristsetzung nach deutschem Recht erforderlich ist. Dies ist angesichts des klaren Wortlautes des § 323 I grundsätzlich zu bejahen. Wiederum stellt sich die Frage, ob dieses Ergebnis richtlinienkonform ist. Problematisch ist dabei, dass die VGKRL sachlich nur auf mit Verbrauchern geschlossene Verträge anwendbar ist und den hier vorliegenden Vertrag zwischen zwei Unternehmern von vornherein nicht erfasst. Bliebe man dabei stehen, so bestünde der Anspruch jedenfalls wegen der unterbliebenen Fristsetzung nicht. Hiergegen könnte jedoch sprechen, dass auf diese Weise zwei bis auf die Verbrauchereigenschaft des *K* identische Sachverhalte unterschiedlich behandelt würden, weil ein und dieselbe Norm – § 323 III Nr. 3[33] – im einen Fall teleologisch reduziert würde und im anderen Fall nicht. Es handelte sich dann um eine gespaltene Auslegung dieser Vorschrift.

II. Einheitliche oder gespaltene Auslegung des § 323?

Daran könnte problematisch sein, dass auf diese Weise der gesetzgeberische Wille missachtet wurde, nach dem das Konzept der VGKRL, die nur für Verträge zwischen Unternehmern und Verbrauchern gilt, überschießend für alle Kaufverträge, auch solche zwischen Unternehmern, umgesetzt hat: Der Vorrang der Nacherfüllung gilt nach §§ 440, 323 ohne Unterschied sowohl für B2C-, als auch für B2B-Verträge. Fraglich ist daher, ob die Vorgaben der VGKRL diesem gesetzgeberischen Plan entsprechend auch im überschießend umgesetzten Teil beachtet werden müssen. Zu unterscheiden ist hierbei eine europarechtliche und eine nationale Sichtweise.

1. Europarechtliches Gebot der einheitlichen Auslegung?

Aus europarechtlicher Sicht ist eine richtlinienkonforme Auslegung hinsichtlich solcher Normen, die eine Richtlinie überschießend (d. h. außerhalb ihres Anwendungsbereichs) umsetzen, nicht geboten. Zwar sieht der *EuGH* „ein offensichtliches Interesse" der EU, dass „jede Bestimmung des Gemeinschaftsrechts unabhängig davon, unter welchen Voraussetzungen sie angewandt werden soll, eine einheitliche Auslegung erhält, damit künftige unterschiedliche Auslegungen verhindert werden".[34] Daraus kann jedoch kein europarechtliches Gebot einer einheitlichen Auslegung abgeleitet werden, da es insoweit an einer entsprechenden Bindungswirkung der Richtlinie aus Art. 288 III AEUV fehlt.[35]

2. Gebot zur einheitlichen Auslegung nach nationalem Recht?

Insoweit kann sich das Erfordernis einer einheitlichen Auslegung nur aus dem nationalen Recht ergeben. Es stellt sich die methodische Frage, ob der Gesetzgeber auch im überschießenden Teil den Vorgaben der VGKRL nachkommen wollte. Damit ist primär die historische Auslegung entscheidend.[36] Beim Verbrauchsgüterkauf wurden in den §§ 474 ff. spezifische Vorgaben für diese Geschäfte umgesetzt.[37] Ansonsten aber wollte der Gesetzgeber ein einheitliches Recht für alle Kaufverträge einführen, keine Abkoppelung des Verbraucherrechts.[38] Eine einheitliche Auslegung vermeidet auch Wertungswidersprüche;[39] aus Gleichheitsgründen ist sie in der Regel vorzugswürdig.[40] Andererseits geht bereits die richtlinienkonforme Auslegung des § 323 II Nr. 3 in Verbraucherfällen bis an die Grenze der richtlinienkonformen

---

[33] Bzw. § 323 I oder § 440, je nachdem, wie man sich bei Frage 2 entscheidet.
[34] *EuGH* v. 18.10.1990, Rs. C-297/88 u. a. – *Dzodzi*, Slg. 1990, I-3763, Rn. 37.
[35] Siehe auch *EuGH* v. 16.3.2006, Rs. C-3/04 – *Poseidon Chartering BV./. Marianne Zeeschip*, Slg. 2005, I-2505 und dazu *Riehm*, GPR 2007, 134.
[36] Langenbucher/*Langenbucher*, § 1 Rn. 117 ff.
[37] Daraus schließt MüKoBGB/*Lorenz*, Vor § 474 Rn. 4, dass eine gespaltene Auslegung im Bereich des allgemeinen Schuldrechts hingenommen werden kann.
[38] BT-Drs. 14/6040, S. 221.
[39] *Grigoleit/Herresthal*, JZ 2003, 118 (119); *Berger*, JZ 2004, 276 (278). Für gespaltene Auslegung aber *Hommelhoff*, FS BGH, Band II, 2000, S. 889 (914).
[40] Langenbucher/*Langenbucher*, § 1 Rn. 118.

Auslegung. Auch ist zu beachten, dass die Richtlinie im überschießenden Teil eine schwächere Vorrangwirkung entfaltet, so dass hier der Wille des Gesetzgebers zur Fristsetzung überwiegt.[41] Im Übrigen wäre dann auch das Fristsetzungserfordernis in § 323 I nicht nur für Verbraucherkäufe, sondern für alle Käufe entwertet. Entscheidend gegen eine einheitliche Auslegung dürfte sprechen, dass sich ein entsprechender Wille des Gesetzgebers für diese Konstellation nicht ermitteln lässt. Offensichtlich ging der Gesetzgeber davon aus, dass die getroffene Regelung richtlinienkonform ist. Es ist daher davon auszugehen, dass er das Fristsetzungserfordernis jedenfalls für Verträge zwischen Unternehmern aufrechterhalten wollte, wäre ihm die Richtlinienwidrigkeit des § 323 I für Verbraucherverträge bewusst gewesen.[42] Im Ergebnis sprechen daher die besseren Argumente für eine gespaltene Auslegung, so dass der Anspruch des *K* bereits wegen unterbliebener Fristsetzung ausscheidet.

III. Gelegenheit zur Nacherfüllung

Überdies hat *K* dem *V* keine Gelegenheit zur Nacherfüllung an dem hierfür bestehenden Erfüllungsort (§ 269 I, II, s. o.) gegeben. Eine richtlinienkonforme Auslegung des § 269 scheidet aus den zuvor genannten Gründen in B2B-Geschäften aus. Der Anspruch des *K* gegen *V* scheitert auch aus diesem Grund.

D. Frage 4 – Abwandlung: zuständiges Gericht bei reinem Inlandssachverhalt

Zu prüfen ist, welches Gericht für eine mögliche Klage des *K* gegen *V* auf Rückzahlung des Kaufpreises Zug um Zug gegen Rückgabe des Wohnmobils zuständig ist.

I. Sachliche Zuständigkeit

Die sachliche Zuständigkeit richtet sich nach §§ 23, 71 GVG. Danach ist für vermögensrechtliche Streitigkeiten mit einem Streitwert von bis zu 5 000 € das Amtsgericht und über 5 000 € das Landgericht zuständig (§§ 23 I Nr. 1, 71 GVG). Vorliegend geht es um eine Streitigkeit bezüglich der Rückzahlung des Kaufpreises für ein Wohnmobil in Höhe von 50 000 € Zug um Zug gegen dessen Rückgabe. Daher sind die Landgerichte für diese Streitigkeiten sachlich zuständig.

II. Örtliche Zuständigkeit

Die örtliche Zuständigkeit richtet sich nach §§ 12 ff. ZPO (§ 1 GVG). Die EuGVVO ist mangels grenzüberschreitenden Bezugs nicht anwendbar. Fraglich ist, welcher Gerichtsstand vorliegend einschlägig ist.

1. Allgemeiner Gerichtsstand

Der allgemeine Gerichtsstand ist gem. §§ 12, 13 ZPO am Wohnsitz des Beklagten. Da *V* seinen Sitz in Hamburg hat, wäre danach das Landgericht Hamburg zuständig.

---

[41] So *Unberath*, ZEuP 2005, 5 (32); *Mayer/Schürnbrand*, JZ 2004, 545 (552); MüKoBGB/*Lorenz*, Vorbem. § 474 Rn. 21a; BeckOK BGB/*Faust*, § 437 Rn. 19.

[42] Vgl. BGHZ 195, 135 Rn. 20 ff. (*Granulat*) zum vergleichbaren Fall hinsichtlich der Verpflichtung zur Übernahme der Kosten für den Ausbau der mangelhaften und den Einbau der mangelfreien Sache im Rahmen der Nachlieferung.

2. Besonderer Gerichtsstand

Es könnte aber daneben ein besonderer Gerichtsstand gegeben sein. Gem. § 29 ZPO besteht eine örtliche Zuständigkeit auch am Gericht des Erfüllungsortes. Wo der Erfüllungsort ist, richtet sich nach § 269 BGB. Danach liegt der Erfüllungsort dort, wo der Schuldner seine Leistungshandlung vornehmen muss. Hier haben *V* und *K* eine Abholung in Hamburg und damit eine Holschuld vereinbart. Gleichwohl hat *V* das Wohnmobil zu *K* nach Ulm gebracht, so dass eine (konkludente) vertragliche Abbedingung des § 4 des Vertrags gegeben ist. Erfüllungsort der Hauptschuld ist mithin der Wohnsitz des Käufers *K* in Ulm. Im Streit steht aber nicht die Hauptschuld, sondern die Rückabwicklung des Kaufvertrags, so dass zu fragen ist, wo der Erfüllungsort für das Rückgewährschuldverhältnis liegt. Die Pflicht des Käufers hieraus beschränkt sich darauf, die mangelhafte Sache dem Verkäufer wieder zur Verfügung zu stellen; eine weitergehende Pflicht zum Rücktransport ergibt sich nicht. Es handelt sich dabei um einen einheitlichen Erfüllungsort; dieser liegt dort, wo sich die Sache vertragsgemäß befindet, da die Kaufsache an diesem Ort zurückzugewähren ist.[43] Erfüllungsort ist daher auch für den Anspruch des *K* gegen *V* auf Rückzahlung des Kaufpreises Ulm. Damit wäre eine örtliche Zuständigkeit am Landgericht Ulm begründet. *K* hätte demnach die Wahl zwischen mehreren nicht ausschließlichen Gerichtsständen, § 35 ZPO.

3. Gerichtsstandsvereinbarung

Davon abweichend könnte aber eine Gerichtsstandsvereinbarung zugunsten der Hamburger Gerichte vorliegen. Diese führt i. d. R. zu einer ausschließlichen Zuständigkeit des prorogierten Gerichts. Dann müssten *K* und *V* eine wirksame Gerichtsstandsvereinbarung gem. §§ 38, 40 ZPO getroffen haben.[44]

a) Kaufmannseigenschaft

Voraussetzung ist zunächst die Kaufmannseigenschaft beider Parteien. *V* ist unproblematisch Kaufmann i. S. v. § 1 HGB. Er betreibt ein Handelsgewerbe mit Wohnmobilen. Fraglich ist, ob der geschäftserfahrene Unternehmer *K* ebenfalls Kaufmann ist. Immerhin erwirbt er das Wohnmobil für Urlaubszwecke und wird damit privat tätig. Ob jemand privat oder beruflich tätig wird, ist jedoch im Rahmen von § 38 ZPO unerheblich. Für § 38 ZPO kommt es alleine darauf an, dass im konkreten Fall ein Kaufmann handelt.[45] Die Kaufmannseigenschaft unterscheidet sich vom Verbraucherbegriff dadurch, dass sie gerade nicht situativ zugewiesen wird. *K* als Inhaber eines Ingenieurbüros ist damit ebenfalls unproblematisch Kaufmann i. S. v. § 1 HGB.

b) Kein Ausschluss gem. § 40 II ZPO

Weitere Voraussetzung für eine wirksame Gerichtsstandsvereinbarung ist gem. § 40 II ZPO, dass kein ausschließlicher Gerichtsstand derogiert wird und keine familienrechtliche Streitigkeit vorliegt. Vorliegend würde eine wirksame Gerichtsstandsvereinbarung den allgemeinen Gerichtsstand des Beklagtenwohnsitzes und den beson-

---

[43] BGHZ 87, 104 (109 f.) zur (früheren) Wandelung; nichts anderes gilt für den Rücktritt, vgl. die Nachweise bei Zöller/*Vollkommer*, § 29 Rn. 25 Stichwort Kaufvertrag.

[44] S. dazu auch *Franck/Möslein*, Fälle zum Europäischen Privat- und Wirtschaftsrecht, 2005, Fall 4 (S. 120 ff.).

[45] Thomas/Putzo/*Hüßtege*, ZPO, 38. Aufl. 2017, § 38 Rn. 9.

deren Gerichtsstand des Erfüllungsortes derogieren, also keinen ausschließlichen Gerichtsstand. Ferner liegt keine familienrechtliche Streitigkeit vor, sodass § 40 II ZPO einer wirksamen Gerichtsstandsvereinbarung nicht entgegensteht.

c) Gerichtsstandsvereinbarung durch AGB

Die vorformulierte Gerichtsstandsvereinbarung in § 5 des Kaufvertrages könnte den Vertragspartner *K* jedoch unangemessen benachteiligen und damit unwirksam sein, § 307.

aa) Vorliegen von AGB

Zunächst müsste es sich bei der Klausel, die den Gerichtsstand in Hamburg festlegt, um eine Allgemeine Geschäftsbedingung handeln. AGB liegen vor, wenn es sich um vorformulierte Vertragsbestimmungen handelt, die zur Verwendung für eine Vielzahl von Verträgen bestimmt sind (§ 305 I). *V* verwendet den gesamten Kaufvertrag, den er mit *K* abschließt, für alle seine Kunden und damit auch § 5 des Kaufvertrages mit der Gerichtsstandsvereinbarung. Formularverträge entsprechen insgesamt den Voraussetzungen, die für das Vorliegen von AGB gelten. Somit handelt es sich bei dem Kaufvertrag und damit auch bei § 5 des Kaufvertrages um AGB i. S. v. § 305.

bb) Anwendungsbereich gem. § 310 I

Fraglich ist, welcher Maßstab für die Einbeziehungs- und Inhaltskontrolle gilt. Gem. § 310 I ist die Kontrolle von AGB, die gegenüber einem Unternehmer verwendet werden, eingeschränkt. Zu beachten ist jedoch, dass der Kaufmannsbegriff in § 38 I ZPO mit dem Unternehmerbegriff der §§ 14, 310 I 1 nicht inhaltsgleich ist.[46] Da *K* für den Kauf des Wohnmobils als Privatmann handelte und damit als Verbraucher i. S. d. § 13 anzusehen ist, findet vorliegend eine umfassende Klauselkontrolle statt.

cc) Einbeziehung

§ 5 des Kaufvertrages müsste wirksam einbezogen worden sein. Da *V* Unternehmer und *K* Verbraucher ist, richtet sich die Einbeziehung nach § 305 II. *V* hat *K* bei Vertragsschluss den Kaufvertrag und damit auch § 5 vorgelegt und *K* war mit deren Geltung einverstanden. Damit wurde § 5 des Kaufvertrages wirksam einbezogen.

dd) Kein Ausschluss der Geltung nach § 305c I

Es ist im kaufmännischen Verkehr durchaus üblich, Gerichtsstandsklauseln zu vereinbaren, die an eine Zuständigkeit des Wohnsitzgerichtes des AGB-Verwenders enthalten. Aus diesem Grund können derartige Klauseln auch nicht überraschend gemäß § 305c I angesehen werden.[47]

ee) Inhaltskontrolle

Die vorformulierte Gerichtsstandsvereinbarung in § 5 des Kaufvertrages könnte jedoch unwirksam sein. Dies wäre dann der Fall, wenn sich bei einer Inhaltskontrolle ergäbe, dass § 5 des Kaufvertrages gegen ein Klauselverbot der §§ 307 ff. verstößt.

---

[46] Musielak/Voit/*Heinrich*, ZPO, 14. Aufl. 2017, § 38 Rn. 12.
[47] Zöller/*Vollkommer*, § 38 Rn. 22; MüKoBGB/*Wurmnest*, § 307 Rn. 254.

(1) Verstoß gegen spezielle Klauselverbote

Ein Verstoß der in § 5 des Kaufvertrages vorformulierten Gerichtsstandsvereinbarung gegen die speziellen Klauselverbote von § 309 oder § 308 ist nicht ersichtlich.

(2) Verstoß gegen § 307 II Nr. 1

Die Gerichtsstandsvereinbarung in § 5 des Kaufvertrages könnte gem. § 307 II Nr. 1 mit wesentlichen Grundgedanken der gesetzlichen Regelung, von der abgewichen wird, nicht zu vereinbaren sein. Eine Abweichung von den wesentlichen Grundgedanken des § 38 ZPO, der in Abs. 1 die generelle Zulässigkeit von Gerichtsstandsvereinbarungen lediglich gegenüber Kaufleuten vorsieht und nach Abs. 2 und 3 nur in Ausnahmefällen gegenüber Nicht-Kaufleuten, liegt nicht vor. Vorliegend handelt es sich um eine Gerichtsstandsvereinbarung zwischen Kaufleuten.

Misst man die Gerichtsstandsklausel an den §§ 12 ff. ZPO, so liegt in der Vereinbarung eines dem AGB-Verwender günstigen Gerichtsstands eine Abweichung von der zivilprozessualen Norm.[48] Erforderlich ist die Abweichung von einem wesentlichen Grundgedanken. Die Rechtsprechung hat hier stets danach entschieden, „ob die dispositive gesetzliche Regelung nicht nur auf Zweckmäßigkeitserwägungen beruht, sondern eine Ausprägung des Gerechtigkeitsgebots darstellt".[49] Bei Gerichtsstandsvereinbarungen durch AGB gegenüber Nicht-Kaufleuten schließt der Gerechtigkeitsgehalt des allgemeinen Gerichtsstands gem. §§ 12, 13 ZPO eine ausschließliche Prorogation des Gerichtsstands am Sitz des Verwenders aus.[50] Dies ist bei Kaufleuten nicht der Fall, jedenfalls wenn eine ausreichende Verknüpfung zu dem prorogierten Gerichtsstand besteht. AGB-Gerichtsstandsklauseln ist die Anerkennung bei Fehlen jeglicher Beziehung zum Prorogationsort oder bei evident unsachlicher Anknüpfung zu versagen.[51] Der AGB-Verwender hat ein berechtigtes Interesse daran hat, die Rechtsverfolgung an seinem Wohnsitzgericht – abweichend von den §§ 12 ff. ZPO – durchzuführen, und zwar auch dann, wenn unter Berücksichtigung der jeweiligen individualvertraglichen Vereinbarung der Erfüllungsort nicht am Wohnsitz des AGB-Verwenders liegt.[52] Somit liegt ein Verstoß gegen § 307 II Nr. 1 nicht vor.

(3) Verstoß gegen § 307 I 1

Die AGB-Gerichtsstandsklausel könnte aber eine unangemessene Benachteiligung gem. § 307 I 1 darstellen. Bei tendenziell eher prozessscheuen Verbrauchern ist davon auszugehen, dass Gerichtsstandsvereinbarungen und die Notwendigkeit, vor entfernten Gerichten prozessieren zu müssen, viele davon abhalten, ihre Rechte vor Gericht zu verteidigen. Für Unternehmer gehört das Führen von Prozessen auch in der Ferne zu den gewöhnlichen Begleiterscheinungen ihrer Tätigkeit, so dass Prorogationsklauseln im Wirtschaftsverkehr zwischen Unternehmern grundsätzlich als

---

[48] *Graf von Westphalen/Thüsing*, Vertragsrecht und AGB-Klauselwerke (34. EL, Stand Okt. 2013), Kap. 16 – Gerichtsstandsklauseln, Rn. 15.
[49] *BGH* NJW-RR 1996, 1009.
[50] Zöller/*Vollkommer*, § 38 Rn. 22.
[51] Zöller/*Vollkommer*, § 38 Rn. 22; Palandt/*Grüneberg*, § 307 Rn. 93.
[52] *Graf von Westphalen/Thüsing*, Vertragsrecht und AGB-Klauselwerke (34. EL, Stand Okt. 2013), Kap. 16 – Gerichtsstandsklauseln, Rn. 15.

zulässig anzusehen sind.[53] Im vollkaufmännischen Geschäftsverkehr ist der Vertragspartner des Verwenders nicht derart schutzwürdig, dass auch naheliegende und übliche Gerichtsstandsveränderungen – wie der Sitz des Verwenders – als unangemessene Benachteiligung erscheinen.[54]

(4) Vereinbarkeit mit den Vorgaben der KlauselRL

Problematisch könnte hier die Vereinbarkeit der Gerichtsstandsvereinbarung mit der KlauselRL sein.[55]

(a) Anwendbarkeit der KlauselRL

Der Anwendungsbereich der KlauselRL müsste eröffnet sein. Dies setzt die Verbrauchereigenschaft des *K* voraus (Art. 1 I KlauselRL). Beim Abschluss des Kaufvertrages handelte *K* nicht im Rahmen seiner unternehmerischen Tätigkeit und wurde somit privat tätig. Da der Verbraucherbegriff auch im Rahmen der KlauselRL situativ zu bestimmen ist, steht die Kaufmannseigenschaft des *K* einem Handeln als Verbraucher nicht entgegen. Somit ist der persönliche Anwendungsbereich der KlauselRL eröffnet.

(b) Missbräuchlichkeit

Fraglich ist, ob die Vereinbarung des Gerichtsstands des Verwenders als missbräuchlich im Sinne der Richtlinie anzusehen ist. Gem. Art. 3 I KlauselRL ist eine Vertragsklausel, die nicht im Einzelnen ausgehandelt wurde, als missbräuchlich anzusehen, wenn sie entgegen dem Gebot von Treu und Glauben zum Nachteil des Verbrauchers ein erhebliches und ungerechtfertigtes Missverhältnis der vertraglichen Rechte und Pflichten der Vertragspartner verursacht. Die autonome Auslegung des Begriffs der Missbräuchlichkeit erscheint schwierig, da Maßstab das auf den Vertrag anwendbare dispositive Recht ist. Daher erfolgt grundsätzlich keine Kontrolle konkreter Klauseln.[56] Die konkrete Klauselkontrolle ist den nationalen Gerichten vorbehalten. Eine Ausnahme gilt in solchen Fällen, in denen die Missbräuchlichkeit auch ohne Rückgriff auf die nationale Rechtsordnung feststeht.

Hier werden durch die Vereinbarung des Unternehmersitzes als ausschließlicher Gerichtsstand in den AGB die Unternehmerinteressen einseitig bevorzugt, was missbräuchlich i. S. v. Art. 3 I KlauselRL sein könnte. Art. 3 III KlauselRL verweist auf deren Anhang, der eine Liste der Klauseln enthält, die für missbräuchlich erklärt werden können. Vorliegend kommt Missbräuchlichkeit nach Nr. 1q des Anhanges zur KlauselRL in Betracht, der sich auf Klauseln bezieht, die darauf abzielen oder zur Folge haben, dass dem Verbraucher die Möglichkeit genommen oder erschwert wird, Rechtsbehelfe bei Gericht einzulegen oder sonstige Beschwerdemittel zu ergreifen.

Fraglich ist zunächst, welche Autorität die „Graue Liste" der KlauselRL für die Beurteilung der Missbräuchlichkeit entfaltet. Der Anhang, auf den Art. 3 III KlauselRL verweist, enthält lediglich eine als Hinweis dienende und nicht erschöpfende

---

[53] *OLG Schleswig* NJW 2006, 3361; *LG Frankfurt* NJW-RR 1999, 604; *OLG Karlsruhe* NJW 1996, 2041.

[54] *OLG Karlsruhe* NJW 1996, 2041.

[55] Siehe auch *Franck/Möslein*, Fälle zum Europäischen Privat- und Wirtschaftsrecht, 2005, Fall 4 (S. 124 ff.).

[56] *EuGH* v. 1.4.2004, Rs. C-237/02 – *Freiburger Kommunalbauten*, Slg. 2004, I-3403 = NJW 2004, 1647.

Liste der Klauseln, die für missbräuchlich erklärt werden können. Eine in der Liste aufgeführte Klausel ist nicht zwangsläufig als missbräuchlich anzusehen und umgekehrt kann eine nicht darin aufgeführte Klausel gleichwohl für missbräuchlich erklärt werden.[57]

Der *EuGH* bejaht jedoch bei Gerichtsstandsklauseln, die die Zuständigkeit für alle Rechtsstreitigkeiten aus dem Vertrag dem Gericht zuweisen, in dessen Bezirk der Gewerbetreibende seine Niederlassung hat, ihre Missbräuchlichkeit insbesondere unter Bezugnahme auf die im Anhang der KlauselRL unter Nr. 1q genannte Gruppe von Klauseln.[58] Eine solche Klausel zwingt den Verbraucher, die ausschließliche Zuständigkeit eines Gerichts anzuerkennen, das von seinem Wohnsitz möglicherweise weit entfernt ist, was sein Erscheinen vor Gericht erschweren kann. Bei Rechtsstreitigkeiten mit geringem Streitwert könnten die Aufwendungen des Verbrauchers für sein Erscheinen vor Gericht sich als abschreckend erweisen und diesen davon abhalten, den Rechtsweg zu beschreiten oder sich überhaupt zu verteidigen. Dagegen ermöglicht diese Klausel dem Gewerbetreibenden, sämtliche Rechtsstreitigkeiten, die seine Erwerbstätigkeit betreffen, bei dem Gericht zu bündeln, in dessen Bezirk er seine Niederlassung hat, was sowohl sein Erscheinen organisatorisch erleichtert als auch die damit verbundenen Kosten verringert.[59] Dies führt zu einem erheblichen und ungerechtfertigten Missverhältnis der vertraglichen Rechte und Pflichten der Vertragspartner gem. Art. 3 I KlauselRL, sodass eine solche Klausel missbräuchlich ist.

(c) Richtlinienkonforme Auslegung des § 307

Die vorformulierte Gerichtsstandsvereinbarung, die den Sitz von *V* in Hamburg als ausschließlichen Gerichtsstand prorogiert, ist im Lichte der Richtlinie als unangemessene Benachteiligung gem. § 307 I 1 anzusehen. Diese Generalklausel kann (und muss) richtlinienkonform in diesem Sinne ausgelegt werden, ohne dass die Wortlautgrenze tangiert wäre. [60]

ff) Zwischenergebnis

Damit liegt keine wirksame Gerichtsstandsvereinbarung vor, die gegenüber dem allgemeinen Gerichtsstand des Wohnsitzes des Beklagten und gegenüber dem besonderen Gerichtsstand des Erfüllungsortes vorrangig wäre.

III. Ergebnis

Mangels wirksamer Gerichtsstandsvereinbarung, die Hamburg als ausschließlichen Gerichtsstand prorogiert, hat *K* gem. § 35 ZPO die Wahl, ob er in Hamburg gem. §§ 12, 13 ZPO oder in Ulm gem. § 29 ZPO Klage erhebt.

---

[57] *EuGH* v. 7.5.2002, Rs. C-478/99 – *Kommission ./. Schweden*, Slg. 2002, I-4147 = EuZW 2002, 465 (466).

[58] *EuGH* v. 27.6.2000, verb. Rs. C-240/98 bis C-244/98 – *Océano*, Slg. 2000, I-4941 = EuZW 2000, 506 (507 f.); *EuGH* v. 4.6.2009, Rs. C-243/08 – *Pannon GSM*, Slg. 2009, I-4713 = NJW 2009, 2367 (2369).

[59] *EuGH* v. 27.6.2000, verb. Rs. C-240/98 bis C-244/98 – *Océano*, Slg. 2000, I-4941 = EuZW 2000, 506 (507 f.).

[60] Ebenso *Franck/Möslein*, Fälle zum Europäischen Privat- und Wirtschaftsrecht, 2005, Fall 4 (S. 129).

Sachverzeichnis

Die angegebenen Fundstellen beziehen sich auf die Fallnummer (**fettgedruckt**) und die Seitenzahlen.